新时代"枫桥经验"
实践发展与理论构建

主　编　景汉朝
副主编　潘剑锋　张　雷
执行主编　任　重

中国人民大学出版社
·北京·

目 录

新时代"枫桥经验"的基本问题与法治化构建（代序） 景汉朝
...... 001

坚持和发展新时代"枫桥经验"提升矛盾纠纷预防化解法治化
水平理论研讨会会议实录 029

第一编 "枫桥经验"与营商环境保障

类案诉后治理与防范企业涉诉风险 马 强 045
完善提升国际商事纠纷"一站式"多元解纷机制 单国钧 059
消费纠纷的全链条治理 张朝霞 085
国际商事纠纷"一站式"多元解纷的"北京样板"
　　北京市第四中级人民法院 099
商标行政案件诉源治理成效初显 北京知识产权法院 106

第二编 "枫桥经验"与多元参与共治

"枫桥经验"与发挥村规民约在矛盾纠纷预防化解中的
　　作用 高其才 114
人民调解实质化解民事纠纷的理论基础与实现方式 郭 翔
...... 123

行政争议化解机制体制创新研究　李静静　焦志华　颉　薇
……………………………………………………………………… 140

新时代"枫桥经验"的法治图景与司法路径
　　朱春涛　王华伟　赵丹阳 ……………………………………… 153

新时代"枫桥经验"与检察助力基层社会治理的探索和实践
　　胡立平 ……………………………………………………………… 170

以"深度救助"从源头化解社会矛盾　河北省黄骅市人民
　　检察院 ……………………………………………………………… 182

第三编　"枫桥经验"与民事司法完善

完善司法确认程序　促成"把非诉讼纠纷解决机制挺在前面"
　　的长效机制　吴英姿 …………………………………………… 190

新时代"枫桥经验"与行政协议纠纷的前端化解
　　——以补偿安置调解协议司法确认为例
　　　　翟寅生 ………………………………………………………… 222

多快好省：小额诉讼十年观察（2013—2022）
　　——基于长三角20家基层法院的深度调查　安徽师范大学
　　　　法治中国建设研究院课题组 ………………………………… 247

延展多元解纷平台　推行庭审优质化改革
　　陈　林 ……………………………………………………………… 279

新时代"枫桥经验"融入法院执源治理的实现路径　卞国平
　　杨　哲 ……………………………………………………………… 289

第四编　"枫桥经验"与机制创新审思

诉源治理背景下"共享法庭"的实践与探索　蒲一苇　廖　雪
……………………………………………………………………… 304

论诉源治理有效性的法治转型　曹建军 …………………… 328

人民法庭参与诉源治理的现实困境及纾解之道　李天杰　谢昕霖
………………………………………………………………… 351

以新时代"枫桥经验"提升人民法院诉源治理实效性研究
　　张仕馨 ……………………………………………………… 369

坚持和发展新时代"枫桥经验",充分发挥公证法律服务
　在基层社会治理中的积极作用
　　——以北京市方圆公证处为样本　牟海容　吴春信 ………… 382

基层人民法院参与基层社会治理机制创新与实践
　　翟瑞卿　郭晓辉 …………………………………………… 401

新时代"枫桥经验"的
基本问题与法治化构建（代序）

景汉朝[*]

"枫桥经验"创立 60 多年来，其内涵与时俱进不断发展。当前中国特色社会主义进入新时代，基层社会治理遇到了许多新情况、新问题、新挑战。应当认真总结实践经验，适应新形势新要求，全面研究"枫桥经验"在新时代的特点、发展方向和路径，进一步推进法治化构建和制度创新，这是一项十分重大的课题。

一、新时代"枫桥经验"与初创时期的不同点及面临的新挑战

"枫桥经验"的形成，有其特定的历史背景。为了巩固新中国成立初期的人民民主专政政权，更好地进行社会主义建设，1963 年上半年，中

---

[*] 景汉朝，中国法学会副会长、民事诉讼法学研究会会长。

共中央决定在全国农村普遍开展社会主义教育运动。当时，浙江省诸暨县枫桥镇是试点之一，形成了"发动和依靠群众，坚持矛盾不上交，就地解决，实现捕人少，治安好"的经验，随后毛泽东同志批示"要各地仿效，经过试点，推广去做"。[1] 1964年1月，中共中央向全党发出有关指示，随之全国各地开展了轰轰烈烈的学习推广"枫桥经验"的活动，"枫桥经验"也由此成为全国政法战线的一面旗帜。[2] 可见当初的"枫桥经验"是在进行社会主义教育运动这一特殊活动中形成的，核心是尽量少动用国家专政机器抓人捕人，而由群众运用批判、斗争、说理、教育等方式改造人。

虽然"枫桥经验"在初创时期具有特殊的历史背景和鲜明的时代特点，但其依靠和发动群众，通过新型的自治手段，就地解决问题、化解社会矛盾、排解社会难题的思想和方法，已经远远超出了当时的历史局限，产生了深远的影响。之后在社会主义建设、改革、发展的各个时期和阶段，结合当时社会治理的新情况、新形势，"枫桥经验"的内涵和外延不断调适、丰富和发展，特别是随着社会快速转型，经济日益活跃，各类矛盾不断增多，维护稳定的任务越来越重，逐步形成了"党政动手，依靠群众，预防纠纷，化解矛盾，维护稳定，促进发展"的枫桥新经验。[3] 事实证明"枫桥经验"已由初创时的特定领域、特定对象、特定问题发展为具有普遍意义的基层社会治理模式。中国特色社会主义进入新时代，"枫桥经验"面临着许多新情况、新问题、新挑战，也呈现出新的特点。

---

[1] 宋政：《坚持和发展好新时代"枫桥经验"》，《湘江评论》2023年第21期。
[2] 舒国增：《论"枫桥经验"的基本精神》，《中共浙江省委党校学报》1999年第6期。
[3] 曾天雄：《"枫桥经验"强大生命力的三个维度》，《国家治理》2023年第24期。

（一）新时代面临的社会矛盾变化

中国特色社会主义进入新时代，社会主要矛盾已经转化为人民日益增长的美好生活需要和不平衡不充分的发展之间的矛盾。以前的社会矛盾较为单一，而新时代社会矛盾复杂多元，面临许多前所未有的新情况、新问题。一是之前的纠纷涉及财产利益的相对较少，而现在的纠纷很多都是经济利益、财产利益之争，矛盾冲突比较激烈，纠纷更为复杂，解决难度明显增大。二是人民群众的要求日益提高，不仅对物质生活提出更高要求，对民主、法治、文化、生态环境等的要求也日益提高。三是从人类历史发展进程视角出发，我国现在正处于农业社会、工业社会、信息化社会交汇期，城乡人口比例逆转，人员成分、组织结构等发生了巨大变化。按常住人口计算，"枫桥经验"形成的1963年，我国城镇化率为16.84%；改革开放之初的1978年，为17.92%；2022年则攀升到65.22%。以往我国社会人口的身份较为单一，多为工人、农民、干部等类型，而当前仅从统计视角就可以分为8个大类、1 800多个细类。[①] 另外，人员流动量庞大也是全球仅有的。四是为适应从农业社会向工业社会、城市化转型的需要，我国的立法形成了"城市法""农村法""城市农村法"分立且并存的特殊情况，如《城市规划法》《土地承包法》《消费者权益保护法》等。所有这些都与社会矛盾的变化息息相关，需要我们在推进新时代"枫桥经验"中予以高度关注，给出切实有效的应对方案。

（二）道德观念发生的重大变化

长期以来，中华优秀道德传统在"枫桥经验"、基层社会治理中发挥

[①] 李明、梁玉柱：《坚持好、发展好新时代"枫桥经验"》，《光明日报》2023年11月17日第6版。

了十分重要的作用。随着社会的变迁，特别是市场经济意识日渐浓烈和西方文化的渗透，加之工业化、城镇化的快速发展，熟人社会逐步走向陌生人社会，很多道德观念与传统道德观念相去甚远。如家庭观念、"孝道"观念、婚姻爱情观念、人际关系的观念等都发生了很大变化，都对"枫桥经验"的推进形成挑战。我们要正视社会转型期道德观念变化的现实，以新的视角、新的思路、新的路径创新治理模式。浙江省诸暨市聚焦"枫桥经验"中蕴含的德治元素，逐步探索出以制度创新统摄多样化德治实践创新、适应中国式基层社会治理现代化的目标要求、点状创新与系统创新相结合、运用规律与具体创新相结合、地方创新与顶层设计相结合的"枫桥式"五维德治体系的整体性实践方案，从叙事的实然图景揭示中国式现代化语境下的德治逻辑，为各地推动德治实践创新带来了诸多启示，值得认真总结并使之升华。[①]

（三）信息化带来的新风险

习近平总书记指出，过不了互联网这一关，就过不了长期执政这一关。[②] 网络技术在给人们生产、生活带来极大便利，为社会治理提供重要手段的同时，也会产生大量网络纠纷、网络侵权、网络犯罪等，以及各种潜在的风险与挑战。这些风险一旦爆发对社会治理的冲击波及面广、冲击力大、危害性高，其治理难度和成本均远高于普通社会风险。例如，2017年12月，英国440万苹果手机用户起诉谷歌侵犯隐私权，形成了较大影响。法学理论界要走出既有理论和观念的"舒适圈"，直面信息化时代带来的新风险，用新的理论框架审视其在基层社会治理的新矛盾、新课

[①] 刘开君：《社会治理视野下德治体系构建的实践路径——基于"枫桥式"五维德治体系的整体性实践叙事》，《浙江警察学院学报》2023年第1期。

[②] 习近平：《习近平著作选读》（第2卷），人民出版社，2023，第147页。

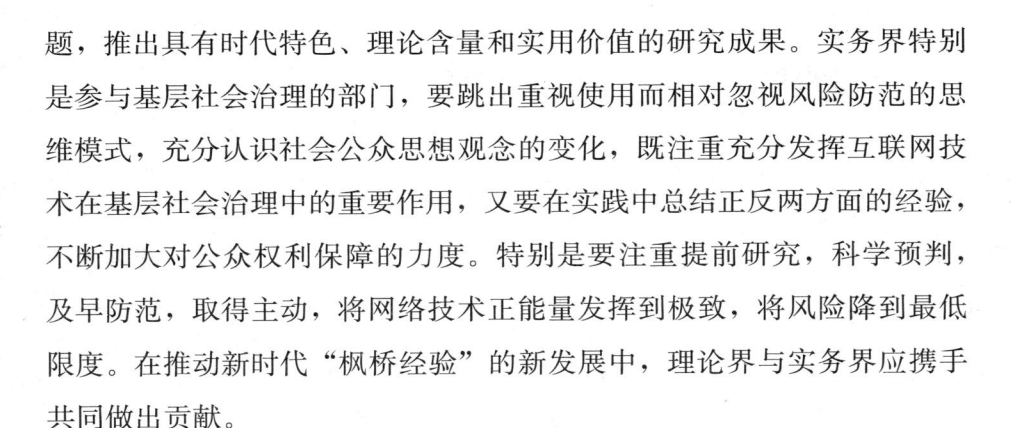

题，推出具有时代特色、理论含量和实用价值的研究成果。实务界特别是参与基层社会治理的部门，要跳出重视使用而相对忽视风险防范的思维模式，充分认识社会公众思想观念的变化，既注重充分发挥互联网技术在基层社会治理中的重要作用，又要在实践中总结正反两方面的经验，不断加大对公众权利保障的力度。特别是要注重提前研究，科学预判，及早防范，取得主动，将网络技术正能量发挥到极致，将风险降到最低限度。在推动新时代"枫桥经验"的新发展中，理论界与实务界应携手共同做出贡献。

（四）基层群众自治能力弱化

在我国基层自治有着悠久的历史。"枫桥经验"的突出特点之一正是自治，即尽量不使用公权力手段，以群众自我管理的方式化解矛盾、解决纠纷，大大降低了国家治理、社会治理特别是基层社会治理成本，避免了事事动用公权力导致的社会治理成本畸高问题。然而，通过群众自治的方式化解矛盾在当前的基层治理实践中面临一定困难，主要原因在于群众自治积极性匮乏，能力弱化，有的甚至淡化。尤其是农村地区，主观上"多一事不如少一事"的观念日益浓厚，村民对于参与各种类型的调解工作积极性不高。而在客观上，农村地区常住人口呈现下降趋势，作为其中最重要组成部分的留守老人和儿童，不具备实施调解工作的能力，况且许多地方财力不济，参加调解工作的激励机制不完善、动力不足。《村民委员会组织法》《城市居民委员会组织法》都规定了基层群众自治，这是基层自治最重要、最直接的法律依据，但多年来贯彻落实的情况并不理想。目前这两部法律已列入全国人大常委会修法规划，学界及有关方面应当高度重视，总结经验、形成理论，提出有价值的立法建议，使新时代"枫桥经验"更加适应当今社会的特点。

二、新时代"枫桥经验"的基本特征

"枫桥经验"自初创开始历经几十年的发展,其内涵不断丰富变化。但制度的变迁总是一个陈陈相因的过程,前后制度选择之间往往形成一种相反而又相成的辩证关系。[①] 该经验不同时期既有共性也有个性,共性与个性的有机统一构成了新时代"枫桥经验"的基本特征。

(一) 基层性

社会治理是一个庞大的系统工程,涉及方方面面,不可能"一方治百病"。"枫桥经验"的源起是解决基层社会治理的特定问题,当前应仍以基层社会治理为范畴,不能笼而统之地认为其是整个社会治理的妙方。现代社会的基层社会治理应当紧扣新时代基层社会脉动,积极探寻基层社会治理的内在逻辑,进一步提高针对性,加大制度供给,为其提供充足的资源。在"枫桥经验"的实践运行中,我们形成了中央立法、地方立法和社会规范等三层治理制度相协调的体系,产生了自上而下与自下而上相结合的制度供给状态。[②] 特别是各类社团组织的章程、村规民约和社区公约、风俗习惯等社会规范,成为不可替代的角色。这也正是"枫桥经验"基层性特点的重要表现之一。这些社会规范与国家法律法规的有机结合,起到了最大限度整体性预防和化解基层矛盾纠纷的效果。[③]

[①] 林峰、王书成:《信访、民主与法治》(中国话题),香港城市大学出版社,2013,第240页。
[②] 喻平:《中国共产党与基层社会秩序百年变迁》,《中央社会主义学院学报》2021年第4期。
[③] 汪世荣:《"枫桥经验"视野下的基层社会治理制度供给研究》,《中国法学》2018年第6期。

（二）预防性

诉讼与非诉讼纠纷解决机制通常适用于纠纷发生之后，而"枫桥经验"一个很重要的方面是预防矛盾、预防纠纷，使之不发生或者少发生，其蕴含了预防性执法司法的宝贵经验。有刑事法学者从预防性的角度对"枫桥经验"进行了深入阐述，赋予其类型化预防犯罪观、适度控制性预防犯罪观、融合性预防犯罪观和理性交往预防犯罪观、软法预防犯罪观、恢复性预防犯罪观等丰富的理论内涵。这些研究不仅能适用于刑事司法，也可以为民事司法提供重要的启示。新时代"枫桥经验"需要借鉴预防性司法理论，将枫桥式纠纷预防机制纳入法治轨道，深度融合群众路线与法治方式，建立以全民守法为目标，以事前预测法律风险、厘清权利义务为方法的社会治理体系。[①] 这种基层社会治理体系成本更低、效益更高、效果更好，正是"枫桥经验"预防性的突出优势。

（三）调解性

"枫桥经验"以调解为主要手段。实践中有关部门贯彻落实习近平总书记关于调解工作的重要指示精神和党中央决策部署，坚持把非诉讼纠纷解决机制挺在前面，抓前端、治未病，充分发挥人民调解在矛盾纠纷预防化解中的基础性作用，深入推进诉源治理，从源头上减少诉讼增量。[②] 当前需要进一步将"枫桥经验"蕴含的调解性与法治化深度融合，在社会治理的整体框架下实现调解法治化。《人民调解法》的调整范围只

[①] 张力、李倩：《全面依法治国背景下预防法学对"枫桥经验"的创新性实践》，《新疆社会科学》2019年第2期。

[②] 《关于充分发挥人民调解基础性作用 推进诉源治理的意见》，《法治日报》2023年10月13日第3版。

适用于人民调解委员会的调解，但"枫桥经验"调解的内涵和外延，如调解目标、调解主体、调解对象、调解方式等都更为丰富。这对于推进基层矛盾纠纷调解法治化提出了更高的要求。从立法上来讲，建议修改《人民调解法》，将其调整范围扩大至各类非公权力调解，为丰富"枫桥经验"的调解性提供更多法律供给。从推进主体讲，推进基层调解及其法治化，必须整合各种社会资源，根据调解对象的不同，从调解主体、调解手段、调解依据、调解结果、调解目标等要素入手分门别类地推进调解法治化建设①，使"枫桥经验"的调解性进一步升华。

（四）多元化

多元化主要指调解方式与调解主体的多元。如上所述，"枫桥经验"的调解不能仅被理解为人民调解委员会的调解，其调解方式、调解主体是多元的。最典型的如纯粹的民间调解，其调解主体包括老党员、老干部以及在群众中德高望重、影响力较大者等。又如，邻里之间发生纠纷，另一个邻居也可以进行调解。他们可能不是人民调解委员会成员，但这类调解都是"枫桥经验"的内涵之一。社会共治注重多元主体相互联动合作，引导社会和公众参与，有助于提升基层社会治理的民主性和公共性，促使共治成为我国社会管理的有力支点。"枫桥经验"所强调的群众路线、基层司法等治理实践，就是这种治理主体多元化的现实折射，其所代表的国家与社会联动合作的治理模式，是一种典型的多元主体平等参与和民主协商的善治选择。② 为落实中央全面深化改革委员会审议通过的《关于加强诉源治理推动矛盾纠纷源头化解的意见》，最高人民法院

---

① 尹华广：《"枫桥经验"与调解法治化研究》，《行政与法》2015年第2期。
② 曾哲、周泽中：《多元主体联动合作的社会共治——以"枫桥经验"之基层治理实践为切入点》，《求实》2018年第5期。

制定了《关于深化人民法院一站式多元解纷机制建设推动矛盾纠纷源头化解的实施意见》,指出完善各类调解联动工作体系,形成内部和解、协商先行,行业性专业性调解、仲裁等非诉方式挺前、诉讼托底的分级化解模式;发挥社会各方力量协同作用,拓宽与政府部门对接途径,加大与人民调解、行业专业调解、行政调解、律师调解、仲裁、公证等衔接力度,邀请人大代表、政协委员、专家学者等社会第三方参与调解、化解,并将符合条件的组织和人员纳入人民法院特邀调解名册;完善群众参与源头预防和多元化解的制度化渠道,创新互联网时代群众参与机制,充分发挥社会力量在释明多元解纷优势、引导诉前调解、宣传调解平台等方面的作用。这些都值得进一步探索和完善。

(五)法治化

党的二十大报告指出:"全面推进国家各方面工作法治化。"[①] 在法治国家、法治政府、法治社会一体建设的过程中,法治社会的实现要求全社会各主体都具有法治意识,对法律发自内心的认可、崇尚、遵守和服从,全面形成尊法、学法、懂法、守法、用法的社会氛围。这些不仅仅涉及法治"硬件"建设,而且必须全面实现法治"软件"建设。这与整个全面依法治国战略的推进密切相关,需要长期努力。为适应全面依法治国战略实施的需要,近些年来我国不断加快立法步伐,现行有效法律有 300 件左右、行政法规 600 余部,地方性法规规章数量庞大,各类技术标准、规范性文件也十分完备。这为基层社会治理贯彻法治精神提供了坚实的基础,同时也对具体工作提出了更高要求,如何在更细密的制度框架内、在合法合规的前提下坚持好发展好新时代"枫桥经验",成

---

① 习近平:《高举中国特色社会主义伟大旗帜 为全面建设社会主义现代化国家而团结奋斗——在中国共产党第二十次全国代表大会上的报告》,人民出版社,2022,第40页。

为基层治理面临的新情况①,也是新时代"枫桥经验"的新特点。

三、推进新时代"枫桥经验"应当坚持的原则

充分认识新时代"枫桥经验"的基本特征是研究这一问题的基础。但要准确理解该经验的时代特征和推动实践发展,则必须把握和坚持其基本原则,以确保其理论研究和实践探索的正确方向。

(一)坚持党的领导

党的十八届四中全会通过的《中共中央关于全面推进依法治国若干重大问题的决定》指出:"党的领导是中国特色社会主义最本质的特征,是社会主义法治最根本的保证。"② 这是党中央对党的领导的科学定位,确立了党的领导在推进国家治理现代化中的核心地位。坚持党的全面领导是党的十八大以来的一项重大成就和新鲜经验。党的十九届六中全会通过的《中共中央关于党的百年奋斗重大成就和历史经验的决议》进一步指出,"党的领导是党和国家的根本所在、命脉所在,是全国各族人民的利益所系、命运所系","确保充分发挥党总揽全局、协调各方的领导核心作用"。③ 党的二十大报告指出:"坚持党的全面领导是坚持和发展中国特色社会主义的必由之路。"④ 只有坚持党的领导才能将我们的制度

---

① 李明、梁玉柱:《坚持好、发展好新时代"枫桥经验"》,《光明日报》2023年11月17日第6版。

② 《中共中央关于全面推进依法治国若干重大问题的决定》,《人民日报》2014年10月29日第1版。

③ 《中共中央关于党的百年奋斗重大成就和历史经验的决议》,《人民日报》2021年11月17日第1版。

④ 习近平:《高举中国特色社会主义伟大旗帜 为全面建设社会主义现代化国家而团结奋斗——在中国共产党第二十次全国代表大会上的报告》,人民出版社,2022,第70页。

优势转化为治理效能，才能实现好、维护好、发展好最广大人民的根本利益。坚持和发展新时代"枫桥经验"，推动基层社会治理现代化，离不开党的全面领导。坚持党的领导也为"枫桥经验"的研究指引根本方向，提供根本遵循和保障。应当充分发挥上级党组织和基层党组织的作用，将党的领导贯穿于基层社会治理和推动"枫桥经验"全面普及的始终，彰显党总揽全局、协调各方的特殊功能和重大意义。

（二）坚持以人民为中心

坚持以人民为中心的发展思想是习近平新时代中国特色社会主义思想的重要内容。党的二十大报告系统阐述了习近平新时代中国特色社会主义思想的世界观和方法论，提出"六个必须坚持"，排在首位的就是"坚持人民至上"。人民是国家的主人，也是社会治理的主体，社会治理现代化需要全体社会成员的共同参与，只有让社会治理理念深入民心，中国式现代化的根基才能牢固。从人民性的角度出发，推进社会治理现代化的奋斗方向、价值目标和行动方案，就是一切为了人民、一切依靠人民，始终围绕着不断满足人民日益增长的美好生活需要展开行动。坚持和发展新时代"枫桥经验"，推进基层社会治理现代化的总体目标，就是维护和保障人民权益，解决人民群众生活中"急难愁盼"的问题，不断提高人民生活水平，增强人民群众的获得感和满足感。"枫桥经验"自诞生以来，基本内涵始终如一，就是尊重人民主体地位，发动群众，依靠群众，就地解决矛盾。这是党"一切为了群众、一切依靠群众，从群众中来、到群众中去"的群众路线的生动写照，是"枫桥经验"的核心价值所在，也是"枫桥经验"的精神实质。[①] 研究新时代"枫桥经验"，推进实践创新，也必须坚持以人民为中心的发展思想。

---

① 李少平：《传承"枫桥经验"创新司法改革》，《法律适用》2018年第17期。

(三)坚持民主原则

习近平总书记指出,中国共产党始终高举人民民主的旗帜,人民当家作主是社会主义民主政治的本质和核心,发展社会主义民主政治就是要体现人民意志、保障人民权益、激发人民创造活力,用制度体系保证人民当家作主。① 党的二十大报告指出:"全过程人民民主是社会主义民主政治的本质属性,是最广泛、最真实、最管用的民主。"② 共建共治共享是基层社会治理的新格局,是"枫桥经验"的鲜明特征和时代内涵,是民主政治的重要体现。共建要求各个主体共同参与,既要党的领导和政府引导,也要市场主体、社会组织承担责任,还要广大公众直接参与。共治要求这些主体都发挥自身职责和优势,共同参与治理,从而在党的领导下,政府、市场、社会、公民相互协作,形成合力,实现良好的治理效果。共享要求全体社会成员共同享有社会治理的成果,特别是让社会治理满足人民日益增长的美好生活需要。③ 打造共建共治共享的社会治理格局是全过程人民民主在社会治理领域的具体要求,也是新时代推广"枫桥经验"必须重视的问题和坚持的重要原则,更是新时代"枫桥经验"的应有之义。"枫桥经验"中群众参与、群众化解矛盾是一个民主参与、民主决策的过程,最基层的矛盾纠纷如何预防、如何化解,必须依靠基层民众民主。从一定意义上讲,新时代"枫桥经验"也是全过程人民民主的实验,是全过程人民民主在基层社会的典型模式,它不仅具有社会意义,也具有十分重要的政治意义。

---

① 习近平:《在中央人大工作会议上的讲话》,《求是》2022年第5期。
② 习近平:《高举中国特色社会主义伟大旗帜 为全面建设社会主义现代化国家而团结奋斗——在中国共产党第二十次全国代表大会上的报告》,人民出版社,2022,第37页。
③ 周佑勇:《以"六个必须坚持"不断开辟马克思主义法治理论中国化时代化新境界》,《中国应用法学》2023年第6期。

（四）坚持自治原则

基层社会自治在我国几千年的历史进程中积累了丰富的经验，发挥了重要作用，值得认真总结，结合新时代、新情况、新特点，进一步发扬光大。基层民主自治是自治、法治、德治"三治融合"的"枫桥经验"的重要方面和特点之一，也是社会善治的中国经验。[①] 法治不能代替自治，甚至可以说自治也是法治的要求。必须充分发挥基层群众的主动性，推进全过程人民民主，创新基层民主协商平台，发挥好群团组织、相关社会组织优势和作用，广泛动员群众参与矛盾纠纷化解实践。[②] 基层社会自治是社会民主的实质性内容，也是社会治理现代化的必然趋势。没有发达的基层社会自治，就没有高度发达的社会民主，也难以实现社会治理的现代化。[③] 我们强调"枫桥经验"基层社会治理的多元性，强调党的领导和政府统筹协调，并不是要弱化群众自治，也不是以公权力治理为主，让群众自治起辅助作用，甚至被边缘化。基层社会治理在国家治理体系和治理能力现代化战略布局中所处的方位、地位和基础性作用，决定了它不应过多地、不合理地消耗公权力资源，增大社会治理成本。自治原则具有基础性地位，离开了自治原则，尤其是群众基层自治，新时代"枫桥经验"便在社会治理中成为无源之水、无本之木，基层社会治理现代化也难以顺利实现。所以，应当深刻理解、正确认识、全面落实基层社会治理的自治原则。

[①] 张文显：《新时代"枫桥经验"的核心要义》，《社会治理》2021年第9期。
[②] 陈文清：《坚持和发展新时代"枫桥经验" 提升矛盾纠纷预防化解法治化水平》，《求是》2023年第24期。
[③] 俞可平：《自治与基层治理现代化》，《党政视野》2016年第7期。

（五）坚持法治原则

党的二十大报告指出："全面依法治国是国家治理的一场深刻革命。"[①] 推广基层治理的"枫桥经验"同样要实现法治化，尤其要突出平等观念、权利意识、契约精神和程序正义。这是法治化的根基，是新时代对"枫桥经验"和基层社会治理提出的必然要求，也是新时代"枫桥经验"的重要特征之一。甚至可以说，没有这些元素就难以称之为新时代"枫桥经验"。法治和自治是相辅相成的，自治中有法治，法治中有自治。自治中有法治，体现在不能违法自治，应当依法化解矛盾、解决纠纷。法治中有自治，体现在发生纠纷并非只有诉讼才是法治，各种非诉讼纠纷解决方式也是法治的组成部分。另外，自治应当依靠法治予以规范，《村民委员会组织法》《城市居民委员会组织法》都规定了基层群众自治的内容。中共中央、国务院印发的《乡村振兴战略规划（2018—2022年）》指出，坚持自治为基、法治为本。以自治为基，强调激发社会成员的主体活力，扩大国家与社会关系处理中的弹性空间，而以法治为本，强调保持国家的主导性调控力，构建国家与社会关系处理中的秩序保障。[②] 总之，坚持和发展新时代"枫桥经验"，要实现自治与法治相辅相成、有机统一。

四、研究推进新时代"枫桥经验"应当正确处理的若干辩证关系

新时代人民群众对解决矛盾纠纷的系统性、协调性、规范性等提出

[①] 习近平：《高举中国特色社会主义伟大旗帜 为全面建设社会主义现代化国家而团结奋斗——在中国共产党第二十次全国代表大会上的报告》，人民出版社，2022，第40页。

[②] 刘磊：《"三治融合"实践中的国家与社会关系》，《中国社会科学报》2021年4月14日第5版。

了更高要求。把握好新时代"枫桥经验"理论研究和实践探索的正确方向，除了坚持前述基本原则之外，还应当处理好若干辩证关系。

（一）理论升华与实践研究的关系

"枫桥经验"是中国基层社会治理的一面旗帜，并在基层社会治理实践中不断创新发展。坚持和发展新时代"枫桥经验"已经载入党的二十大报告，有了新的时代内涵。我们研究新时代"枫桥经验"，必须坚持理论联系实际的原则，从我国伟大社会变革实践出发，从实践中来、到实践中去，以解决当代中国基层社会治理实际问题为出发点和落脚点，推动基层社会治理现代化。要认真贯彻落实党中央关于大兴调查研究的部署要求，大力开展实地调研，运用实证研究等方法，掌握第一手资料，讲清新时代"枫桥经验"，丰富实践中的做法、规律与逻辑，以实践的原创性推动理论研究的原创性。要以构建基层社会治理的中国自主知识体系为己任，从中国国情和实际出发，解读中国现实，回答中国问题，在总结升华基层社会治理理论上下功夫，发现并把握其规律性，由感性认识上升到理性认识，由碎片化的分析上升到系统性的体系构建，力求形成能够反哺实践的重大理论研究成果。

（二）"枫桥经验"与其他社会治理手段的关系

基层社会治理是一个庞大的系统工程，"枫桥经验"是中国式基层社会治理的重要方式和宝贵经验。然而，仅仅依靠"枫桥经验"难以解决整个基层社会治理的所有问题，还需要与其他社会治理手段配合发力、共同作用。因此，应当辩证地看待"枫桥经验"和其他基层社会治理手段之间的关系。如"枫桥经验"与诉讼制度治理的关系。诉讼制度特别是基层人民法院，在基层社会治理中具有不可替代的功能，一些纠纷非诉调解手段确实解决不了的，最终还是需要用诉讼手段解决。从一定意义上讲，诉讼制度作为国家公权力解决纠纷的"重器"，对"枫桥经验"起到了一定的支撑和后盾作用。还应处理好"枫桥经验"的自治手段与其他公权力手段的关系。自治在"枫桥经验"中发挥着基础性作用，但是基层治理除了自治手段外，其他公权力作用的发挥也是不可忽视的。从多年来基层矛盾纠纷化解实际来看，基层公安派出所、基层司法所等都体现了公权力在基层社会治理方面发挥的积极作用，有时候这种作用是不可替代的。我们在强调和推广新时代"枫桥经验"的过程中，也应当科学运用这种公权力手段，发挥其在基层社会治理中的效能，使各种治理手段相互配合，相得益彰，各自发挥治理优势，实现共同推进基层社会治理体系和治理能力现代化的目标。

（三）矛盾预防与纠纷化解的关系

2021年，中央深化改革委员会审议通过的《关于加强诉源治理推动矛盾纠纷源头化解的意见》指出，"法治建设既要抓末端、治已病，更要抓前端、治未病"，"推动更多法治力量向引导和疏导端用力，加强矛盾纠纷源头预防、前端化解、关口把控"。[①] 传统诉与非诉理论都是建立在纠纷已经发生的基础之上的，而坚持和发展新时代"枫桥经验"强调纠纷预防，即从源头上预防矛盾纠纷的发生，其中也涉及诉讼及其相关问题，特别是基层司法的功能转型问题，这是对传统司法理论的一个挑战。虽然现在强调司法能动性，但在具体案件受理、审理上，司法的被动性依然是其特征之一。法院在某种程度上类似医院，患者不主动找医院看病，医生很难主动"服务"。法院的案件也是如此，"不告不理"，这是司

---

① 《习近平主持召开中央全面深化改革委员会第十八次会议强调 完整准确全面贯彻新发展理念 发挥改革在构建新发展格局中关键作用》，《人民法院报》2021年2月20日第4版。

法作为公权力介入私权争议应有的适度克制。因此，司法方式在解决纠纷时总是具有一定的事后性，难以将矛盾纠纷化解在萌芽状态。"枫桥经验"一个重要的亮点是立足于预防，从化解矛盾纠纷的时间节点上看，与传统的诉讼和非诉方式在纠纷发生后才介入形成了互补。

（四）非诉讼程序研究与诉讼程序研究的关系

诉讼和非诉讼是矛盾纠纷解决的两种基本方式，都能有效化解争端，实现矛盾纠纷的法治化解决。坚持和发展新时代"枫桥经验"，需要综合运用各种矛盾纠纷解决方式，要坚持多元化纠纷解决程序研究与诉讼程序研究相协同的原则，为构建矛盾纠纷多元化解新格局提供智力支持。多元化纠纷解决机制程序上的特点是便捷高效，而诉讼程序的特点是程序复杂、公正，但是效率低。在新时代，人民群众对解决矛盾纠纷的要求和期待更高更迫切，既追求便捷高效又要求程序公正，这就为深入研究多元化非诉讼程序与诉讼程序的辩证关系提出了新的课题。要推动构建中国特色一站式多元纠纷解决体系，形成以诉讼服务为载体，多元解纷为主体，源头预防、非诉挺前、多元化解、繁简分流的分层递进、衔接配套的一站式解纷路径。[①] 在创新和发展新时代"枫桥经验"进程中，要加强非诉讼程序和诉讼程序之间内在关联的研究，探索更加顺畅的衔接机制，发挥出非诉讼和诉讼化解基层矛盾纠纷"1＋1＞2"的体系化效应，更好地满足人民群众多层次多样化的纠纷解决需求。

（五）程序法研究与相关组织法研究的关系

研究矛盾纠纷的预防和化解不仅要关注矛盾纠纷本身，而且要关注

---

① 参见最高人民法院《人民法院一站式多元纠纷解决和诉讼服务体系建设（2019—2021）》。

矛盾化解的程序、主体和权责配置。坚持和发展新时代"枫桥经验"要关注矛盾纠纷及其化解程序本身，也要关注纠纷解决主体及其权力运作。因此要坚持加强程序法研究与组织法研究相协同的原则，探寻各类纠纷解决组织的独特功能及其运行规律，激发其深度参与基层社会治理的潜能，服务于新时代"枫桥经验"的推广。党的领导是新时代"枫桥经验"的基本特征，在各类矛盾纠纷化解参与主体中，尤其要强调基层党组织的核心地位和关键作用。新时代"枫桥经验"把党的领导贯穿于基层社会治理的全过程和各方面，把党的政治优势转化为基层社会治理的组织优势。① 要加强对地方各级人民政府组织法、人民法院组织法、村民委员会组织法、居民委员会组织法、人民调解法等系统研究，准确把握参与基层社会治理各主体的法律定位、基本结构、职责职能、权力或履职运作以及行为的法律效力、效果等。只有将程序法研究与之结合起来，才能全面理解和把握基层社会治理的综合效能，推动新时代"枫桥经验"的创新与发展。

五、新时代"枫桥经验"法治化的内涵

习近平总书记指出："法律是治国之重器，法治是国家治理体系和治理能力的重要依托。"② 党的十八大以来，法治思维和法治方式作为党治国理政、推进国家治理现代化的重要思维方式和行为模式，其重要地位已经越来越凸显。坚持好、发展好新时代"枫桥经验"，必须立足法治，

---

① 这就需要对基层党组织、村民委员会、居民委员会、人民调解委员会等相关组织的定位、原则、职能、任务特别是在基层社会治理中的作用等，进行深入研究，以充分发挥这些组织各自的优势，将组织与程序紧密结合起来，形成"无缝对接"。

② 习近平:《关于〈中共中央关于全面推进依法治国若干重大问题的决定〉的说明》,《人民日报》2014年10月29日第2版。

把法治思维和法治方式融入基层社会治理全过程各方面。

（一）纠纷预防法治化

党的二十大报告指出："在社会基层坚持和发展新时代'枫桥经验'，完善正确处理新形势下人民内部矛盾机制，加强和改进人民信访工作，畅通和规范群众诉求表达、利益协调、权益保障通道，完善网格化管理、精细化服务、信息化支撑的基层治理平台，健全城乡社区治理体系，及时把矛盾纠纷化解在基层、化解在萌芽状态。"[①] 这既为坚持和发展新时代"枫桥经验"提供了规范化、制度化依据，也对推进新时代"枫桥经验"法治化、体系化做出了制度安排和战略部署。[②] 推动新时代"枫桥经验"法治化，首先要关注纠纷预防的法治化。各类纠纷预防化解机制的构建与运行必须符合法治的要求，使其朝着规范化、制度化、程序化、系统化的方向发展。基于我国经济、政治、文化、社会等发展不平衡的基本国情，在纠纷预防化解法律制度体系建设中，应当充分发挥多元立法体制的优势，调动地方立法积极性，明确矛盾解纷的预防主体、权利义务、相关责任及其主要程序等，实现中央立法与地方立法、社会规范的有机结合。在鼓励制定"村规民约""社区公约"等社会规范，注意对风俗习惯的吸收以推动其显性化的同时，也要注意对这类"乡土"规范的合法性把关，防止出现和纠正"民约"违法或"民约"高于法律的现象，确保在法治轨道上推动基层自治矛盾纠纷预防的规范化。

---

① 习近平：《高举中国特色社会主义伟大旗帜 为全面建设社会主义现代化国家而团结奋斗——在中国共产党第二十次全国代表大会上的报告》，人民出版社，2022，第54页。
② 赵秋雁、贾琛：《新时代"枫桥经验"的法治价值及其创新发展路径研究》，《北京师范大学学报（社会科学版）》2022年第3期。

（二）纠纷受理法治化

在坚持和发展新时代"枫桥经验"问题上，习近平总书记结合当前我国国家治理领域的新形势、新问题、新需求，提出把非诉讼纠纷解决机制挺在前面，推动更多法治力量向引导和疏导端用力的纠纷解决新理念。[①] 这科学谋划了诉讼分流的新方向，为我国矛盾纠纷的化解和纠纷解决机制的发展指明了方向。纠纷受理法治化既包括诉讼案件程序的规范化、正规化，也包括人民调解委员会以及各类调解纠纷的受理程序的规范化、正规化。对于以诉讼方式解决纠纷，要进一步完善案件受理制度，畅通受理渠道，打造案件受理精细化模式。对于以非诉讼方式解决纠纷，则需建立和完善多元化纠纷解决机制，重视社会组织的建设和管理，运用非官方机制受理解决纠纷，如人民调解、律师调解、专家调解、行业调解等，都应当通过各种立法形式，规范其受理程序，防止"一抓就死，一放就乱"。法治社会是一种有秩序、按规则运行的社会，法治国家最基本的特征之一是依法办事。总体而言，当前有关诉讼案件受理方面的立法较为完善，重点是要解决"重实体、轻程序"的问题，强化受理程序的严肃性，防止"有案不立"或"乱立案""立案乱"等问题的发生。而非诉讼纠纷解决机制以及信访受理方面的各种规范性规定，还有待于进一步加强，实现诉讼与非诉讼协调发展，共同推进。

（三）纠纷化解法治化

纠纷化解是"枫桥经验"和基层社会治理的关键环节，既涉及实体法，也涉及程序法。坚持好、发展好新时代"枫桥经验"，要求我们立足

[①] 《习近平在中央政法工作会议上强调：全面深入做好新时代政法各项工作 促进社会公平正义保障人民安居乐业》，《光明日报》2019年1月17日第1版。

法治，凸显法治在矛盾纠纷化解中的地位和作用，着力推进社会治理法治化，不断完善中国特色社会主义社会治理体系，确保人民安居乐业、社会安定有序、国家长治久安。坚持和发展新时代"枫桥经验"，落实纠纷化解法治化要求，既要充分发挥基层派出法庭、公安派出所、司法所、各类调解组织的作用，建立法治化矛盾纠纷化解体系，还要坚持三个有机统一。首先，坚持"矛盾不上交"与诉权保障的有机统一，偏离法治轨道的对矛盾纠纷的简单回避、隐瞒甚至控制、压制等形式的"矛盾不上交"，往往会造成当事人诉权被有形或无形地剥夺。这既不是"矛盾不上交"的应有之义，更不符合法治精神；其次，坚持纠纷化解的公正与效率的有机统一，在纠纷化解的过程中，不能单纯为了所谓"高效"而追求纠纷的快速解决，还必须严守公正作为法治的生命线；最后，坚持纠纷解决的当事人自治与国家干预相统一，简单的当事人自治可能导致纠纷解决偏离法治轨道或缺乏法律保障，而过度的国家干预不仅会无谓增加社会治理成本，也有可能侵损当事人的意思自治权利。

（四）监督追责法治化

在推进法治国家、法治政府、法治社会一体建设的过程中，应当构建科学的体制机制，将公务人员这个关键群体作为制约监督重点，使大家真正理解"法无授权不可为""把权力关进制度的笼子里"的真正意义并科学把握，使权力的行使既不缺位也不越位。新时代"枫桥经验"具体工作的开展，也需要重点加强对纠纷解决过程中公务人员的权力制约和监督，也应当加强对基层组织、社会调解组织等的有效指导和制约监督，保障一切工作的运行符合法治化方向和进程。运用法治思维和法治方式，通过科学合理的制约监督机制，实现应对挑战、抵御风险、克服阻力、解决矛盾的目标，是在法治轨道上坚持和发展新时代"枫桥经验"、推进基层社会治理现代化的内在要求。同时,行政机关和司法机关要善于运用法治思维和法治方式加强自我约束和监督,解决涉及群众切身利益的矛盾和问题,把"枫桥经验"坚持好、丰富好、发展好,确保将矛盾纠纷化解在基层、化解在萌芽状态,把党的群众路线落到实处。要通过机关内部的自我约束和监督机制依法化解各类风险和矛盾,做到处置依据和程序合法合规、处置结果可预期。合理引导人民群众选择矛盾纠纷化解渠道,培育全社会办事依法、遇事找法、解决问题用法、化解矛盾靠法的法治环境。对违反法律法规和党的纪律的,要依法依纪追究相应责任。同时,也要进一步加强对群众尤其是相关当事人或矛盾纠纷双方的法治教育,使之按照法律的要求或法治精神表达诉求,解决纠纷。对于违法违纪或违反公序良俗、道德、行规民约的行为,要依法依纪追究责任或予以谴责。

(五)维护秩序法治化

法治是公开透明的规则之治和程序之治,具有可预期性、可操作性、可救济性,在法治下,人们的基本权利能得到充分保障,能合理规划和预期自己的生产生活,在安全有序的环境下进行社会建设,激活了人民群众的创造力,确保了国家治理的公信力。[①] 法治原则不仅要对制止行政权的滥用提供法律保障,而且要使政府能有效地维护法律秩序,借以保证人们具有充分的社会和经济生活条件。[②] 要更加重视发挥程序立法的"游戏规则"作用,通过程序立法把利益的冲突或者失衡控制在公平正义的范围内,使多元利益的结构实现有序化,努力达成程序共识。[③]

---

① 张文显:《习近平法治思想的政理、法理和哲理》,《政法论坛》2022年第3期。
② 王人博、程燎原:《法治论》,广西师范大学出版社,2014,第99页。
③ 李林:《坚持在法治轨道上全面建设社会主义现代化国家》,《政法论坛》2023年第2期。

推广新时代"枫桥经验",强化基层社会治理,要在相应的程序规则之下开展各项工作,通过法治规则维护治理秩序。当前我国对多元化纠纷解决机制的具体程序设置、对信访行为及其秩序的规制都缺乏统一、权威、高层次的法律规范。应当使相应规定明晰化、要求具体化,提高其操作性、权威性、强制性。这既是维护社会秩序的需要,也是新时代"枫桥经验"的应有内涵。一方面,要提高基层公权力机关在基层社会治理中的法治化水平,规范解纷受理和化解秩序,防止操作随意性,损害群众的合法权益;另一方面,要教育引导群众的行为,群众无论是反映诉求还是参加纠纷解决的活动,都要遵守法律法规,尊重相关程序规则,确保应有的行为、活动秩序。这既是法治化的要求,也是维护群众自身利益的需要。

六、推进新时代"枫桥经验"法治化的制度创新

"枫桥经验"诞生以来,我国经济、政治、文化、社会等都经历了历史性变革,基层矛盾的性质特点也发生了深刻变化,但在不同的历史时期,"枫桥经验"依然能与时俱进,创造出化解社会矛盾的不同方法。[1] "枫桥经验"既是一项具有历史延续性的制度传统,也是一种不断创新发展、充满生机活力的社会治理实践。[2] 在新时代推进"枫桥经验"法治化,不仅要明确法治化的基本内涵,而且要不断推进法律制度创新,这是确保新时代"枫桥经验"法治化落实落地、取得实效的重要保障。

---

[1] 吴锦良:《"枫桥经验"演进与基层治理创新》,《浙江社会科学》2010年第7期。
[2] 李少平:《传承"枫桥经验"创新司法改革》,《法律适用》2018年第17期。

(一) 纯民间调解传统的弘扬及其法律定位

调解是最古老的纠纷解决方式之一,尤其是纯民间调解,在基层社会治理中扮演着非常重要的角色。新时代"枫桥经验"始终坚持以人民为中心,以群众的广泛参与为基本特征,强调基层自治,基本做法是发动和依靠群众化解人民内部矛盾。① 纯民间调解是非诉讼纠纷解决机制中的重要一环,承担着大量民间纠纷化解任务。当前,司法调解、人民调解委员会组织的调解在法律上均有明确规定,但是纯民间调解欠缺相应的法律规定。纯民间调解的法律性质是需要进一步研究的问题,比如邻里之间发生了矛盾,由第三方邻居调解并促成纠纷双方达成协议,该协议在法律上如何定位?是否有效?产生何种法律效力?如果纠纷主体不履行协议另行起诉,法院应如何对待?这些都需要理论上的进一步研究。创新和完善新时代"枫桥经验",应当大力弘扬纯民间调解,系统研究纯民间调解的基础理论和制度规范,赋予其科学合理的法律定位,丰富人民调解体系。

(二) 创新律师调解法律制度

律师调解在民间一般民事争议解决中扮演着重要角色。我国的律师调解制度最早发源于青岛一家律师事务所创设的"律师调解中心",此后这一新型调解模式受到学者广泛关注。② 2017年,最高人民法院与司法部联合发布《关于开展律师调解试点工作的意见》,2019年又进一步扩

---

① 陆健、严红枫、张颖:《"枫桥经验":基层社会治理的中国方案》,《光明日报》2021年3月17日第5版。
② 洪冬英:《律师调解功能的新拓展——以律师主导民事调解服务为背景》,《法学》2011年第2期。

大试点范围。至此，律师调解得到官方认可并在实践中积极探索。律师作为法治建设的重要力量，在基层矛盾纠纷预防和解决上具有独特的专业优势。坚持和发展新时代"枫桥经验"，要充分挖掘律师调解在基层矛盾纠纷化解中的制度功能。由于角色模糊和角色冲突，实践中做调解工作的律师数量很少，大部分律师主要进行诉讼代理，律师的非诉调解职能严重受限。主要原因一是律师独立调解的法律地位不明，达成的调解协议无法对双方当事人形成实质约束力；二是现行律师收费制度不利于引导律师积极开展调解工作。为了化解这一困境，可以通过立法进一步明确律师调解的法律地位，明确律师调解达成协议的法律性质、必要的约束力及相应的后续程序，如调解协议的司法确认等。另外，可以从改革收费标准制度切入，健全市场型律师调解的发展路径，鼓励律师独立调解。例如规定律师调解的案件收费标准适当高于诉讼代理的收费标准，以此调动律师调解的积极性。而且，律师调解成功，避免了当事人诉讼既要支付律师代理费，又要缴纳诉讼费，如上诉还要缴纳二审诉讼费和律师代理费的"双重负担"或"多重负担"。

（三）构建专家调解法律制度

实践中对于一些涉及专业性、技术性问题的矛盾纠纷，普通的调解组织和调解员难以有效处理。例如近些年比较多发的医患纠纷，往往牵涉到一些专业医疗知识，而化解矛盾纠纷的症结就在于将其中的事实和原理讲清楚，此时具有专业知识的医生、鉴定人员等就具有较强的权威性，这对于医疗纠纷的妥善化解大有裨益。坚持和发展新时代"枫桥经验"，妥善化解涉技术类矛盾纠纷，有必要在调解体系中引入专家调解制度。各领域各行业的在群众中具有较高声望的专家，尤其是纠纷涉及比较多的法学、经济学、社会学专家，还有一些医疗领域、知识产权领域、建筑领域等专业技术的行业专家，人们认为其对于矛盾纠纷解决所表达的观点和意见具有权威性，由这些专家主持调解，更有利于纠纷的快速妥善解决。实践中由于一些当事人出于对专家的信赖，往往就一些诉讼案件委托专家向司法机关出具"专家意见书"。鉴于当事人之间的利害冲突及委托人的利益局限，委托人的言辞与相关证据材料一般都是"一面之辞"，使专家无法"兼听则明"，难以做出客观公正的评价，有时甚至给司法人员造成不当干扰。建立专家调解法律制度，可使专家秉承中立立场，公正调解纠纷，对于充分发挥专家在社会治理包括基层治理中的作用意义重大。

（四）建立律师代理信访制度

党的二十大报告指出："我们要实现好、维护好、发展好最广大人民根本利益，紧紧抓住人民最关心最直接最现实的利益问题。"[①] 信访治理作为长期以来的一个社会焦点问题，既是社会治理尤其是基层治理的重点之一，也是难点之一。当前信访问题较为突出，对其中潜在的社会风险，对群众合法权益的保护不容忽视。根据统计数据，上访者绝大多数是基层老百姓、弱势群体，他们的文化水平相对较低，也缺乏法律专业知识，所以重复访、越级访、无效访比例较高。这种无效信访一方面大大增加了信访当事人的诉累，另一方面使受访单位承受了很大工作压力，不利于信访治理现代化。[②] 由律师代理信访，符合律师为当事人提供法律服务的角色定位，也会使律师受到应有的实践锻炼，对于同类型、同地域的信访案件可以由一个律师或者几个律师统一代理，信访将变得更

[①] 习近平：《高举中国特色社会主义伟大旗帜 为全面建设社会主义现代化国家而团结奋斗——在中国共产党第二十次全国代表大会上的报告》，人民出版社，2022，第46页。
[②] 景汉朝：《涉诉信访治理的演进与新时代现代化方向》，《清华法学》2023年第6期。

加有效率、有质量、有效益、有公信力。这对于缓解社会矛盾、减轻信访压力极具成效。有鉴于此，应当在创新新时代"枫桥经验"中，将律师代理信访作为一项重要内容置于其中，既有利于推进信访治理法治化，又丰富了新时代"枫桥经验"的内涵。

（五）重构基层人民法庭功能

基层法院派出的人民法庭，是社会治理的重要参与者，承担着便利当事人诉讼和减轻群众诉累的重要职责。当前，基层派出法庭参与基层社会治理的方式主要集中于调解案件、法制宣传和诉讼便民服务，尚未深度融合到社会治理创新大格局中。[①] 基层派出法庭是在当初经济十分落后、交通通信等极不发达的背景下，为了方便人民群众进行诉讼，而在乡镇设立的。然而，当前经济不断发展，交通通信等都很便利，基层派出法庭设立的初衷价值大大降低，甚至已逐渐失去原有功效。坚持和发展新时代"枫桥经验"，推动基层社会治理现代化，需要重新调整基层派出法庭的定位，不再以"方便诉讼"为其基本价值取向，而应将其置于司法参与基层社会治理的基本定位，锚定其治理功能，使之成为"准司法"性质的机构，走出传统司法被动性的"窠臼"，在基层矛盾纠纷预防和化解中更主动地发挥应有功能，更好地展现其积极作用。而且民间调解、律师调解、专家调解这些调解制度如果建立起来，就需要调解协议的司法确认制度配合发力，基层派出法庭应当承担这一任务，成为人民法院参与基层社会治理的前沿阵地。

60多年来，"枫桥经验"在实践中不断丰富发展。党的十八大以来，习近平总书记多次对坚持和发展新时代"枫桥经验"做出重要指示，为

---

① 赵志：《人民法庭参与基层社会治理创新的范例分析——现实与制度构建》，《法律适用》2018年第2期。

基层社会治理现代化指明了发展方向、提供了根本遵循。在新形势下应当适应新情况，研究新问题，提出新方略，推进新时代"枫桥经验"的理论与实践进一步发展，不断升华这一颇具中国特色的基层社会治理瑰宝，形成根植于中国本土资源、具有国际影响力的中国社会治理的自主知识体系，为世界提供基层社会治理的中国方案、中国智慧。

坚持和发展新时代"枫桥经验"提升矛盾纠纷预防化解法治化水平理论研讨会会议实录

2023年11月23日上午，坚持和发展新时代"枫桥经验"提升矛盾纠纷预防化解法治化水平理论研讨会在北京西直门宾馆隆重召开。本次会议由中国法学会民事诉讼法学研究会主办、法制日报社协办。中国法学会党组成员、副会长王其江，中央政法委副秘书长孙晓芳，最高人民法院党组成员、副院长贺小荣，最高人民检察院党组成员、副检察长宫鸣，司法部党组成员、副部长左力，国家信访局党组成员、副局长孙建立出席会议并讲话。中国法学会副会长、民事诉讼法学研究会会长景汉朝致欢迎辞并总结讲话。会议主题受到社会各界广泛关注，来自全国高等院校、科研机构、司法机关、法律服务机构、新闻单位的50余位专家学者、法律实务工作者、记者参加会议。本次会议设开幕式致辞与发言，嘉宾主旨发言，新时代"枫桥经验"的实践发展、制度探索和理论蕴含专题研讨以及闭幕式总结发言等环节。中国法学会民事诉讼法学研究会常务副会长、北京大学教授潘剑锋主持开幕式、闭幕式。

一、开幕式

景汉朝会长致辞

中国法学会副会长、民事诉讼法学研究会会长景汉朝首先代表会议的主办方和协办单位对出席会议的各位领导、专家学者以及实务部门同志参加今天的研讨会表示热烈欢迎。

景汉朝会长在致辞中指出，召开本次理论研讨会意义非凡。中国法学会民事诉讼法学研究会应认真贯彻落实纪念毛泽东同志批示学习推广"枫桥经验"60周年暨习近平总书记指示坚持发展"枫桥经验"20周年大会的精神，推进新时代"枫桥经验"理论研究与实践工作的进一步创新，为推进基层社会治理体系和能力建设提供学理支撑和智力支持。

景汉朝会长进一步提出，应将习近平法治思想作为"纲"和"魂"，引领全国民事诉讼法学法律工作者积极投身新时代"枫桥经验"的理论研究工作，坚持正确的政治方向，拓展研究领域，贡献原创性研究成果。推进新时代"枫桥经验"的理论研究创新，应当坚持理论联系实际，开展实地调研，充分挖掘、丰富"枫桥经验"的发展规律、理论逻辑与实践做法，推动构建新时代中国特色社会主义实践法学研究体系；坚持矛盾纠纷预防研究与矛盾纠纷化解研究并举，全面整合、实时追踪纠纷化解理论与实践资源，积极探索和加强矛盾纠纷预防治理的研究，为全球的基层社会治理贡献中国智慧和中国力量；坚持多元化纠纷化解程序研究与诉讼程序研究相协同，在便捷高效与规范公正之间寻求最佳的平衡点；坚持加强组织法研究与程序法研究相协同，不仅关注矛盾纠纷本身，还要关注矛盾化解的主体、权责配置及程序；坚持把基层党组织作为基层社会治理的领导力量，推动治理主体从"多中心"向"一核多元"

转变。

王其江副会长讲话

中国法学会党组成员、副会长王其江指出,"枫桥经验"是举世瞩目的中国经验,是我国创造社会长期稳定奇迹的重要法宝。围绕坚持和发展新时代"枫桥经验"、提升矛盾纠纷化解法治化水平展开深入研讨意义非凡。王其江在讲话中进一步指出,准确界定"枫桥经验"的功能定位,是坚持和发展新时代"枫桥经验"的逻辑起点。无限放大"枫桥经验"的功能定位将导致"枫桥经验"的虚化和弱化,应将新时代"枫桥经验"定位于以预防化解矛盾纠纷为中心的基层治理经验与做法;应从"枫桥经验"的起源和中央对"枫桥经验"内涵的界定两个维度把握"枫桥经验"的科学内涵。坚持群众路线、坚持矛盾不上交、坚持少捕人,是"枫桥经验"的三个核心要义;运用法治思维和法治方式预防化解矛盾纠纷,实现基层治理的法治化,是习近平法治思想的实践要求。应正确认识法治与自治、法治化与非诉讼纠纷解决机制之间的关系,凸显法治在矛盾纠纷预防化解中的定位和作用。

孙晓芳副秘书长讲话

中央政法委副秘书长孙晓芳在发言中强调,在新时代"枫桥经验"形成过程中,习近平总书记发挥了决定性作用。习近平总书记的一系列重要指示,是坚持和发展新时代"枫桥经验"的科学指南,要坚决拥护"两个确立"、坚决做到"两个维护",以习近平法治思想指导法学理论研究和法治实践,把握好正确政治方向。新时代"枫桥经验"植根于中华优秀传统文化,凝聚了中华民族的精神和智慧,是我们党治国理政的重要经验,彰显了中国特色社会主义制度优势,要从历史与现实相贯通、国内与国际相比较、理论与实践相结合的高度，研究阐释新时代"枫桥经验"的民族特色、制度优势和时代价值，推出一批有分量、高质量的研究成果。新时代"枫桥经验"是习近平法治思想在预防化解矛盾纠纷工作中的实践运用，要服务法治实践，立足预防、立足调解、立足法治、立足基层，切实做到预防在前、调解优先、运用法治、就地解决，推动矛盾纠纷预防化解法治化。

贺小荣副院长讲话

最高人民法院党组成员、副院长贺小荣在讲话中指出，坚持和发展新时代"枫桥经验"提升矛盾纠纷预防化解法治化水平理论研讨会的召开，是中国民事诉讼法理论界与实务界深入学习贯彻习近平法治思想，认真落实纪念毛泽东同志批示学习推广"枫桥经验"60周年暨习近平总书记指示坚持发展"枫桥经验"20周年大会精神的重要举措，具有重要意义。人民法院应坚持能动司法理念，既要在法律框架内努力寻求案件处理的最佳方案，又要将以人民为中心的发展思想贯穿于化解矛盾、服判息诉的全过程、各环节；人民法院应主动延伸审判职能，立足预防，充分发挥调解法定职能，强化与当地"诉源治理中心"等的衔接协同，将各种矛盾纠纷预防化解方式纳入法治化轨道；人民法院应主动融入诉源治理大格局，紧紧依靠党委领导，强化对调解的常态化业务指导，加强与司法行政机关协同联动，完善会商通报机制，共同做好隐患排查、前端化解、综合治理工作。

宫鸣副检察长讲话

最高人民检察院党组成员、副检察长宫鸣在讲话中指出，坚持和发展新时代"枫桥经验"，既是检察机关践行司法为民的工作方式，也是厚植党长期执政政治根基的重要举措。近年来，全国检察机关紧紧围绕党和国家工作大局，坚持打造新时代"枫桥经验"检察版，建立并推行群众信访"件件有回复"制度、开展行政争议实质性化解和民事检察和解，以检察建议推动加强源头治理，加强治罪与治理并重，多措并举，推进"枫桥经验"在检察工作中落地落实，成效显著。除此之外，通过开展常态化简易听证和上门听证、建立涉检涉诉社会心理服务体系，探索创新常态化的电话回访和群众满意度调查、常态化治理重复信访，以及基层院领导包案办理首次信访申诉案件工作机制，不断提升社会矛盾纠纷预防化解能力。未来最高检将在中央政法委领导下，深入推进矛盾纠纷预防法治化，进一步提升矛盾纠纷预防化解能力，推动矛盾纠纷化解提质增效。

左力副部长讲话

司法部党组成员、副部长左力在讲话中指出，60年来特别是党的十八大以来，"枫桥经验"不断被赋予新的时代内涵，已经成为中国特色基层社会治理的典范。"依靠群众就地化解矛盾"是"枫桥经验"的精髓所在，也是调解工作的价值追求和职责所系。近年来，各级司法行政机关认真履行调解工作指导职责，积极推动构建以人民调解为基础的大调解工作格局，深入开展矛盾纠纷排查化解工作，基本形成覆盖城乡和重点领域、单位的人民调解组织网络，积极推进调解工作向重点行业、专业领域拓展，加强商事调解、行政调解制度建设，创新调解工作机制和方式方法，加强调解理论研究与人才培养，取得显著成效。下一步，司法部将立足新时代新征程新使命，全面贯彻落实"枫桥经验"纪念大会和全国调解工作会议精神，积极推进工作理念创新、制度机制创新、调解理论创新，在更高层次、更广领域发挥调解的基础性作用，为中国式现代化营造和谐稳定社会环境。

孙建立副局长讲话

国家信访局党组成员、副局长孙建立在讲话中指出,在全国上下深入学习贯彻"枫桥经验"纪念大会精神之际,中国法学会民事诉讼法学研究会专门召开坚持和发展新时代"枫桥经验"提升矛盾纠纷预防化解法治化水平理论研讨会意义重大。坚持和发展新时代"枫桥经验"对推进信访工作法治化具有重大意义,为新形势下信访工作的开展指明了方向、提供了遵循。党的十八大以来,全国信访系统在信访法规制度体系的构建、推动化解信访突出问题、源头治理攻坚、信访法治宣传教育等领域取得显著成效。未来国家信访局将狠抓"五个法治化"的落实落地,即深入推进预防法治化,扎实开展信访问题源头治理;深入推进受理法治化,精准送交督办转办;深入推进办理法治化,依法按程序处理信访事项;深入推进监督追责法治化,树立有权必有责,权责相一致,有权要担当,失责要追究的鲜明导向;深入推进维护秩序法治化,树立依法信访导向。推进信访工作法治化要正确处理访与诉、实体与程序以及维权与维稳之间的关系。

二、主旨发言

主旨发言环节由西南政法大学唐力副校长主持。唐力副校长谈道,经过几十年的发展,"枫桥经验"不断被赋予新的内容,注入新的活力,以更加新颖、稳定、完整和系统化的姿态展现出来。2023年是毛泽东同志批示学习推广"枫桥经验"60周年,也是习近平总书记指示坚持发展"枫桥经验"20周年,对"枫桥经验"进行理论研究和理论构建,具有重大的历史意义、理论意义和时代意义。

高其才教授发言

清华大学高其才教授从法社会学视角出发,讨论了"枫桥经验"在乡村基层自治中的体现,指出需要从村组内外部协同用力,才能以村规民约为依托,发挥"枫桥经验"在预防化解纠纷中的积极作用。

基于在广西、四川等地的实地调研,高其才教授认为,村规民约在预防化解纠纷方面的积极作用包含六个要素:一是国家法律的确认;二是社会环境的支持;三是乡村固有的自治传统;四是集体认同心理,这在人口流动性受到限制的山区尤为明显;五是能人治村;六是与时俱进,村规民约也会随国家法治建设进程主动或被动地调适变革。

要发挥村规民约在预防化解纠纷中的积极作用,需要赋予其村组自治权、行政支持和处罚权限。为了避免村规民约被虚化或落后时代,需要从村组内和外双向协力,即在内村组自己严格把关,确定罚款权上限,在外坚持民主性、自治性,需要集体而非个别人达成约定,同时避免地方行政过度介入,政府可以备案、指导,但不能包办代替。

傅郁林教授发言

北京大学傅郁林教授从价值理念、实现路径、正当性以及防止形式化四个层面对"枫桥经验"展开分析,强调人民性、自愿性在实践中的核心地位,反对形式化地理解"枫桥经验"、运动式地推进"枫桥经验"实践。

具体而言,傅郁林教授认为:首先,"枫桥经验"是纠纷解决的一种思考方式,民事诉讼中传统上也会考虑诸如纠纷解决的自治性、人民性等问题,并表达为当事人主义、处分原则,现实中已经出现了违背这些原则的实践,当前强调"枫桥经验"可以重新凝聚共识。其次,"枫桥经验"体现了纠纷解决的社会化路径，党领导下的各个部门需要在一致目标下合作分工，才能提高工作效率。法院提供的是高成本、高质量的纠纷解决服务，需要通过繁简分流的方式区分纠纷类型来适配解决主体。再次，基层社会治理可以和商业社会专业化、行业化甚至国际化的调解并行发展，两条路径虽然都强调自治、自愿，但方法、对象都有差异。商事调解可以成为"枫桥经验"之外的另一种非诉讼纠纷解决路径。最后，目前司法中存在程序空转、案结事不了的问题，此时的调解可以称为"枫桥经验"的形式化。坚持和发展"枫桥经验"不能沦为口号，人民导向、当事人问题解决导向的经验才是正向的。

肖建国教授发言

中国人民大学肖建国教授着眼于调解制度，认为调解前置是诉讼法中实践"枫桥经验"的一个关键节点。调解前置在解决案多人少、化解民间纠纷上具有重要作用，具体从实践来看，突破以法院为中心，将调解力量延伸到基层的"枫桥经验"更具现实意义。完善调解前置需要找好规范抓手、确定适用范围、确保诉讼保障。

调解前置还有几点需要完善：一是需要确定规范基础，现行法上还没有明确规定调解前置，《民事诉讼法》第125条规定的先行调解可以作为调解前置的切入口，北京模式可以结合本条适用。二是需要确定适用范围，现行司法解释和规范性文件对能够前置的案件范围做了相似的规定，如最高人民法院《关于适用简易程序审理民事案件的若干规定》第14条列举了6类采用调解前置方式的纠纷案件，包括婚姻家庭和继承、劳务合同、交通事故和工伤事故损害赔偿、宅基地和相邻关系、合伙合同、诉讼标的额较小的纠纷。中央文件和地方性法规如《黑龙江省调解条例》在此范围上有一些增加，这种扩容有其价值，对涉及身份血缘关系、长期合作关系、相邻关系的案件，调解相比诉讼化解效益更优，具有采用调解前置的必要性。三是需要司法确认作为后盾保障，司法确认需要尊重自治方案，法院对调解进行司法确认时不宜深度干预，其审查是形式审查。

三、专题研讨

专题研讨分为三个单元，分别为新时代"枫桥经验"的实践发展、新时代"枫桥经验"的制度探索与新时代"枫桥经验"的理论蕴含。

（一）第一单元：新时代"枫桥经验"的实践发展

本单元由人民法院出版社总编辑助理韦钦平担任主持人。韦钦平认为"枫桥经验"作为行之有效的基层社会治理模式，在全国各个地区进行了有益的探索和尝试，积累了丰富的经验。接下来各位发言人和与谈人就实际工作中好的经验与做法进行了分享。

在发言环节，最高人民检察院第六检察厅副厅长王莉认为，准确理解和把握"枫桥经验"的内涵与注重群众自我管理作用的发挥非常重要。王莉副厅长主要介绍了检察机关在民事诉讼检察监督工作中开展民事检察和解工作的一些情况，并就如何让"枫桥经验"在解决实际案件中发挥更好作用提出建议。

司法部公共法律服务管理局处长熊飞认为，调解特别是人民调解是"枫桥经验"的集中体现和生动实践，调解具有自主性、广泛性与彻底性等特点。他对调解的类型进行了区分。此外，熊飞处长对调解的未来发展提出了具体建议，指出司法部将加快推进矛盾纠纷非诉讼化解平台和全国调解工作信息平台的建设。

黑龙江省高级人民法院民事审判第二庭庭长李松晓从诉源治理角度分享了黑龙江法院落实新时代"枫桥经验"的一些实践做法，具体包括实现"一村一社区一法官全覆盖"工作、构建一张网智慧化解纷体系、发挥四所一庭一中心衔接联动机制作用与建立全方位联动调解机制四个方面。

浙江省诸暨市人民法院枫桥法庭庭长杜敏丽结合枫桥法庭的实践做法，从历史、现实、未来三个方面进行分享：一是基层枫桥探索坚持好、发展好新时代"枫桥经验"；二是秉承枫桥精神，在与时俱进中坚持好、发展好新时代"枫桥经验"；三是传承"枫桥经验"，在实践应变中坚持好、发展好新时代"枫桥经验"。

河南省郑州市中原区委常委、政法委书记赵洪印认为，坚持好、发展好新时代"枫桥经验"，必须坚持系统思维和强基导向，深入学习贯彻习近平法治思想，正确认识基层治理面临的新情况新问题，做实抓好思想认识要到位、体制机制要健全、组织保障要得力、责任考评要精准与数字治理要赋能五个方面，将"枫桥经验"制度优势转化为效能优势。

在与谈环节，南京师范大学吴英姿教授认为新时代"枫桥经验"的法治化的核心是制度化、规范化与程序化，因此需要"枫桥经验"的实践探索与理论研究相向而行，在多元解纷机制的制度建设层面，需要诉讼制度与非诉讼解纷方式两者的发展相向而行。吴英姿还就创新司法确认模式与完善司法确认程序提出了建议。

中共绍兴市委党校"枫桥经验"研究中心常务副主任刘开君副教授认为，"枫桥经验"重在源头治理与矛盾纠纷预防，这对于城市社区治理也同样十分重要。刘开君分享了关于城市"枫桥经验"的调研成果，提到绍兴市近些年在重点推进"枫桥式系列创建"，2023年的研究重点是对坚持和发展新时代"枫桥经验"的信访经验进行总结。

中国司法杂志社朱腾飞副编审认为,坚持和发展新时代"枫桥经验"是从实践凝结到理论的升华,矛盾纠纷的消除可以从普法、调解仲裁与救济等角度进行消除,矛盾纠纷的预防可以从防患于未然、防患于将来与防患于已然三个层次进行。

(二)第二单元:新时代"枫桥经验"的制度探索

本单元由《中国法律评论》常务副主编袁方主持,他认为通过此次研讨会,人们对"枫桥经验"的意义、经验、理论、实践将产生更为深刻的认识。三位来自法院、仲裁委的实务专家就新时代"枫桥经验"的制度探索分享了实务经验。

最高人民法院立案庭诉讼服务中心建设指导办公室主任徐德芳从推进诉源治理、加强多元调解、纠纷就地化解、创新解纷思路四个方面介绍了最高人民法院在多元化纠纷解决方面的具体做法,并提出坚持和发展新时代"枫桥经验"应重点从增强系统化治理能力、加强多元化队伍建设、提升预防化解法治化水平、发挥信息化支撑作用这四个方面落实工作。

北京仲裁委员会(北京国际仲裁中心)副秘书长陈福勇介绍了在北京仲裁委员会受理案件大幅增长的背景下,申请保全、仲裁裁决书申请执行等案件一直在增长。他对仲裁委员会立案环节的调解、仲裁裁决与法院执行的有效衔接等方面分享了自己的看法,提出应以系统化思维进行纠纷的预防化解,且仲裁环节对于纠纷的预防也可以有效发力。

河北省高级人民法院执行局复议监督庭庭长窦淑霞介绍了河北法院"3+1"工作模式,即一村一法官、一社区一法官、一校一法官,以法官+特约调解员为主导,推进纠纷的就地化解。窦淑霞认为新时代"枫桥经验"将对纠纷的预防、纠纷的实质解决提供有效指引。

在三位主题发言人发言完毕后，北京师范大学熊跃敏教授、中国政法大学谭秋桂教授进行了精彩的与谈。北京师范大学熊跃敏教授感谢三位实务专家分享了各自领域落实新时代"枫桥经验"的具体做法、工作成效与未来规划，同时就新时代"枫桥经验"与法院诉前委派调解谈了自己的看法。熊跃敏教授认为，新时代"枫桥经验"从形式上是预防化解矛盾纠纷的方法，但实质上超越了单纯的矛盾纠纷化解，成为有效的基层社会治理样本。诉前委派调解作为最高人民法院在多元解纷机制探索当中的一种制度创新，需要加强与其他制度的有效衔接。

中国政法大学谭秋桂教授认为三位主题发言人分别从法院立案和仲裁工作、法院工作对"枫桥经验"的制度探索提出了很好的建议和经验，并谈到因制度设计不科学、制度衔接不畅等造成的程序空转，导致了矛盾纠纷的多发。谭秋桂从制度改革提前试点、立法体制科学化、责任承担等角度提出了预防程序空转的建议。

（三）第三单元：新时代"枫桥经验"的理论蕴含

武汉大学占善刚教授从新时代"枫桥经验"的精神内涵谈起，生动阐释了实现新时代"枫桥经验"法治化创新的三条路径。占善刚教授强调，基于纠纷友好解决的视角，应当在法的意义上理解纠纷的内涵。此外，新时代背景下"枫桥经验"的法治创新不能偏离法治轨道，必须严格遵守法律最基本的运行逻辑和原则。

中国政法大学杨秀清教授围绕"'枫桥经验'历史与新时代的对话"这一主题，从"枫桥经验"的历史发展、新时代"枫桥经验"的内涵、从纠纷解决走向基层社会依法治理的路径三个方面，分享了其对于"枫桥经验"的理解及"枫桥经验"在新时代的运用。

上海交通大学王福华教授以"枫桥经验"内涵的变迁作为切入点，

并从纠纷解决体系的现代化、纠纷解决的体系化、纠纷解决体系的法治化三个维度系统论述了"枫桥经验"对于完善新时代纠纷解决体系的意义。

作为本单元的主持人，国际关系学院副院长许可教授对主题发言环节进行了总结。他认为三位发言人并未局限于民事诉讼法学视域，而是从理念上的更新、纠纷解决机制的现代化等方面进行了全方位多维度的理论探索，期待能够真正实现新时代"枫桥经验"背景下纠纷的友好解决。

在与谈环节，姬艳涛主任感谢三位专家关于"枫桥经验"前沿理论的阐释，并分享了公安机关在"枫桥经验"起源发展中所起到的重要推动作用。姬艳涛主任指出，"枫桥式公安派出所"创建所依据的核心标准由"枫桥经验"的核心内涵提炼而出，这一创建活动为基层警务现代化的推进提供了良好的抓手和平台，也取得了显著成效。

北京理工大学周建华副教授则重点分析了调解协议的强制执行效力问题。周建华副教授从国内和国际两个视角分别对调解协议效力的变迁进行介绍，指出尚处于探索阶段的我国，面临着是否应实现调解协议效力由司法确认向强制执行转变的问题，并结合国内外的立法动态，分享了完善司法确认程序及《人民调解法》的建议。

四、闭幕式

景汉朝会长充分肯定了本次理论研讨会的高度、深度、广度和力度，认为此次会议的举办既有利于推动构建中国特色社会主义民事诉讼实践法学研究体系，也助力于为国家治理体系和治理能力现代化提供法治理论保障，充分体现了民事诉讼法学研究紧紧围绕党和国家大局的主旨观、紧紧围绕中国本土实践的实践观,今后中国法学会民事诉讼法学研究会既要对"枫桥经验"保持学术热情,持续贡献学术智慧,更要以此为始,推动形成为党和国家重要战略提供民事诉讼法学理论支撑的研究浪潮。景汉朝会长归纳总结了新时代"枫桥经验"的基层性、预防性、调解性、多元化、法治化等五个特点,指出研究和推广"枫桥经验",要遵守坚持党的领导、坚持以人民为中心、坚持民主、坚持自治、坚持法治等五个原则,要重视解决新形势产生的新问题、信息化时代带来的新风险、道德观念发生重大变化、自治能力不够、法治意识不足等五个问题,要正确处理好理论升华与实践研究、"枫桥经验"与其他社会治理手段、矛盾预防与纠纷化解、非诉讼程序研究与诉讼程序研究、程序法研究与相关组织法研究等五个关系,要在人民调解的基础上推动纯民间调解、律师调解、专家调解、律师代理信访、基层人民法庭职能调整等五个方面的制度创新,还要关注新时代"枫桥经验"法治化的五个方面。

最后,北京大学潘剑锋教授对参会人员的到来表示诚挚的感谢,并宣布"坚持和发展新时代'枫桥经验'提升矛盾纠纷预防化解法治化水平理论研讨会"圆满闭幕。

第一编
"枫桥经验"与营商环境保障

营商环境是企业生存发展的土壤，良好的营商环境对企业发展尤其是民营、外资经济发展至关重要。法治是衡量营商环境的关键指标，是改善营商环境的重要手段，习近平总书记在中央全面依法治国委员会第二次会议上强调，"法治是最好的营商环境"。2024年是新冠疫情后经济恢复发展的一年，全国人民要在党中央的领导下协力促进经济高质量发展，为经济发展和社会发展保驾护航是法院义不容辞的职责。

本编聚焦于以"枫桥经验"优化营商环境、促进经济发展的司法实践。在本编的五篇文章中，北京地区的不同法院结合自身工作特色和审判经验，对实践中的特定诉讼环节、特定纠纷领域提出了在新时代"枫桥经验"指导下的创新举措。

从诉讼程序来看，北京市第一中级人民法院在诉前化解纠纷的通常做法之外，探索了一条充分利用受理案件、以司法经验推进类案治理的道路。类案诉后治理，既要充分解决当前案件，避免后续延伸纠纷；也要以此作为警示，关注同质同类案件的预防方案。

从纠纷领域来看，北京市第四中级人民法院和北京知识产权法院分别具体阐述了"枫桥经验"与消费案件、商标行政案件结合的可能。法院一方面重视案件审理的中心工作，通过裁判梳理标准、助力立法；另一方面积极与相关领域的行政机关、团体协会合作，深入基层实地了解并化解典型纠纷。

营商环境是吸引外商投资的重要因素，国际商事纠纷法治化、多元化解决方式的建立有助于完善外商投资、经营权益的保护机制。北京市第四中级人民法院基于诉讼、仲裁、调解"一站式"多元解纷理论的思考，参考最高人民法院和其他地方法院经验，依托北京法院国际商事解纷中心打造了"北京样板"。

（专题介绍：刘子赫）

类案诉后治理与防范企业涉诉风险

马 强[*]

习近平总书记指出,法治建设既要抓末端、治已病,更要抓前端、治未病。我国国情决定了我们不能成为"诉讼大国"。诉源治理是国家治理体系和治理能力现代化在司法领域的具体体现,是人民法院主动融入国家治理、社会治理的有效路径,也是以审判工作现代化服务保障中国式现代化的重要方式。

北京市第一中级人民法院深入贯彻落实习近平总书记关于"加强矛盾纠纷源头预防、前端化解、关口把控,完善预防性法律制度,从源头上减少诉讼增量"的重要指示精神,立足中级法院职能定位,对"以案为本、以案治本"的诉源治理新模式进行了积极实践和探索,促进诉源治理工作从"有"向"优"发展。北京一中院聚焦企业涉诉风险防范化解,积极向后延伸审判职能,做深做实类案诉后治理,从"以案控源""以案提策""以案促治"三个维度精准发力,推动涉企纠纷止于未发、

---

[*] 马强,北京市第一中级人民法院党组书记、院长。

化于未讼,努力为法治中国首善之区建设贡献司法力量,在中国式现代化新征程中彰显法院担当。

一、直击根节儿:中级法院的"诉之源"与"治之道"

作为一种基层矛盾纠纷的预防和解决机制,"诉源治理"是基层社会治理的创新发展。基层是社会的细胞,它既是产生利益冲突和社会矛盾的"源头",也是协调利益关系和疏导社会矛盾的"茬口",需要筑起基层这个维护社会稳定的第一道防线。因此,诉源治理在政策重点和治理实践上,都强调实现"基层善治",这也决定了基层法院身处审判体系与纠纷调处的"桥头堡"地位。诉源治理的工作重点在于以全面推进一站式多元解纷和诉讼服务体系建设为主要抓手,大力发展非诉讼解纷机制,融入党委和政府领导的治理大格局中统筹整合各方面资源力量,推动形成源头预防化解矛盾纠纷的最大合力。

不同于此,中级法院兼具矛盾化解与规则治理的职能定位,这就要求在做好多元解纷衔接互通之外,应探索更加契合职能优势的纠纷源头防控模式,以更好发挥中级法院在区域治理中的职能作用。

(一)从纠纷的不同时点看中级法院"诉之源"

一般而言,纠纷从产生到解决的整个过程大致可以划分为"产生阶段""发酵阶段""救济阶段"三个主要阶段。处于不同阶段的"诉源",解纷需求存在不同,治理方式亦存在差异。在产生阶段,对应的化解需求是净化纠纷发生的土壤,预防纠纷产生,故治理重点在于治理苗头隐患,即在矛盾发展成实质性纠纷之前做好源头预防,防止矛盾激化、扩散或叠加。在发酵阶段,解纷需求是减少激化矛盾的因素,防止矛盾纠纷升级为案件，故治理重点在于矛盾纠纷治理，即积极运用非诉方式，把调解、和解、协商、仲裁等非诉讼纠纷解决机制挺在前面，使纠纷化解于进入司法程序之前。在救济阶段，解纷需求是将纠纷化于诉内，做到案结事了政通人和，故治理重点在于衍生案件治理，强调纠纷实质性化解，减少案件经初审程序做出裁判后因上诉、发回重审、申请执行、申诉信访等事由形成的衍生案件。

由此，中级法院的"诉之源"包括三方面：一是潜在纠纷未能在初始得以遏制而激化为诉讼案件，即由中级法院审理的一审案件；二是案件办理过程中派生出了其他案件，以及案件办理之后又衍生出案件；三是司法裁判的预防功能未能有效发挥，导致同质化、类型化案件反复出现、诉争不止。这三大诉源均与中级法院的职责本位直接相关。

（二）从法院的职能体系看中级法院"治之道"

司法裁判是人民法院的主责主业，也是诉源治理工作的主战场。中级法院处于我国金字塔型法院架构中"承上启下"的"塔腰"位置，其主要职能定位于努力实现二审有效终审、精准定分止争，且在实践中很大程度上承担着指导辖区内案件法律统一适用的功能。这与基层法院重在查明事实、化解矛盾、分流案件的审级职能存在区别。因此，中级法院在运用法治精神影响和约束社会主体的思维与行为模式、培育和强化规则意识方面的作用更为突出。

将中级法院的独特优势充分转化为诉源治理效能，应立足司法裁判职责，在外向联动其他治理主体的同时，以案件裁判为基本引领，充分挖掘诉讼内部的诉源治理资源，实现"内外兼修"的治理模式。一方面，通过裁判尤其是典型案例、规则指引的发布，将裁量因素、适法标准加以释明，向社会传递、输送明确的解纷规则信息，从而为公众选择适用权利救济渠道提供合适的指引；另一方面，通过对个案进行法律评判，对某种法律行为作出褒贬性评价，引导社会对司法公正和是非曲直的认同，起到源头解纷和矛盾预防的作用。

因此，中级法院诉源治理可从判决导向、规则供给、价值引领等方面发力，将工作重点由诉讼前端的多元解纷格局转向诉讼末端的"类案诉后治理"，进一步发挥案件审理特别是多发类型化案件在规则树立、道德引领、利益调整、行为引导、观念塑造等方面的作用，通过"以审理促治理"开展诉源治理工作，并在多元协同共治的社会治理体系中扮演好自身的角色，最终促进矛盾纠纷的源头管控、根本预防。为有效发挥类案诉后治理的积极作用，北京一中院将服务保障民营经济发展壮大作为工作重点，着眼企业高质量发展和法治化营商环境建设，聚焦企业涉诉纠纷诉源治理，通过个案价值类案化，推动中级法院司法力量向引导端用力，探索建立了"以案控源""以案提策""以案促治"三位一体的类案诉后治理机制，取得积极成效。

二、以案控源：集成全流程法律指引，止纠纷于未发

抓源治本，重在预防。治源的关键在于釜底抽薪，直接治理净化矛盾纠纷产生的社会土壤，这既是有效减少矛盾纠纷增量的治本之策，也是治理的终极目标。对于司法审判而言，判决并不是纠纷处理的最终环节，如果仅仅一判了之，往往容易出现"此案刚结，彼案又生""此地虽息，彼地又起"的现象。对于易发高发的类型化案件，法院审理的不只是纠纷本身，更是引发纠纷的原因。只有案件发生的原因得以消除，案件才能越审越少。鉴于此，北京一中院加强涉企案件规则总结指引，把个案指导与类案办理、诉源治理相结合，制定发布《企业全流程法律风

险防范指引》，为企业诉讼源头管控提供了有益经验。

一是由果及因，解剖式反向审视涉企多发案件。北京一中院具备独特的审判区位优势，中关村科学城、未来科学城、中关村国家自主创新示范区均坐落其中，上万家国家级高新技术企业稳定扎根，一大批瞄准前沿的创新成果持续涌现，先进能源和医药健康等千亿级产业集群加速崛起。辖区内经济社会活动繁荣活跃，高级管理人才密集，但这也恰恰促使本辖区成为企业纠纷的易发区域。司法大数据显示，北京一中院十余年共审理公司类案件近3 000件，2020年至今审理的民商事案件约63%涉及企业，其中合同纠纷、劳动争议、公司类纠纷占比共计约86%，竞业限制、股权激励等新型案件数量显著增加。大量同质化、类型化的涉企案件反映出，在行业瞬息万变、技术迭代迅速的大环境中，企业面临的法律风险日趋复杂。如在哈维斯特破产重整案中，该公司虽拥有较为先进的生产设施，但因内部治理、外部交易等法律风险防范不足，最终导致资金链断裂、无力清偿债务。这充分揭示出，与企业经营发展相伴随的，不仅有公司章程、资本、机构权利配置等内部治理风险，亦存在合同订立、履行、解除等交易经营中的风险；既有劳动关系、高级管理人员等内部用工风险，亦有清算重整等市场退出阶段的风险。然而，与此相对，企业对法律风险的防范化解能力却没有同步加强，管理经验缺乏、合规建设滞后、法律风险防范意识不足等问题在企业经营发展过程中不同程度地存在，成为制约企业规范持续健康发展的不利因素，甚至攸关生死存亡。因此，对于企业涉诉纠纷，个案的定分止争可以"治标"，通过案件审理发现并促进涉企矛盾风险的预防能够"治本"。北京一中院通过"解剖式"深挖精研司法案例，反向审视涉企案件背后反映出的生产经营薄弱环节及深层问题，找准找实企业发展风险点和司法供给发力点。

二是由点及面，集成式守好企业全周期生命线。北京一中院不仅有传统民商事案件的多年审判积淀，还有北京破产法庭集中管辖全市破产案件的专业审判优势，审理的案件范围涉及企业从"生"到"死"全生命周期。基于此，北京一中院积极发挥能动司法作用，全面梳理近年涉企纠纷，在个案解剖、类案分析并深入大中小微、专精特新各类企业广泛调研的基础上，瞄准企业涉法涉诉风险高发区，形成《企业全流程法律风险防范指引》（简称《指引》），使"个案智慧"转化为"类案经验＋治理规则"。《指引》以企业发展全生命周期为主线，以公司初创期法律风险、内部治理法律风险、外部交易法律风险、终止期法律风险四大部分43项内容为主体框架，为企业提供从创办、成长到退出"全覆盖"，从规范内部治理到防范外部风险"全方位"的司法保护。通过风险提示、案例指引、一次性告知单、法律文件索引等模块，以通俗易懂的方式释法答疑，引导企业及时对照"体检报告"，精准指导企业防范化解创立经营中的各种法律风险难题。初创期围绕公司章程、注册资本等风险，夯实企业建章立制根基，助力企业在制度与资金的双向发力中茁壮成长。成长期由"内部治理风险防范"和"外部交易风险防范"两翼护航，直指企业26个方面的热点、难点、痛点问题，提升企业合规建设精细化水平。终止期作为全生命周期的最后一环，致力于改变社会对破产是走向死亡"地狱通道"的刻板印象，清晰区分强制清算程序、破产清算程序、重整程序、和解程序的不同，让处于困境的企业树立司法救治意识，及时寻求破产保护，盘活社会资源，实现破茧重生。《指引》内容贴近企业经营实际，切合行业发展状况，为企业加强合规建设、优化管理模式、预防涉诉风险起到了切实推动作用。

三是由表及里，渗透式压降企业后续潜在纠纷。《指引》突出"以讼止讼"的功能导向，通过梳理全流程涉企纠纷处理规则，精准"把脉"，揭示问题，提示风险，开出"预防良方"，压实涉企诉源治理闭环。特别是针对实践中的一些中小微企业限于资金短缺、人力不足，无力设置专门法务部门或聘请法律顾问等难题，《指引》着力引导企业清楚认识经营风险的"前车之鉴"，一旦成讼，将承担诉讼成本甚至法律责任，从而帮助企业从源头上堵塞经营管理漏洞，助力企业知风险、防风险、抗风险、稳发展。2023年6月，北京一中院召开新闻发布会将《指引》（目录见图1）向社会正式发布，获社会各界高度肯定，受到众多企业的关注和青睐。中央政法委官方网站、北京电视台等二十余家主流媒体宣传，《人民法院报》头版大版面专题报道，最高人民法院官方微信全文刊载，《指引》电子版全文二维码有3万余人次扫描。北京市破产管理人协会、北京市律师协会来函致谢，多家公司通过12368热线发送授课培训邀约，普惠辐射力度加速提升。有的濒临破产的企业通过司法挽救有效化解债

目录	仅供参考	
一、公司初创期法律风险 ... 1		（十五）约定合法的竞业限制条款 ... 52
（一）公司章程应当载明的事项 ... 1		（十六）设计科学合理的股权激励 ... 57
（二）章程中的个性化条款 ... 4		（十七）公司解散的启动和情形 ... 61
（三）修改公司章程的程序性流程 ... 6		三、公司外部交易法律风险 ... 63
（四）公司注册资本实行认缴制和实缴制 ... 9		（一）合同的订立流程 ... 63
（五）股东转脑出资 ... 12		（二）合同效力的认定 ... 65
（六）认足出资后应当设立公司并签发出资证明书 ... 13		（三）合同解除的情形及后果 ... 66
（七）以非货币财产出资 ... 15		（四）违约责任的认定 ... 69
（八）禁止抽逃出资 ... 16		（五）债权人代位权的行使 ... 71
（九）公司设立失败的责任承担 ... 18		（六）债权人撤销权的行使 ... 72
二、公司内部治理法律风险 ... 19		（七）买卖合同标的物的验收 ... 74
（一）优化公司内部治理结构 ... 19		（八）承揽合同任意解除权的行使 ... 76
（二）有限责任公司可探索建立双重股权结构下的公司治理模式 ... 24		（九）保证合同的保证方式 ... 77
（三）公司可根据发展情况，适时调整利益分配结构 ... 25		四、公司终止期法律风险 ... 79
（四）建立健全公司内部各项配套规章制度 ... 26		（一）依法履行清算义务 ... 79
（五）建立健全董监高的培训、警戒机制 ... 26		（二）司法强制清算 ... 81
（六）公司高级管理人员劳动关系的建立 ... 28		（三）正视破产，拒绝"谈破色变" ... 82
（七）公司高级管理人员劳动合同的履行和变更 ... 32		（四）避免不当财产处分行为 ... 84
（八）公司高级管理人员劳动合同的解除和终止 ... 37		（五）有关人员积极履行法定义务 ... 86
（九）科学合理开展融资 ... 41		（六）公司股东相关权利受到限制 ... 88
（十）规范股权转让交易，合法合规防控风险 ... 43		（七）发挥重整挽救功能 ... 89
（十一）健全担保决策机制，谨慎授权严格审查 ... 44		（八）和解可快速清理债权债务 ... 91
（十二）制定和完善关联交易管理制度 ... 46		附录：合伙企业法律风险防范指引 ... 93
（十三）严格依照法律规定规范增资流程 ... 48		
（十四）严格依照法律规定规范减资流程 ... 50		

图1 《企业全流程法律风险防范指引》目录

务危机，在开启重生新征程后依照《指引》要求规范经营，盈利状况持续向好。如哈维斯特公司经司法重整恢复生产，已完成全部债权及破产费用的清偿，每月营收超百万元。北京一中院以此为契机，将审判职能向后延伸到纠纷产生的初始源头，精准提供政策引导和法律指导，常态化开展"送法入企"活动，对涉企典型案例、法律解读、裁判观点等予以深入学习，提示企业牢记"前事不忘，后事之师"的古训，在经营发展中避开雷区陷阱，从而将纠纷止于未发、化于未讼，切实发挥了法治推动矛盾风险"源头压降"的作用。

三、以案提策：联动多主体纾难堵漏，解纠纷于萌芽

北京一中院坚持问题导向和系统思维，以涉企类案集中反映的争议问题为靶心，深度开展分析研判，加强对案件背景、成因、特点和社会影响等方面的剖析，认真查找社会治理方面存在的监管漏洞和制度缺失。同时，以司法建议和纠纷实质化解作为法院发挥司法职能助推诉源治理的重要发力点，切实提堵漏建制之策，献有力有效之计，2020年至2023年制发司法建议112份，开展府院联动94次，以"小切口"的互联互通解决"大问题"的社会治理。

一是问题共解行业共治，推动营商环境优化升级。针对企业纠纷寻找根源对症下药，探寻案件背后的深层次、普遍性容易引发纠纷、阻碍行业发展的问题，向相关单位提出具有专业性、可行性、长远性的司法建议，从而及时发出风险预警、堵塞管理漏洞、规范行为方式，形成有效的纠纷前置化解预案。推动完善行业监管，就保险从业人员参与的非法集资案件向监管部门提出司法建议，推动监管部门组织行业整改落实，强化行业禁入机制，规范市场销售行为。破除行业乱象堵点，就涉网约

车企业案件反映的网络运输驾驶员提供代驾服务时存在法律意识欠缺、安全意识不足、服务不规范等问题,向滴滴代驾平台提出司法建议,督促代驾行业整改,有效净化市场环境;针对网络直播平台与主播间新型劳动关系问题向相关企业发送司法建议,助力更新优化合同内容,厘清多主体法律关系,提升企业举证意识和能力,推动新业态新经济健康发展。优化政府涉企服务,针对医疗企业注册登记时行政机关存在的行政检查与许可审批程序衔接不畅、行政检查公示内容不规范、行政许可中止审批程序不完整、审批程序超过法定期限等问题向政府相关部门发送司法建议,助力政府依法行政。规范企业内部管理,结合金融机构职务犯罪案件,分析银行在经营管理过程中存在的漏洞,针对印章管理、一把手监督、企业合规文化建设、风险流程管理等方面,逐案发送司法建议,帮助银行合规经营,使风险在源头端得到消解。

二是有始有终力促共识,确保司法建议落地有声。抓好与被建议单位的沟通协调和跟踪反馈,促使被建议单位形成司法建议不是"打板子"而是"金点子"的共识,最大程度争取被建议对象的理解与认同,推进司法建议有效落地,推动依规办事、依法行政、公正司法更加紧密结合、高效衔接。近几年北京一中院司法建议回函率近 65%。"强沟通"抓好司法建议跟踪反馈。聚焦司法建议单位回复及问题整改落实难等痼疾,在发送司法建议后,通过电话、座谈、实地走访等形式加强与被建议单位的沟通协调,定期跟踪回访对司法建议的回复、采纳、落实等情况。"强联动"提升建议工作实效。联动问题相关部门汇聚治理合力,在向被建议单位发送司法建议的同时,向其上级主管部门同步抄送,借助上级推力督促责任单位力行整治。拓展建议主体范围。在中关村电子交易市场强迫交易系列案件中,针对该案暴露的地域管理漏洞问题,向主管机关发送司法建议,后会同相关职能部门联合开展专项整治,助力中关村电子市场产业升级转型，切实发挥办理一案、治理一片的涟漪效应。召开新闻发布会通报司法建议参与社会治理典型案例，提升司法建议工作效能。

三是释放部委类案"塔尖效应"，实质化解涉企行政争议。北京一中院管辖的以国家部委为被告的一审行政案件多，覆盖发改、财政、自然资源、城乡住建、市场监管、食品药品、教育行政等多个领域。北京一中院以"企业诉部委"类案为基础，深挖矛盾根源，研究争议规律，深化府院良性互动，规范行政执法，预防纠纷产生，为企业发展营造良好法治环境。构筑常态化联动平台。采取座谈会、立法咨询、重大事项论证、授课宣传、合作调研等多种方式，就政府管理服务各环节存在的法律问题和发展瓶颈深入交流。区分行政机关级别及行政领域精准设立联动目标，确保多方、多领域、多专业参与。近年，北京一中院与各级政府协同发力，妥善处理了村集体腾退纠纷、涉密政府信息归口纠纷、市场主体登记纠纷等多批次纠纷，达成源头治理的具体路径。区分涉企行政争议成熟度精准施策。在行政行为实施阶段发挥"咨询职能"，对重大政策落地、新法实施、行政标准调整等问题提出建议。在行政机关解决争议阶段发挥"智库职能"，避免矛盾纠纷演化成诉讼案件。在案件审理阶段发挥"裁判职能"，找准企业利益需求，协调行政机关、民间调解组织、基层管理组织及社会力量参与，力求实现诉中化解。在案件宣判后发挥"息诉职能"，充分开展判后释法答疑工作，促使当事人主动履行判决，避免产生衍生案件。加强行政执法涉诉行为源头治理。面向易引发行政争议的执法领域，着力推动建设信息沟通机制，将执法工作情况、应诉情况确定为定期交流项目。与辖区行政机关研究明确执法标准，统一法律适用，平均每年举办联动座谈20余次，不断增进法治共识。发布涉部委典型案例、生态环保典型案例、信息公开白皮书等，为行政执法提供"体检报告"，引领相应领域执法标准规范统一，减少涉诉风险。

四、以案促治：融入社会治理大格局，消纠纷于诉外

类案之于个案而言，提炼了大量案件中蕴含的共性特征和典型社会矛盾关系，凝聚了法院在事实、法律之间的价值取向和对法律规则的深刻阐释，更能为社会公众提供合理预期，促使企业提前预测诉讼风险，形成理性判断，从而实现从定分止争到预防纠纷、从解决表层矛盾到解决深层困境的转向，达到审理一案、教育一片、治理一域的实效。北京一中院切实发挥类案治理功能，通过健全涉企类案审理机制建设、化解涉企大要案外溢风险、加大涉企案例发布力度等举措构建助企服务保障体系，抑制类案多发高发，切实发挥司法在诉源治理中的参与、推动、规范和保障作用。

一是完善助企审判执行机制建设，有效减少企业诉讼增量。加大诉前调解力度，深入推进多元调解，积极与"总对总"调解组织合作沟通。出台《委派调解案件补贴发放细则》，进一步发挥行业性专业性调解的保障激励作用。构建"诉前调解＋司法确认"程序衔接机制，推进大标的民商事及破产清算衍生诉讼诉前调解。2023 年，北京一中院有 5 起案件达成诉前调解，平均用时 20 天，涉案金额 3.7 亿元。完善调解执结机制，制定《商事案件调解执结工作指引》，以"审判＋调解"双进程同步推进的方式，力争"一揽子"审理企业关联诉讼。北京一中院为帮助涉案企业渡过难关，综合考虑企业背景、经济环境及疫情影响，通过风险指引和合规建议，促成多起案件调解执结。定期跟踪履行情况，引导涉案企业主动履行或实现债权标的金额共计 6 亿余元，切实为企业纾困解难。建立企业信用修复机制，为履行完毕的被执行人第一时间修复信用，保障其在融资信贷、招标投标、市场准入、资质认定等方面可持续发展。

2023年，北京一中院为一家国家级高新技术小微企业开具首份信用修复证明（见图2），明确该企业已经履行完毕法定义务，法院已停止对其采取的失信惩戒措施，有效解决了该公司申请银行续贷的燃眉之急，获得企业高度认可。

图2 北京一中院首份信用修复证明

二是推进府院协调联动机制，协同化解涉企案件外溢风险。主动从"事后协调"向"事前联动"延伸，构建多环节、多途径的府院联动新机制，统筹解决办理破产外溢性问题，协同化解企业困境，推动破产企业有力挽救或有序清退，实现公正司法、有效市场和有为政府更好结合。全局联动整体发力，北京一中院在处理紫光集团合并重整案、方正集团合并重整案、华谊营销顾问公司重整案、包商银行破产清算案等疑难复杂破产案件中，依靠政府支持配合提前预判化解金融风险，促进资产顺利交割，保证破产程序依法依规，为案件顺利推进提供了坚实保障。在千亿级高科技企业紫光集团重整案中，有效化解1 500多亿元债务，引入600亿元投资，集团体系内298家企业持续运营，企业实现脱困复兴。

通过裁定批准55家企业重整计划，引入投资1 500多亿元，化解各类债务5 500多亿，帮助800余家企业持续运营，稳住9万多职工的工作岗位。持续提升府院联动广度深度，协调联动有关政府部门、"一行两会"同向发力，积极与全国工商联、中国证监会、北京证监局、海淀区金融办等单位联系，通过监管与司法双线核查准确识别企业重整价值达成共识，实现中小微企业、上市公司等特殊主体纠纷的预防性化解。与市发改委等单位协调联动，建立北京市企业破产和市场主体退出工作联席会议机制，助力打通不动产处置、信用修复、财产查封等破产程序中的痛点堵点，及时协调各类涉破产监管事项，提升管理人履职便利度，妥善化解企业破产案件外溢风险。在龙源冷却技术有限公司破产案中，管理人带封处置破产财产，法院协助财产解封、过户，买受人顺利取得竞买财产权属证书，切实解决破产企业不动产处置难、过户难的现实困境。有效提升府院联动实操性，清晰界定破产程序中司法权和行政权的职能分工，充分发挥行政权的介入作用和属地职能。遵循破产案件审理司法规律，明确破产企业不同于正常经营企业的特殊处理规则，为破产企业重整或退出提供便捷绿色通道。加强沟通培训，凝聚府院共识，引导相关政府部门窗口人员充分了解破产制度及管理人权责，提升制度落地实效，筑牢府院工作基础。

三是多向发力打出"司法惠企"组合拳，赋能社会治理法治化。普法矩阵营造法治营商氛围。2023年以来，北京一中院召开多场新闻发布会，发布涉企改革创新、股权激励、司法挽救、消费者保护等系列专题典型案例，通过"两微一端"持续刊载法律解读、裁判观点。常态化开展进企业授课活动，进一步提升普法工作的针对性、时效性。与全国工商联联合开展的劳动法进民企暨企业合规用工"云"讲堂活动有51万人次参与，取得良好效果。加强涉企典型案例培育，2起企业劳动争议案件入选最高法院指导性案例，1件案件入选"新时代推动法治进程2022年度十大案件"，3起案例获评全国法院十大商事案件，2起涉企案例入选最高法院典型案例，3件案例入选"全国破产经典案例"及提名奖。强化法企良性互动，与企业代表广泛交流，深入首钢集团、中关村科幻产业创新中心及科技公司、经开区高端医疗器械产业园、美团、阿里巴巴、汇源、小米企业等实地走访，赴北京证券交易所开展调研，问需于企、问计于企。深度参与纾解退出工作政策培训会、"政策公开讲"等专场解读会，倾听企业意见建议，切实解决企业急难愁盼问题。与全国工商联，北京市发改委、市场监管局、科委、中关村管委会、经开区管委会等部门以及代表委员、专家学者围绕市场主体权利保护、世界银行新营商环境指标体系、困境企业拯救等主题座谈研讨多次，切实为防范化解企业法律风险、推动涉企诉讼源头管控、推动企业高质量发展提供坚实有力的司法保障。

（责任编辑：刘子赫）

完善提升国际商事纠纷"一站式"多元解纷机制

单国钧[*]

国际商事纠纷解决机制是涉外法治建设和法治环境、营商环境的重要内容。在国际范围内,多元化纠纷解决机制都是基本的发展方向。近年来,在我国加快对外开放的过程中,不少地方开始了对于涉外商事纠纷(国际商事纠纷)多元化解决机制的探索。2018年,中共中央办公厅、国务院办公厅印发了《关于建立"一带一路"国际商事争端解决机制和机构的意见》(简称《意见》),围绕"一带一路"倡议从国家层面正式开启了我国国际商事纠纷多元解纷机制的建设,特别是提出了"一站式"的特色发展要求。根据《意见》,法院是我国国际商事纠纷多元解纷机制的基本依托,由最高人民法院设立国际商事法庭,牵头组建国际商事专家委员会;同时,以调解、仲裁为重要方式,推动建立诉讼与调解、仲裁有效衔接的多元化纠纷解决机制;突出"一站式"方式,以

---

[*] 单国钧,北京市第四中级人民法院党组书记、院长。

"一站式"推动诉讼与调解、仲裁的有效衔接,并实现便利、快捷、低成本解决纠纷的效果。应当说,国际商事纠纷"一站式"多元解纷机制(简称"一站式"机制)吸收了我国国内民商事纠纷"一站式"机制的经验,其意义在于使诉讼与调解、仲裁有效衔接、紧密配合,从而实现便利、快捷、低成本的基本效果和最大优势。《意见》印发后,我国国际商事纠纷多元解纷机制在中央、地方两个层面展开快速推进,"一站式"机制的平台建设也多点铺开,短期内取得了很大的进展。但同时,也应当看到,与"统筹国内法治与涉外法治"的要求相比,与服务保障"一带一路"倡议全面落实和我国对外经贸关系快速发展的需求相比,无论在操作层面还是制度层面,我国的国际商事纠纷"一站式"机制还有很大的完善、提升空间,并且这种完善和提升具有相当的紧迫性。与此相联系,"枫桥经验"作为我国预防、解决矛盾纠纷乃至社会综合治理、国家治理的典范性经验,具有与时俱进、不断创新的品格,并有深厚的历史文化内涵,应当是发展完善我国国际商事纠纷"一站式"机制的重要文化与经验支撑。深入汲取"枫桥经验"的理念、思路,对于完善、提升国际商事纠纷"一站式"机制一定能够发挥积极的建设性作用,这个过程同时也是对"枫桥经验"的弘扬与再发展。习近平总书记在中共中央政治局第十次集体学习时强调,要加强涉外法制建设,营造有利法治条件和外部环境。这进一步要求我们在理论和实践上加强自觉、加快步伐,努力推动、做实我国国际商事纠纷"一站式"机制的完善。

一、我国"一站式"机制建设的概况

在中央层面,为深入贯彻落实《意见》,最高人民法院于 2018 年 6 月 29 日在深圳、西安分别设立第一、第二国际商事法庭。2018 年 8 月

26日成立国际商事专家委员会，经三批次共聘请了61名国际商事专家委员。建立诉讼与调解、仲裁有机衔接的"一站式"机制，经两批次共选定10家国际商事仲裁机构和2家国际商事调解机构，并特邀国际商事专家委员以调解员身份加入。2021年7月21日，最高人民法院依托多个诉讼服务与网络系统，建成"一站式"国际商事纠纷多元化解决平台并上线启动，实现了国际商事法庭诉讼机制与调解、仲裁机制的在线对接和信息共享，并为中外当事人提供立案、调解、证据交换、开庭等纠纷解决全流程线上办理。该平台提供中英文服务界面，还融合了最高人民法院域外法查明统一平台的功能。

在地方层面，最高人民法院在全国涉外商事案件比较集中的地方布点批准设立国际商事法庭，自2020年底以来在苏州、北京、成都、厦门、长春、泉州、无锡、南宁、杭州、宁波、南京、青岛设立了共12个国际商事法庭。同时，多个地方积极推进"一站式"机制平台建设。经不完全统计，截至2023年11月，全国依托地方法院设立的"一站式"国际商事纠纷多元解纷中心有10多家，如北京法院国际商事纠纷一站式多元解纷中心、上海浦东法院涉外商事纠纷一站式解决工作室、淄博涉外商事纠纷调解中心、江西景德镇国际商事一站式解纷中心、浙江青田"一带一路"国际商事调解中心、深圳市涉外涉港澳商事一站式多元解纷中心、深圳前海合作区国际商事争议解决中心、粤澳涉外纠纷调解中心、佛山涉外涉港澳台商事一站式禅城多元解纷中心、重庆国际商事一站式多元解纷中心、成都天府中央法务区涉外商事一站式多元解纷中心、成都青白江法院涉外商事一站式多元解纷中心（铁路港片区）、大连经济技术开发区人民法院国际商事多元解纷中心、长春中院一站式多元解纷中心。

上述地方性的"一站式"机制平台进一步体现出"一站式"机制是

我国国际商事纠纷解决机制的突出特色。这些机制平台有以下几个共同特点：

其一，以法院为依托，引进调解组织和仲裁机构，形成"诉讼＋调解＋仲裁"的基本工作格局。"一站式"机制之所以以法院为依托，原因在于，诉讼是最基础、最重要、最权威的纠纷解决方式，对于调解、仲裁有着支持、保障和指导、监督的作用。在依托法院的"一站式"平台之外，还有不少地方由司法厅（局）牵头组织国际商事纠纷解纷中心，突出调解的作用，并注重引入知名仲裁机构，这些解纷中心通常也会和当地法院建立密切的业务合作衔接关系以获得有力支持，可以说是"一站式"机制的发展中版本。

其二，衔接的重点是诉调对接。如，在工作流程上，虽然常有法院在审理案件中委派调解，但主要是由法院在当事人起诉的案件中甄别适合调解的案件，经当事人同意后导入"一站式"平台的特邀调解组织进行调解，调解成功后当事人可就调解协议向法院申请司法确认。又如，在调解员聘任与使用上，基于调解涉外案件和涉港澳台案件的需要，平台一般会通过特邀调解组织引进部分外籍调解员或港澳台的调解员，并运用"双调解"方法，由境内、境外调解员分别对境内、境外当事人做调解工作。这在广东、海南、福建、江苏、浙江等地尤为突出，在实践中发挥了积极的作用。再如，在具体机制上，实行中立评估机制，聘请相关专业领域的专家担任中立评估员，由法院建议当事人选择中立评估员出具评估报告对判决结果进行预测，以促进当事人自行和解或接受调解。

其三，诉仲衔接的内容较少。主要是在法院有管辖权的情况下，对仲裁当事人申请保全和申请执行提供支持。有的法院在这方面也有创新，如北京四中院探索仲裁司法确认案件诉前调解机制，针对申请确认仲裁协议效力的案件开展前端评估，对于仲裁协议明显有效的，通过诉前指引，引导申请人到对应的仲裁调解机构进行仲裁前调解，调解成功既可以使当事人少走弯路，亦可节省当事人的解纷成本，从而发挥出诉仲对接的优势。

其四，功能内涵不断延展。不少平台在诉讼、仲裁、调解衔接配合的基础上，从为便于解决涉外商事纠纷提供服务保障角度考虑，把涉外翻译、域外法查明等相关机构吸纳进来，有的还进一步把咨询、公证、评估等相关机构引入。如深圳市涉外涉港澳商事一站式多元解纷中心整合当地法律资源，形成了咨询、调解、仲裁、诉讼、公证、评估"一站式"国际化法律服务的新体系。这和近年来我国一些地区兴起的中央法务区的发展有契合之处。我国的中央法务区以四川天府中央法务区为肇始，注重的是各类法律资源的整合、融合，建成了全链条全周期的法律服务体系和公正、高效的司法保障体系，由此形成良好的法律服务保障环境，并促进法律服务产业的发展、增长。中央法务区的一个重点就是涉外商事法律服务保障，有的地方的中央法务区在完成"建平台、聚资源"之后迈进"提功能、升业态"的过程中，在精细化发展路径上也在积极推进国际商事纠纷"一站式"机制平台建设，如海丝中央法务区就在构建全链条国际商事海事纠纷解决体系。

其五，充分运用信息化。多数"一站式"平台的中心网站与特邀进驻机构的线上工作平台相衔接，实现线上诉、仲、调"无缝"链接，同时，打造全流程线上解纷平台，实行线上＋线上、现场＋远程服务，由此极大地方便了当事人。

二、对"枫桥经验"的探讨和对"一站式"机制的检视

(一) 对"枫桥经验"的探讨

"枫桥经验"是在我国社会主义教育活动期间创造的处理人民内部矛盾的经验,其基本内容是"发动和依靠群众,坚持矛盾不上交,就地解决,实现捕人少,治安好"。"枫桥经验"的基本性质是预防纠纷、解决纠纷的理念与方式方法。在不同历史时期,"枫桥经验"都有新的发展,增加了新的内涵和方法。在改革开放和社会主义现代化建设新时期,"枫桥经验"实行专群结合、群防群治,被广泛应用于社会治安综合治理和基层社会稳定,成为社会治安综合治理的典范。党的十八大以来,在全面依法治国的时代背景下,"枫桥经验"实现方法上的法治化转型,在法治轨道上运行发展,广泛应用于基层矛盾化解、维护基层稳定和平安建设,又成为基层依法治理的经验。从"小事不出村,大事不出镇,矛盾不上交"发展到"矛盾不上交,平安不出事,服务不缺位";从直接针对矛盾纠纷的预防、化解发展到立足源头治理、制度建设预防和化解矛盾纠纷。"枫桥经验"是党治国理政的重要经验。要通过坚持和发展新时代"枫桥经验",完善相关制度、机制,努力将矛盾化解在基层。

应当说,"枫桥经验"是与时俱进的工作经验,其基本的品格是守正创新。这里的"正"也就是"枫桥经验"的本质属性,创新均是围绕本质属性的创新。其本质属性包括:一是坚持党的领导。"枫桥经验"围绕基层治理、统筹各方面资源力量,充分体现了党总揽全局、协调各方的领导优势。二是以人民为中心。"枫桥经验"始终坚持群众路线,"为了群众,依靠群众",最大程度发动群众力量,实现人民群众的最大利益。三是服务保障大局。"枫桥经验"始终以预防、化解矛盾纠纷为基点,围

绕党和国家不同时期的中心工作、重要任务而发展。四是与中华优秀传统文化相结合。"枫桥经验"不仅融合了现代法治精神、原则、理念，还创造性地承继了我国传统法律文化中的民本思想、和合思想和乡治文化等。

新时代"枫桥经验"的创新集中体现在法治化、治理化上，即运用法治思维和采取法治方式预防、解决矛盾纠纷和推动治理、实现治理。它在纠纷解决机制方面的重要表现是非诉讼纠纷解决方式的快速发展和"一站式"机制建设取得明显成效。前者主要体现为人民调解、行业调解、行政调解、专业调解均得到发展，以多元化纠纷解决方式服务人民群众和社会主体的多样需求，有效地把非诉讼纠纷机制挺在前面；后者主要体现为将多元纠纷解决方式进行空间集合和资源整合，加强相互衔接和配合，并充分运用线上方式与智能化手段，为群众和社会提供集约、便捷快捷、低成本的纠纷解决方式。在法院内，"一站式"机制主要体现为"法院+"多元纠纷解决体系，通过建立广泛的诉调、诉仲、诉讼与行政裁决、行政复议等分流对接平台，"分调裁审"机制改革全面落地。特别是最高人民法院建立了"总对总"在线诉调对接机制，便利了各级法院和各系统、各地区调解组织的工作对接。在法院外，"一站式"机制主要表现为"一站式"矛盾纠纷多元化解中心，由相关主管部门在基层整合各类调解和司法所、公安派出所、律师事务所等非诉讼化解资源，形成集约办理、涉及广泛、功能互补、程序衔接的矛盾纠纷化解体系。从以上不难得出，我国国内的多元纠纷解决"枫桥经验"机制平台建设已经获得了比较深入和成熟的发展，这是新时代"枫桥经验"创新发展的重要成果。而我国的国际商事纠纷"一站式"机制来源于我国国内的"一站式"机制，可以说其本身就带有"枫桥经验"的浓厚因素。进一步分析，"枫桥经验"既然是围绕预防、化解纠纷的法治化治理经验，与国际商事纠纷"一站式"机制在基本性质上是契合的,其经验应当可以运用于国际商事纠纷"一站式"机制的完善。当然,一直以来,"枫桥经验"适用的语境是国内的矛盾纠纷,确实与国际商事纠纷不同,在运用中需要研究国际商事交往和国际商事纠纷的不同定位、不同特点与不同要求。

(二)对"一站式"机制的检视

如何运用"枫桥经验"进一步完善、提升我国的国际商事纠纷"一站式"机制呢?发展的目标任务决定着工作的方向。就此首先要对我国发展国际商事纠纷解决机制的目标进行清晰界定。

国际商事纠纷多元解纷机制是涉外法治的重要内容,也是法治化、市场化、国际化营商环境的重要内容。涉外法治的发展定位决定了我国国际商事纠纷解决机制的目标定位。习近平总书记指出,推进涉外法治工作,根本目的是用法治方式更好维护国家和人民利益,促进国际法治进步,推动构建人类命运共同体。这是关于涉外法治发展定位的基本指导思想,对此务必深入理解。

其一,要立足高远,胸怀两个大局。在两个大局中,中华民族伟大复兴是影响当前世界百年未有之大变局前途和走向的关键变量,而世界百年未有之大变局则从外部环境影响中华民族伟大复兴的战略全局。法治是治国理政的基本方式,是国际共通话语。统筹推进国内法治和涉外法治是统筹国内国际两个大局在法治领域的要求和体现,推进涉外法治要站在有效应对挑战、防范风险和更好维护国家主权、安全、发展利益的高度。

其二,要直面问题,切实提升我国的法治竞争力和斗争能力,构建中国特色、融通中外的涉外法治理论体系和话语体系。法治是国家的核心竞争力，并日益成为国际斗争和博弈的重要支撑力量。习近平总书记强调，世界进入动荡变革期，国际竞争越来越体现为制度、规则、法律之争。推进涉外法治要营造市场化、法治化、国际化一流营商环境，要服务保障我国高水平开放和高质量发展，要在对外斗争中维护我国国家和各类市场主体的合法权益。为此，要在尊重国际基本法律准则的基础上，充分发挥我国法律在解决涉外法律纠纷中的重要作用，掌握国际法律斗争的主动权，占领法治制高点，敢于向破坏者、搅局者说不；要积极阐释中国特色涉外法治理念、主张和成功实践，积极推动中华优秀传统法律文化创造性转化、创新性发展，赋予中华法治文明新的时代内涵。

其三，要走向世界，积极参与国际规则制定。当前，全球治理体系正处于调整变革的关键时期，中国的发展与全球治理体系的完善密不可分。习近平总书记指出，中国走向世界，以负责任大国参与国际事务，必须善于运用法治。我们要弘扬共商共建共享的全球治理理念，在尊重和维护国际规则的基础上，积极参与国际规则制定，推动相关制度规则成为全球共识，做全球治理变革进程的参与者、推动者、引领者，为全球治理体系变革贡献中国智慧、中国方案、中国力量，推动国际秩序朝着更加公正合理的方向发展，以国际良法促进全球善治，助力构建人类命运共同体。

按照推进涉外法治工作的根本目的，我国国际商事纠纷解决机制的目标定位主要包括以下三个方面：其一，为中外当事人提供公正、高效、便捷、低成本的商事纠纷解决机制，更好维护中外当事人的合法权益，并为"一带一路"倡议，中国与相关国家的双边、多边经贸协定以及与世界各国经贸关系的往来提供法治保障。其二，营造市场化、法治化、国际化一流营商环境，结合我国实际和中华优秀传统文化，探索在国际商事纠纷解决机制上形成中国特色的规则、制度优势和国际社会认可的中国经验，把我国打造成为"国际商事纠纷优选地"。其三，积极参与国际商事纠纷解决机制的规则制定，主动传播中国经验，并广泛交流和汲取国际上的有益经验，推动世界范围内国际商事纠纷解决机制的优化、完善。

同时，还应当注意的是，加强涉外法治建设需要尽快培养一大批涉外法治人才，这是发展好我国涉外法治的长期关键要素。而国际商事纠纷多元化解决是涉外法治的基本实践领域，所面对的各类实际问题都需要解决方案，需要理论和实践的深度交融与互动，这对于涉外法治人才的快速培养意义重大。因此，我们应当把涉外法治人才的培养贯穿于实现我国国际商事纠纷多元解决机制和"一站式"机制的目标定位的过程中，其基本的方法就是理论、实务融合和资源整合，尽可能把现有的涉外法治的理论研究者和执业者吸纳进来，促进理论和实践发生"化学"反应，由此促进理论研究者和执业者的双向提升，并带动培养更多的涉外法治人才。

结合以上目标定位，可以看出：一方面，我国的国际商事纠纷"一站式"机制汲取了国内"一站式"机制的经验，具有有机衔接、紧密配合、功能互补、公正高效低成本的优势，体现出明显的中国特色。同时对国际上其他国家的经验有所借鉴，并在实践中取得了较好的成效。但另一方面，我国的国际商事纠纷"一站式"机制，无论是"一站式"，还是作为其基础的各主要国际商事纠纷解决方式，都还在探索完善之中，距离我国国际商事纠纷解决机制的目标定位还有较大的差距。特别是，近年来世界范围内对于国际商事纠纷解决机制的竞争成为国际竞争的重要内容，不少国家为优化本国营商环境和提升国际话语权，都在大力发展本国的国际商事纠纷解决机制，如欧洲的伦敦商事法院、海湾地区的迪拜国际金融中心法院、亚洲的新加坡国际商事法庭等。这更突出了我国完善国际商事纠纷解决机制及"一站式"机制的现实紧迫性。

必须承认,我们在国际商事纠纷解决机制上还存在着短板,这也是我国涉外法治的一个短板,集中体现在,我国的国际商事纠纷解决机制还未在国际上取得比较明显的优势,美誉度还不高,这和我国在世界经济中的地位以及对外经贸往来的数量与活跃度明显是不匹配的。具体主要表现在,由我国国际商事纠纷解决机制受理处置的案件量不够多,国际商事纠纷当事人选择我国国际商事纠纷解决机制的自觉自愿性不够高。如北京仲裁委员会发布的《一带一路工程项目争议解决机制调研报告》显示,参与"一带一路"工程项目的企业中,选择最多的争议解决方式是谈判或高层会谈、商事仲裁及商事调解,仲裁中选择境外仲裁机构的居多。又如,中国国际经济贸易仲裁委员会2022年受案4 086件,其中,双方均为境外当事人的国际案件数量仅为83件。应当说,涉外法律制度是一个体系,一个国家的国际商事纠纷解决机制的国际影响力取决于多方面的因素,但国际商事纠纷解决机制的自身品质无疑是最重要的。习近平总书记在中共中央政治局第十次集体学习时强调,涉外法治工作要一体推进涉外立法、执法、司法、守法和法律服务,形成涉外法治工作大协同格局。涉外法治工作大协同格局无疑为我国国际商事纠纷解决机制的提升、完善创造了关键的外部条件。

习近平总书记指出,加强涉外法治建设既是以中国式现代化全面推进强国建设、民族复兴伟业的长远所需,也是推进高水平对外开放、应对外部风险挑战的当务之急。据此,我国国际商事纠纷解决机制和"一站式"机制的完善毋庸置疑是加强涉外法治建设中的重要工作。当前,将"枫桥经验"运用于我国国际商事纠纷解决机制的完善,主要是在坚持党的领导下,以人民为中心,立足法治思维和法治方式,统筹好各方面的资源力量,深入结合中华优秀传统文化,吸收借鉴世界范围内国际商事纠纷解决机制的经验，在优化、完善基础上较为快速地形成我国国际商事纠纷解决机制的规则与制度优势。这种完善、提升应当体现在两个方面：一方面是"一站式"机制的完善，也即国际商事纠纷多元解决方式之间的相互衔接和配合的优化，这既包括微观方面的具体操作设计，也包括相关的制度规范的设计；另一方面是我国国际商事纠纷解决机制的基本思路和各类纠纷解决方式的完善。它们是"一站式"机制的基础和根本，它们的完善必然能够促进"一站式"机制的优化、提升。

三、"一站式"机制在微观层面的进一步完善

"一站式"机制的完善可以从两个层面考虑：一是操作或具体方法层面，即从具体的"一站式"机制的工作出发，通过工作措施的改进使其发挥更大的作用；二是制度层面，即将某些工作措施纳入法律、司法解释，从而实现"一站式"机制的完善。

（一）在操作层面完善"一站式"机制的方法

针对"一站式"机制内部衔接上存在的主要问题，提出针对性的对策。

1. "一站式"机制内部衔接上存在的主要问题

（1）在诉讼与调解衔接方面的主要问题。

"一站式"机制在诉讼与调解衔接方面普遍面临着调解案件数量较少、调解案件成功率较低的问题。主要原因是，"一站式"机制只是从当事人起诉到法院的案件中筛选可调解案件，而没有发挥吸附和化解涉外商事纠纷的作用。应当看到，"一站式"机制旨在打造涉外商事纠纷解决方面诉讼、调解与仲裁配合紧密、衔接流畅的运行机制，但如果没有较

多的案件量，显然就无法有效发挥作用。特别是，当前我国需要加快涉外法治建设，在国际商事纠纷解决领域需要通过办理大量的案件来积累经验、完善机制、培养人才，亟须积极发挥"一站式"机制吸附涉外商事纠纷的作用。对此需要强调的是，这和国内矛盾纠纷强调开展诉源治理的要求是不同的，也是不矛盾的。我国国内矛盾纠纷数量庞大，同时法律体系的发展趋于完善，在此形势下实现国家治理体系的完善和治理能力的提升，必须突出诉源治理。习近平总书记指出，我国国情决定了我们不能成为"诉讼大国"，我国有14亿人口，大大小小的事都要打官司，那必然不堪重负！"法治建设既要抓末端、治已病，更要抓前端、治未病。"因此要加强矛盾纠纷源头预防、前端化解、关口把控，推动形成化解矛盾纠纷的合力，从源头上减少诉讼增量。这也是坚持和发展新时代"枫桥经验"的要求。而涉外法治情况有所不同，其面临的任务是加快建设，并有效应对国际竞争和国际斗争，在发展阶段上处于积累量变以实现质变的过程，因此应当突出发展一定的案件量。同时，由于我们在涉外案件的处理上亦采取多元解纷机制，把调解和仲裁挺在前面，也能够合理统筹兼顾诉源治理。总之，面临的问题不同，要因时而变，因势而变，让"枫桥经验"在涉外法治领域发挥相应作用。

那么，如何发挥"一站式"机制主动吸附涉外商事纠纷的作用呢？关键在于进驻更多有影响力和专业性的特邀国际商事纠纷调解组织和配备专业强、知名度高、多元化的特邀国际商事纠纷专家调解员队伍。国际商事纠纷调解对于调解组织在影响力、专业性、权威性方面有很高的要求，对于调解员有很强的专业知识、专业经验与专业方法的要求，这与国内的人民调解、行业调解、行政调解等都是明显不同的。正因如此，需要坚持市场化机制，给予国际商事纠纷调解组织和专家调解员较高的报酬，否则就不足以将其吸引入我国的"一站式"机制中。

(2) 在诉讼与仲裁衔接方面的主要问题。

"一站式"机制在诉讼与仲裁衔接方面的主要问题在于,对涉外仲裁的证据保全、财产保全、裁决执行的管辖与对涉外仲裁司法审查的管辖连接点不同所引发的衔接阻碍。具体而言,申请证据保全由证据所在地的中级人民法院管辖,申请财产保全由被申请人住所地或被申请保全的财产所在地的中级人民法院管辖,申请执行裁决由被执行人住所地或者被执行的财产所在地的中级人民法院管辖,申请撤销裁决由仲裁委员会所在地的中级人民法院管辖,申请确认仲裁协议效力由仲裁协议约定的仲裁机构所在地、仲裁协议签订地、申请人或者被申请人住所地的中级人民法院管辖。由此导致"一站式"机制所依托的法院虽然可能对涉外仲裁司法审查有管辖权,但对于涉外仲裁的保全、执行并无管辖权,从而使得"一站式"机制中诉讼与仲裁的日常衔接受到限制,往往是限于聘请仲裁机构的仲裁员来参加案件的诉前调解,导致诉仲衔接虚化为诉调衔接。

2. 加强"一站式"机制作用的对策

针对"一站式"机制内部衔接上存在的主要问题,为实现各种解纷方式的更好衔接配合,在操作层面主要有以下方法对策:

(1) 加强引进知名国际商事纠纷调解组织和加快建设专家调解员队伍。

"一站式"机制的运作要依赖调解的日常作用发挥,必须有高水平、多样性和便于当事人选择的调解组织和专家调解员,这样的调解组织和专家调解员同时也能发挥吸附涉外商事纠纷、增加受理案件量的作用。在调解员队伍建设上,要形成高质量、多层次、国际化的专家调解员队伍。要与进驻的特邀调解组织、仲裁机构协商选任专家调解员,包括选任较大数量的外籍专家调解员,同时要注意引进和选任我国的知名专家学者、资深涉外商事执业律师、商业协会推荐的专家调解人等，充分发掘资源，扩展我国的国际商事纠纷专家调解员队伍。需要注意的是，由于法院在"一站式"机制中重在建设平台，也没有给专家调解员提供较高报酬费用的财务渠道，因此法院不宜建设自己的专家调解员队伍，这是与国内矛盾纠纷"一站式"机制明显不同的。国内"一站式"机制通常有地方财政的支持，法院有根据工作需要建设自己的调解员队伍的空间。在国际商事纠纷"一站式"机制中，如果法院要引进特定专家担任专家调解员，可以与进驻的特邀调解组织协商，将相关专家调解员置于相关的调解组织之中。还需要注意的是，法院虽然没有自己的专家调解员队伍，但必须管理专家调解员队伍。基本方法是，立足便于管理和日常规范的需要，制定专家调解员的选任、管理与考核办法。另外，从更好宣传专家调解员队伍和方便当事人选择的角度考虑，可以对选任的专家调解员在区分国籍、身份、工作语言、擅长专业领域的基础上制作专家调解员名录，从而更好发挥专家调解员的作用。

（2）立足强化调解作用和更好资源整合，明确区别于"一站式"所依托法院管辖范围的"一站式"机制的案件范围，并建立相应的配套机制。

"一站式"机制运行的基本方式是从所依托法院拟立案的有管辖权的案件中选择适合调解且当事人愿意调解的案件，经匹配与选择委派给进驻的特邀调解组织和特邀调解员调解，调解达成协议后当事人可向法院申请确认。这种运行方式和司法确认的管辖规定是一致的。按照《民事诉讼法》第205条的规定，"一站式"机制所依托的法院只能对其委派诉前调解达成的调解协议有司法确认管辖权，而对非经法院委派、由当事人自行选择调解组织达成的调解协议并不当然有司法确认管辖权，对这类调解协议的司法确认只能依法定管辖和地域管辖来确定管辖法院。应当说,这种运作方式导致"一站式"机制的案件范围局限在其所依托的法院的管辖范围,由此势必会限定"一站式"机制作用的发挥。"一站式"机制适合在涉外商事案件较多较集中的地方建立,而不需要每个法院都围绕涉外案件建立"一站式"机制,否则不利于资源整合的实效,最终也必然不利于形成我国国际商事纠纷解决机制的优势。因此,从根本上说,"一站式"机制应当具有在一个区域中通过调解、仲裁、诉讼的紧密衔接、流畅配合来形成处理、解决涉外商事纠纷的整合性的优势。因此,妥当的思路是,在涉外案件较多较集中的地方建立"一站式"机制,并允许其产生一定的辐射效应,即不限于其所依托法院的管辖范围,可以将更大区域的案件吸附进来,这样才能充分发挥"一站式"机制的优势。由于仲裁收案依据当事人的仲裁协议,并且法院的法定管辖也不能突破,因此所谓扩大"一站式"机制的案件范围实际上应该体现在调解案件范围的扩大上,而调解也是最强调当事人意思自治的解决方式,确实从其特性上也能发挥吸附纠纷的作用。同时,按照"一站式"机制的原理,由特邀调解组织和特邀调解员所吸附的更大范围内的涉外商事案件,应当保证可进行相应的司法确认。

在上述基础上,对"一站式"机制所涉的案件范围可做进一步分析。从调解来讲,因为调解并没有管辖之说,调解组织收案的范围可以不受限制,但从司法确认的跟进来讲,由于所依托法院的司法确认管辖权受限,就需要建立法院之间较为便捷的司法确认协调机制,这种协调在实操上是必然有其限制的。由此决定了"一站式"机制的调解案件范围应有所限制,具体设计上应当根据区域的案件情况和发展思路来定。以北京四中院为例,设立在该院的北京法院国际商事纠纷一站式多元解纷中心系经最高法院批准设立的,从其命名来看其职能不局限于北京四中院的案件管辖范围,而应当及于北京市的整个市域。如果立足于为服务保障京津冀协同发展营造一流的法治化、市场化、国际化的营商环境,该"一站式"中心的收案范围还可以再相应扩大。

从以上可见,在现有司法确认的管辖标准之下,扩大"一站式"机制案件范围,就必然面临着建立就当事人的相应调解协议进行司法确认的配套协调机制。那么,如何建立这样的配套协调机制呢?可以由"一站式"机制所依托的法院协调建立,但在超出其职权职责范围的情况下则应当由其上级法院统筹建立。必要时也可由最高人民法院立足支持国际商事纠纷"一站式"机制的完善,在全国法院范围内明确各级法院、各相关法院的配合职责。

总之,扩大"一站式"机制的案件范围、实现在一定区域内集中办理涉外商事纠纷是充分发挥"一站式"机制作用和形成其优势的必然要求。这对于充分培育和发展我国的商事调解也是必不可少的。

(3)以调解为基本连接点强化各种纠纷解决机制灵活多样的配合、衔接,为当事人提供选择和保障其权益的实现。

通常而言,调解能充分体现当事人意愿,是解决商事纠纷的最佳方式。因此,"一站式"机制的基本点是以调解促成当事人达成调解协议。围绕调解,在仲裁与诉讼两方面都可以根据当事人的利益诉求进行相应的配合和转换。在当事人不同意调解或不能达成调解协议的情况下,"一站式"机制应向当事人推荐、释明对其最为有利的解纷方式,由当事人在仲裁或诉讼中选择。在当事人达成调解协议的情况下,如果可以在国内执行,则当事人可以向法院申请进行司法确认,以赋予调解协议强制执行效力;如果需要在国外执行,可以经进驻平台的仲裁机构将调解协议转换为仲裁裁决书,以便于能够适用《纽约公约》,在国外得到承认和执行。另外,在法院受理的涉外商事纠纷中,确有一部分更适合以仲裁方式解决,如双方能够形成仲裁合意的案件、被执行财产主要在境外的案件等，这些情况也为诉讼案件向仲裁案件的转化提供了可能。

（4）从衔接、配合及便捷程度上加大对仲裁的支持。

仲裁是当今国际上公认并广泛采用的商事纠纷的解决方式。目前"一站式"机制中，诉仲的日常衔接较弱，应当加强法院对于仲裁的衔接、配合，否则不利于形成我国涉外仲裁的优势。目前对涉外仲裁司法审查的管辖连接点与对涉外仲裁所涉及的证据保全、财产保全、裁决执行的管辖连接点不同，不利于实现诉仲的日常衔接。这方面一个可行的办法是，由"一站式"机制所依托的法院与相关法院建立工作协调机制，申请人就证据保全、财产保全的申请可以通过仲裁机构向"一站式"机制所依托的法院提出，由该法院协调依法有管辖权的法院快速、高效予以解决。建立这样的协调机制实际上方便了仲裁当事人向法院提出保全申请，同时也有利于促进这类事项的集中办理，有利于"一站式"机制所依托的法院积累办理涉外仲裁保全的专业经验。当然，这种协调机制由于涉及多地点的中级法院，在省内宜由高级法院统筹建立，在跨省情况下则需要由不同的高级法院协调建立。

另一个可行的办法是在司法实践中建立仲裁当事人申请法院调查取证的机制。仲裁机构由于没有强制性权力，无法依职权调查取证，在当事人因客观原因，也即有正当理由需要调取证据时，应通过法院支持仲裁的渠道来解决。这种机制最终会提升仲裁的吸引力和纠纷解决机制的整体公信力。目前，我国法律、司法解释对此问题未做明确规定，可以在实践中探索由"一站式"机制所依托的法院行使管辖权，参照民事诉讼中当事人申请法院调查取证的条件来把握是否准予调查取证。当然，探索这一机制应当不限于涉外仲裁，也可以适用于国内仲裁。比如上海市高院制定的《上海法院推进法治化营商环境建设专项行动计划6.0版》明确，在深化重点环节流程再造过程中，探索司法支持仲裁案件审理开具调查令机制。这种强化司法支持、协助仲裁机制先行先试的探索无疑是有益的。

（5）进一步提升"一站式"机制的信息化水平和传播力、影响力。

信息化既能为当事人提供快速、便捷、低成本的通道，也能为"一站式"机制赋能、提质、增效。特别是，"一站式"机制的信息化应当建立调解、仲裁、诉讼之间衔接、配合的信息实时共享，意见实时沟通和环节实时衔接的信息化工作系统，它可以使"一站式"机制从实物空间扩展到网络空间，从而在更大范围达到便捷的效果。同时，还要看到，信息化也是提升传播力、影响力的重要依托，通过信息化方式可以极大提高传播时效和扩展传播空间。因此，"一站式"机制要充分重视提升信息化水平。以北京四中院为例，"一站式"中心主要依托于"北京法院分调裁审平台""人民法院调解平台"开展，两个平台均能够实现线上谈话、线上提交材料等事项。目前正在探索建立开放的、全流程、全覆盖的信息化工作系统。同时，该院在互联网上建设了"北京国际商事法庭"中英文网站，网站对北京国际商事法庭的基本情况、典型案例、工作动态等都进行中英文双语宣传，并专门开辟"一站式"中心专栏，精准介绍"一站式"中心的流程、机制和进驻的特邀调解组织、专家调解员，并且嵌入各合作调解组织、仲裁机构的网站网址和公众号，有效链接信息化工作系统，进一步强化法院、调解组织、仲裁机构的互联互通、共治共享机制。

（二）在制度层面完善"一站式"机制的相应对策

在操作层面加强"一站式"机制作用的多种方法中，有的方法不需要上升为法律机制或者通过法律机制来保障，而有的则需要法律机制进行调整创新，否则其操作层面的作用就会受到制约、限制。同时，这种法律机制调整创新的目的指向可能不限于"一站式"机制,其作用范围能够扩大到国际商事纠纷解决机制的完善上。实际上,调解、仲裁、诉讼等多元解纷机制必然有其内部的衔接、配合,对其相互间的衔接、配合机制在法律上应做到尽可能完善。这样的制度完善能够给"一站式"机制提供更大发展空间,促进其发挥更大作用。

结合前述,在制度层面完善"一站式"机制主要应在立法上做到以下三个方面。立法上不能及时完善的,可通过司法解释先行完善。

(1)明确法院对于其特邀的商事调解组织所达成调解协议进行司法确认的管辖权。

近年我国立法上不断完善对依法成立的调解组织所达成的调解协议进行确认的司法管辖问题,增加了地域管辖的联结点,增加了按照调解协议所涉纠纷的级别管辖的规定(确认调解协议效力在纠纷本身对应中级法院管辖时可由中级法院管辖),并明确法院对于委派特邀调解组织达成的调解协议有司法确认管辖权。这些都是为了方便当事人对调解协议进行司法确认,以此强化调解在多元纠纷解决机制中的作用。其中,明确法院对于其委派的特邀调解组织达成的调解协议有司法确认管辖权,目的就在于推动法院"一站式"机制的建设。但如前所述,将"一站式"机制所依托法院的司法确认管辖权限定在委派调解的情况下,实际上是根据法院管辖权范围来定可委派调解的案件范围,这也就限制了调解的作用和"一站式"机制的成效。这一问题在现有立法下可通过建立协调机制适度解决,但显然,立法的完善可以更好解决该问题。这种完善方案就是:将司法确认管辖权范围扩大到进驻"一站式"机制的特邀调解组织所调解成功的全部案件,既包括接受法院立案前委派调解的案件,也包括自行接受当事人申请调解的案件。立法上如果做这样的完善,无疑能够大幅提升"一站式"机制下特邀调解组织、特邀专家调解员的吸引力和对涉外商事纠纷的吸附能力。实际上，从道理上讲，经过法院认可的特邀调解组织和专家调解员，同样要按照法定条件进行司法确认，不应当根据是否由法院委派调解来区分"一站式"机制所依托法院有无对相关调解协议进行司法确认的管辖权。同时，从便于当事人选择和更好实现当事人权益的角度考虑，立法上在做上述完善的同时，宜保留《民事诉讼法》第205条中关于通过调解组织自行开展调解达成调解协议的司法确认的管辖规定，即当事人双方可向当事人住所地、标的物所在地、调解组织所在地的人民法院提出。这样的立法方案，可以让当事人根据其利益诉求与实现情况，在多个管辖法院中选择最合适的法院提出申请。

（2）明确建立法院对于仲裁当事人因客观原因不能自行收集的证据给予调查取证的支持机制，并明确建立法院对仲裁当事人申请行为保全的支持机制。

支持调查取证是我国目前诉讼对于仲裁支持的制度规范中明显欠缺的，同时又是维护仲裁当事人合法权益和支持商事仲裁发展所必需的。由于实践中经常会碰到仲裁当事人因客观原因不能自行收集证据而需要调查取证的情况，法院在这方面的支持能够弥补仲裁强制力的不足，最终会转化为仲裁对于当事人的吸引力。同样，对仲裁当事人申请行为保全的支持机制也是实践中需要而制度上还没有的，也应当在法律或司法解释上建立起来。

（3）明确规定当事人约定的仲裁机构所在地的法院对该仲裁协议所引发仲裁案件中的各类支持保障事项有管辖权。

这些支持保障事项包括申请调查取证、申请证据保全、申请财产保全、申请行为保全以及仲裁裁决的申请执行。这种完善旨在推动法院在支持涉外仲裁事项方面的集中化管辖和专业化积累，不断提高办理质效与办理水平。同时，从便于当事人选择和更好实现当事人权益的角度考虑，现有立法上关于相关支持事项的管辖规定仍然保留，以便当事人在更多的管辖法院中选择最合适的法院。

四、"一站式"机制在基本制度构建层面的提升

"一站式"机制作为多种解纷机制衔接、配合、融合的平台，其功效、影响力的提升既要靠调解、仲裁、诉讼之间方便、流畅、快捷的衔接和配合，也要靠调解、仲裁、诉讼各自的发育和完善。毋庸置疑，涉外商事调解、涉外商事仲裁以及涉外民事诉讼三大制度是"一站式"机制的根本基础，基础强、根本强才能使"一站式"机制更强。如何完善这一根本基础涉及我国国际商事纠纷解决机制的基本理念与思路。理论界、实务界对此已有很多研究，颇值借鉴，本部分对此不做长篇大论，仅提出基本的观点。

（一）我国国际商事解纷机制发展完善的总体方向

涉外法治涉及国际领域，要遵循国际法的基本理念和准则，在此基础上又要结合中华优秀传统文化和中国的涉外实践发展中国特色的规范和制度。这种结合的目的在于寻求解决问题的多元的、更优的方案，由此既发展中国的理论体系与话语体系，又能够推动国际规则的优化、完善。我国国际商事多元解纷机制的发展完善一方面要面向世界，符合国际商事争端解决机制发展的世界潮流，学习借鉴一些国家好的经验，坚持多元化、国际化、专业化的方向；另一方面则要立足我国，依据我国的文化与实践发展出中国的经验。进一步分析，应当看到，在国际商事纠纷解决机制中，仲裁具有主导和优势地位，调解有明显加强的趋势，

诉讼方面围绕国际商事法院和国际商事法庭的竞争趋于激烈。我国的国际商事多元解纷机制需要统筹定位好仲裁、调解、诉讼三者的相互关系。应当大力发展涉外商事仲裁，全面培育涉外商事调解，切实实现涉外商事审判的公正高效，并为涉外商事仲裁、涉外商事调解提供充分的司法支持。同时，还应当注意将我国好的价值理念和经验做法体现在国际商事纠纷解决机制的完善中。以北京四中院为例，在审理涉及某外国公司案件中针对该外国公司账目管理方面存在漏洞、在诉讼中不能举证的问题，在公正高效处理案件的基础上，向该外国公司发出司法建议，该外国公司积极回复，表示要通过针对性措施并切合企业实际，采取开发线上签章等软件、加强专业人员培训等措施预防纠纷、规范经营。这就把我国的能动司法理念和提出司法建议以促进治理完善的做法应用于涉外商事案件办理中，在国际层面取得了办案法律效果与社会效果的统一。

（二）全面培育涉外商事调解

随着联合国国际贸易法委员会的《国际商事调解示范法》的出台，以及《联合国关于调解所产生的国际和解协议公约》（简称《新加坡调解公约》）的生效和越来越多的国家加入该公约，涉外商事调解在国际商事争端解决中的作用有明显加强的趋势。这种趋势有其内在原因，在商事纠纷解决上，调解有独特的优势，主要是自愿性强、中立性和保密性高、节省时间和成本、非对抗性和灵活性、有利于维护商业关系等。归根到底，调解更符合商业的逻辑。因此，在不少国家，商事调解被纳入国内商事纠纷解决和国际商事纠纷解决的法律程序中。《新加坡调解公约》旨在为国际和解协议的跨境执行提供国际法的依据，由此必然进一步推动调解在国际商事纠纷解决中的广泛适用。应当说，我国有深厚的调解传统，并以"和合"思想为其哲学渊源，但商业调解同一般的民间调解不同，其特点是专业化、类型化、职业化，这是需要专门培育的，也是我国目前还欠缺的。《新加坡调解公约》无疑提升了我国全面培育涉外商事调解的紧迫性。我们要全面培育商事调解，并优先培育涉外商事调解，把优先培育涉外商事调解和涉外法治人才的培养密切结合。就此应当加强立法，制定出基本的法律依据。重点之一是建立涉外调解的规范机制，特别是涉外专家调解员的资质与等级评定；重点之二是激励涉外专家调解员，建立规范的调解收费机制，保障涉外专家调解员的高水平报酬，进行专业细分和职业保障，并鼓励商会、专业组织、行业协会等社会资源和力量参与其中；重点之三是甄别和制裁虚假调解，加重虚假调解各方的法律责任。另外，应当考虑参照《新加坡调解公约》关于国际调解协议的承认和执行、司法审查的内容规范我国法院对于涉外商事调解协议的司法确认，以便在规范涉外商事调解的同时为我国批准《新加坡调解公约》做好准备。同时，上述过程也是我国培育、发展国内商事调解的过程。

（三）大力发展涉外商事仲裁

各国仲裁机构为了满足国际商事交易规则统一、快捷高效的需要，相互沟通、交流合作频繁，商事仲裁的国际化趋势日益明显，各国仲裁规范和仲裁实践的差异在逐渐缩小。在这种趋势下，我国要大力发展涉外仲裁并取得竞争优势，应当突出以下方面：其一，我国的涉外仲裁机构要顺应国际仲裁发展趋势，尊重和延续国际仲裁通行做法和惯例，同时在尊重当事人意思自治、更好兼顾公平和效率方面做出探索，发展中国经验。其二，我国的涉外仲裁机构要重视开拓国际案源，为走出国门的外向型中资企业提供跟踪服务及延伸服务，加强与在华外企及其行业协会的工作联系，积极与境外商会和行业协会建立合作关系。其三，我国的涉外仲裁机构要进一步提升仲裁员国际化程度，吸纳国籍更多元、数量更多的外籍仲裁员，以吸引不同国家的当事人选择我国涉外仲裁机构仲裁。其四，要适度开放我国的仲裁服务市场，允许国外仲裁机构在中国仲裁，将其视为中国的涉外仲裁，赋予其相应权力，同时依法进行司法监督，促使我国涉外仲裁机构在良性竞争中稳步发展。

（四）切实实现国际商事审判的公正高效

诉讼在涉外商事多元解纷机制中是最后防线，可以隐而不用，但有着定盘星、压舱石的作用，对一国涉外法治和涉外商事纠纷解决机制的影响力举足轻重、无可替代。涉外商事审判应当加强对涉外商事仲裁、涉外商事调解的支持，彰显仲裁友好型司法、调解友好型司法，做实做活和仲裁、调解的融合与衔接，为仲裁和调解加持加分。就我国国际商事审判自身而言，面临的国际竞争很激烈。以迪拜国际金融中心法院、新加坡国际商事法庭为例，都在全球范围内聘任法官以提高其国际化水平和国际认可度。我国国际商事审判要在国际竞争中取得优势，必须依托我国经济社会发展和对外经贸关系往来，面向世界，围绕公正高效突出以下方面：其一，落实好《民事诉讼法》关于涉外民事诉讼程序，特别是扩大司法管辖权相关规定的修改完善，并通过司法解释进行"原则＋具体"的阐释以实现适度扩大司法管辖权。譬如，在外籍当事人申请我国法院采取强制性措施的情况下，我国法院取得对案件的司法管辖权。其二，尽快推动形成我国法院在法律适用和国际条约适用方面的专业优势，办出更多有国际影响力的案件，同时对国际范围内国际商事审判中的疑难问题加大理论构建和理论研究，做出有国际影响力的成果。采用"集中力量办大事"的方法，由最高法院、高级法院分层整合好全国的、省域的涉外审判力量并加强指导。特别是要整合各高级法院的涉外商事审判力量和在全国布点的国际商事法庭，挖掘现有案例和问题，引入涉外法治理论界的资源，在理论与实践相结合中走精品战略，努力实现"弯道超车"。其三，立足我国实际并参考国际商事法院、法庭的经验与通行做法，不断优化、完善国际商事法院、法庭的程序机制。同时，把推动我国司法理念和经验做法的国际化与更好满足中外当事人对于国际性商事审判的多样性的需求结合起来，以中国经验擦亮中国品牌。其四，加强与更多国家的双边司法协作，同时对没有司法协作关系的国家，展现大国姿态，发挥主动引领作用，在互惠关系把握上从事实互惠转向法律互惠，最大程度便利我国涉外商事裁判在国外的承认与执行。其五，以加快推进我国涉外法治体系和能力建设为根本，积极参与到涉外法治工作大协同格局中。法院在公正高效办好案件、出精品案例、出有影响力的规则的同时，还要广泛搭建平台，促进理论和实践的深度结合与水平的提升，通过商会、企业协会参与走出去企业的合规建设，与理论界和实务部门共同推动我国涉外法治人才的培养。这些工作既是人民法院置身国家治理体系和治理能力现代化建设的应尽职责，也是其实现自身工作水平快速提升的重要路径。

（五）提升相关专业化服务水平

国际商事纠纷解决机制的良好运作，离不开外语翻译、公证认证、外国法查明等诸多专业化服务。在这些方面我们也需要加强规范，统一标准，不断提升服务保障水平。

（责任编辑：陶禹行）

消费纠纷的全链条治理

张朝霞[*]

习近平总书记指出,要坚持和发展新时代"枫桥经验",把非诉讼纠纷解决机制挺在前面,推动更多法治力量向引导和疏导端用力,加强矛盾纠纷源头预防、前端化解、关口把控,完善预防性法律制度,从源头上减少诉讼增量。在习近平法治思想指引下,诉源治理作为"枫桥经验"的传承与深化,已成为社会治理中创新解纷的"动员令",以"良法善治"为最终目标,以源头治理、依法治理、多元共治等为工作导向,集成矛盾纠纷预防、调处、化解全过程的社会治理方案。在首都国际消费中心城市建设的进程中,深化消费纠纷治理,积极营造有利于促进消费的法治环境是推进诉源治理工作的重要面向。近年来,北京三中院坚持以习近平法治思想为引领,建立消费纠纷全链条治理机制,充分发挥司法在消费纠纷预防、消费环境优化、消费政策完善、消费权益保障等方面的参与、推动、规范和保障作用。

---

[*] 张朝霞,北京市第三中级人民法院党组书记、院长。

2021年以来，北京三中院协同辖区法院化解消费潜在纠纷4 137件；联合北京市消费者协会探索二审消费案件委托调解机制，调解成功率达32％；依托消费案件审理向行政机关、行业协会及相关企业发送司法建议140份，回函率达70％左右；承担最高人民法院、北京市高级人民法院等消费者权益保护类课题八项，向党委、政府及上级法院报送《决策参考》六份，为健全扩大居民消费长效机制、推动首都国际消费中心城市建设提供法治助力。

一、价值重塑：首都中级法院在消费纠纷治理中的功能定位

党的十八大以来，以习近平同志为核心的党中央高度重视扩大内需、促进消费。党的十九届五中全会提出，要全面促进消费，培育国际消费中心城市。党的二十大报告指出，要着力扩大内需，增强消费对经济发展的基础性作用。作为扩大内需和消费升级的引领性抓手，培育国际消费中心城市是我国应对百年未有之大变局、推动经济高质量发展的重要举措，是全面促进消费、培育增长新动能的关键途径，也是加快构建以国内大循环为主体、国内国际双循环相互促进消费格局的有力支撑。在培育国际消费中心城市的过程中，诉源治理可以有机整合各类纠纷预防及解决方式，提升消费领域治理的法治化、规范化、体系化水平，对于构建新发展格局、推动高质量发展、不断满足人民群众对美好生活的向往具有重要作用。

（一）国际消费中心城市建设中诉源治理的核心要义

根据商务部《国际消费中心城市评价指标体系（试行）》的评判标准，国际知名度、城市繁荣度、商业活跃度、到达便利度、消费舒适度、

政策引领度是衡量国际消费中心城市的重要标准，其背后所蕴含的营商环境、消费体验、权益保障、政策完善等评价要素均离不开各社会治理主体的协同治理、依法治理。其中诉源治理与国际消费中心城市建设两大主题的有机结合，是完善消费纠纷综合治理的重要一环。

其一，诉源治理是构建法治化消费治理体系的重要抓手。诉源治理在社会治理现代化中的实践载体和机制协同作用，有助于以法治化的路径推动从事后管理向事先预防的治理理念转变，从分散型向整合型的治理体系转变，从单纯行政向多元共治的治理方式转变，对于凝聚消费领域规制合力，从源头上洞悉消费风险，预防和减少消费纠纷产生具有重要的现实意义。其二，诉源治理是构建规范化消费链条的重要保障。在国际消费中心城市培育过程中，数字消费、创意消费、智能消费、绿色消费、共享消费等新业态、新模式、新场景不断涌现，在数字消费加快拓展、商业供给更趋丰富、消费场景更加多元的背景下，实现生产者、销售者、消费者等权利、责任与利益的动态平衡是畅通消费链条、拓展消费市场的重要保障。诉源治理所承载的规则治理与价值导向作用有助于规范各市场主体的行为模式，促进行业标准、制度、政策的规范完善，服务保障消费升级和消费新模式发展，构筑更加规范、健康、有序的消费环境。其三，诉源治理是构建系统化消费保障体系的重要依托。消费者权益保护是国际消费中心城市培育的关键环节，诉源治理所强调的非诉化解、多元化解为消费纠纷提供了多层级、多门类、多主体的纠纷解决方式，有助于促进消费纠纷在前端解决和过滤，便于人民群众安心消费、放心消费。

（二）中级法院嵌入消费纠纷治理的整合与塑造

探究首都中级法院在消费治理中的功能定位应当遵循"扬长避短"

的基本原则以及矛盾纠纷发展演变的客观规律。一方面，基于矛盾纠纷发生在基层、化解在基层的特点及辖区基层法院和人民法庭贴近基层的天然优势，中级法院在前端治理中主要发挥联动、协调和保障功能，协同辖区法院主动融入基层治理大格局，做到消费纠纷治理的联防联控。另一方面，中级法院亦是消费纠纷治理的切身实践者与推动者，因其在纠纷解决能力上具有专业性、权威性，其参与消费治理的重心应围绕司法审判的主轴进行，在促成"案结事了"的同时发挥审判的示范、教育、引领价值，通过个案的实质化解修复受损的权利义务关系，通过类案的预防推动消费秩序的规范与完善，通过规则提炼普及"生产者、销售者、消费者"等市场主体权利义务的法律边界。推进多层次多领域的依法治理，是中级法院的优势所在。

具体在消费纠纷治理中，中级法院可以从"前端""中端""末端"三个端口发力：其一，在诉讼前端，中级法院要主动融入基层治理格局，推动构建消费纠纷化解的联动防线，以非诉方式在前端化解纠纷，让老百姓"获得感强，愿消费"；其二，在诉讼中端，中级法院要发挥"纠纷解决"与"规则治理"的双重功能，让司法裁判从个案定分止争扩展到规则引领、标准树立的更大范围，让老百姓"没有后顾之忧，敢消费"；其三，在诉讼末端，中级法院要积极延伸审判职能，发挥司法建议、审判白皮书、司法大数据分析等在行为指引、决策参考、立法完善、综合治理上的功能作用，促进消费纠纷的源头管控和根本预防，助力"优化消费环境，促消费"。

近年来，北京三中院将服务保障国际消费中心城市建设作为工作重点，聚焦"前端""中端""末端"三个端口构建消费纠纷联动治理机制、专业审判机制和纠纷防范机制，做实消费纠纷全链条治理，相关党支部工作法被评为首都法院"政治建设、党建工作与业务工作深度融合"优秀党支部工作法,《法治日报》《北京日报》分别以《北京三中院打出协同化诉源治理组合拳》《北京三中院构建党建引领诉源治理新格局 引领法院工作现代化建设》为主题进行专题报道。

二、抓"前端":聚焦源头疏导,构建全方位、广覆盖、强实效的消费纠纷联动治理机制

党的二十大报告指出,"健全共建共治共享的社会治理制度,提升社会治理效能"。其中,共建共治强调社会治理的复合多元属性,为深入推进联动治理、协同治理指明路径。基于"党委领导、政府主导、法院参与"的基层治理格局,中级法院在前端疏导上应发挥规范与保障功能,注重各主体间的协作配合,主动融入党委领导的社会治理大格局,与各综合治理主体及辖区法院形成良好互动关系。近年来,北京三中院以新时代党的创新理论引领法院工作现代化建设,积极在消费纠纷治理中践行新时代"枫桥经验",进一步创新矛盾化解机制,丰富纠纷解决手段,构建全方位、广覆盖、强实效的消费纠纷联动治理体系,促进矛盾纠纷源头化解、联动化解。

其一,加强组织融合,多方联动推进协同治理。诉源治理是一项多方参与的系统工程,从形成、完善到最终发挥实效,需要司法、行政和其他社会主体之间通力配合、相互协作、共同推动。为凝聚消费纠纷化解合力,以法治化路径推进消费纠纷治理,北京三中院制定《关于协同辖区基层法院、深化诉源治理工作十二项机制》,整合辖区六家基层法院与政府机关、行业协会、调解组织等资源形成"1+6+X"诉源治理融平台,通过组织建设互促、联席会议互商、党员干部互动、党建资源互享等支部联建机制推动组织深度融合、专业优势聚合、信息需求汇合、

治理效能整合。近年来，北京三中院先后与市商务局签署《共建服务"两区"建设司法实践基地合作协议》，与朝阳区人民政府、通州区人民政府签署《关于司法服务保障城市副中心"两区"建设的战略框架合作协议》，与市消协签订《服务两区建设，共建消费者权益保护基地合作协议》，与中国法学会消费者权益保护法研究会、北京市消费者协会、对外经济贸易大学消费者保护法研究中心等共建消费者权益保护实践基地与研究基地，通过专家智库、联席会议等长效合作机制，实现优势互补、资源共享、信息互通，从而最大限度释放治理效能，促进消费纠纷多元共治。

其二，深化风险联控，靠前融入推进主动治理。由被动应对转向主动治理，由"接诉即办"转向"未诉先办"是中级法院视域下诉源治理理念创新、思路创新、方法创新的生动体现。为建立和完善扩大居民消费的长效机制，北京三中院设立消费纠纷诉源治理工作小组，聚焦国际消费中心城市建设中的法律风险与法治保障，建立涉消费纠纷预警机制、问题发现机制、信息收集机制、协同研判机制，形成"响应－运行－反馈－评估"的诉源治理工作闭环，推动个性问题靶向治理，共性问题专项治理，预测问题前瞻治理，助力党委政府识别、评估和控制潜在消费风险，营造公平、诚信、安全、有序的消费环境。近年来，北京三中院依托府院联动机制及时响应政府机关、行业协会、调解组织等提出的法律政策论证、法律业务咨询、法律问题研判需求，与国家市场监督管理总局、北京市商务局、北京市消费者协会等开展涉消费商品质量、消费服务质量、网络平台消费、国际商贸规则、国际贸易协议、国际商事争端解决机制等政策分析及问题研判；与北京市委研究室协同开展涉后冬奥及"两区"建设法律风险研判，加强国际消费中心城市建设中的决策风险评估和预测预警，及时提示纠纷隐患，避免形成规模诉讼；依托中国消费者协会、北京市消费者协会等系统收集与消费者权益保护有关的投诉和反馈,强化对预付式消费、汽车消费、直播带货等苗头性、易发性、风险性消费投诉的预判、分析和化解,提前融入防止矛盾升级,止纠纷于萌芽。

其三,积极延伸触角,下沉服务推进源头治理。基于矛盾纠纷的演变发展规律,中级法院相较于基层治理部门具有一定的时效滞后性、渠道约束性和职能限制性。为破解中级法院诉源治理难题,积极延伸服务触角,北京三中院在CBD、中德产业园、运河商务区等消费活跃区成立了5个法官工作站,建立了16个"两区"建设重点园区台账,与辖区法院在通州区宋庄小镇、通州区漷县镇、怀柔区渤海镇、平谷区西樊各庄村、望京小街等新兴艺术小镇、新民宿经济发展区等重点消费地标设立一站式诉源治理工作中心,每季度收集、梳理、归纳基层易发、新型纠纷的类型、特点,针对处于潜在或萌芽阶段的消费纠纷,以法律咨询、法律支持、指导调解、司法确认、沟通协调等方式在前端化解,形成"党建引领、网格传导、党员服务"的消费纠纷治理新格局。2022年以来,北京三中院依托建立的基层联络点,协同辖区法院前端化解消费类纠纷237件,协助解决12345工单31件,有效推动矛盾纠纷由终端解决转向源头化解。

其四,完善多元解纷机制,分类过滤、推进多维治理。基于中级法院案件的特点,中级法院视角下的"诉前"可进一步扩大解释为"二审审理"前。因此,中级法院开展前端治理工作要坚持诉讼方式和非诉讼方式结合,政策工具和治理工具兼顾,一审诉前与二审诉前统筹,将多方主体和多元手段结合起来,构建一个立体、动态、覆盖全域全程的漏斗式分流体系,为处于冲突之中的当事人提供多样化的纠纷解决方式。近年来,北京三中院持续探索完善消费纠纷多元调解机制,进一步发挥一审案件"诉前调解"效能。依托最高人民法院"总对总"调解平台、北京法院特邀调解组织及北京多元调解发展促进会、北京市工商联投融资商会等合作组织机构，因案施策做好释明引导工作，加大买卖合同、服务合同等一审案件诉前导出力度，通过"诉前调解＋司法确认"畅通机制衔接，提升一审案件诉前调解成功率。建立健全消费类上诉案件息诉化解机制，充分利用卷宗移转的时间，由辖区法院自行或委托调解组织调解，释明上诉风险，引导当事人达成调解或主动履行生效判决。协同北京市消费者协会等行业协会，探索消费者权益保护案件二审委托调解机制，对于调解成功的案件，积极适用司法程序提供保障；对于调解未成功的案件，调解过程中的程序性事项的效力及于后续诉讼程序，实现诉调程序的顺畅转换。2021年以来，北京三中院与北京市消费者协会依托二审消费案件委托调解机制在二审开庭前化解一系列预付费纠纷、汽车消费纠纷等，调解成功率达32％。2022年，北京三中院一、二审收案量分别较去年同期下降66.77％、12.99％。

三、重"中端"：聚焦案件审理，构建公正、高效、便民的消费纠纷专业审判机制

在诉讼中，法院的直接功能是纠纷解决，同时解决纠纷带来的稳定和秩序又是促进社会治理的前提条件，因此法院所具有的纠纷解决功能会或直接或间接影响到法院其他功能目标的实现，成为法院社会治理功能发挥的前提基础和先决条件。对于中级法院而言，一方面，要充分发挥二审终审职能，实质化解个案纠纷，将案结事了贯穿于诉讼全过程，实现断纠纷于诉内。另一方面，要以提供经得起检验的"司法产品"为要求，注重在个案中嵌入符合社会主流价值的公共政策，进而实现"矛

盾纠纷解决→社会关系理顺→社会稳定和谐→社会发展繁荣"的根本目标。近年来,北京三中院从上述理念出发,紧紧围绕司法审判的主轴做实消费纠纷治理,积极探索以专业化审判服务首都国际消费中心城市建设的新模式,助力营造良好消费环境。

其一,搭建消费纠纷便民诉讼平台,绿色通道畅通高效解纷。消费纠纷既与人民群众权益保障息息相关,也与企业经营密不可分,为维护消费者与经营者的合法权益,让纠纷解决程序更加高效、便捷,考虑到部分消费者不愿打破正常工作节奏参加诉讼,部分消费者为老年人,腿脚不便等问题,北京三中院充分利用智慧法院建设,开通绿色保障通道,最大程度发挥线上立案、跨域立案、电子送达、远程开庭等功能优势,将"多元化解导出平台－多点便民立案平台－集约化排庭送达平台－12368工单响应平台"等特色平台聚集整合,开辟消费纠纷诉前—诉中—诉后的全流程、一站式绿色响应通道。为提升结案效率,方便当事人参与诉讼,主动延伸工作时间,设置"夜间法庭""假日法庭",灵活安排庭审,利用"电子卷宗""繁简分流"等智慧法院辅助技术,快速识别案件焦点,精准把握当事人诉求,保障涉民生消费纠纷案件快审快结。在重点消费场所设置"巡回审判点",以巡回审判方式打造诉讼便民、诉讼利民的服务平台,切实回应当事人对诉讼便利化需求,实现消费纠纷解决渠道就地化、快捷化、便民化。

其二,成立消费纠纷治理工作室,专业审判实现公正解纷。司法审判的治理功能是国家治理体系的重要一环,中级法院作为一线审判机关,在对每一个具象案件把脉诊断中,提炼出有指引价值的审判理念与裁判规则,抽象出回应经济和社会发展的主题规律,从而实现对消费秩序的指引与重构,这是中级法院的优势所在。近年来,北京三中院坚持"以裁判树规则、以规则促治理、以治理助发展"的消费纠纷审判理念,探索成立了涵盖买卖合同、服务合同、旅游合同等在内的消费者权益保护法官工作室，细化消费纠纷专业裁判规则，加强消费领域新类型案件的研究与探讨，发现与培育精品案例，积极打造典型案例，既打击各类侵害消费者合法权益的违法行为，保护消费者合法权益，也依法保护生产经营者的产权、自主经营权和知识产权，积极营造诚实守信、公平有序的市场环境。自 2013 年 8 月建院至 2023 年，北京三中院共审理消费纠纷 7 024 件，其中"劳斯莱斯消费欺诈案"入选 2018 年推动法治进程十大案例候选，"医美机构侵权责任纠纷案"被评为最高人民法院消费者权益保护典型案例，"冷敷贴消费欺诈案"被评为最高人民法院老年人权益保护典型案例，另有多起案例入选中国消费者权益保护法学研究会"3·15 案例"、中国法院年度案例、北京法院参阅案例，充分发挥了以裁判树规则、以规则明导向的示范作用，有效促进优化消费环境，提振消费信心。

其三，完善消费纠纷法律统一适用机制，标准指引保障实质解纷。随着网络消费、跨境消费、电子商务等新业态新模式持续发展，消费纠纷呈现多样化、复杂化特点。为避免裁判尺度不统一等问题，北京三中院充分发挥消费审判高地的示范引领作用，以类型化研究统一法律适用，助力纠纷化解提质增效，防止诉内衍生案件。近年来，北京三中院牵头起草《北京法院消费者维权纠纷案件办理规范》，编写包含消费纠纷在内的《类型化案件审判指引》《要素式合议指引》，明确消费类纠纷的事实查明要点与法律适用要点，统一类案审判思路，切实提升案件审判质量，保障纠纷化解的实质性。

其四，探索消费纠纷示范性裁判机制，规则引领化解潜在纠纷。中级人民法院具有"二审终审"职能，既能够发现和矫正一审审判活动中的各种偏差，有效保障当事人权利，也能通过示范案件先行审理，妥善化解其他潜在纠纷。2021年以来,北京三中院针对案件数量占比高、收案量增幅较大的教育培训合同纠纷、服务合同纠纷、商品房销售纠纷等消费纠纷高发领域进行专项治理,积极与辖区法院、职能部门、行业协会对接,选取典型性、代表性案件进行示范性判决,同时做好类案当事人的释明引导工作,引导当事人做出理性选择,促进批量纠纷系统化解、诉前化解,实现"一判止百案""一案解千纷"的良好效果。2021年以来,北京三中院依托示范性裁判机制联动辖区法院化解消费潜在纠纷3 900余件,二审类型化案件同比下降21.4%。

四、治"末端":聚焦职能延伸,构建研判、治理、教育相融合的消费纠纷防范机制

在诉讼末端,法院要在案结事了的基础上"再向前一步",通过延伸审判职能发挥社会综合治理功能。充分发挥个案的司法溢出效应,挖掘类案裁判规则,并聚焦案件审理中的政策制定、监管漏洞、制度缺失和隐患风险问题深挖根源、找出症结,综合施策,方为诉源治理的治本之道。近年来,北京三中院聚焦消费纠纷治理,承担最高人民法院、北京市高级人民法院等消费者权益保护类课题八项,向党委、政府及上级法院报送《决策参考》六份,与中国法学会消费者权益保护法研究会、对外经贸大学等联合召开消费者权益保护论坛五次,构建起研判、治理、教育相融合的消费纠纷防范机制,切实做到"审理一案、预防一类、治理一片"的良好效果。

其一,挖掘司法大数据,服务高水平决策。司法大数据是社会治理的"风向标""晴雨表",是辅助科学决策、实现精准治理的重要支撑。近年来,北京三中院充分发挥首都中级法院的站位优势、专业优势,以

完善司法数据研究机制、强化研究成果应用转化为着力点，加强对消费多发纠纷、重点消费领域纠纷、新业态新模式消费纠纷案件的数据监测，汇总分析重点案件的类型、问题、成因并提出对策，服务党委政府及监管部门准确掌握纠纷热点、民生焦点、治理难点，实现重点纠纷的提前预防、诉讼风险的提前化解。先后承担最高人民法院司法案例研究课题"消费者权益保护研究"，最高人民法院"数助决策"课题"数字经济背景下直播带货纠纷司法大数据研究""新能源汽车消费纠纷司法大数据研究"，与北京冬奥组委合作开展课题"北京2022年冬奥会和冬残奥会特许商品消费者权益保护问题研究"，将研究成果通过司法意见、决策参考等形式向党委、上级法院报送，有效推进诉源治理的精准化、前瞻性。

其二，参与顶层制度设计，服务高质量立法。通过参与重点立法工作将"司法经验"融入"立法智慧"，推动从事后惩治的单向度治理模式转变为事前预防的前置性治理与规范引导路径，以科学化的预防性法律制度从源头上减少纠纷是社会治理的治本"良策"。近年来，北京三中院立足国家重大战略实施和重大活动开展中的消费问题治理，先后参与国家市场监管总局、最高人民法院等关于《消费者权益保护法》《电子商务法》《产品质量法》《民法典合同编》《食品安全司法解释》《网络平台交易示范文本》《京津冀住宅室内装饰装修工程施工合同（示范文本）》等多项法律法规、司法解释及规范性文件的制定修订，为完善消费纠纷法律制度、规范化推进消费纠纷治理提供司法支撑。

其三，完善司法建议机制，助推高效能治理。司法建议是人民法院做好审判"后半篇文章"，由个案审理延伸至社会治理的重要载体。近年来，北京三中院聚焦消费纠纷个案及类案审理中发现的监管漏洞、制度缺失和隐患风险问题，采取实地考察、联合调研等方式找准真问题，提出真建议。累计向国家市场监督管理总局、北京市市场监督管理局、北京市城市管理委员会、中国欧盟商会、中国汽车流通协会等行业协会及相关企业发送涉消费纠纷司法建议140份，回函率达70%左右，推动解决了涉市场主体冒名登记、收藏品市场监督管理、食品生产日期标注不规范、汽车消费欺诈、早期教育行业监管、预付式消费等涉及食品、商品及服务领域消费者权益保护的系列问题。以"司法建议上门送＋释法答疑面对面"的形式加强与相关部门的沟通联系，及时了解司法建议的整改效果，了解受建议单位对发送司法建议的落实情况、总体评价，增强司法建议服务社会治理的针对性与实效性。2023年，北京三中院聚焦案件审理中发现的新能源汽车充电桩建设管理问题，在类案研究与司法大数据分析的基础上向北京市城市管理委员会发送司法建议，推动《关于进一步加强充电基础设施建设管理工作三年行动计划（2023—2025年）》《北京市居住区新能源汽车充电"统建统服"试点工作方案》等规范性文件出台，为完善新能源汽车服务体系、促进新能源汽车消费提供司法助力。

其四，完善重点领域服务，保障高质量发展。聚焦首都国际消费中心城市建设中绿色消费、数字消费、高品质消费等重点领域、重点工程，以高质量司法服务促进产业结构转型升级，助力扩大内需战略实施。近年来，北京三中院积极参与环球影城度假区消费者权益保护问题研判，调研张家湾设计小镇、宋庄艺术小镇等城市副中心新型消费圈的司法需求；聚焦数字消费、网络消费领域的新经济业态、新消费场景，与北京博锐开放政策研究院联合发布《数字经济案例精选与实务指引》，赴抖音、京东、美团、拼多多等互联网平台企业及理想汽车等新能源消费企业开展调研，形成"走基层-问需求-解疑惑-促发展"的回应式助企闭环，营造安商惠企的营商"软环境"。2023年以来共走访调研50余家民营企业，听取人大代表、社会团体意见建议10余次，围绕"公司治理与经营风险"为 20 余家企业进行了专题授课,累计提供现场咨询 60 余次,服务生产者、经营者规范、健康、有序发展。

其五,建设法治宣传阵地,实现高标准引领。司法裁判不仅是个案定分止争的文本依据,更是引领社会风尚、解决社会问题的指引参考。近年来,北京三中院以习近平法治思想宣传队和三中院"普法驿站"为载体,积极发挥案件审理的示范教育作用,通过新闻通报会、以案释法、案例宣讲等普法宣传活动和"两微一端"等新媒体平台,以鲜活司法案例向群众传递法律理念。自 2013 年建院以来,北京三中院连年召开涉消费者权益保护新闻通报会,围绕预付费式消费、汽车消费、网络购物、旅游消费者权益保护等发布审判白皮书及典型案例。在"3·15""双十一"期间组织消费者权益日普法宣传活动,通过订单式普法、公开庭审、微直播等专项活动,培育和增强人民群众法治意识、规则意识,助力营造良好消费环境。

(责任编辑:欧阳嘉俊)

国际商事纠纷"一站式"多元解纷的"北京样板"

北京市第四中级人民法院[*]

60多年前,由浙江省干部群众创造的"依靠群众就地化解矛盾"的"枫桥经验"是正确处理人民内部矛盾的宝贵财富。时光跨越一甲子,"枫桥经验"在坚持中历久弥新,在发展中焕发活力。习近平总书记在党的二十大报告中指出:"世界之变、时代之变、历史之变正以前所未有的方式展开。"随着我国经济的崛起腾飞,对外贸易体量不断增长,人民生活水平显著提高,中国与世界各国的联系交往日益增多,北京作为祖国首都,在新时代、新征程、新阶段肩负着十分重要的历史使命。在新的历史背景下,北京市如何以更有力的举措提升司法服务和保障首都高质量发展水平成为至关重要的议题。与此同时,当今世界政治、军事、经济多种风险交织叠加,国际形势的不稳定性和不确定性因素不断增多,人民法院受理的如国际贸易、国际工程承包、

---

[*] 本文执笔人为王远哲,北京市第四中级人民法院立案庭法官助理。

国际物流运输、境外旅游服务等跨境商事案件数量持续攀升，纠纷产生背景日益复杂。在"百年未有之大变局"的时代背景之下，面对由国际商事纠纷案件规模的快速增长带来的诸多难题，坚持和发展好新时代的"枫桥经验"，在国际商事解纷领域更好发挥调解的基础性作用，做好国际商事矛盾纠纷的诉源治理工作，更好地通过能动司法进一步服务和保障首都高质量发展，应当成为我们探索解题之道的关键。

北京市第四中级人民法院集中管辖北京市的涉外和涉港澳台商事案件。立足于国际商事纠纷特点，北京四中院认真贯彻落实习近平总书记关于坚持和发展新时代"枫桥经验"的一系列重要指示精神和党中央的各项重大决策部署，始终坚持"抓前端、治未病"，将能动司法落到实处，探索国际商事纠纷多元化解的新路径。为更好服务首都高水平对外开放，满足市场化、法治化、国际化营商环境建设需求，2021年1月20日，经最高人民法院批准，北京法院国际商事纠纷一站式多元解纷中心（简称北京法院国际商事解纷中心）在北京四中院设立。三年多以来，北京法院国际商事解纷中心依法履行职责，广泛凝聚智慧，通过建立国际商事纠纷多元化解"1+1+1+N"工作机制、探索"国际商事纠纷调解七步工作法"等一系列实际举措，推动"枫桥经验"在化解国际商事纠纷方面焕发蓬勃生机。北京四中院努力打造集国际商事纠纷调解、诉讼、仲裁功能于一体的一站式多元解纷"北京样板"，从讲政治的高度推动新时代调解工作向纵深发展，取得了一系列积极的成效：大量矛盾纠纷在诉前得以化解，人民群众在诉讼活动中的体验感更好、安全感更足、获得感更强。

一、以多元化为桥梁，推进开放融合，突出协同联动，努力发挥分流与化解涉外商事纠纷的平台作用

北京法院国际商事解纷中心通过拓展社会力量参与纠纷多元化解的制度化渠道，扩大多元解纷"朋友圈"，努力打造开放共享、多元共治工作格局。北京四中院与国际商事争端预防和解决组织、中国贸促会商事调解中心、北京市多元调解发展促进会、融商一带一路国际商事调解中心、北京涉台商事纠纷调解中心等知名调解组织密切合作，不断加强国际商事纠纷调解资源培育；与中国国际经济贸易仲裁委员会、北京仲裁委员会等仲裁机构开展对接，以示范性裁判做好诉源治理，引导当事人选择适宜的途径解决国际商事争端；与市司法局、市台办、各区人民政府等单位协调配合，"府院联动"共同推动纠纷公正高效的实质化解。截至2023年底，北京四中院共调解国际商事纠纷310件，地域涉及美国、德国、俄罗斯、韩国、新加坡等30余个国家和地区，案由涵盖国际货物买卖纠纷、股权转让纠纷、民间借贷纠纷等国际商事纠纷，调解成功案件标的额超过人民币7.5亿元。

为了给首都营造市场化、法治化、国际化营商环境提供坚实的司法保障，北京法院国际商事解纷中心主动吸纳不同层级、不同行业、不同领域的调解组织及调解员加入国际商事解纷队伍。2024年，北京四中院共有5名来自法国、德国、澳大利亚、巴西、沙特阿拉伯的外籍调解员和6名来自港澳台地区的调解员深度参与调解工作，吸收了包括专家学者、职业律师、国际仲裁员、民营企业、商会协会负责人等多个行业的专业人士加入调解员队伍，工作语言种类覆盖汉语、英语、法语、德语、葡萄牙语、阿拉伯语、荷兰语等。通过凝聚多元解纷合力，北京法院国

际商事解纷中心形成了更大的平台优势，成为具有国际影响力的涉外纠纷解决高地。在一起涉一带一路国家的商事纠纷调解中，由于作为被告的外国企业在我国境内无办公场所和工作人员，调解员一直未能与其取得联系，调解工作一度陷入僵局。这时融商一带一路国际商事调解中心主动提出可以委托其境外分中心联系被告，经原告同意后，常驻在该国的外籍调解员前往被告企业送达法律文书，并成功取得由该企业负责人签字确认的联系方式和送达地址，有力地促进了本案调解工作的开展。

北京法院国际商事解纷中心突出外籍调解员和港澳台调解员"娘家人"的优势，以"同业之道、同乡之谊、同胞之情"打动人心，架起化解纠纷的"连心桥"。在一起涉台商事纠纷中，原被告就双方之间多笔银行转账到底是"投资"还是"借贷"的法律关系剑拔弩张、相持不下时，依托人民法院"总对总"诉调对接机制，人民法院调解平台将案件委托给一名"土生土长"的台胞律师，让其作为调解员开展调解工作。在调解期间，台胞调解员帮助台湾同胞解读相关法律法规，起到了矛盾纠纷"软化剂"作用。最终原被告主动让步，握手言和并及时主动履行了调解协议，整个调解程序仅用时 18 天。该案顺利办结后，公正、高效、便民的调解程序不仅得到了包括台胞当事人在内的原被告双方的一致感谢，也得到了中央广播电视总台《海峡两岸》栏目的宣传报道。应当说，北京法院国际商事解纷中心为台湾同胞更多更好地了解新时代人民法院的好政策、好做法，促进两岸融合发展起到了积极作用。

二、以集约化为抓手，坚持能动司法，延伸诉调对接，充分发挥对国际商事纠纷的辐射、疏导和化解作用

北京法院国际商事解纷中心构建国际商事纠纷全流程高效运转体系，

建立国际商事纠纷多元化解"1+1+1+N"工作机制,即每个案件由前端的速裁法官、程序分流员、特邀调解员与后端的诉讼服务人员、执行法官、行专调解组织或仲裁机构组成工作团队,相互协调,共同推动纠纷化解。具体的工作流程是由程序分流员对纠纷解决难度进行初步评估,根据当事人需求个性化定制包含诉讼、调解、仲裁的多元解纷路径;特邀调解员以线上+线下的方式对纠纷开展实质性调解工作;由审判经验十年以上的员额法官担任速裁法官,负责案件的法官在见证程序、财产保全审查、司法确认以及在纠纷解决过程进行法律释明与指导工作。在解纷过程中,诉讼服务人员、执行法官、调解组织或仲裁机构全流程支持,及时满足当事人在解纷过程中的如送达、鉴定、域外法查明、域外法律文书承认和执行等需求。在国际商事纠纷全流程高效运转体系"加持"下,北京法院国际商事解纷中心成立三年多以来,导出调解案件平均办理时长仅为28.4天。

调解、诉讼、仲裁都是解决矛盾纠纷的途径,针对不同主体、不同类型、不同特点的矛盾纠纷,选择正确的纠纷解决方式十分重要,这也是影响矛盾纠纷能否化解与化解成效的关键。北京法院国际商事解纷中心立足于国际商事纠纷特点,总结吸收先进调解经验,探索出"国际商事纠纷调解七步工作法"用以指导调解实践,即聚焦矛盾焦点问题、遵循案件基本事实、重视沟通方式艺术、准确释法明理尚德、维护国家法治统一、尊重域外习俗文化、依法保障利益均衡七个方面。在一起涉港商事纠纷调解中,原被告均系香港同胞,主动申请由北京法院国际商事解纷中心处理双方因借贷产生的纠纷,程序分流员对案件解纷难度进行初步评估后,选派了经验丰富的调解员开展调解工作,调解团队秉持"国际商事纠纷调解七步工作法",在收到诉讼材料的第二天就促成双方握手言和,签订了调解协议书,并一致向法院申请出具诉前调解书。案件办结后，北京四中院、北京法院国际商事解纷中心收到了香港同胞赠送的内容为"诉前调解高效、公正效率兼顾、为民服务暖心""协同联动、规范亲切、调解专业、高效便捷"的两面锦旗。

为了更好地保障诉讼当事人的合法权益，做好立案、审判、执行的前后端衔接工作，北京法院国际商事解纷中心与北京国际商事法庭制定案件衔接流转机制。在法定调解期间调解不成的案件，系统自动将案件转回至审判程序，在案件回流当日向当事人出具案件受理通知书，当日分配承办法官，当日将包括调解报告在内的案件卷宗移交北京国际商事法庭，实现程序衔接"零时差"，避免了因程序衔接导致的"就案办案，程序空转"问题。

三、以智能化为特色，聚焦首创首善，加强诉源治理，打造国内一流的国际商事解纷中心

依托智慧法院建设，北京法院实现了让数据"多跑腿"、人民群众少跑腿的目标。北京四中院积极开展国际纠纷线上线下"双线融合调解"，全面实现在线立案、调解、司法确认、送达功能；大力推进全流程线上解纷平台的建设，完善一站式北京法院国际商事解纷中心线上平台功能，依托"北京法院分调裁一体化平台"开展工作，全面对接人民法院调解平台，实现"总对总"全覆盖；积极开展系统集成工作，增设在线评估引导、程序选择、诉讼与调解、诉讼与仲裁程序转换，以及配套的域外法查明、域外翻译、域外公证等辅助服务功能，实现"云上解纷"。2020年10月，北京法院国际商事解纷中心的法官仅用时10分钟便完成北京市首例跨境当事人视频代理见证、跨境立案工作。截至2023年底，线上线下共完成法官见证程序350件次。除了便利的线上解纷系统外，北京法院国际商事

解纷中心的现场调解室还配备了智能笔录系统和中英文同声翻译系统，为中外当事人提供便捷、高效、低成本的一站式纠纷解决服务。

北京法院国际商事解纷中心在北京国际商事法庭中英文网站上专门开辟一站式北京法院国际商事解纷中心宣传专栏，对日常工作和进驻调解组织、调解人员进行精准介绍，并嵌入各合作调解组织的网站网址或公众号，定期更新和发布特邀调解组织名录和特邀调解员名录，方便诉讼当事人查阅和选择。为加强北京法院国际商事解纷中心运行透明度，北京四中院依托互联网平台实时告知当事人案件调解进度和过程信息，努力实现公平正义"可视化"。

为了加强纠纷的源头预防化解工作，北京四中院依托优质涉外商事审判人才资源，积极开展法治宣传工作。受市司法局、市两区办、市侨联、北京仲裁委员会、北京市律师协会等单位邀请，北京四中院参加中国国际服务贸易法律论坛、"亲密伙伴"计划政策解读会、"侨之家"法律服务专场活动，现场向数百家各行各业的企业代表和群众讲解国际商事纠纷"一站式"多元解纷机制，并针对我国企业"走出去"所面对的实际法律问题和困难给出法律建议。此外，北京四中院召开"服务保障一带一路十项审判机制"新闻通报会，发布服务保障"一带一路"建设十大典型案例，充分发挥典型案例促治善治的积极作用。

下一步，北京法院国际商事解纷中心将进一步加大工作力度，以更多的改革创新之举，深入坚持和发展新时代"枫桥经验"，有效发挥司法在矛盾纠纷多元化解机制中的引领、推动和保障作用，与调解、仲裁等各方形成有机衔接、协调联动、优势互补的多元解纷模式，努力以精湛的业务素质和优质的司法产品讲好中国法治故事，传播中国法治声音，用心浇灌调解这一"东方之花"在国际商事解纷舞台绚烂绽放。

（责任编辑：成　卓）

商标行政案件诉源治理成效初显

北京知识产权法院[*]

"困知勉行",源于战国·子思《中庸》,意为"遇困而求知,尽力实行"。2023年是毛泽东同志批示学习推广"枫桥经验"60周年暨习近平总书记指示坚持发展"枫桥经验"20周年,习近平总书记多次强调,要"善于运用法治思维和法治方式解决涉及群众切身利益的矛盾和问题",推动"枫桥经验"取得新成就、做出新概括。北京知识产权法院作为全国首家知识产权法院,建院伊始就恰逢我国商标申请注册量爆发式增长,受其影响,该院专属管辖的商标授权确权行政案件(简称商标行政案件)[①] 逐年激增,造成该院人案矛盾严重。为应对商标行政案件带来的审判压力,北京知产法院积极探索机制创新寻求破题,近年来通过"撤回重评"、预登记、行政诉前和解等方式,首次实现收案下降,商标

---

[*] 本文执笔人为逯遥,北京知识产权法院三级高级法官。

[①] 商标授权确权行政案件,是指当事人依据《中华人民共和国商标法》第34条、第35条、第44条、第45条、第54条等规定,因不服商标行政管理部门作出的商标驳回复审决定、商标不予注册复审决定、商标权无效宣告裁定、商标权撤销复审决定等行政裁决提起的行政诉讼。

行政案件诉源治理成效初显。

为推动实施国家创新驱动发展战略，加强知识产权司法保护，根据党中央的决策部署，我国先后在北京、上海、广州、海南自由贸易港设立了知识产权法院。根据全国人大常委会决定和最高人民法院司法解释，北京知产法院主要管辖以下三类案件：一是专属管辖全国范围内的专利、商标等知识产权授权确权第一审行政案件，二是集中管辖全国范围内的反垄断第一审行政案件和药品专利链接案件，三是管辖北京市域内相关知识产权民事和行政案件。自 2014 年建院至 2023 年，北京知产法院共受理各类知识产权案件 17.8 万件，在全国知识产权法院中收案数量最多、收案增幅最快，年均增幅高达 23.1%。在我国商标申请注册数量逐年增长的势头下[①]，北京知产法院商标行政案件占比最高，平均高达 65.3%，年均 12 533.9 件，年均增幅 20%。

为缓解商标行政案件逐年增长带来的审判压力，北京知产法院近年来积极通过繁简分流、审判事务集约等方式寻求破题。由于此类案件属于行政案件，诉讼费较低（100 元/件），且不属于《行政诉讼法》规定的可适用调解的情形，起诉率、上诉率较高，从实体审理的角度实质化解行政争议的难度较大。从 2021 年起，北京知产法院将改革重心前移，根据商标行政案件的诉讼特点，经过充分调研，陆续推出"撤回重评"、预登记、行政诉前和解等组合式诉前化解方式，以商标行政案件为重点领域实行诉源治理，力争将商标行政争议"止于未讼"。同时，北京知产法院还持续加强与国家知识产权局的沟通研判，促推在先权利不稳定的行政案件适用中止行政程序。2023 年以来，已有近 4 万件商标评审案件在行政审查阶段中止审理，受该因素传导，北京知产法院新收案件量首

---

① 据国家知识产权局统计，截至 2023 年 9 月，我国累计注册商标 4 512.2 万件。

次出现下降，2023年前三季度新收案件同比下降5.6%，多年来案件只增不减的态势出现转机。

一、避免"程序空转"，创设"撤回重评"机制

在商标行政案件中，有相当一部分存在诉争商标与在先近似商标存在权利冲突的情形，当事人一方面提起行政诉讼，另一方面针对在先近似商标提起撤销或无效宣告程序，只要在先近似商标被撤销或宣告无效，案件即可能因"情势变更"导致法院判决撤销行政裁决，从而达到诉争商标获准注册或予以维持的目的。① 由于大量商标行政案件存在在先近似商标权利状态不稳定这一特点，原告希望通过行政诉讼程序等待在先近似商标权利状态得以确定，因而程序空转耗费大量行政和司法资源，也增加了各方当事人的诉累。为避免程序空转，经前期调研并与国家知识产权局充分沟通，北京知产法院于2022年5月建立起商标"撤回重评"机制，即在商标行政案件的诉前、诉中阶段，针对被诉裁决做出后出现可能导致被诉裁决被撤销的案件，由法院组织协调化解，行政机关根据新的事实重新做出行政裁决，原告撤回起诉。截至2023年10月，北京知产法院通过"撤回重评"机制共化解商标行政争议924件。

二、兼顾保障诉权和当事人意愿，健全"预登记"机制

依据《商标法》《专利法》相关规定，当事人提起商标、专利授权确

---

① 依据《最高人民法院关于审理商标授权确权行政案件若干问题的规定（2020修正）》第28条规定：人民法院审理商标授权确权行政案件的过程中，国家知识产权局对诉争商标予以驳回、不予核准注册或者予以无效宣告的事由不复存在的，人民法院可以依据新的事实撤销国家知识产权局相关裁决，并判令其根据变更后的事实重新作出裁决。

权行政诉讼的起诉期限较短，涉外或港澳台当事人起诉时往往面临难以"按时"办理公证认证手续的难题。为充分保障涉外或港澳台当事人的诉权，北京知产法院自建院起即建立了预登记机制，即涉外或港澳台当事人在起诉期限内向法院递交起诉状办理预登记，在三个月内补充递交相关公证、认证材料的，视为未超过起诉期限。针对商标驳回复审行政案件中约70%存在在先引证商标权利状态不稳定的情况，北京知产法院自2023年以来探索将预登记机制的适用范围扩展至商标驳回复审案件，即采取自愿登记原则，根据原告的意愿，自愿申请预登记和期限内自愿结束预登记。该机制于2023年6月25日起试行，至2023年11月已通过京知在线网站、北京法院电子诉讼平台等多个渠道为当事人办理预登记594件，通过该机制，如在先引证商标的法律状态在预登记期间内得以确定，可能导致被诉裁决被撤销的新的事实，该案件可以通过前述"撤回重评"机制化解；如在先引证商标的法律状态确定后对被诉裁决的结论没有实质影响，当事人在审理中同意适用简易程序的比例也将大幅提高，从而加快此类案件的审理进程。

三、委派特邀调解员，探索商标行政纠纷诉前和解

虽然商标行政案件依法不适用于调解，但在商标异议人、撤销请求人和无效宣告请求人作为原告的案件中，仍然有诉前和解的空间。2021年10月起，北京知产法院进一步健全诉调对接机制，聘请来自中华商标协会等相关行业协会的专业特邀调解员驻院，针对商标行政案件中可以诉前化解的案件开展诉前化解工作，实现前端诉前化解案件类型全覆盖。截至2023年10月，专业特邀调解员已主持化解商标行政案件40件，推动商标行政争议前端实质性化解。

最高法院张军院长在 2023 年 7 月召开的全国大法官研讨班上指出："当前的主要问题是已设立的专门法院如何用足用好政策红利、评估建设成效、巩固创新成果、使其功能不断完善的问题。说到底，还是审判理念、审判能力要跟上、适应。"面对案件逐年激增带来的审判压力，北京知产法院针对商标行政案件这一重点领域，精准施策开展诉源治理。在设计具体机制举措时，不但要确保在现行法律框架内，切实维护各方当事人的合法权益，还要紧密贴合商标行政案件的特点"量身定制"诉源治理方案。基于商标授权确权程序中情势变更、程序空转、以案生案等长期困扰实践的难题，从有利于合法权利人的角度出发，经过与国家知识产权局多次沟通协商，加强各行政程序以及司法与行政程序之间的有效衔接，稳步推行前述"撤回重评""预登记"等机制，减轻合法权利人的程序负担和维权成本，确保商标法的适用回归立法初衷，促推商标注册管理秩序步入诚信有序的良性轨道。

习近平总书记指出，"知识产权保护工作关系国家治理体系和治理能力现代化，关系高质量发展，关系人民生活幸福，关系国家对外开放大局，关系国家安全"。北京知产法院作为知识产权保护的主力军和排头兵，理应不断创新工作举措，牢牢把握新时代"枫桥经验"的科学内涵和实践要求，运用法治手段提升综合治理能力，强化诉源治理效果，为贯彻新发展理念、构建新发展格局、推动商标高质量发展提供精准、有力的司法服务，不断开创知识产权审判工作现代化的新局面。

（责任编辑：宋史超）

第二编
"枫桥经验"与多元参与共治

"枫桥经验"是依靠群众、依靠基层自身力量实现基层社会治理的实践经验。全民守法是法治社会的基础工程，法治建设是基层社会治理的重要助力，依法治国是党领导人民治理国家的基本方略。司法机关是基层治理中的力量之一，完善社会治理体系，需要充分协调调动基层的各种资源，促进多元参与共治。

本编的六篇文章聚焦多主体参与、多方式着手的基层治理工作，关注基层纠纷化解中司法机关与非司法机关的协作，以及司法机关非传统工作方法的创新。

利用基层群众资源自我管理、解决纠纷，是"枫桥经验"对基层治理的重要启示，这既可通过自治规章的方式实现一般管理，也可以人民调解化解具体纠纷。村规民约是以农村基层民主方式形成的自治规范，高其才教授通过实地考察，描绘了村规民约协商、裁判、执行全流程的实际效用及完善方向。人民调解是党在历史特殊时期形成的纠纷解决机制，但在新时代下具有新的内涵。对形式自由的调解而言，其效果是评价核心，郭翔教授分析了纠纷实质化解的障碍与标准，并探讨其实现方式。

法院在纠纷化解中与其他机关的协调合作是多元参与共治的重要体现，共治主体和共治方法与纠纷性质、特点密切关联。河北雄安中院面对城市发展建设中突出的行政争议问题，积极推进地方党委、政府、法院、检察院的协调合作，在诉讼前联络协调、审理中实质深入、裁判后公开宣传。北京石景山法院在纠纷前端化解中积极联络地方党组织、行政以及市场各方资源，探索通过信息技术便利人民调解执行、提升审判管理能力。

相较法院，检察院在职责内容和工作方法上更为灵活、能动。在参与基层治理的过程中，陕西省延安市检察院突出检察机关监督、建议职权,通过党员下基层等活动广泛了解实际问题,在司法救助金、涉法涉诉信访等问题上提出了新的解决思路。河北省黄骅市检察院关注刑事犯罪、民事侵权引发的司法救助问题,在打击犯罪的同时摸排寻救、主动施救,通过与检察系统内部与外部财政、民政、妇联等部门的合作,助力特殊案件中受害家庭重建生活。

(专题介绍:刘子赫)

"枫桥经验"与发挥村规民约在矛盾纠纷预防化解中的作用[*]

高其才[**]

一、"枫桥经验"与新时代"枫桥经验"

"枫桥经验"是在乡村治理的实践中形成的。1963年2月,中共中央决定在全国农村开展社会主义教育运动,中共浙江省委选择诸暨、萧山、上虞等县作为"社教"试点。枫桥干部群众经集体讨论,决定采取发动群众、依靠群众的方式对"四类分子"[①]进行改造,取得了良好效果。

---

[*] 本文为2023年11月23日中国法学会民事诉讼法学研究会主办的"坚持和发展新时代'枫桥经验' 提升矛盾纠纷预防化解法治化水平"理论研讨会上的发言,发言稿题目为"坚持和发展新时代'枫桥经验'发挥村规民约在矛盾纠纷预防化解中的积极作用"。

[**] 高其才,清华大学法学院教授,法学博士,博士生导师。

[①] "四类分子"是指"地主分子"、"富农分子"、"反革命分子"和"坏分子"。1950年8月4日,政务院第四十四次政务会议通过了《关于划分农村阶级成分的决定》,据此划定了阶级成分,将地主分子、富农分子、反革命分子和坏分子列为革命的敌人和打击对象。1957年之后将他们合称为"四类分子"。

同年10月，公安部领导到浙江视察，发现了枫桥区没有捕人的经验，就立即向正在杭州视察的毛泽东主席做了汇报。毛主席肯定地说，"这叫矛盾不上交，就地解决"，并指示要好好进行总结。

根据毛主席的指示，公安部调查组赶赴枫桥，在调查核实后，主持起草了《诸暨县枫桥区社会主义教育运动中开展对敌斗争的经验》，即"枫桥经验"。其主要精神是"发动和依靠群众，坚持矛盾不上交，就地解决。实现捕人少，治安好"，以说理斗争的形式把绝大多数"四类分子"就地改造成新人。

11月20日，毛泽东在公安部递呈的全国人大二届四次会议书面发言稿上批示："要各地仿效，经过试点，推广去做。"22日，他在与有关负责同志口头谈话时指出，"枫桥经验"回答了两个问题：一是群众为什么懂得要这样做，二是证明依靠群众办事是个好办法。从诸暨的经验看，群众起来之后，做得并不比你们差，并不比你们弱，你们不要忘记动员群众，群众工作做好了，还可以减少反革命案件，减少刑事案件。

1964年1月，中共中央发出了《关于依靠群众力量，加强人民民主专政，把绝大多数四类分子改造成新人的指示》，把"枫桥经验"推向全国。"枫桥经验"由此成为全国政法战线的一面旗帜。之后，"枫桥经验"得到不断发展，形成了具有鲜明时代特色的"党政动手，依靠群众，预防纠纷，化解矛盾，维护稳定，促进发展"的枫桥新经验，成为新时代把党的群众路线坚持好、贯彻好的典范。新时代"枫桥经验"的主要内容是在开展社会治理中实行"五个坚持"，即坚持党建引领，坚持人民主体，坚持"三治融合"（自治、法治、德治），坚持"四防并举"（人防、物防、技防、心防的治理手段组合），坚持共建共享。[①]

[①] 也有概括为"小事不出村，大事不出镇，矛盾不上交"。

2003年11月，习近平同志在浙江省纪念毛泽东同志批示"枫桥经验"40周年大会上明确提出，要牢固树立"发展是硬道理、稳定是硬任务"的政治意识，充分珍惜"枫桥经验"，大力推广"枫桥经验"，不断创新"枫桥经验"，切实维护社会稳定。

2013年10月中共中央总书记、国家主席、中央军委主席习近平就坚持和发展"枫桥经验"做出重要指示强调，各级党委和政府要充分认识"枫桥经验"的重大意义，发扬优良作风，适应时代要求，创新群众工作方法，善于运用法治思维和法治方式解决涉及群众切身利益的矛盾和问题，把"枫桥经验"坚持好、发展好，把党的群众路线坚持好、贯彻好。习近平指出，50年前，浙江枫桥干部群众创造了"依靠群众就地化解矛盾"的"枫桥经验"，并根据形势变化不断赋予其新的内涵，成为全国政法综治战线的一面旗帜。浙江省各级党委和政府高度重视学习推广"枫桥经验"，紧紧扭住做好群众工作这条主线，为经济社会发展提供了重要保障。

2023年11月6日，习近平会见全国"枫桥式工作法"入选单位代表，并勉励他们再接再厉，坚持和发展好新时代"枫桥经验"，为推进更高水平的平安中国建设做出新的更大贡献。

笔者认为，理解"枫桥经验"和新时代"枫桥经验"的内涵需要注意"枫桥经验"产生、形成的枫桥地区的社会、历史、文化、民风等背景，关注由公安部门首先予以总结的这一事实，关注新时代"枫桥经验"发展的经济、政治、法治等社会和治理特点。

二、新时代"枫桥经验"与村规民约

从治理角度认识，"枫桥经验"和新时代"枫桥经验"具有以下特质：(1) 在主体方面，坚持村民主体地位，以村民为主体，以村民为中心，尊重村民的积极性、主动性、创造性，具有人民性；(2) 在事务方面，通过民主选举、民主决策、民主管理、民主监督，办理公共事务，举办公益事业，维护公共秩序，引导民风民俗，化解村民矛盾，广泛开展民事民议、民事民商、民事民管、民事民办，具有自治性；(3) 在程序方面，充分尊重村民意愿，突出村民的公共参与和民主协商，充分体现自我管理、自我服务、自我教育、自我监督，具有民主性；(4) 在规范方面，遵循国家法律和政策，注重弘扬内生的固有良善习惯法①，议订和不断完善村规民约，具有多样性。

基此，在坚持和发展"枫桥经验"和新时代"枫桥经验"时，我们需要充分重视具有内在产生性、自我管治性、内容具体性、共同参与性、严格拘束性等特点的村规民约的地位和作用。

我国宪法、法律、法规、规章对村规民约都进行了规定。如《中华人民共和国宪法》(1982年，1988年、1993年、1999年、2004年、2018年修正)第24条规定："国家通过普及理想教育、道德教育、文化教育、纪律和法制教育，通过在城乡不同范围的群众中制定和执行各种守则、公约，加强社会主义精神文明的建设。"《村民委员会组织法》(1998年，2010年修订，2018年修正)第27条规定："村民会议可以制定和修改村民自治章程、村规民约……""村民自治章程、村规民约以及村民会议或者村民代表会议的决定不得与宪法、法律、法规和国家的政策相抵触，不得有侵犯村民的人身权利、民主权利和合法财产权利的内容。""村民自治章程、村规民约以及村民会议或者村民代表会议的决定

---

① 此处所指的习惯法为非国家法意义上的习惯法，指独立于国家制定法之外，依据某种社会权威和社会组织，具有一定的强制性的行为规范的总和。高其才：《中国习惯法论（第三版）》，社会科学文献出版社，2018，第3页。

违反前款规定的，由乡、民族乡、镇的人民政府责令改正。"《乡村振兴促进法》（2021年）第30条规定："各级人民政府应当采取措施丰富农民文化体育生活，倡导科学健康的生产生活方式，发挥村规民约积极作用，普及科学知识，推进移风易俗，破除大操大办、铺张浪费等陈规陋习，提倡孝老爱亲、勤俭节约、诚实守信，促进男女平等，创建文明村镇、文明家庭，培育文明乡风、良好家风、淳朴民风，建设文明乡村。"2018年12月4日民政部等7部委发布《关于做好村规民约和居民公约工作的指导意见》，指出"村规民约、居民公约是村（居）民进行自我管理、自我服务、自我教育、自我监督的行为规范，是引导基层群众践行社会主义核心价值观的有效途径，是健全和创新党组织领导下自治、法治、德治相结合的现代基层社会治理机制的重要形式"。

我国的不少规范性文件也对村规民约进行了规定。如2014年10月23日，中国共产党第十八届中央委员会第四次全体会议通过的《中共中央关于全面推进依法治国若干重大问题的决定》要求"发挥市民公约、乡规民约、行业规章、团体章程等社会规范在社会治理中的积极作用"。2017年6月出台的《中共中央、国务院关于加强和完善城乡社区治理的意见》提出，"充分发挥自治章程、村规民约、居民公约在城乡社区治理中的积极作用，弘扬公序良俗，促进法治、德治、自治有机融合"。2018年修订的《中国共产党农村基层组织工作条例》第20条规定，"党的农村基层组织应当健全党组织领导的自治、法治、德治相结合的乡村治理体系。深化村民自治实践，制定完善村规民约"。中共中央2020年12月印发的《法治社会建设实施纲要（2020—2025年）》提出，要"充分发挥社会规范在协调社会关系、约束社会行为、维护社会秩序等方面的积极作用。加强居民公约、村规民约、行业规章、社会组织章程等社会规范建设，推动社会成员自我约束、自我管理、自我规范"。

这表明，坚持和发展新时代"枫桥经验"，需要进一步提高村规民约在我国法治建设中的地位，高度重视村规民约的乡村治理价值，充分发挥村规民约在矛盾纠纷预防化解中的积极作用。

三、坚持和发展新时代"枫桥经验"，发挥村规民约在矛盾纠纷预防化解中的积极作用

村规民约是乡村民众为了办理公共事务和公益事业、维护社会治安、调解民间纠纷、保障村民利益、实现村民自治，民主议定和修改并共同遵守的社会规范。

村规民约的积极作用集中表现在实现基层民主、管理公共事务、分配保护资产、保护利用资源、维护环境卫生、促进团结互助、推进移风易俗、传承良善文化、维护乡村治安、解决民间纠纷等方面。

村规民约在预防矛盾发生、调处村民冲突、解决民间纠纷方面具有积极的作用。村规民约作为自治性规范，在解决矛盾纠纷时并没有国家强制力作后盾，大多时候所依赖的是村民的舆论压力或社区的强制力，依靠的是习惯法的力量。但是村规民约在化解民间矛盾纠纷时具有明显的效力，甚至比国家法律更为有效。

村规民约解决的矛盾纠纷主要发生于村落共同体内部，大多是村民间诸如邻里纠纷、婚姻家庭纠纷等日常生活、生产纠纷。比如浙江慈溪附海镇海晏庙村《村规民约》第二章、第三章详细规定了村民在婚姻家庭和邻里关系方面的权利和义务，以及在产生纠纷之后的解决办法，"提倡用协商办法解决各种矛盾纠纷，协商不成功的，可申请到村、镇调委会调解，也可依法向人民法院起诉。依法理性表达利益诉求，不得无理信访、越级信访和集体上访，不得闹事滋事、扰乱社会秩序"。

村规民约规定的矛盾纠纷化解方式主要为村民自行协商、村委会调解、行政机关调解以及法院诉讼等，其中"调解"是最主要的解决纠纷的方式。比如贵州锦屏《瑶白村村规民约》规定"当事人可向村民委提出申诉，按情节轻重公开、公平、公正进行调处"①；又如贵州锦屏《文斗村村规民约》规定"全村推行人民调解、治保处理纠纷制度，由村民委推选调解主任，负责组织协调处理村内纠纷，协助村、组治理地方"②。再如广西金秀长垌乡《三角屯村民公约》第17条规定："凡处理违约人员，需要召开群众会议的，每个村民都应参加，如有不来参加会议和背后议论的，给予罚款50元。"③

在执行方面，如果是村委会、村民小组化解矛盾纠纷并做出相应的处理结果，一般都会由村委会执行，执行的方式有多种。比如广西金秀金秀镇《林香屯村民公约》第17条规定："为维护本村规民约的严肃性，设立村规民约监督小组，成员由村民推选，负责对村民遵守村规民约进行监督，并将村民违反事项提交村民大会或户主会议讨论处罚决定。"④贵州锦屏华寨"以歌劝和"，贵州锦屏瑶白村则成立村护约队执行。

村规民约在预防化解矛盾纠纷方面具有积极作用，这与国家法律的确认、社会环境的支持分不开，也与乡村固有的自治传统的发扬、村民集体认同心理的支撑密切相关；同时，能人治村使村规民约有了制定和实施的人员保障，而村规民约的变革调适使村规民约能够适应社会发展。

同时，我们也应该看到，村规民约在预防化解矛盾纠纷方面也存在一些消极作用，甚至出现违反国家法律的内容。比如有的预防化解纠纷

---

① 贵州锦屏《瑶白村村规民约》（2011年3月20日）。
② 贵州锦屏《文斗村村规民约》（2015年9月10日村民代表会议表决通过）。
③ 广西金秀长垌乡《三角屯村民公约》（1992年1月10日）。
④ 广西金秀金秀镇《林香屯村民公约》（2013年5月10日起实施）。

方面的村规民约条款违反国家法律，侵犯村民财产权、人身权等合法权益；有的村规民约的实施方式简单、粗暴，处罚规范违法；有的村规民约制定过程缺乏全体村民或者村民代表的广泛讨论，仅由少数村干部商量决定。比如贵州锦屏《瑶白村卫生公约》第 6 条规定："各村民喂养的狗，必须圈养；如发现浪放的情况，监督小组实行毒打。"①

坚持和发展新时代"枫桥经验"，发挥村规民约在矛盾纠纷预防化解中的积极作用，需要注意以下三个方面的影响：第一种属于结构性影响，即乡村社会结构转型而导致村治模式的转变，可能会在一定程度上影响其作用的发挥；第二种影响来自基层政府，表现为行政权对村民自治和村规民约的过度性指导；第三种影响来自村规民约本身。当前村规民约在制定程序、具体内容及实施过程等方面存在一些问题，直接影响了村规民约作用的发挥。

坚持和发展新时代"枫桥经验"，发挥村规民约在矛盾纠纷预防化解中的积极作用，需要充分认识法治国家、法治社会建设中的村规民约，全面理解村规民约在我国乡村发展中的重要地位。村规民约是党和国家治理乡村经验教训的总结，村规民约是乡村地区法治国家、法治社会建设的重要内容，村规民约是乡村全面振兴的重要手段，村规民约是推进城乡一体化建设的重要规范，村规民约是国家法律在乡村实施的重要载体，村规民约是传统乡约制度的当代延续，村规民约是习惯法当代传承与弘扬的重要方式，村规民约是其他社会规范的重要基础。

坚持和发展新时代"枫桥经验"，发挥村规民约在矛盾纠纷预防化解中的积极作用，需要坚持法治思维和法治方式，以解决问题为核心，尊重村民的主体性和创造性，弘扬优秀传统法文化和良善习惯法，从外部

---

① 贵州锦屏《瑶白村卫生公约》（2013 年 3 月 20 日）。

和内部两方面予以进一步完善。

从村组外部看，政府应依法加强对村规民约议订的指导，严格把好备案审查关，避免和消除村规民约的违法情况。同时，建议通过法律赋予村组通过村规民约的一定处罚权，进一步提升村规民约在纠纷预防化解中的作用。

从村组内部看，需要进一步完善村规民约的议定修订、具体内容和实施保障。应进一步明确村规民约为"民约"而非"官约"，要强调村组和村民的主体本位，坚持自治性；进一步明确村规民约为"公约"而非"私约"，注重村民的广泛参与、全面协商，坚持民主性；进一步明确村规民约的"实约"而非"虚约"，避免僵化、虚化等现象，坚持实效性，使村规民约真正成为"活法"。

（责任编辑：朱禹臣）

人民调解实质化解民事纠纷的理论基础与实现方式

郭 翔[*]

党的二十大报告指出,"在社会基层坚持和发展新时代'枫桥经验',完善正确处理新形势下人民内部矛盾机制"[①]。为丰富和完善人民调解机制,2023年9月27日最高人民法院、司法部印发《关于充分发挥人民调解基础性作用 推进诉源治理的意见》的通知(司发〔2023〕1号)(简称《发挥人民调解基础性作用的意见》),将"实质化解"作为调解工作的指导思想和工作原则之一。实质化解有助于提高人民调解化解民事纠纷的效果,但有关人民调解实质化解民事纠纷的理论研究较少。本文结合我国人民调解当前的状况,立足于民事纠纷的解决,探讨实质化解的可能性、必要性、判断标准和实现方式。

---

[*] 郭翔,北京师范大学法学院副教授,人民法院社会矛盾纠纷综合治理研究基地副主任。
[①] 习近平:《高举中国特色社会主义伟大旗帜 为全面建设社会主义现代化国家而团结奋斗——在中国共产党第二十次全国代表大会上的报告》,人民出版社,2022,第54页。

一、人民调解有能力提高化解纠纷的质量

(一) 人民调解的内涵和外延在变化中被丰富

在抗日战争时期的陕甘宁边区，因特殊的战争环境、社会条件和治理需求，调解成了重要的纠纷解决方式，并且逐渐形成了民间自行调解、群众团体调解、政府调解和法院调解四种形式，这四种调解被统称为"人民调解"，用来区别"国民党反动政府推行的反人民调解"。[①] 尽管现在已经不在最初的含义上使用人民调解，但人民调解仍然存在着狭义、广义和最广义的区别。按照1982年《宪法》第111条和1989年国务院制定《人民调解委员会组织条例》第2条的规定，人民调解是指村民委员会和居民委员会的人民调解。可以说，20世纪80年代的人民调解，区别于法院调解和行政调解，既不同于陕甘宁边区人民调解，也不同于现在的人民调解。这种将人民调解等同于两委的人民调解是狭义的人民调解。2002年司法部制定的《人民调解工作若干规定》（司法部令第75号）和2010年的《人民调解法》扩大了人民调解的范围。按照《人民调解工作若干规定》第10条和《人民调解法》第8、34条的规定，人民调解分为四类，包括村民委员会和居民委员会的人民调解、企业事业单位的人民调解、乡镇街道的人民调解、社会团体的人民调解和其他组织（区域性、行业性）的人民调解。相对于两委的人民调解，四类人民调解可以说是广义的人民调解。近年来，多种新型的调解开始出现，例如律师调解、政府购买服务型社会调解、国家与社会合作型调解等。这些新型的调解方式也被称为民间调解，与四类人民

---

① 王世荣、朱继萍：《人民调解的"枫桥经验"》，法律出版社，2018，第15页。

调解共同构成最广义的人民调解。①

现在狭义、广义和最广义的人民调解同时被使用。这就导致在判断人民调解的内涵和外延时需要结合具体的语境。作为与民事诉讼相区别的纠纷解决方式，往往指的是狭义的人民调解，或者某一种广义的人民调解，例如行业调解。但作为一种纠纷解决方式和社会治理机制，往往是指最广义的人民调解。在最广义上使用人民调解，分析作为最广义的人民调解实质化解民事纠纷的问题，是本节的立场和研究对象。

（二）人民调解解决纠纷的能力正在变强

通过统筹协调，人民调解可以整合解纷力量。调动律师、公证员、基层法律服务工作者、法律援助人员等力量，完善调诉对接、调仲对接、调解公证对接等机制，能够加强人民调解解决纠纷的能力和人民调解协议的效力。当面对具体纠纷案件时，人民调解可以发挥平台作用，采用座谈会、交流会等形式，让相关部门、人员与矛盾双方面对面处理，能够实现民间纠纷就地及时解决。

通过技术赋能，人民调解逐渐打破时空限制。由于人民调解工作需要接受本地司法行政部门和基层法院的指导，往往以解决本地的民间纠纷为主。现在通过在线调解，可以突破地域限制，进行异地调解。建立小区单元楼微信群，调解员 24 小时在线，可以随时化解纠纷。

人民调解化解的案件数量逐年增加。就全国来讲，2018 年全国人民调解组织调解矛盾纠纷 953.2 万件②，2022 年，全国人民调解组织调解各

---

① 廖永安、王聪：《人民调解泛化现象的反思与社会调解体系的重塑》，《财经法学》2019 年第 5 期。
② 陈磊：《多元化纠纷解决体系日臻完善》，法治网，2019 年 9 月 2 日，http://www.legaldaily.com.cn/yfzgpd/content/2019-09/02/content_7981852.html（最后访问时间：2024 年 1 月 4 日）。

类矛盾纠纷 1 494 万件（含人民法院委派委托调解成功 675 万件）[①]，增长比例高达 50%。部分地方的人民调解组织解纷能力也在增长，例如 2022 年北京地区全市人民调解排查纠纷数量与 2018 年相比，增长 268.35%。[②]

人民调解是具有中国特色的矛盾纠纷化解方式和社会治理机制。随着人民调解形式的丰富和解纷能力的增强，人们对于人民调解在矛盾纠纷预防化解中的作用会有更高的期待。[③]

二、发挥人民调解基础性作用需实质化解

（一）人民调解基础性作用的含义与要求

早在 2018 年，中华全国工商业联合会、司法部印发的《全国工商联、司法部关于推进商会人民调解工作的意见》中，就提出了发挥人民调解基础性作用的要求。2023 年最高人民法院、司法部的《发挥人民调解基础性作用的意见》，进一步阐述了充分发挥人民调解在矛盾纠纷预防化解中基础性作用的主要内容。

人民调解在矛盾纠纷预防化解中的基础性作用，既是指人民调解在多元纠纷解决机制中具有基础性作用[④]，也是指在纠纷解决效果上具有

[①] 赵颖：《2022 年全国人民调解组织调解矛盾纠纷 1 494 万件》，《法治日报》2023 年 10 月 9 日第 2 版。

[②] 北京市司法局：《用数据说话！北京调解让"枫桥经验"扎根》，北京市人民政府，2023 年 10 月 8 日，https://www.beijing.gov.cn/ywdt/gzdt/202310/t20231008_3271784.html（最后访问时间：2024 年 1 月 4 日）。

[③] 内蒙古自治区司法厅：《充分发挥人民调解工作的基础性作用》，《人民调解》2013 年第 9 期。

[④] 司法部基层工作指导司：《人民调解基础性作用初论》，《中国司法》2014 年第 8 期。

基础性作用。① 在多元解纷机制中，人民调解具有统筹解纷资源和分流纠纷案件的作用。发挥人民调解在多元解纷机制中的基础性作用，可以让纠纷案件在多元纠纷解决机制中合理分流。无论是民事诉讼，还是民事仲裁，都需要根据当事人的申请启动程序，并且通过诉讼解决需要耗费国家司法资源。近年来民事案件已经呈上升趋势。通过诉调对接机制，人民调解委员会和人民调解员可以参与法院委派委托案件调解。通过仲调对接机制，调解机构可以接受劳动争议仲裁机构的委派委托调解案件。通过调仲对接机制，人民调解委员会可以主动介入商事纠纷的解决，即便不能够及时解决，也可以通过商事仲裁分流诉讼案件，实现商事纠纷的非诉讼解决。

人民调解在纠纷解决效果上的基础性作用，既是指人民调解"抓前端、治未病"的排查预防作用，也是指人民调解实现矛盾纠纷的实质化解作用。这就意味着要发挥人民调解在社会矛盾预防化解中的基础性作用，需要做好两方面的工作：在纠纷还没有显现时，加强矛盾的排查预防，防止矛盾升级；在纠纷已经出现后，通过实质化解，强化解决民事纠纷的效果。对纠纷的实质化解，既是解决已经出现的矛盾纠纷的重要方式，也是预防新的矛盾纠纷出现的重要手段。实现对民事纠纷的实质化解，才能真正发挥人民调解的基础性作用。

(二) 实质化解要求的提出及实现的障碍

(1) 实质化解要求的提出。实质化解的要求，最先出现在行政纠纷化解领域。例如，《最高人民法院行政审判庭 2012 年工作要点》提出

---

① 杨健：《以北京为视角浅议人民调解在社会矛盾多元调解体系中的基础性地位》，《人民调解》2015 年第 12 期。

"力争行政争议的实质性解决"。有关实质化解的讨论，最初也主要是在行政诉讼领域展开。①

2023年的《发挥人民调解基础性作用的意见》，明确提出"就地实质化解纠纷"指导思想，并且将"坚持实质化解"作为调解工作的原则，认为"坚持实质化解"需要"不断提升调解能力，提高调解协议自动履行率，保证调解协议效力，依法维护人民调解权威，促进矛盾纠纷就地实质化解"。

实质化解是针对人民调解化解民事纠纷效果方面存在的不足提出的强化要求。实质化解针对的是"案结事不了"的形式化解，即对民事纠纷流于形式的化解和只解决表面问题的化解。前者是指纯粹走程序的化解，例如，对于民事纠纷采取压制、推诿的方式处理，在程序上已经完成了对纠纷的处理，但没有解决案件中的实体问题。后者是指虽然在程序上和实体上都对纠纷进行了化解，但只解决了浅层问题，没有解决深层问题。例如，只负责促成调解协议的达成却不管调解协议能否履行，以及与之相伴随的"高调成率-高反悔率"现象。

（2）实质化解实现的主要障碍。影响实质化解实现的因素有很多，目前人民调解发展中存在的种种障碍，如经费保障不充足、调解人员流动性大等②，都会影响实质化解的实现。这些影响因素，大致上可以分为主观方面的因素和客观方面的因素两类。主观方面的因素，是指纠纷双方当事人、调解组织等主体方面的因素，如当事人和调解组织的配合程度、当事人的解纷意愿等。其中，调解组织和调解员的能力与实质化解需要之间存在差距，对实质化解的实现影响较大。目前人民调解的案件，

---

① 郭修江：《监督权力保护权利实质化解行政争议——以行政诉讼法立法目的为导向的行政案件审判思路》，《法律适用》2017年第23期。

② 范愉：《纠纷解决的理论与实践》，清华大学出版社，2007，第554-561页。

既有简单案件，也有疑难复杂案件（例如知识产权纠纷等专业性很强的案件和医疗纠纷等事实较为复杂的案件）。疑难复杂案件的调解，有时需要技术专家和专业人员参与，但是现有的《人民调解法》第 4 条人民调解"不收取任何费用"的规定，在很大程度上影响了社会力量参与人民调解工作，导致行业性、专业性调解难以通过市场化方式进行。在不收费的公益性调解模式下，涉案金额巨大且数量众多的商事纠纷，难以得到高水平调解力量的长期支持。虽然《最高人民法院关于深化人民法院一站式多元解纷机制建设推动矛盾纠纷源头化解的实施意见》（法发〔2021〕25 号）提出了"在商事等领域探索开展市场化调解，推动建立公益性调解与市场化调解并行模式"的建议，并且已经出现了收费调解的实践[①]，但由于收费调解或者市场化调解没有法律的明确依据，难以常规化和规模化。

客观方面的因素，是指主观因素之外的与纠纷有关的影响因素，如调解的工作环境、案件的复杂程度等。其中，纠纷被化解的标准不明确，对实质化解的实现影响较大。纠纷被化解的标准，包括量的标准和质的标准。量的标准是指用来判断纠纷个数和范围的标准。当缺乏量的标准时，有可能发生当事人争议实质上是两个纠纷但只被化解了一个，或者只化解了当事人所争议纠纷的一部分的情况。在民事诉讼中，用来解决量的标准的工具是"诉讼标的"。[②] 通过识别诉讼标的，双方当事人和法院对于存在争议的案件数量以及需要审理的对象和范围能够获得一致的认识。在通过人民调解化解民事纠纷时，同样需要明确化解的纠纷数量、对象及范围，也就需要形成相应的制度、方法和措施解决人民调解对象

---

① 《北京阳光知识产权调解中心调解案件收费公示》，北京阳光知识产权调解中心，2020 年 9 月 4 日，https://www.ssipmc.com/Lists/21.html（最后访问时间：2024 年 1 月 4 日）。

② 张卫平：《民事诉讼法》（第六版），法律出版社，2023，第 214 页。

和范围的识别问题。例如，参照诉讼标的理论和法院诉讼调解的实践，形成人民调解标的的观念和识别机制。

纠纷被化解的质的标准，是用来判断纠纷是否真正被化解的标准。缺乏质的标准，既无法准确判断纠纷是否被化解，也无法区分纠纷被化解的不同程度，将影响实质化解的实现，因此有必要专门讨论质的标准建立的相关问题。

三、人民调解实质化解民事纠纷的标准

（一）民事纠纷被化解的判断标准

既有的研究表明，用来判断民事纠纷是否被化解的标准有多种。[①]从主体的角度来看，由于各方的利益诉求不同，会形成不同的纠纷化解标准，包括纠纷解决主体的化解标准、当事人的化解标准和社会公众的化解标准。以民事诉讼为例，由于各方判断化解的标准不同，一审判决作出后，一审法院认为纠纷已经处理完毕，但一方当事人不服提起上诉，希望继续对纠纷进行处理。二审判决做出后，各方当事人均服判，但社会公众认为判决有错误，希望通过再审予以改正。

从客体的角度来看，按照纠纷是否被处理，可以分为实质化解和形式化解两类标准。实质化解是指对民事纠纷的争议事实、法律关系和权利要求进行化解。形式化解是指在程序上或者形式上完成了对纠纷的化解。无论是通过诉讼、仲裁还是人民调解化解民事纠纷，总需要采取一定的形式、方式、步骤，即通过一定的程序解决。如果只是纯粹在程序上完成了对民事纠纷的处理，比如不启动程序或者纯粹走程序，那么只

[①] 顾培东：《社会冲突与诉讼机制》（第三版），法律出版社，2016，第28-32页。

是在程序上或者形式上化解了民事纠纷。纯粹只是在程序上完成对纠纷的处理，并不一定都是错误的。例如，尽管不受理纠纷是一种形式上的处理，然而不同的纠纷解决机制有自己的受案范围，对超出受案范围的纠纷，做出不予受理的处理，是正确的处理。虽然按照《人民调解法》第 2 条的规定，人民调解是人民调解委员会解决民间纠纷的活动，但并非所有的民间纠纷都可以通过人民调解解决。例如，婚姻关系、亲子关系、收养关系等身份关系无效、有效的纠纷，就不宜人民调解。人民调解委员会只能做出形式上的处理，并告诉利害关系人向人民法院起诉。

虽然民事案件的化解标准可以分为主体和客体两个方面，但化解标准是主体对客体的评价，即特定的主体对纠纷是否被化解以及化解程度的评价，因此不能将主体和客体完全分离。即便我国《人民调解法》第 22 条要求"在当事人平等协商、互谅互让的基础上提出纠纷解决方案"，也不能完全忽视纠纷被化解的实际状况而仅仅从当事人的角度来形成实质化解标准。一方面，当事人的权益要求有可能不完整、不准确、不合法[1]，因此不能完全以当事人请求是否在调解协议中获得全部满足，作为判断纠纷是否被实质化解的标准。另一方面，尽管现有的《人民调解法》和《民事诉讼法》共同形成了"调解＋确认"机制，即让人民调解协议具有法律约束力（合同约束力），当事人共同向法院申请司法确认，法院确认后人民调解协议具有执行力，但双方达成人民调解协议后，仍然存在反悔或者不被法律认可的情况，因此也就不能完全以当事人之间达成合意（如调解协议达成）作为判断实质化解的标准。

---

[1] 景汉朝：《论群体性上访类型化治理与体系构建——以涉诉信访为视角》，《中国应用法学》2023 年第 5 期。

(二) 人民调解实质化解民事纠纷的标准

人民调解实质化解标准，需要从主体和客体两方面同时建构。在法学上，纠纷、矛盾、争议等词语，往往作为同义词替代使用。尽管人们对于纠纷的定义不统一，但通常认为纠纷具有主体行为性和过程社会性。纠纷的主体行为性，就是指纠纷主体能够意识与对方的对立，并通过一定的行为将纠纷外显（辱骂、冲突、寻求帮助等）。纠纷的过程社会性是指纠纷外显以后，需要获得社会的解决。如果纠纷没有主体行为性，则无须社会介入，例如只是买彩票没有中奖而感觉很失落。纠纷的过程社会性意味着外显的纠纷需要得到社会及时解决，否则会影响社会秩序，例如夫妻间持续争吵最终影响邻里关系。[①] 要实现对纠纷的实质化解需要针对纠纷的主体行为性和过程社会性，让纠纷主体的纠纷行为不再外显，让纠纷的解决过程和结果符合社会规范。因此，实质化解的标准，从主体的角度，既要考虑纠纷双方的需求，也要考虑社会大众的认知；从客体的角度，既要考虑事实、法律关系和权利要求上的争议被化解的状况，也要考虑评价依据。

实现人民调解实质化解标准主客体两方面统一的方法，是让民事纠纷通过人民调解同时实现社会规范层面的解决和个体心理层面的解决。实现社会规范层面的解决，不仅意味着争议事实、法律关系和权利要求被解决了，而且意味着这种解决结果符合大众的要求。同时，实现个体心理层面的解决，意味着社会规范层面的解决结果也符合纠纷双方的内心需求。结合当前我国民间纠纷解决的实际状况和需要，人民调解实质化解民事纠纷的标准，可以具体化为同时达到了作为社会规范的法律要

---

① 刘荣军：《程序保障的理论视角》，法律出版社，1999，第1-5页。

求（法律标准）和争议双方当事人的心理要求（心理标准）。

人民调解实质化解民事纠纷的标准，由法律标准和心理标准两个部分共同构成后，将导致民事纠纷的解决呈现出四种状态（如表1所示）：（1）法律解决＋心理解决：在这种状态下，纠纷已经妥当解决，包括需要履行的义务已经履行完毕，双方重归于好。（2）法律解决＋心理未解：在这种状态下，需要继续心理解决，让当事人放弃和改变对抗的心理态势。可以采取心理疏导等辅助性措施，改变双方的紧张关系和对抗态度，也可以在不违反法律禁止性规定的前提下对法律解决方案进行变通，谋求双方的谅解与合作。（3）法律未解＋心理解决：由于双方已经有合作意向，调解员可以在法律允许的范围内结合两方的心理预期提供解决纠纷的方案，促成权利的实现和义务的履行，实现法律解决。（4）法律未解＋心理未解：此时双方的民事纠纷没有得到实质性解决。

表1 法律解决和心理解决的四种状态

	法律解决	法律未解
心理解决	纠纷已经解决	继续法律解决
心理未解	继续心理解决	纠纷没有解决

四、人民调解实质化解民事纠纷的实现

（一）提高法律解决的质量

（1）作为评价人民调解实质化解标准的社会规范只能是法律。纠纷的过程社会性，要求纠纷的解决过程和解决结果符合全社会共同遵守的社会规范。全社会共同遵守的规范包括逻辑思维、美学法则等必然规范以及习惯、道德、法律应然规范。用来调整人的意志与行为之间关系的是应然规范。在进行人民调解时，可能会用到地方习惯、道德规范和法

律法规，但作为评价实质化解标准的只能是法律法规。尽管习惯、道德和法律存在一定的联系，例如有的习惯会成为法律，法律有时认为是道德的最低标准，但法律与习惯和道德有明显的区别。由于习惯只是对过去的总结，往往具有滞后性，完全依靠习惯进行评价会将创新认定为错误。况且习惯往往具有地方性和局部性，因地制宜，因人而异，难以跨地区和跨人群适用。通过道德进行评价，缺乏划一性、透明性和对应性。完美的道德即美德值得提倡，但很难被每一个人做到。道德没有统一的标准，无法用同样的道德要求约束所有的人。道德是对人内在的要求，即便不是出于善意而是基于畏惧实施了合法的行为，在法律上仍可以被评价为合法的行为，在道德上无法进行评价。道德强调的是义务，并且不具有强制力，依靠道德无法请求，这使道德只能用来约束个体，不能用来形成双方权利义务上的对应关系。

法律克服了习惯和道德的上述不足，能够成为人民调解的依据。法律，不仅将习惯变成了法律的部分，而且可以通过制定法律改变不合时宜的习惯。法律不仅能够让道德具有普遍的约束力，而且能够在施加义务时赋予对应的权利。虽然在司法实践中进行人民调解时，从形式上看，有时采用的是道德或者习惯，并将其作为调解方案形成的理由，但实际上采用的是已经成为法律组成部分的道德和习惯，即广义的法律。①

（2）提高法律解决质量的途径。按照《人民调解法》第22条对调解过程的规定和第29条对调解协议书的规定，提高人民调解法律解决质量需要从认定事实、适用法律和提出纠纷解决方案三个方面入手。通常来讲，争议事实清楚了，纠纷的是非曲直也就清楚了。事实不清，很可能会为事后反悔留下隐患。农村的调解实践表明，发生农村责任

---

① 拉德布鲁赫：《法学导论》，米健译，商务印书馆，2013，第12-23页。

田边界方面的纠纷后，勘定界线才能够彻底"解决这种无休止的纠纷"。① 目前的医疗调解实践也证明了认定事实的重要性。在医疗纠纷中，对医疗过程的还原以及对医疗过错的评估往往是达成调解协议的基础。北京市医疗纠纷人民调解委员会从 2013 年开始，改革原有的调解工作模式，将调解员分为医疗过错责任评估与调解两个岗位。其中评估岗不必直接面对医患双方，而是审核医疗行为的全过程，通过提炼病历，咨询医学专家，判断医方是否存在过错，确认过错与后果的因果关系。② "医疗过错责任评估与调解分开"的模式，使北京市医疗纠纷人民调解委员会调解成功率达 94.05%，医患双方对调解工作的总满意率达到 98%。③

我国《人民调解法》第 3 条将"不违背法律、法规和国家政策"规定为人民调解应当遵循的原则，调解不能违法目前已经成为调解员的红线。虽然《人民调解法》只是要求人民调解员在调解民间纠纷时"讲解有关法律、法规和国家政策"，但实际上随着近年来人民群众权利意识和法治观念的增强，以及诉调对接机制建立后根据《民诉法解释》第 358 条的规定违法达成的人民调解协议会产生法院不予确认的后果。笔者在部分地区调研中了解到的情况是"不能因为违法而丢掉工作"已经成为从事调解工作的同志的共识，这导致"不违背法律、法规和国家政策"的做法，在部分地方已经由简单讲解有关法律升级为根据法律判断两方的是非曲直。当然这种情况的出现，与专职调解员的普及及其法律水平的提高有关系。

---

① 董磊明：《宋村的调解》，法律出版社，2008，第 121 页。
② 刘洋：《北京医调委评估员岗位因工作压力大难招新人》，人民网 2014 年 6 月 12 日，http://politics.people.com.cn/n/2014/0612/c1001-25137303.html（最后访问日期：2024 年 1 月 4 日）。
③ 京司观澜：《打造人民调解工作升级版 北京用这个"一三三三"！》，微信公众号"司法部"，2019 年 10 月 8 日。

目前的人民调解协议在"不违法-易履行"间存在多种可能性。一方面，调解协议的不违法，既可以指达到合法性的最低要求，也可以指获得了与公正判决一样的结果。另一方面，当事人达成人民调解协议后，有可能及时履行，也有可能很快反悔。为实现实质化解，提高调解协议自动履行率，需要在"不违法-易履行"的各种可能中做出恰当的选择，从能够及时履行的角度在合法性的最低要求与公正判决一样的结果间，找到双方当事人都能够接受的平衡点。

按照法律规则来化解民事纠纷，并不意味着所有的民事案件在进行人民调解时都需要完全采取"认定事实—适用法律—提出纠纷解决方案"这样的步骤进行。《人民调解法》第22条允许采取多种方式调解民间纠纷。事实上在我国的调解实践中，一直存在着事实清楚基础上进行人民调解和事实不清基础上进行人民调解两种做法，前者被称为评价指导性调解，后者被称为合同促进型调解。[①] 另外在前文中也提到过，对于不适合进行人民调解的民事纠纷案件，人民调解委员会也可以做出不予受理的处理。对于需要实质化解的民事纠纷，根据当事人的意愿决定是否需要查清事实，是调解方式合法性的要求。如果双方当事人明确表示不需要查清事实，在事实不清基础上进行人民调解，如对家庭纠纷采用和稀泥的方式调解，同样是在实质化解。

（二）形成心理解决的机制

从社会心理学的角度来看，在调解过程中当事人可能会存在心理偏差，例如因为参照标准不同而对同一结果有不同认知的"框架效应"，因

---

① 范愉等：《调解制度与调解人行为规范——比较与借鉴》，清华大学出版社，2010，第51页。

人类认知过程本身固有的局限或者因不同动机造成的"归因偏差"。① 在群体纠纷中还存在着群体暗示、从众心理、服从群体领袖等群体心理规律②，无论是从促成调解，还是从防止达成调解协议后反悔的角度考虑，都需要采取心理疏导等对应性措施。③ 为健全社会矛盾综合治理机制，2021年的《中华人民共和国国民经济和社会发展第十四个五年规划和2035年远景目标纲要》提出了"健全社会心理服务体系"的要求。作为短期能够见到效果的措施，《发挥人民调解基础性作用的意见》提出了吸纳心理咨询师担任人民调解员的建议。

要解决心理问题，采取心理疏导等措施只是辅助性手段，纠纷的法律解决才是基础。调解结果是否公平、合理，往往是产生心结的原因。要解开当事人的心结，还是需要从调解的法律解决入手。调解案件不公开和调解结果评价标准不统一，很可能会成为调解案件当事人产生心结的原因。调解原则上不公开，这让当事人难以通过对比类似调解案件判断其获得的调解结果是否公平、合理。调解需要通过双方的合议获得解决，不能够通过调解员的权威决定解决④，因此很难保证类似的纠纷能得到类似的处理。尽管在诉讼中也存在着"案结事不了"的情况，但案件是否已经审理完毕和案件的处理是否公正存在判断标准。如果案件的处理是公正的，即使当事人存在心结，在明知个人要求违背正常标准以后，当事人会自觉理亏。法院通过判后答疑等机制向其解释说明，能够化解心结。相反，如果案件处理的结果是错误的，仅仅是进行心理疏导，很难让其接受不公正的判决结果。

---

① 李婧：《试论妨碍调解成功的当事人心理偏误及排除》，《法律适用》2012年第7期。
② 邹欣言：《社会心理学在调解中的运用》，中国人民大学出版社，2022，第212页。
③ 唐飞：《浅谈人民调解工作中的心理疏导》，《人民调解》2011年第5期。
④ 棚濑孝雄：《纠纷的解决与审判制度》，王亚新译，中国政法大学出版社，1994，第10-14页。

针对人民调解结果缺乏统一评价标准的问题，各地进行了积极的探索。例如，通过加强对人民调解员的培训，配备专职人民调解员，甚至组织专职人民调解员参加法律职业资格考试等措施，提高人民调解员的法律能力。即便如此，由于经验的积累需要一个过程，人民调解员的法律专业能力仍然无法与审判员一致。同时，纯粹通过提高人民调解员法律能力的方式，并不能解决调解的评价标准问题。在调研中，我们发现实践中已经开始将调解与诉讼关联，通过以下两种方式，将诉讼审判的标准转换为人民调解的标准：（1）解决串案的"示范诉讼"模式。人民调解中的串案指的是在同一个地区出现的一方当事人相同且争议问题相似的多个纠纷案件。在出租司机与出租汽车公司围绕是否降低承包金的群体性纠纷中，如果双方到法院诉讼，不仅案件数量比较多，而且在诉讼期间会影响公众出行。采用调解方式解决的难点在于难以确定是否可以降低承包金以及如何降低，并且分别展开的调解因存在相互攀比的心理，难以形成一致。北京市房山区的人民调解组织最终形成的解决方案，是法院快速审理并完成对第1个案件的判决，类似案件以该判决结果为标准形成多份内容基本相同的人民调解协议。"示范诉讼"模式的优点在于能够将诉讼与调解程序进行有效的结合，快速完成对串案的调解。从实践来看，采用这种调解模式，众多案件能否通过调解快速解决，取决于作为示范案件的诉讼案件是否得到了公正及时的裁判。（2）解决个案的"类案判决"模式。在事实清楚的基础上，当双方存在法律方面的分歧时，调解员通常会从法院公开的判决书中找到类似案件的裁判，然后组织双方当事人将法院判决结果作为调解的基础，展开磋商。对于人民调解中不常见的案件，尤其是在法律适用方面有一定难度的案件，有时就会采用这样的方式处理。在这种调解模式中，调解案件与诉讼案件的相似程度、诉讼判决的公正与否、类似判决的数量等因素，会对调解的开展产生影响。

五、结语

实现人民调解对民事纠纷的实质化解，既是人民调解力量和作用增强的结果，也是人民群众获得感、幸福感、安全感提升的必然要求。但实现人民调解对民事纠纷的实质化解方面，却存在着一系列主体和客观方面的障碍。要突破这些障碍，关键是要形成实质化解的判断标准，随后才能够围绕标准的实现统筹协调解纷资源。

纠纷化解标准是特定的主体对纠纷是否被化解以及化解程度的评价。在人民调解中双方当事人会互谅互让，因此在评价民事纠纷是否通过人民调解被化解时，要考虑争议事实、法律关系和权利要求是否被解决，还要考虑解决的结果是否符合大众的要求以及是否达到纠纷双方的心理要求。人民调解实质化解民事纠纷的标准，是指同时达到了法律标准和心理标准。

人民调解是具有中国特色的纠纷解决方式，在实质化解的标准方面，既没有国外的做法可供借鉴，也没有成熟的理论予以指导。本部分基于人民调解实践的需要，在总结实践经验的基础上，提出了理论上的建构方案。包括人民调解的实质化解标准在内，要完善我国的人民调解制度，还需要解决若干的理论问题，比如商事调解、商会调解的性质定位及其与人民调解的关系，人民调解中的鉴定、保全行为的性质及其与民事诉讼的关系，等等。尽管我国人民调解的实践已经有几十年的历史，但对人民调解理论的研究方兴未艾。

（责任编辑：冯祝恒）

行政争议化解机制体制创新研究

李静静　焦志华　颉　薇*

　　1989年《中华人民共和国行政诉讼法》（简称《行政诉讼法》）颁行时，"行政争议解决"并非行政诉讼制度的法定功能，对行政权行使"维护"与"监督"并举、"支持"与"制约"并重是人民法院行政审判工作基本的指导思想。[①] 此后，行政诉讼法在保护当事人合法权益、监督行政机关依法行政方面发挥了积极作用，但程序空转等状况却也屡受人民群众的质疑。2014年《行政诉讼法》修订，"解决行政争议"正式新增为一项立法目的，置于"保护公民权利""监督依法行政"之前，并设计了一系列制度加以落实。此次修订是对行政诉讼功能的理性回归和正本清源，旨在进一步强化通过行政诉讼制度化解行政纠纷的作用[②]，赋予了行政诉讼在推进国家治理体系和治理能力现代化中更加重要的职

---

* 李静静，河北雄安新区中级人民法院党组副书记、副院长。焦志华，河北雄安新区中级人民法院综合审判庭法官。颉薇，河北雄安新区中级人民法院综合审判庭法官助理。
① 章志远：《行政争议实质性解决的法理解读》，《中国法学》2020年第6期。
② 袁杰主编《中华人民共和国行政诉讼法解读》，中国法制出版社，2014，第4页。

责使命。① 近些年来，围绕如何推进诉源治理，实质性化解行政争议，最高人民法院先后印发了《关于推进行政诉讼程序繁简分流改革的意见》《关于深化人民法院一站式多元解纷机制建设推动矛盾纠纷源头化解的实施意见》《关于进一步推进行政争议多元化解工作的意见》等多个司法改革文件，"行政争议实质性化解"已经成为当下和未来一段时间行政审判制度改革的方向。

雄安新区是以习近平同志为核心的党中央深入推进京津冀协同发展做出的一项重大决策部署，肩负着开放发展先行区的光荣使命和打造新时代高质量发展样板的历史重任。② 本部分以雄安新区行政争议化解机制为样本，着重梳理雄安新区法院面临行政案件数量急剧增长的态势，如何充分发挥行政审判职能，着力实现行政争议的实质化解，为行政争议化解机制的创新研究提供经验。

一、雄安新区行政审判工作的基本情况

2017年4月1日雄安新区成立，雄安新区辖区雄县、容城、安新县的一审行政诉讼案件统一由安新县人民法院集中管辖。行政非诉案件，即行政机关申请法院强制执行案件，仍由三县法院各自管辖。2019年1月10日，雄安中院成立，负责审理以县级以上人民政府为被告等依法应由雄安新区辖区内中级法院管辖的一审行政诉讼案件、二审行政诉讼案件以及行政非诉复议案件。

---

① 程琥：《解决行政争议的制度逻辑与理性建构——从大数据看行政诉讼解决行政争议的制度创新》，《法律适用》2017年第23期。
② 《中共中央、国务院决定河北雄安新区设立——这是以习近平同志为核心的党中央作出的一项重大的历史性战略选择，是继深圳经济特区和上海浦东新区之后又一具有全国意义的新区，是千年大计、国家大事》，《人民日报》2017年4月2日第1版。

（一）行政案件受理量急剧增长

自雄安新区成立以来，行政案件受理情况整体表现出"总量少、增速快"的特点。2017年4月1日至2023年6月30日期间，全区法院新收一审行政诉讼案件607件，其中2021年同比增长了10倍。2019年1月10日至2023年6月30日期间，雄安中院新收二审行政诉讼案件135件，其中2022年度同比增长近2倍。随着雄安新区步入大规模开发和建设阶段，行政案件数量可能持续增长，新类型案件亦开始出现，不断考验雄安新区法院在防范化解行政争议、服务和保障新区规划建设方面的能力。

（二）行政争议类型重点突出

雄安新区的行政争议主要集中在集体土地征收补偿领域，以及由此衍生出的信息公开、社会治安等领域。在一审行政诉讼案件中，行政征收案件、行政强制执行案件、政府信息公开案件占70%以上，合计达476件。在二审行政诉讼案件中，行政征收案件、行政强制执行案件、政府信息公开案件亦占60%以上，合计达16件。行政争议类型之所以集中在上述领域，主要与雄安新区处于大规模开发和建设阶段有关，这也意味着行政审判工作在护航雄安新区和谐、有序建设方面的重要性将日益凸显。

（三）行政案件结案率处于高位

值得肯定的是，虽然雄安新区法院近五年受理的多数行政案件集中在集体土地安置补偿、环境资源保护等情况复杂、矛盾冲突激烈的领域，但总体而论，行政案件结案率处于较高水平。其中，一审行政诉讼案件结案率为95%；二审行政诉讼案件结案率为96%；2017年4月1日至2023年6月30日期间，全区法院新收行政非诉案件69件，结案率为96%。

二、促进行政争议实质化解的"雄安模式"

习近平总书记在京津冀三省市考察并主持召开京津冀协同发展座谈会时强调："建设雄安新区是千年大计。新区首先就要新在规划、建设的理念上，要体现出前瞻性、引领性。要全面贯彻新发展理念，坚持高质量发展要求，努力创造新时代高质量发展的标杆。"① 当前，雄安新区已进入大规模建设与承接北京非首都功能疏解并重阶段，工作重心已转向高质量建设、高水平管理、高质量疏解发展并举。在新阶段，雄安法院面临着征地拆迁、住房管控处置、环境治理等多个方面的治理压力。为实质化解行政争议，服务和保障雄安新区规划建设，雄安新区法院按照最高人民法院关于在行政审判中参与诉源治理、推动矛盾纠纷多元化解的总体要求，在新区党工委领导下，在省法院的指导下，秉持"双赢、多赢、共赢"理念，积极推动府院共建行政争议化解平台，创新行政争议实质性化解机制，促进行政争议诉源治理，取得了阶段性成效，初步形成了贯通诉讼全过程的行政争议实质化解新模式。

（一）健全诉前多元联动解纷机制

坚持"把非诉讼纠纷解决机制挺在前面……从源头上减少诉讼增量"是习近平总书记主持召开中央全面深化改革委员会第十八次会议时做出

---

① 《稳扎稳打勇于担当敢于创新善作善成 推动京津冀协同发展取得新的更大进展》，《人民日报》2019年1月19日第1版。

的重要指示。① 雄安新区行政案件主要集中在征地拆迁、产权保护等事关人民群众切身利益的领域，一旦处理不当，极易激化为群体性事件。在此背景下，2020年，雄安中院、雄安新区党群工作部联合印发《关于依法推进行政争议实质性化解工作的实施办法（试行）》，要求规范提升行政争议实质性化解工作，助力新区法治政府建设。在实施办法的要求下，行政争议化解委员会、行政争议化解中心相继建立，诉前多元联动解纷机制得到进一步健全。

行政争议化解委员会由新区党工委、管委会主要负责同志任主任，成员单位涵盖新区党群工作部、雄安中院、新区检察分院、新区综合执法局等机关以及雄县、容城、安新三县政法委，统一领导、统一谋划、统一部署、统一推动行政争议化解工作。行政争议化解中心设置在雄安中院及安新县法院诉讼服务中心，负责行政争议的日常处置。行政争议化解中心通过聘请专职调解员，与综合审判庭（行政庭）、立案庭协同调解，形成"法官＋调解员"的化解模式化解案件。上述机构的设置有利于最大程度地发挥党委统一领导优势，确保许多行政争议能够及时得到当地主要领导的关注与强力督促，得以妥善化解。

除上述探索成果外，雄安中院还建立了与雄安新区各机关常态化走访、召开案件协调会制度，制定了《关于建立沟通联络机制保障重大项目建设的事实意见》，与雄安新区检察分院联合印发了《关于联合推进行政争议实质性化解工作的实施意见》，强化与雄安新区综合执法局、雄安新区项目指挥部和雄安集团之间的常态化沟通联络机制，与检察机关联合推进行政争议实质性化解。

---

① 《完整准确全面贯彻新发展理念 发挥改革在构建新发展格局中关键作用》，《人民日报》2021年2月20日第1版。

雄安新区无小事，事事连政治。对于涉及征迁、有群体隐患的重大敏感案事件，雄安法院在第一时间向新区党工委、上级法院报告相关情况，争取地方党委支持和上级法院的指导，顺利在诉前阶段化解500余名村民土地征收补偿纠纷、20余家养殖户行政补偿纠纷等系列重大行政诉讼案件，使一些重大敏感矛盾得以妥善处理。

（二）推进诉中庭审实质化

习近平总书记指出，努力让人民群众在每一个司法案件中都能感受到公平正义。在最高人民法院学习贯彻习近平新时代中国特色社会主义思想主题教育动员部署会上，张军院长明确要求：要始终坚定人民立场，时刻牢记感受到公平正义的主体是人民群众。雄安法院坚持以人民为中心，突出发挥庭审引导、协调功能，严格落实行政机关负责人出庭应诉制度，法院定分止争职能得到切实履行。

第一，推进行政机关负责人出庭应诉。雄安新区法院大力推动行政机关负责人出庭应诉工作，及时建立健全行政应诉工作联络机制，采用庭前联络、发送出庭通知书、要求对不出庭情况提前做出说明、发出司法建议、通报出庭应诉情况等措施，督促行政机关负责人出庭应诉。

第二，突出发挥庭审引导功能。雄安新区法院对于一些具有类案指导意义的案件进行公开开庭审理，并且不限制旁听；通过公开庭审，正确引导告知当事人及旁听人员寻求有效的权利救济途径，有效地发挥了庭审的教育、引导功能，提升了司法的公信力和透明度，进而避免大量案件涌入法院，从源头上有效预防和化解行政争议。

第三，重视庭审后宣判前持续加大协调力度。通过公开庭审，往往能够发现行政机关在履行职责中出现的不规范执法现象，此时根据解纷需要继续加大调解工作。雄安法院在庭审后宣判前会及时与行政机关进行沟通，指出其在执法中存在的问题，告知其可能存在的败诉风险，并给足双方协调化解期限，特别是督促基层政府做好群众安抚及化解工作，部分案件的当事人经过进一步的协调化解主动撤诉。

（三）建立诉后接访与风险交流机制

"充分发挥人民法院职能作用，服务和保障河北雄安新区全面深化改革和扩大开放"是最高人民法院《关于为河北雄安新区规划建设提供司法服务和保障的意见》（法发〔2019〕22号）提出的核心要求。这就要求雄安新区行政审判工作不能满足于"案结事了"，还要激发出行政审判的溢出效应，促进雄安新区的行政管理能力、水平的提升。对此，雄安新区法院建立起诉后接访和风险交流机制，从根源上遏制行政争议的滋生。

第一，设立信访窗口，建立轮岗接访制度。为做好判后答疑及信访接待工作，雄安新区法院设立了专门的信访接待窗口和接待室，实行接访人员日轮岗值班制度，并且根据实际需要，及时联系案件其他当事人和主审法官，进行当面接访答疑，有效降低了案件上诉率及申请再审率。

第二，积极协调各方做好后续执行和信访稳控工作。针对涉及基层治理和群体性隐患的案件，在庭审结束后，人民法院会就在庭审中发现的问题及时与当地政府进行沟通，告知其做好后续信访稳控及化解工作，对于存在信访隐患的及时上报，力争在地方党委统一领导下，实现案件实质性化解。

第三，建立行政审判工作动态通报和典型案例发布机制。为促进行政机关和社会有关方面了解、理解和支持行政审判，雄安新区法院通过编写工作简报，分报相关领导并分送有关部门，实时通报工作动态信息和典型案例，为领导决策提供参考。与此同时，充分利用微信公众号、媒体宣传等方式，加大对通过多元化手段有效化解行政争议的典型案例的宣传力度。

三、行政争议化解面临的困境

（一）行政争议化解体制机制有待完善

一方面，复议机关职能作用发挥不充分。三县政府对复议职责认识程度有待提高，应当撤销、变更或确认行政行为违法而不予撤销、变更或确认，仅是简单维持原行政行为。上述问题的存在，使得复议机关未能及时、有效地制止或纠正不当行为、违法行为，未能及时救济行政相对人受损害的合法权益；使得行政机关通过复议程序化解行政争议的制度功能不能得到充分发挥。另一方面，行政争议化解的相关配套制度尚不完善。关于行政争议化解的配套政策，目前仅有当地政法委出台的《关于依法推进行政争议实质性化解工作的实施办法（试行）》以及法检联合印发的《关于联合推进行政争议实质性化解工作的实施意见》，其他行政机关参与行政争议化解规则有待进一步明晰。

（二）行政审判在化解争议方面的局限性

人民法院的裁判结果在实现法律效果、政治效果、社会效果的有机统一的同时，还必须坚持"让人民群众在每一个司法案件中都能感受到公平正义"，但审判是一种将第三方的判断强加给当事者的争议处理方式。为了使这种判断不过于随意，就需要事先给判断设定一定的限制，这既包括实体法上的规则，也包括程序法上的要求。当这种要求以依法审判的外在形式表达出来，并在程序上得到保障时，这种在普遍性事先限制下达到的纠纷解决，有时候会与人们在个案中的正义感相矛盾。①更重要的是，现有行政诉讼的整体构造导致行政诉讼的解纷能力有限。我国现有行政诉讼的构造，整体上是行为之诉，以对行政行为的合法性审查为主，法院在审理案件时，采用职权主义进行"全面合法性审查"，往往只关注权利义务的有无，而难以深入到纠纷本来的背景、当事人之间的关系等等，从而导致审判与当事人的实质诉求时常存在错位。这种制度层面潜在的"诉判不对应"风险，意味着只有当事人的诉求直接针对被诉行政行为的合法性或部分合理性时，行政争议才有可能得到实质性解决，而一旦当事人的实质诉求与被诉行政行为之间出现异位，法院以被诉行政行为为诉讼标的进行"就事论事"的审理，就会出现大量裁判结果合法，甚至行政行为也合法，但就是不能解决当事人实质诉求的案件。②在司法实践中，起诉人诉求实质系对征迁补偿标准不满，希望通过提起一系列诉讼来实现实质诉求。在此情形下，如不能实质性化解争议，人民法院也只能就案判案。

（三）行政争议诉前化解工作需继续深化

虽然雄安两级法院均已成立行政争议诉前化解中心，但在人员配备和经费保障上与全国先进地区还有很大差距，相关行政部门、乡镇、街道等公务人员，特别是居委会、村委会"两委"工作人员在做相关化解工作中，协调沟通性强，但法律专业知识欠缺，化解工作成效不佳。在协调化解行政争议过程中，相关行政机关对争议化解不够重视，化解力度及积极性不高，忽视对当事人合法权益的保障。行政争议化解专业人

---

①② 阎巍、袁岸桥：《多元化纠纷解决机制中行政审判的功能与定位》，《法律适用》2021年第6期。

员缺乏，行政机关诉前实质性化解行政争议的工作力度亟待加强。

四、创新行政争议化解机制的"雄安经验"

《行政诉讼法》第 1 条规定，为保证人民法院公正、及时审理行政案件，解决行政争议，保护公民、法人和其他组织的合法权益，监督行政机关依法行使职权，根据宪法，制定本法。也即，行政诉讼法的立法目的是保护公民、法人和其他组织的合法权益，监督行政机关依法行政，实质化解行政争议。推进行政争议多元化解，人民法院必须坚持以人民为中心，在坚持依法审判底线，对被诉行政行为合法性全面审查的基础上，切实保护弱势一方当事人的合法权益。① 结合雄安新区行政争议化解经验，建议从以下三个方面创新行政争议化解机制：

（一）坚持全面审查原则实质化解行政争议

行政争议的实质性解决，是指人民法院在审查行政行为合法性的基础上，围绕行政争议产生的基础事实和起诉人真实的诉讼目的，通过依法裁判和协调化解相结合并辅以其他审判机制的灵活运用，对案涉争议进行整体性、彻底性的一揽式解决，实现对公民、法人和其他组织正当诉求的切实有效保护。② 征收拆迁类案件一般是"连环案"，起诉人的诉求实质是对征迁补偿标准不满，当事人常以政府信息公开为切入点，进而对行政强制、履行法定职责、行政协议等系列行政行为提起行政诉讼。在此情形下，法院如果仅以被诉行政行为为诉讼标的进行"就事论事"

---

① 于厚森、郭修江：《充分发挥行政审判在多元化解行政争议中的职能作用——对〈关于进一步推进行政争议多元化解工作的意见〉的解读》，《法律适用》2022 年第 6 期。

② 章志远：《行政争议实质性解决的法理解读》，《中国法学》2020 年第 6 期。

的审理，容易出现大量裁判结果合法，甚至行政行为也合法，但就是不能解决当事人实质诉求的情况。① 因此，法院在审理案件时必须深入分析起诉人的真实诉求，落实行政诉讼全面审查这一司法原则，做出有利于实质性化解行政争议的裁判。具体而言，在撤销判决中，不仅要对被诉行为的合法性做出判断，还要对原告主张的权利是否合法做出回应。在被诉行政行为被撤销后需要行政机关重新做出时，法院在判决撤销被诉行政行为时，应当给出重作行政行为的裁量基准，并可以限定被告重新做出行政行为的限期；在履行义务判决中，在判决行政机关限期履行法定职责和判决行政机关限期做出某项具体、明确的职责义务之间，法院应当充分考虑行政机关的裁量余地，努力向后一种判决方式靠拢。同时，对原告不合理的请求做出说明，避免当事人产生行政行为被法院判决违法，自己的履责请求合理的错误理解；在一般给付判决中应当做出含有实际内容或具体数额的判决。避免对于赔偿数额可以明确的案件，仅判决撤销行政机关的行政赔偿决定书，引发循环诉讼。②

（二）坚守依法审判原则提升司法公信力

"行政诉讼是一种对依法行政原理作制度性担保的诉讼制度，这种担保是通过对被诉行政行为作合法性司法审查来实现的。"③ 推进行政争议多元化解，人民法院必须坚持以人民为中心，在坚持依法审判底线，对被诉行政行为合法性全面审查的基础上，切实保护弱势一方当事人的合

---

① 阎巍、袁岸桥：《多元化纠纷解决机制中行政审判的功能与定位》，《法律适用》2021年第6期。
② 郭修江：《监督权力　保护权利　实质化解行政争议——以行政诉讼法立法目的为导向的行政案件审判思路》，《法律适用》2017年第23期。
③ 章剑生：《行政诉讼"解决行政争议"的限定及其规则——基于〈行政诉讼法〉第1条展开的分析》，《华东政法大学学报》2020年第4期。

法权益。应当注意的是，原告人身权、财产权等合法权益受到被诉行政行为侵害造成损失的，人民法院在多元化解过程中，必须依法予以保护，不得以牺牲对当事人合法权益救济为代价，压制弱势的原告一方，让争议暂时得到平息；同时，如果当事人没有合法权益损失事实发生，或者合法权益损失并非行政行为造成的，人民法院亦不得以多元化解行政争议为由，大慷国家之慨，给予当事人不应当得到的法外利益，损害国家利益、公共利益或者他人合法权益。① 例如刘某田诉雄县自然资源局行政协议案，县自然资源局在没有经过刘某田同意、未将其列为合同相对人的情形下，与刘某年直接签订包括刘某田财产在内的涉案协议。雄安中院在审查行政协议效力时，行政协议处分了他人财产，属于"其他重大且明显违法的情形"，依法确认涉案《征收分户补偿合同》中有关宅基地上房屋和附属物补偿的内容无效，责令县自然资源局采取补救措施。上述案例体现了雄安中院通过个案法律适用回应社会公众的现实关切，为行政权力的行使确立规则。

（三）发挥典型案例在诉源治理方面的溢出作用

2021年2月19日，中央全面深化改革委员会第十八次会议审议通过《关于加强诉源治理推动矛盾纠纷源头化解的意见》，强调要推动更多法治力量向引导和疏导端用力，加强矛盾纠纷源头预防、前段化解、关口把控，完善预防性法律制度，从源头上减少诉讼增量。在贯彻落实"诉源治理"目标方面，雄安新区法院除加强诉前多元解纷机制建设外，在诉后也积极挖掘个案的溢出效应，通过公开发布典型案例的方式树立

---

① 于厚森、郭修江：《充分发挥行政审判在多元化解行政争议中的职能作用——对〈关于进一步推进行政争议多元化解工作的意见〉的解读》，《法律适用》2022年第6期。

明确法律规则,力图实现"审一案、推全案、管类案、减量案"。① 2022年1月,雄安中院发布首批"雄安新区行政审判十大典型案例",这十个案例撷选自新区设立以来两级法院所办各类行政案件,其中既有涉及新区规划建设中的征迁安置、强制拆除类纠纷,也有涉及社会低保待遇等民生类纠纷,还有涉及治安管理、行政处罚和信息公开类纠纷,以及检察机关提起的行政公益诉讼等。典型案例发布展现了雄安新区法院在保障新区建设发展、服务新区群众及规范行政执法等方面积极发挥行政审判职能的工作质量和水平,能够对实质性化解"官"民矛盾产生一定的引导、教育和警示作用。

五、结语

行政争议实质性化解涉及行政争议的解决能否实现"案结事了人和"。雄安新区法院行政争议化解经验表明,创新行政争议化解机制必须紧紧依靠党委领导和支持,充分发挥人民法院的行政审判职能,将"监督就是支持,支持就是监督"理念贯穿行政争议化解、行政审判全过程,把行政审判的制度优势更多地转化为司法的社会治理效能,发挥行政审判制度在法治国家进程中的重要作用。当然,这一研究还是不充分的,还有许多理论和实践问题亟待做深做细。对雄安新区行政争议化解机制的创新与实践仍需要持续且深入的观察、研究。

(责任编辑:刘子赫)

---

① 章志远:《新时代行政审判因应诉源治理之道》,《法学研究》2021年第3期。

新时代"枫桥经验"的法治图景与司法路径

朱春涛　王华伟　赵丹阳[*]

"枫桥经验"历经60多年发展已成为坚持和完善中国特色社会主义制度、推进国家治理体系和治理能力现代化的有机组成部分，更是人民法院践行能动司法理念、推进审判工作现代化的生动指南。石景山区人民法院理解把握新时代"枫桥经验"的科学内涵、实践要求，立足"多元共治"的理念基础和行动范式，谋划和推进"枫桥经验"在司法领域的创新实践。基层法院立足自身定位与优势，着力抓好诉源治理、司法审判、配套保障等方面建设，注重以非诉方式预防风险，依法化解纠纷矛盾，持续发挥好司法在"枫桥经验"法治化中的重要作用。

---

[*] 朱春涛，北京市石景山区人民法院党组书记、院长。王华伟，北京市石景山区人民法院审判管理办公室主任。赵丹阳，北京市石景山区人民法院审判管理办公室干部。

一、基层法院坚持和发展新时代"枫桥经验"的理论遵循和行动逻辑

（一）新时代"枫桥经验"的先进性与时代性

60多年前,"枫桥经验"在毛泽东思想指引下孕育诞生;进入新时代,"枫桥经验"在习近平新时代中国特色社会主义思想指引下创新发展。风云变幻六十载,"枫桥经验"历久弥新,持续回应时代的呼声和人民的需要,在国家治理现代化进程中不断彰显新的价值,这背后凸显出"枫桥经验"在理论、实践、规范上的先进性与时代性。

1. 理论层面：坚持马克思主义立场观点方法

马克思主义群众观点是马克思主义政党的根本观点,形成于马克思主义对"人的本质"的认识,强调人民群众是促使社会进步、推动历史向前迈进的群体。此外,马克思、恩格斯从国家与社会关系角度,系统论证并形成了以人的全面发展为终极目标的社会管理思想。"枫桥经验"是在马克思主义基本原理的基础上展开的实践探索,坚持贯彻党的群众路线,注重发动、组织群众解决群众自己的问题,丰富和发展了马克思主义群众观点和社会管理思想。新时代"枫桥经验"是中国化时代化的马克思主义孕育形成的重大经验,承载着久经历史检验的规律性理论认识,因而能够保持长久的生机与活力。

2. 实践层面：坚持与时俱进不断开拓创新

"枫桥经验"在不同历史时期和发展阶段有不同的内容和形态,从20世纪60年代的"处理阶级矛盾"到80年代的"维护社会治安",从新时期的"加强社会管理"到新时代的"创新社会治理"。随着国家治理重心以及社会主要矛盾的变化,"枫桥经验"与时俱

进,在实践中深化、发展、创新,其治理主体、重点和方法等随着时代发展不断调整更新。进入新时代以来,全国各地在习近平新时代中国特色社会主义思想指引下,结合新的社会实践,创新社会治理方式方法,形成了一批具有标志性的实践成果,赋予"枫桥经验"新的时代内涵。

3. 规范层面:坚持制度支撑固化经验成果

"凡将立国,制度不可不察也。"(《商君书·壹言》)"枫桥经验"从一开始的集体共识不断上升为党和国家意志并以制度形式固定下来,被接连写入十九届四中全会、五中全会、六中全会通过的重要文件和党的二十大报告中。《中共中央 国务院关于加强基层治理体系和治理能力现代化建设的意见》《关于加强诉源治理推动矛盾纠纷源头化解的意见》《中共中央 国务院关于做好2023年全面推进乡村振兴重点工作的意见》等一系列国家政策法规均强调要"坚持和发展新时代'枫桥经验'"。这意味着"枫桥经验"具有实质性的制度意义,为国家和社会治理制度创设贡献了有益参考,同时也体现出新时代"枫桥经验"具备强大有力的制度供给、制度执行和制度保障体系。

(二)基层法院践行发展新时代"枫桥经验"的缘由检视

陈文清同志在"纪念毛泽东同志批示学习推广'枫桥经验'60周年暨习近平总书记指示坚持发展'枫桥经验'20周年大会"上提出了新时代"枫桥经验"的四大立足点,即立足于预防、调解、法治、基层。对人民法院来说,"四个立足"与审判工作现代化理念相通、与人民司法的定位相合,基层法院更是具备践行新时代"枫桥经验"的独特优势和深厚动力,坚持"四个立足"推动新时代"枫桥经验"落到实处,是基层法院创新发展的必要途径和必然选择。

1. 坚持预防在前，与能动司法的实践要求相一致

能动司法，是法理学的一个老命题。在我国，理论界研究能动司法已有30余年的历史。2009年，时任最高人民法院主要领导的王胜俊同志提出人民法院应该能动司法的要求，并指出"服务性、主动性、高效性是能动司法的三个显著特征"。最高人民法院院长张军强调"要把能动司法贯穿新时代新发展阶段审判工作始终，加快推进审判理念现代化"。从实践要求上看，能动司法是主动型、服务型、回应型司法，需要人民法院主动延伸司法职能，融入国家治理、社会治理，做实以"抓前端、治未病"为主要内容的新时代能动司法理念，积极营造安全稳定的发展环境。这恰恰与"枫桥经验"所强调的风险源头治理的基本原则不谋而合。人民法院坚持和发展新时代"枫桥经验"，既有助于将更多法治力量向引导和疏导端用力，从源头上防范矛盾风险产生，又有助于落实能动司法，推动矛盾纠纷前端化解、关口把控，从源头上减少诉讼增量。

2. 坚持调解优先，与以人民为中心的司法理念相统一

人民性是中国特色社会主义法治与司法的本质特征。习近平总书记强调，法律不应该是冷冰冰的，要在纠纷处理的过程中解开人民群众的"心结"，从而使案件真正了结。最高人民法院院长张军强调"要以'如我在诉'的境界做实以人民为中心"。坚持以人民为中心的司法理念，意味着司法审判工作要充分考虑人民群众的立场和感受，把"案结事了人和"作为衡量工作成效的重要标准，通过多元调解等柔性手段处理案件，促进法律效果与社会效果相统一。新时代"枫桥经验"主要面向人民内部矛盾，同样强调综合运用说理教育、多元调解、民主协商等柔性方式，最大限度减少纠纷和不稳定因素，实现事了人和心顺。可见，新时代"枫桥经验"与人民法院工作在根本立场上同根同源，秉持的都是以人民为中心的发展思想，是贯彻落实党的群众路线的重要载体和集中体现。

3. 坚持运用法治，与全面依法治国的主体定位相匹配

随着全面依法治国深入推进，法治国家、法治政府、法治社会一体建设不断加速，"法治"在矛盾纠纷预防化解中的地位和作用越来越凸显。新时代"枫桥经验"，更加强调把各种矛盾纠纷化解方式纳入法治轨道，运用法治思维和法治方式解决争议，让群众在法律框架下分清是非、在权利义务统一中判断对错。人民法院是法律适用的主体，司法审判工作是推进法治中国建设的关键环节。从职能定位上讲，人民法院具有化解矛盾、定分止争、救济权利的司法功能，运用法治手段处理好人民群众内部矛盾纠纷，是人民法院的分内之事和应尽之责。从资源禀赋上看，相对于其他党政机关及基层组织而言，人民法院具有更加丰富的法治建设经验、更加深刻的法治工作理念和更加雄厚的法律人才储备。因此，作为中国特色社会主义法治的践行者、守护者和传播者，人民法院既有责任也有能力践行和发展新时代"枫桥经验"，推动矛盾纠纷以法治方式得到妥善解决。

4. 坚持就地解决，与基层法院的基层属性相契合

习近平总书记指出："党的工作最坚实的力量支撑在基层，经济社会发展和民生最突出的矛盾和问题也在基层。"① "枫桥经验"的实质就是把矛盾冲突解决化解在基层，使矛盾不激化、不扩散、不上交、不累积，就地化解矛盾是坚持和深化"枫桥经验"的可贵品格和根本优势。基层既是矛盾纠纷的始发地，也是化解矛盾纠纷的最佳地，解决纠纷必然是越靠前难度越低，越早期越能节约成本。基层法院作为我国地方最低一层的人民法院，一般设立在县级单位，数量多、分布广，

---

① 中共中央文献研究室：《习近平关于全面从严治党论述摘编》，中央文献出版社，2016，第138页。

遍布各个基层行政区域,是县域治理的重要组成部分。① 基层法院既是法院系统的底梁、司法审判最前端,是践行习近平法治思想,推进司法审判现代化建设的基础环节,能够直接实现法律效果和社会效果;又是基层治理的前沿、化解矛盾第一线,是密切法院与人民群众血肉联系的重要纽带,具有贴近群众生活、直接调处基层社会矛盾的显著优势。因此,强大的基层属性决定了基层法院必将成为解决纠纷的关键"前哨",也必将成为坚持和发展新时代"枫桥经验"的坚强力量。

(三)基层法院践行发展"枫桥经验"的路径框架

在推进国家治理体系和治理能力现代化的时代征程中,基层法院践行和发展新时代"枫桥经验",应当结合自身司法职能定位和审判工作现代化目标要求,明确基本原则、找准工作核心、聚合攻坚力量,把中国特色社会主义司法制度优势转化为治理效能。

1. 以坚持能动司法促推诉源治理为核心

基层法院应当秉持能动司法理念主动延伸职能,运用多种资源、多元主体、多项制度将矛盾纠纷化解在源头,推动在基层社会治理中将诉讼案件增量降低。要坚持"抓前端、治未病",一体推进诉源治理、执源治理、访源治理,通过巡回审判、公开审理、以案释法做实普法宣传,努力提升全社会法治意识、营造法治氛围。要把非诉讼纠纷解决机制挺在前面,认真做实司法调解,积极推动人民调解、行政调解、行业性专业性调解优势互补、有机衔接、协调联动。要把实质性化解贯穿案件审理始终,加强对当事人的情、理、法疏导,积极运用道德习惯和善良风俗说服教育,促使案件处理结果得到群众的理解认同。

---

① 数据显示,截至2021年,全国共有3 537家法院,基层法院3 087家,占比87.3%。

2. 以坚持贯彻党的群众路线为原则

"枫桥经验"之所以能薪火相传，其奥秘就在于不管处于哪个历史时期，"为了群众、依靠群众、发动群众"这一根本宗旨没有改变。新时代，基层法院践行"枫桥经验"最根本的原则就是要深入贯彻群众路线，更好地坚持以人民为中心，把发动群众化解矛盾和依靠群众实现自治的"前哨阵地"扎在基层，深刻领会以人为本理念的丰富内涵，站在做好当事人和群众工作的高度开展审判执行工作，着力处理好打击犯罪和保障人权的关系、便民诉讼和程序公正的关系、审判中立和服务群众的关系，真正把以人为本、司法为民的要求落到实处，实现案结事了、政通人和。

3. 以坚持系统思维和强基导向为支撑

要主动融入社会治理，紧紧依靠党委领导，积极争取政府有关部门支持，完善矛盾纠纷共同分析研判、定期会商等机制，充分发挥法院在诉源治理中的参与、推动、规范和保障作用。要抓实审判管理，以降低"案-件比"为关键，优化完善考核指标体系，提高审限内结案率等指标权重，加强审判运行态势监测，促推审执质效提升。要加强自身建设，优化人民法庭、法官工作站的资源配置，健全干警业绩考核与激励机制，定向培育调解力量，为深入践行新时代"枫桥经验"提供人才保障。

二、石景山区人民法院以"多元共治"为视角践行新时代"枫桥经验"的具体实践

石景山区人民法院在履行司法职能过程中，注重传承创新"枫桥经验"，以"多元共治"作为治理的基本格局和实施路径，积极能动司法，通过联合多元治理主体、聚焦多元治理领域、综合运用多元治理手段，加强技术运用、机制创新和服务优化，探索预防化解矛盾纠纷的多元路

径，构建共建共治共享格局，促进区域社会治理效能提升。从效果上看，尽力将纠纷在本级解决、避免矛盾向上传导，连续三年一审服判息诉率在北京市基层法院中位列第一名[①]；尽力运用调解手段平和化解纠纷，2021年案件撤诉率为32.01%，在北京市基层法院中位列第一名；尽力推动矛盾风险预防，2022年区域万人刑事案件发案率0.044%，在北京市基层法院中位列第三名。

（一）联合多元治理主体，依靠党建引领，凝聚基层矛盾问题的治理合力

1. 联合基层组织共建共治，促进司法资源下沉街道社区

党的领导是推进全面依法治国的根本保证，只有在党的统一领导下协调各方力量、共同推进法治，才能有效提升基层治理法治化水平。石景山区人民法院发挥党建总牵引作用，以党支部为枢纽、以党建联络员为支点，与石景山辖区内9个街道签约建立"五联五进"党建法治共建机制，挂牌设立"法官e站"共建平台，实现法院党支部与街道社区常态对接，构建起法治联建、普法联动、矛盾联调、困难联帮、活动联办的治理范式，促进司法资源与基层组织治理力量深度融合。依托党建共建平台，精准定位基层治理需求开展主题党日、困难帮扶、法律宣讲等共建活动。2016年以来，全院各党支部深入街道社区开展普法宣传432次，慰问困难群众241人次，联手化解矛盾120余件、宣传发动社区群众20 000余人次。

2. 深化司法行政良性互动，促推公共治理质效提升

注重加强府院联动，以行政审判庭为主体设立"法治1+N"特色品

[①] 石景山区人民法院2021年一审服判息诉率91.52%，2022年一审服判息诉率91.75%，2023年截至10月一审服判息诉率88.54%，连续三年在北京市基层法院中位列第一名。

牌，与辖区内20余家行政机关建立了党建共建机制，开展"送法进机关"等座谈交流活动，在区政府常务会议上开展"会前讲法"专题讲座，针对性提示行政执法风险，提供法律意见建议，提升行政执法规范化水平。对涉区域重点工作、重点工程的开展实行"四提前"工作，提前提出法律论证意见，提前对执法人员开展依法行政专题培训，提前向群众宣传相关典型案例，提前深入群众开展矛盾化解。充分发挥司法辅助公共决策的作用，连续18年发布行政审判白皮书，先后向相关政府部门提出治安行政执法、居住权登记、医疗机构监管等司法建议，以行政争议、知识产权保护案件通报等机制为依托，深入分析行政机关及相关企业涉诉原因和风险隐患并提出建议，从源头上预防和减少行政争议。

3. 加强与市场主体沟通联络，推动涉企纠纷妥善化解

为着力优化营商环境和民营企业产权保护体系，妥善高效化解辖区涉企纠纷，树立"智护京西""优化营商环境云沙龙"等党建品牌，统筹做好普法宣传、法律咨询、矛盾纠纷诉源治理等工作。以党建活动为载体，深入辖区企业走访调研，组织企业界代表专场征求意见座谈会，畅通民营企业法律咨询和意见建议反馈渠道，调研企业司法需求，就民营企业易发多发的合同、股权等领域问题答疑解惑，针对性提出风险防范建议，从源头上消减涉企纠纷案件。注重联合调解机构、行业协会等社会力量，完善民营经济领域矛盾纠纷多元化解工作格局，从知识产权仲裁调解机构吸纳调解力量组建知识产权调解速裁团队，与区工商联合作建立"民营企业产权保护调解室"，畅通与辖区民营企业沟通联系渠道，以此为"桥梁"开展企业矛盾调解工作，高效化解涉企纠纷，推动民营企业产权保护形成整体合力，为健康和谐发展营造良好法治化营商环境。

(二）聚焦多元治理领域，紧盯突出问题，为保障重点中心任务贡献法治智慧

1. 聚焦跨域解纷，创新巡回审判模式护航矿区发展稳定

石景山区人民法院对"飞地"河北迁安矿区跨省行使司法管辖权。为解决矿区京籍职工及其家属诉讼难问题，石景山区人民法院在当地设立全国唯一的跨省巡回法庭，运用新时代"枫桥经验"助力跨域纠纷处理。建立"一站式审理"模式，实现"就地立案、当地开庭、当庭宣判、就地执行"，因地制宜打造"一站式多元调解工作站"，实行"事前预防—事中调解—事后回访"工作流程，推动纠纷更多通过调解方式解决。截至2023年，赴迁安矿区巡回办案240余次，受理各类案件5 600余件，开展调解工作500余次，民事案件调撤率保持在85%以上。加强矛盾纠纷源头治理，针对劳动争议等矿区常发纠纷，为企业提供风险提示及司法建议，挂牌成立"普法驿站"并与属地街委联合开展普法讲座、法律咨询、新闻发布会等活动，推动防范端口前移和苗头问题诉前化解。健全京津冀司法协同机制，与迁安法院共同成立"京冀法院协作办公室"，就跨域立案、巡回审判、人民调解、在线庭审等工作互助互鉴，联合组织普法讲座10余场，接待群众咨询1万余人次，通过共建协作汇聚起区域治理的司法合力。

2. 聚焦少年保护，能动打造"四项工程"延伸司法职能

一是面向犯罪青少年开展再犯预防设立"青春护航基地"。作为北京市首个综合性帮教基地，青春护航基地涵盖复学、就业、城市体验、社会实践、志愿服务等多个帮教项目，先后帮助80余名罪错少年复学、工作，为涉罪未成年人再社会化提供治理动能。二是在辖区50余所中小学校建立"相伴青春法官工作室"，定期走进校园开展法治宣传和案例通报，将

纠纷治理关口前移，帮助预防和解决校园欺凌等纠纷事件，助力平安校园建设。三是构建"相伴青春观护站"，通过吸纳社会观护员介入抚养、探望案件，对案涉未成年人进行社会调查、形成调查报告、参与案件调解以及对生效裁判文书执行情况跟踪考察、回访，促推涉少案件服判息诉率提升至90%。四是与高校合作成立"传统文化与青少年犯罪预防研究中心"，在辖区学校打造"法治德治教育"系列课堂，共同撰写未成年人刑事司法领域类书籍，提升预防青少年犯罪工作的专业化和理论化水平。

3. 聚焦扫黑除恶，依靠引导发动群众推动斗争取得胜利

扫黑除恶问题不仅关乎老百姓切实利益，更关乎国家大局和基层政权的稳定。扫黑除恶专项斗争开展以来，石景山区人民法院注重组织和引导基层群众，在实现党支部与全区街道一对一对接基础上，党员干部"面对面"服务基层群众，全院党员深入社区开展宣讲活动做好扫黑除恶知识的"社区宣传员"，针对街道法治宣传力量不足等情况，组建法律宣传服务队到社区街道开展法官答疑等活动，强化辖区群众的思想认识，营造全民参与扫黑除恶的舆论氛围。就相关涉黑涉恶工作线索与对接街道资源共享，号召发动群众提供线索、排查举报，发挥法院派驻社区联络员作用，及时发现基层治理中存在的法律问题、安全隐患，从法律视角提出完善建议，打通扫黑除恶基层治理的"神经末梢"。

（三）综合运用多元治理手段，发挥技术优势，提升纠纷解决的智能化水平

1. 注重发挥数据资源分析优势

建立"数字体检"特色机制，以司法数据为治理资源参与社会治理。利用人民法院大数据管理和服务平台汇聚的审判资源信息，按照"社会治理司法指数"框架和26项司法数据指标，直观反映社会矛盾纠纷及经

济发展风险。通过分析异常指标映射的诉讼领域和案件类型，找准治理需求、预测社会风险，以司法数据分析报告、审判白皮书等形式为党委、政府提供针对性政策建议，成为优化公共治理决策的"说明书"。挖掘司法数据风险防范潜能，结合"数字体检"发现的突出问题，向行政机关、街道社区及企业园区等给予针对性风险提示，通过司法建议、新闻通报会、示范庭审、普法讲堂等途径提供菜单式服务，帮助防范化解基层治理、企业经营等领域的风险隐患，成为疏解基层矛盾风险的"预防针"。

2. 注重发挥平台提速增效优势

将在线诉讼服务、在线调解及在线司法确认功能嵌入北京市石景山区委政法委统筹建设的"石时解纷"平台（石景山区矛盾纠纷多元化解平台），推进"访调诉"一网通办。通过打通法院案件系统，与平台系统数据对接，实现区域纠纷由平台"一键推送"至法院端口，通过指导完善平台系统中的调解、司法确认程序及诉讼程序操作流程，以供当事人灵活选择诉讼程序。通过构建"平台调解＋法官调解"对接模式，对于未经平台而直接在法院选择诉前多元调解的案件，针对不同诉求引导当事人实现纠纷实质分流；在化解因健身机构撤场而引发的区域群体性矛盾中，将解纷时间由原来诉讼裁判的三个月缩减为三周，为案件处理提质增效。

3. 注重发挥系统信息集成优势

为推进法院更好融入区域基层治理体系，推动司法力量向引导和疏导端用力，专门打造了"一米法庭"工作机制及配套服务系统，集成调解指导、诉讼服务、基层治理、普法宣传等功能，传递"一套桌椅、一米见方，即可化解纠纷"的工作理念。"一米法庭"由街道、社区、行业组织等根据实际条件提供办公场所及必要设备，法院负责"一米法庭"法院线上端口建设和技术维护，实现内外网交互、前后端相联。矛盾产生后，群众可通过"一米法庭"寻求帮助，社区通过"一米法庭"对接联系法官提供调解指导，法官根据实际需要组织双方在"一米法庭"进行线下调解，对于有诉讼需求的，指导帮助群众进行网上立案、在线庭审、证据交换、证人出庭作证等在线诉讼行为，助力"枫桥经验"从"小事不出村"升级到"解纷不出户"。

三、进一步坚持和发展新时代"枫桥经验"，提升基层治理法治化水平

新时代"枫桥经验"要继续引领人民法院融入社会治理发展大局，基层法院必须坚持以习近平法治思想为指导，精准把握"四个立足"精神实质，以能动司法理念探索新时代"枫桥经验"与推进审判工作现代化的协调契合，着力抓好诉源治理、司法审判和配套保障三大方面建设，全面提升基层治理法治化水平。

（一）整合诉源治理资源，提升非诉渠道解纷效率

1. 主动强化职能延伸，推动解纷力量下沉基层

深入推进 12368 诉源治理"一号响应"机制，精准对接、实质响应 12345 市民诉求承办主体、基层治理主体的司法需求，线上开展纠纷化解工作，打通基层治理"最后一公里"。积极与基层组织常态化沟通对接，通过组织示范庭审、公开宣判、以案说法等共建活动，增强基层干部群众法治观念和依法办事能力，达到"审理一案、普法一片、化解一类、治理一方"的效果。发挥法院专业化优势，强化对社区干部、老街坊、基层调解组织等的常态化法律专业知识培训和实战化的矛盾纠纷调解指导，推动形成遇到事情找法、解决问题用法、化解矛盾靠法的法治生态，夯实基层社会治理基础。

2. 争取党委、政府支持，凝聚非诉调解多元力量

要主动向党委汇报诉源治理工作情况，在党委和政府主导下，支持、培育和整合社会各类调解组织和调解力量，使社会组织充分发育，壮大成为解决矛盾纠纷的主力军之一。主动加强法院与政府以及相关部门的沟通衔接，与政府相关部门单独或联合会签多元解纷文件，完善委托调解、委派调解的方式方法，共建多元解纷平台，夯实与政府及其相关部门诉调衔接联动多元化解纠纷的制度基础和工作机制，共同构建和完善大调解工作格局。加强与非诉解纷机构对接，健全与非诉解纷机构主动对接的程序设计，使得多元化纠纷解决渠道畅通、衔接有序、相辅相成、发挥合力。

3. 加强司法确认工作，保障人民调解作用发挥

畅通司法确认渠道，扩大司法确认普及力度，在政府指导下明确通过非诉调解达成协议的案件标准，出台诉前调解和司法确认工作规则，健全完善调解协议司法确认程序，定期安排法官走入站点和人民调解工作室提供司法确认服务。对符合条件的，通过司法确认来提高履约的效力和约束力，明确专门的回访部门人员和考评制度，及时监督和敦促达成协议后的内容履行，加强对调解协议履行的司法保障，从源头上化解矛盾、消减诉源。健全无争议事实记载机制，对当事人双方无争议的事实在诉前调解笔录中予以记载，作为后期诉讼证据材料使用，提高纠纷化解效率。

（二）立足审判职能优势，优化诉讼方式解纷效果

1. 优化裁判方式

坚持"调解优先、调判结合"，选择最有利于纠纷解决的裁判方式，尽可能一次性解决纠纷。坚持把调解贯穿于立案、审判和执行的各个环

节，把调解主体从承办法官延伸到合议庭所有成员、庭领导和院领导，把调解、和解和协调案件范围从民事案件逐步扩展到行政、刑事自诉、执行等案件，建立覆盖全部审判执行领域的立体调解机制。要做到能调则调，不放过诉讼和诉讼前后各个阶段出现的调解可能性，尽可能把握一切调解结案的机会。应当充分尊重案件当事人意愿，既要纠正不顾办案效果、草率下判的做法，也要避免片面追求调解率、强迫调解的做法。

2. 加强答疑说理

围绕争议焦点进行充分论证，阐明裁判观点，提高裁判的可接受性，立足时代、国情、文化，综合考量乡规民约、风俗习惯，加强社会主义核心价值观的导向作用，把事理讲清、把情理讲明、把法理讲透，不断提升司法裁判的法律认同、社会认同和情理认同。规范完善判后答疑程序，明确判后答疑的适用情形、工作原则、责任主体、答疑流程、后续处理等内容，及时通过判后答疑消除当事人疑惑，增强人民群众对司法裁判的信服感和满意度，最大程度在当前审判程序中彻底解决矛盾纠纷，杜绝矛盾上交和矛盾传导。

3. 强化判决执行

加强裁判文书的执行性，尽量作出明示履行的具体内容、期限、方式的裁判，通过教育引导、强制威慑等方式督促义务人自动履行义务，帮助权利人及时兑现权益，从源头上减少进入强制执行阶段的案件数量。完善立审执协同联动机制，及时反馈执行程序中发现的前端问题，促进立案、审判与执行工作的顺利衔接，合力推进"执源治理"。提高执行规范化水平，坚持通过提高实际执结率降低终本率的办案导向，规范执行案款管理，重点解决案款"应发不发"问题，加强诉后跟踪回访，防止拒不执行或拖延履行判决引发新的矛盾纠纷。

(三) 健全完善配套保障，提升纠纷解决精细程度

1. 加强制度化保障

完善和落实纠纷预防化解工作领导责任制，将参与诉源治理、推动矛盾纠纷源头化解作为"一把手"工程统筹谋划部署，明确纠纷化解工作的人员、制度和必要条件，完善工作机制和监督评价体系，抓好贯彻落实、重大事项协调、成效评估、对下监督指导等工作。建立科学考核评价机制，将源头预防化解纠纷、诉前调解成功案件量等作为业绩考核评价内容，将反映纠纷化解实效的指标作为硬性考核指标，将工作量及成效进行量化评分，对工作举措实、工作成效好的个人或者相关职能部门及行业予以物质或精神奖励。

2. 加强专业化保障

加强人员管理和培训，通过定期轮岗和挂职锻炼，增强司法人员基层实践和群众工作经验，提升运用法治思维和法治方式处理矛盾纠纷的能力水平。优化人民法庭建设和布局，完善人民法庭的管理和保障机制，加强人民法庭队伍、设备和信息化建设，保障人民法庭化解基层矛盾"前哨"作用得到充分发挥。注重问题研究和规则提炼，围绕多发易发纠纷诉源治理中的理论和实践问题，开展多层次、多维度研究，总结矛盾纠纷源头预防和多元化解实践成果，提炼形成可借鉴、可复制、可推广的规则和方法。

3. 加强信息化保障

结合"智慧法院"建设，不断加大多元解纷机制的技术应用广度、深度和力度。加强在线调解平台建设，加快与其他相关平台系统对接和数据共享，创新全流程在线源头治理模式，分层递进、"一站式"预防化解纠纷。不断完善网上立案、网上查询、在线调解、在线确认等机制，

整合现有立案、分流和多元调解等系统,为当事人提供智能化、全方位、人性化的司法服务。积极运用大数据、人工智能等信息化手段,实现人民法院参与诉源治理工作数据化、可视化,为促进审判体系和审判能力现代化,辅助党委、政府领导科学决策提供支持。

(责任编辑:宋史超)

新时代"枫桥经验"与检察助力基层社会治理的探索和实践

胡立平[*]

党的二十大报告指出,"在社会基层坚持和发展新时代'枫桥经验',完善正确处理新形势下人民内部矛盾机制"。"枫桥经验"发动和依靠群众,坚持矛盾不上交,就地解决,实现"捕人少,治安好"的精神内涵,与延安精神和陕甘宁边区优秀司法文化有同样的价值追求。近年来,延安检察机关始终坚持问题导向,坚持弘扬延安精神与陕甘宁边区优秀司法文化,积极探索和践行新时代"枫桥经验",不断贯彻新理念、探索新机制,取得了积极的实践成效,也为探索以党建引领推进市域基层治理现代化提供了借鉴和经验。

---

[*] 胡立平,陕西省延安市人民检察院党组书记、检察长。

一、延安检察机关践行新时代"枫桥经验"的政治统领

（一）坚持党的领导，弘扬优良传统和文化

一是坚持党对检察工作的绝对领导。"枫桥经验"经久不衰、永葆活力的根本原因是始终依靠党的领导这一最大优势，党的领导是新时代"枫桥经验"的政治灵魂。延安检察机关将党的领导作为贯穿社会治理和基层建设的主线，认真贯彻《中国共产党政法工作条例》和《中共中央关于加强新时代检察机关法律监督工作的意见》，严格执行好请示报告制度，定期向党委汇报法律监督工作。在推进12309检察服务中心"线下进驻综治中心，线上进入城乡社区"的"双进"工作中，主动向市委和市委政法委汇报，与市综治中心联动，在全省率先实现"双进"全覆盖。坚持党建引领，以党建项目化管理为抓手，推动党建与业务深度融合，着力构建"党建＋业务"工作新模式，促进一切检察工作做到首先"从政治上看"。

二是大力弘扬延安精神。党中央和老一辈革命家在延安生活和战斗时，始终坚持正确的政治方向，解放思想、实事求是的思想路线，全心全意为人民服务的根本宗旨，自力更生、艰苦奋斗的创业精神，从群众中来、到群众中去的群众路线，最终带领革命走向成功，形成了伟大的延安精神。新时代延安检察机关大力弘扬延安精神，旗帜鲜明讲政治，履职办案自觉从政治上着眼，从法治上着力，始终把人民满意作为最高标准，以"如我在诉"的态度用心用情办"小案"、暖民心，坚持因地制宜、实事求是、艰苦奋斗，努力锻造求真务实、担当实干优良作风，坚定拥护"两个确立"，坚决做到"两个维护"。

三是传承陕甘宁边区优秀司法文化。早在抗战时期，中国共产党领

导的陕甘宁边区就形成了优秀的司法文化。老一辈革命家习仲勋在《贯彻司法工作的正确方向》中讲到："把屁股端端地坐在老百姓这一方面。"马锡五在审判活动中突出"调解"功能，形成了"马锡五审判方式"等。以上二者的言行强调和体现的核心目标是"化解矛盾"，基础力量是"依靠群众"。这些内容与"枫桥经验"一脉相承，就是发动和依靠群众，坚持矛盾不上交，就地解决，将矛盾化解在基层、化解在萌芽状态。延安检察机关从陕甘宁边区优秀司法文化中汲取智慧和力量，坚持"把屁股端端地坐在老百姓这一方面"，积极探索"马锡五审判方式"——通过案前预防、案中调解、案后释法说理等方法，将调解方法运用在实际案件和工作中，实质性化解矛盾，促进矛盾双方握手言和，助力社会和谐。

（二）坚持检察为民，走好新时代党的群众路线

一是坚持人民情怀。延安时期，毛泽东同志深刻指出："我们应该走到群众中间去，向群众学习，把他们的经验综合起来，成为更好的有条理的道理和办法，然后再告诉群众（宣传），并号召群众实行起来，解决群众的问题，使群众得到解放和幸福。"[①] 群众路线是党的根本路线，"枫桥经验"是从群众中来的经验。进入新阶段，我国的社会主要矛盾已经转化为人民日益增长的美好生活需要和不平衡不充分的发展之间的矛盾，人民群众对民主、法治、公平、正义、安全、环境等方面赋予了更丰富的内涵，也提出了更高水平的要求。新时代"枫桥经验"的核心价值也体现在人民性，延安检察机关践行新时代"枫桥经验"，必须坚持人民至上、检察为民，始终以人民根本利益和全面发展为检察工作的出发

---

① 毛泽东：《毛泽东选集》（第3卷），2版，人民出版社，1991，第933页。

点和落脚点,将群众路线贯穿于"四大检察"履职全过程,在各项业务和事务中,充分体现为了群众、依靠群众,体现"检察为民情怀"。同时,坚持把最高检"高质效办好每一个案件"的检察履职办案基本要求融入检察工作方方面面,努力实现"努力让人民群众在每一个司法案件中感受到公平正义"的目标。

二是做实为民服务。延安检察机关将人民情怀融入为民服务,不断完善和优化12309检察服务"一站式"平台,连续两届被评为"全国文明接待室"。开展"检察+社区"党员进基层,深化"双报到""双评议"工作方法,加强"驻辖区单位+社区"党建共建模式,引导社区群众知法懂法守法,打造宜居、宜学、和谐安康的模范法治社区;充分发挥法律监督职能,坚持"应救助尽救助"的标准和原则,坚持"一次救助,长期关怀"构建多元化救助措施;创新"检察与妇联""代管+监管"救助金发放模式,与校方签署《司法救助资金代管协议》,畅通弱势群体和困难群众多元化救助渠道,用心用情纾解人民群众急难愁盼,化解矛盾纠纷,增强人民群众的获得感、幸福感、安全感,促进社会和谐稳定。

三是践行为民宗旨。积极践行新时代"枫桥经验",以案结事了、政通人和为目标。发扬全过程人民民主,综合运用多元化解方法,促进矛盾实质性化解;建设以全国人大代表命名的调解工作室,邀请人大代表监督支持检察工作的同时,参与化解信访矛盾;充分运用听证制度、人民监督员制度,建立覆盖律师、人大代表、行业代表等不同领域和专业的听证员库和人民监督员队伍;通过公开听证、简易听证和上门听证等不同听证模式,倾听群众心声,开展普法宣传,提升释法说理效果,引导当事人在法律框架下握手言和、达成和解、息诉罢访,有效解开当事人"法结"和"心结";发挥律师在服务群众、引导群众方面的天然优势，主动邀请律师参与涉法涉诉信访矛盾化解，设置"延安市法律援助中心驻延安市人民检察院律师工作站"，完善律师派驻 12309 检察服务中心值班制度，引导来访来诉群众通过法定程序表达诉求，依法妥善化解矛盾，定分止争，减少对抗，促进和谐。

（三）坚持源头治理，实现矛盾不上交的价值追求

一是推行首办责任制。"枫桥经验"从诞生初期就以化解矛盾为目的，继承和发扬"枫桥经验"，要把"矛盾不上交"作为价值追求。在检察环节压实检察官首办矛盾化解责任，在案件进入检察系统办理的同时，承办检察官作为第一责任人要准确预判并预防信访风险，在办案第一环节做到矛盾化解。延安检察机关深化检察长包案机制，开展院领导包案办理首次信访专项活动，要求首次信访和"三类案件"必须由检察长包案，设置检察长接待室；制发《延安市检察机关领导包案办理首次信访案件实施意见》《延安市人民检察院副县级以上领导干部接访制度》等规定，由"老大"来解决"老大难"问题，尽可能把矛盾化解在首办环节，减少乃至杜绝矛盾上行，实现源头治理。

二是关口前移预防为主。检察建议是检察机关依法监督履职、助推社会治理的重要方式。在依法办案的同时，对案件中发现的倾向性、趋势性、普遍性问题，提出高质量检察建议，督促被建议单位依法履职，将诉源治理的关口前移，实现以"我管"促"都管"。延安市检察机关配合市委政法委、市委平安办、市委依法治市办制定《关于进一步加强检察建议办理工作促进社会治理法治化的实施意见》，配合市人大常委会出台《关于加强检察建议工作的决议》，通过制发检察建议的方式，注重从案件背后发现社会治理问题，推动解决深层次的矛盾和问题，助力基层社会治理高质量发展。

二、坚持以人民为中心，自觉将新时代"枫桥经验"融入信访工作与社会治理

（一）突出以人为本，全面准确落实宽严相济刑事政策

准确把握宽严相济刑事司法政策，努力实现"捕人少，治安好"的目标。新时代"枫桥经验"具有多维的理论内涵，在刑事司法实践中也同样适用。《中共中央关于构建社会主义和谐社会若干重大问题的决定》提出，要实施宽严相济的刑事司法政策。实施宽严相济的刑事司法政策，有利于惩治和预防犯罪、化解社会矛盾，最大限度增加和谐因素、减少不和谐因素，这与新时代"枫桥经验"化解矛盾、通过社会治理实现社会和谐稳定的核心要义具有内在统一性。延安检察机关把宽严相济刑事司法政策寓于实践新时代"枫桥经验"之中，坚决严惩严重犯罪，增强人民群众安全感。对轻微犯罪等严格依法落实"宽"的政策，依法落实认罪认罚从宽制度，发挥好"宽"的教育作用，减少社会对抗、增进社会和谐。同时，不断转化重惩治犯罪、轻化解矛盾的传统思路，树立综合治理理念，从源头上减少上诉申诉。积极探索轻罪治理司法实践，在严厉打击重大刑事犯罪的前提下，立足感化教育、减少对立，严格把握"有逮捕必要"的逮捕条件，慎重适用逮捕措施，正确把握起诉和不起诉条件，依法大胆地适用不起诉。2023年检察机关不捕率从2021年的14.65%上升为40.7%，不诉率从9.26%上升为25.5%，在检察环节适用认罪认罚从宽制度保持在85%以上。办案中积极促成刑事案件和解，通过民事赔偿的和解，消除当事人之间的积怨，更好地维护被害人的利益，修复社会关系，同时减少社会层面的信访量；处理未成年人刑事案件时，实行教育、感化、挽救方针，坚持"教育为主，惩罚为辅"的原

则,加大附条件不起诉案件的适用率。在工作中探索形成了"轻微刑事案件赔偿保证金提存""非羁押码数字监管平台"等一系列机制和方法,运用羁押必要性审查等多种方式降低审前羁押率,努力实现"捕人少,治安好"目标,增进社会和谐。

(二)强化民事行政公益诉讼监督,延伸社会治理触角

积极构建"枫桥式"法律监督新格局,延伸监督职能,促进社会治理。"枫桥经验"的内涵包括从消极被动到积极能动、从借鉴域外到本土实践,以及从个案办理到类案治理,这既符合时代特征,也有利于检察发展。民事行政公益诉讼检察职能是检察机关与群众关系最为密切的职能之一。近年来,延安检察机关把满足人民日益增长的美好生活需要作为工作的出发点和落脚点,紧紧围绕人民群众急难愁盼,开展"民事支持起诉""虚假诉讼监督""行政争议实质性化解""公益诉讼守护群众美好生活"等专项活动,在工作方法上注重向精细化、内涵式发展转变,转变工作方式,不就案办案,以息诉止争为导向,把化解矛盾、解决问题贯穿始终,努力提供更优质、更实在的检察产品,维护人民群众利益,促进案结事了、政通人和,提升法律监督质效。以高质效检察办案让新时代"枫桥经验"的价值更加可感可知,以检察工作现代化服务中国式现代化。

(三)发挥控告申诉检察职能,推进信访法治化

全面贯彻"群众信访件件有回复"制度。党中央针对信访工作提出了一系列要求,提倡继续坚持和完善新时代"枫桥经验",为新时代的信访工作指明了方向,为基层信访引入新时代"枫桥经验"的必要性和可行性提供了理论支撑。党的二十大报告指出"加强和改进人民信访工作,

畅通和规范群众诉求表达、利益协调、权益保障通道"。应勇检察长在最高检部署检察信访工作时强调："深入践行新时代'枫桥经验'，高质效办好信访案件，既解'法结'又化'心结'"，为我们做好新时代检察信访工作提供了行动遵循。控告申诉检察部门作为检察机关直面群众的窗口，直面群众的司法诉求，参与化解矛盾纠纷，是新时代"枫桥经验"在检察环节的生动实践和具体落实。近年来，延安检察机关始终坚持全心全意为人民服务的宗旨，充实控告申诉业务力量，坚持问题导向，畅通和规范群众诉求表达、利益协调、权益保障通道；巩固深化"群众信访件件有回复"，挂图作战，实现"全流程监督"，确保所有信访案件、线索均在 7 日内程序性回复和 3 个月过程或结果性答复。认真组织实施信访矛盾源头治理三年攻坚行动，加强信访积案化解。积极推进信访工作法治化，将法治思维和法治方式贯穿于信访工作全过程，紧紧围绕预防、受理、办理、监督追责、维护秩序等方面，制定工作指南、线路图、导引图，积极引导人民群众在合法范围内进行有序控告申诉。同时，对借信访之名扰乱社会秩序的行为严肃整治规范，加强矛盾纠纷源头治理和分析研判，及时回应群众信访诉求，确保信访工作在法治化轨道上运行，提升群众满意度，努力实现信访制度法治化和促进基层解纷的治理目标。

三、积极探索新时代"枫桥经验"检察实践，服务市域社会治理现代化

（一）坚持共建共治共享，构建一体化格局

一是加大协作实现共建共治。新时代"枫桥经验"已经形成了以人民为中心，自治、法治、德治相融合，更加突出党政主导、依靠群众、

社会共治的基层社会协同治理经验。党的二十大报告指出,"完善社会治理体系","健全共建共治共享的社会治理制度,提升社会治理效能"。共建共治共享是坚持和发展新时代"枫桥经验"的目标追求。参与社会治理必须紧跟时代之需,着力融入"党委领导、政府负责、民主协商、社会协同、公众参与、法治保障、科技支撑"的社会治理体系。人民群众是社会治理的"源头活水",构建共建共治共享的社会治理模式,要充分调动广大人民群众的积极性、主动性。延安检察机关充分发挥综治中心网格员在社会治理中的作用,聘任网格员为检察工作联系员、志愿者,加大与社区工作者的联系和互动,利用人民群众的集体智慧,"抓前端、治未病",将矛盾化解在基层,化解在萌芽状态。

二是信息资源整合实现共享。近年来,互联网、大数据、云计算等新兴数字技术加速创新,并日益融入经济社会发展各领域全过程,数字技术日益成为影响社会治理变革的重要力量之一。延安检察机关重视新时代"枫桥经验"的数字治理面向,持续加强与综治中心、信联办、政法委、公安、法院等单位的"横向"联合协作,建立与基层检察院"纵向"联动接访"绿色通道",构筑横到边、纵到底的"双联"信访处置模式。依托大数据平台信息共享优势整合资源,建设一体化信访数据体系,在共治格局中全面提升解决矛盾和问题的能力,发挥法治引领、法治保障的作用,推动日益复杂的社会治理难题得以及时解决。

(二)延伸检察触角,打造"家门口"的检察院

一是打通基层检察服务末梢。新时代"枫桥经验"独具的法治价值在于推动创造了基层社会的法治范式,创新了自下而上的法治制度供给模式。检察工作的重心在基层,现有的体制中,检察机关不像公安机关有派出所,不像法院有基层人民法庭,检察机关的机构设置最基层只在县级,

检察服务触角横向看面非常广,但纵向看没有实质有效延伸到基层末端,有种"悬空感"。延安检察机关克服体制限制,创新式开展"双进"工作:线下进驻综治中心设立检察室(站、点),依托大数据视频连线进入城乡社区行政村,实现线上延伸122个镇(街)、1 597个村(社区)全覆盖,打通为民服务"最后一公里"。如此使12309检察服务大厅、综治中心12309检察服务站(点、室)和综治视联网系统、12309检察服务官网平台、12309检察服务热线等多平台形成合力,构建起多维度检察服务体系,将检察触角实质性延伸到基层,打造群众"家门口"的检察院。

二是创新基层检察服务模式。延安检察机关在检察服务延伸的过程中不断探索符合延安实际的机制和模式,通过《12309检察服务中心进驻综治中心工作衔接机制》《检察机关聘任综治中心网格员为"双进"工作联络员的决定》等构建完善工作机制;丰富和发展富县"两说一联",形成"办案说法、监督说事、服务连心"的检察版"两说一联"工作机制;将检察官及辅助人员纳入县乡社会综合治理"说事说法库",担任所联系乡镇说法员和网格员,开展干警联乡包村服务;挂牌成立以全国人大代表命名的"樊九平工作室",加强调解和释法说理;以"检察网格化"及时定分止争、以"检察一体化"适时定争治讼、以"检察多元化"定时定讼止访的"三化"工作新模式不断升级优化12309检察服务水平,不断探索走出延伸检察服务融入社会基层治理的新路子。

三是办好检察为民实事。通过延伸检察触角,可以第一时间了解民情民意、掌握群众诉求、参与社会治理。延安检察机关通过"办小案"办好为民实事,做好社会治理"大文章",通过"驻综治中心窗口+控申部门+行政公益诉讼部门"协作配合有效化解办理流浪狗伤人纠纷化解案,同时制发社会治理类类案检察建议,督促规范辖区内物业服务及流浪狗管控;通过综治视频接访对2个行政村25户村民涉及400余万元的征地赔付款案件支持起诉，为弱势群体依法维权"撑腰"；村民通过视联网系统反映的公益诉讼线索，经跨部门配合横向联动，共清理建筑垃圾、生活垃圾420吨，并推动环保、河道、土地等部门开展联合执法，实现 1+1＞2 的深度检务融合效应，有力地改善了乡村人居环境，践行了"绿水青山就是金山银山"的理念。

（三）探索信息化赋能，促进社会治理现代化

一是更新工作理念。随着信息技术的不断发展，数字检察在参与社会综合治理中的作用愈加重要。党的二十大报告提出"完善网格化管理、精细化服务、信息化支撑的基层治理平台"，《中共中央关于加强新时代检察机关法律监督工作的意见》提出"加强检察机关信息化、智能化建设"。延安检察机关进一步转变理念，围绕"业务主导、数据整合、技术支撑、重在应用"的数字检察工作总要求，主动向东部科技发达地区学习，通过在浙江大学举办数字检察智慧检务培训班等方式，把传统的社会治理方式与现代科技相融合，创新科技机制为民谋利、为民解忧。

二是实现数字共联共通。通过大数据技术的运用，完善检察机关与行政执法机关、公安机关、审判机关、司法行政机关的执法司法信息共享制度，并联"秦政通"一体化协同办公平台，打破"信息孤岛""数据壁垒"。实现与信联办、综治中心、12345热线等部门及时、定期交换数据，通过数据的共联共通，以数字办案协同平台为融合点，强化与职能部门的联动与协作，不断提升检察机关参与社会治理的能力，让治理更智能、更有效，推动社会治理现代化。

三是用好大数据监督模型。"大数据"检察探索已经成为检察机关实现检察职能、参与社会治理的关键着力点。延安检察机关坚持"数字赋能监督，监督促进治理"，把大数据法律监督融入社会治理全过程。从办

理个案中发现规律性问题，通过归纳特点、要素，共享数据，构建并依托大数据模型进行数据碰撞筛选，归纳分析发现执法司法、制度机制、管理衔接等方面存在的社会治理系统性漏洞，从而对个案进行纠正、对类案制发检察建议，实现"个案办理－类案监督－系统治理"的检察监督工作机制，进一步提高参与社会治理的广度和深度。

（责任编辑：宋史超）

以"深度救助"从源头化解社会矛盾

河北省黄骅市人民检察院[*]

开展国家司法救助是中国特色社会主义司法制度的内在要求,是改善民生、健全社会保障体系的重要组成部分。当前,随着越来越多的矛盾以案件形式进入司法领域,一些刑事犯罪案件、民事侵权案件,因案件无法侦破、被告人没有赔偿能力或赔偿能力不足,致使受害人及其近亲属依法得不到有效赔偿,生活陷入困境的情况不断增多,有的由此引发当事人反复申诉上访甚至酿成极端事件。通过开展国家司法救助,帮助因案受困群众解决燃眉之急,对于从源头化解矛盾纠纷、维护司法权威公信、促进社会和谐稳定具有重要意义。

近年来,黄骅市人民检察院认真践行新时代"枫桥经验",以"应救尽救、能救即救,救就救好、一救到底"为理念,探索实施"深度救助"工作模式,推动司法救助工作走深走实,用最可观可感、最直击人心的方式,将公平正义呈送到人民群众眼前。2023年11月,中央电视台社

---

[*] 本文执笔人为李卿翰,河北省黄骅市人民检察院办公室副主任。

会与法频道对黄骅市人民检察院司法救助工作进行了时长近20分钟的专题纪实报道，在全社会引起热烈反响。

一、摸底"寻救"，不遗漏任何一名潜在的受困群众

由于司法救助工作目前仍处于起步阶段，实践中符合救助条件的因案受困群众往往无从知晓救助信息、掌握申救渠道，为此黄骅市人民检察院主动对历史案件摸底溯源"过筛子"，通过对30年来1 571起民刑案件系统倒查，成功摸排救助线索72条。经逐一实地调查核实，依职权对其中108人启动了救助程序，在有效唤醒"沉默"受困群众、解决"救助谁"难题的同时，成功开展了"时隔30年的司法救助""历时3个月、为等待22年的刑事被害人亲属争取救助金"等一批感人至深的救助行动，被《法治日报》《检察日报》等多家央级媒体宣传报道，并引为司法为民的事迹典范。

二、主动"追救"，不放弃任何一个可能的帮扶机会

对于一些历时多年、时过境迁的陈案旧案，往往由于事实核实困难、救助对象难联系、跨区域救助不便等，导致救助工作开展陷入困境。对此，黄骅市人民检察院坚持"救助工作不能停，困难中的群众不能等"，对掌握的救助线索建立任务清单，逐项攻坚到底。2021年5月，黄骅市人民检察院在线索筛查中发现，康某纵火杀害妻子韩某和岳母王某，而双方近亲属因案陷入生活困境。为此，办案检察官远赴救助对象居住的内蒙古开鲁县、辽宁省本溪县调查核实，并联合当地检察机关共同开展追踪救助，完成了"司法温情 千里相送"的壮举。为长效攻克跨区域救

助难题，黄骅市人民检察院主动与天津、淄博、秦皇岛等地10余家检察机关建立协作机制，互推救助线索、合力开展救助，共同推动办理司法救助8件12人。

三、联合"施救"，不错过任何一条可行的援助路径

司法救助为辅助性救助，以支付救助金为主要方式，但救助金额有限。为实现更好更全面的救助效果，黄骅市人民检察院主动延长救助链，牵头财政、教育、民政、妇联等16个部门建立司法救助联席机制，并与当地红色朝阳志愿者、小草爱心家园等公益组织开展常态化合作，推动社会化救助及社会公益组织与司法救助有机衔接。在2021年办理的一次交通肇事案被害人近亲属救助中，办案检察官发现当事人因案陷入严重困境，仅凭司法救助难以有效改善其生活，在启动相应救助程序后，立即协调妇联、慈善总会、镇政府、公益组织开展合力帮扶，并主动牵线当地企业与其结成"一对一"帮扶对子，给予长期生活救助，一年对其开展针对性帮扶12次，顺利帮助救助对象走出生活困境。

四、全面"扶救"，让办的每一起救助工作长期见效

一些社会危害性较大的违法犯罪给受害人及其亲属生活带去的影响往往具有破坏性、顽固性和反复性。为从根本上扭转救助对象生活困境、从根源上长效化解社会矛盾，黄骅市人民检察院在救助工作中坚持做到"一次救助、长期关怀、终生帮扶"，不仅满足解人一时之困，更致力助其长远发展。2015年发生的一起杀人案中，因犯罪人无赔偿能力，被害人母亲赵某一家不仅未获得赔偿，还因患病负债累累，

生活无依，脱贫无路。办案检察官了解情况后，在着手启动救助程序的同时，因人施策为其家庭制定综合救助方案，沟通公安和民政部门为赵某外孙女办理事实无人抚养儿童生活补贴，协调镇政府将赵某纳入重点帮扶人员，联系技术人员帮助赵某承包种植冬枣园，并常态回访、跟进帮扶。2022年赵某家庭实现纯收入10万余元，顺利增收致富，脱离案后阴霾。

（责任编辑：陶禹行）

第三编

"枫桥经验"与民事司法完善

人民法院既是维护公平正义的"最后一道防线",又处于化解矛盾纠纷的第一线。随着经济发展,活跃的商品交易也使民事纠纷日益增多,我国的民事司法面临着"诉讼爆炸""案多人少"的挑战。"枫桥经验"同时具备矛盾纠纷的事前预防功能与纠纷产生后的多元化解决功能,这使得"枫桥经验"对民事司法的完善作用至少体现在两个层面:在纠纷产生前,通过风险预测与积极治理预防纠纷;在纠纷产生后,坚持把非诉讼纠纷解决机制挺在前面以减少诉讼。"枫桥经验"强调主动参与事前治理,是对以诉讼为核心的传统民事司法的消极性、被动性特征的挑战,新时代呼吁民事司法在理论与实践层面予以回应与创新。

本编聚焦于以"枫桥经验"完善民事司法,涉及在诉源治理、非诉讼纠纷解决机制以及诉讼程序等民事司法场景下"枫桥经验"的意义与功能、现状与困境、启示与发展。

吴英姿教授以作为衔接诉讼与非诉讼解纷方式"枢纽"的司法确认程序为核心,结合"枫桥经验",在厘清制度逻辑基础上,探索司法确认的模式创新与规则完善,以激活其在"把非诉讼纠纷解决机制挺在前面"长效机制中的重要作用。

"枫桥经验"对民事诉源治理的启示还扩展至行政协议纠纷场景,浙江宁波奉化法院基于现实需求,结合理论创新与科学论证,积极探索出补偿安置调解协议司法确认制度。安徽师范大学法学院课题组围绕小额诉讼程序适用展开了调研,以了解小额诉讼实务运作的真实样态,并结合小额诉讼与诉前调解深度融合等思路,针对相关问题提出改进意见。

辽宁鞍山中院借鉴"枫桥经验",以多元化的诉调对接和高质量的司法产品,推进矛盾纠纷源头化解,并以创新赋能审判,推进庭审优质化实质化,高效协调"治未病"与"治已病"。

福建漳州芗城法院在执行工作中发展并创新"枫桥经验",关注执行矛盾纠纷的"源头管控""未病预警",达到从源头上减少执行纠纷增量的目标,以立案、审判、执行阶段协同治理的工作模式探索执源治理新路径。

(专题介绍:陶禹行)

完善司法确认程序 促成"把非诉讼纠纷解决机制挺在前面"的长效机制

吴英姿[*]

"把非诉讼纠纷解决机制挺在前面"是新时代"枫桥经验"构建共建共治共享的现代治理结构的重要经验，也是人民法院践行新时代"枫桥经验"，实现诉源治理目标的主要抓手。2021年2月19日，习近平同志在中央全面深化改革委员会第十八次会议上指出，法治建设既要抓末端、治已病，更要抓前端、治未病。要坚持和发展新时代"枫桥经验"，把非诉讼纠纷解决机制挺在前面，推动更多法治力量向引导和疏导端用力，加强矛盾纠纷源头预防、前端化解、关口把控，完善预防性法律制度，从源头上减少诉讼增量。党的十八大以来，我国多元解纷机制取得了长足发展，非诉讼解纷方式的制度化与规范化建设已经卓有成效，并朝着专业化和体系化的方向发展。尤其在社会风险易发领域，非诉讼解纷渠道的制度化建设已经基本成型。目前，进一步完善中国特色多元解纷体

---

[*] 吴英姿，南京师范大学法学院教授，博士生导师，中国法治现代化研究院研究员。

完善司法确认程序 促成"把非诉讼纠纷解决机制挺在前面"的长效机制

系的重心已经进入具体规范建设层面,重点是诉讼与非诉讼解纷方式的衔接机制的制度化,目标是解决不同解纷方式散点分布、衔接不畅、协调不足的问题,提高多元解纷机制的集成效应。作为衔接诉讼与非诉讼解纷方式的一个重要装置,司法确认程序的作用越来越受重视,适用范围呈现快速扩张的趋势,不仅在民商事纠纷解决领域的适用范围不断扩大,而且成为生态环境损害赔偿制度创新的重要举措,并被引入行政纠纷解决领域。2023 年,中共中央办公厅印发《全面深化政法改革实施纲要(2023—2027)》,在"深化诉源治理改革"部分提出,要"健全诉调对接机制,创新司法确认模式"。①

然而,与司法确认在多元解纷机制中的重要地位不相匹配的是,相关理论研究明显滞后,对该制度的程序属性、制度功能和程序机理均存在认识误区。主流观点认为该种程序是非讼程序②,但在制度目的、程序标的、审查方式、裁定效力等问题上无法用非讼程序法理一以贯之地进行解释③,尤其是在司法确认程序为什么可以确认调解协议的效力问

---

① 已经有地方开始探索发挥司法确认制度在预防行政协议履行争议方面的作用。2021 年 1 月开始,宁波市奉化区人民法院、司法局尝试在涉重大工程项目补偿安置协议领域开展司法确认工作。据当地官方报道,截至 2022 年 5 月 6 日,奉化区人民法院共确认涉重大工程项目补偿安置协议 340 份,项目建设周期平均缩短 15 个月,经司法确认后零纠纷、零信访,试点地区涉补偿安置协议诉讼案件量同比下降 62%。宁波市委依法治市办:《奉化涉重大工程项目补偿安置协议司法确认试点工作成效显著》,浙江新闻网,https://zj.zjol.com.cn/news.html?id=1857894;奉化区司法局:《宁波市奉化区司法局推出补偿安置协议司法确认制度》,浙江省司法厅,https://sft.zj.gov.cn/art/2022/3/31/art_1659556_58934731.html。

② 唐力:《非讼民事调解协议司法确认程序若干问题研究——兼论〈中华人民共和国民事诉讼法修正案(草案)〉第 38、39 条》,《西南政法大学学报》2012 年第 3 期;刘加良:《司法确认程序的功能诠释》,《政法论丛》2018 年第 4 期;刘敏:《论优化司法确认程序》,《当代法学》2021 年第 4 期。

③ 最高人民法院民事诉讼法修改研究小组:《〈中华人民共和国民事诉讼法〉修改条文理解与适用》,人民法院出版社,2012,第 406 页;洪冬英:《论调解协议效力的司法审查》,《法学家》2012 年第 2 期;刘加良:《司法确认程序的功能诠释》,《政法论丛》2018 年第 4 期;刘加良:《司法确认程序的显著优势与未来前景》,《东方法学》2018 年第 5 期。

题上陷入困境。① 理论上的分歧无疑对制度实践产生不利影响。一直以来，司法确认程序运行状态欠佳，表现为司法审查不规范、程序保障标准不明确、难以防范虚假调解等②，削弱了法官和当事人利用制度的积极性③，不能满足多元解纷机制发展的需要。亟待重新认识司法确认程序在多元解纷机制中的作用，在准确把握其制度逻辑的基础上，探索司法确认模式创新路径、完善程序规则，激活其在构建"把非诉讼纠纷解决机制挺在前面"长效机制方面的制度效用。

一、司法确认是衔接诉讼与非诉讼解纷方式的"枢纽"

按照《最高人民法院关于深化人民法院一站式多元解纷机制建设推动矛盾纠纷源头化解的实施意见》的要求，司法制度在多元解纷机制中要发挥引领、规范、保障的作用。为此，最高人民法院（简称"最高法"）以"一站式"诉讼服务中心建设为抓手，单独或联合有关行政职能部门先后发布多个推进多元解纷机制建设、加强诉调对接的指导性意见和司法解释，"外部输出"加"内部改造"双管齐下，搭建诉讼与非诉

---

① 占善刚：《人民调解协议司法确认之定性分析》，《法律科学（西北政法大学学报）》2012年第3期。

② 为此，《最高人民法院关于认真学习贯彻〈全国人民代表大会常务委员会关于修改《中华人民共和国民事诉讼法》的决定〉的通知》要求人民法院严格依法受理和审查司法确认申请，切实防止虚假调解和不当确认。

③ 潘剑锋：《民诉法修订背景下对"诉调对接"机制的思考》，《当代法学》2013年第3期；王帆：《存废之间：调解协议司法确认程序的功能续造——基于X市法院司法确认程序实证调查分析》，载刘贵祥主编《审判体系和审判能力现代化与行政法律适用问题研究——全国法院第32届学术讨论会获奖论文集》（下册），人民法院出版社，2021，第1036页；胡学军、孙亮：《系统论视角下调解协议司法确认的内在机理与制度优化》，《江西社会科学》2021年第10期；孟婷婷：《诉调对接机制的发展探析》，《中国司法》2021年第2期。

讼解纷机制衔接装置。① 外部输出主要是指法院主动加强与非诉讼解纷机构的沟通和协调，在专业解纷机构设置、人员培训、解纷程序上给予指导帮助；设置法院附设调解机制，包括开设调解窗口，建立调解组织名册和调解员名册，制定调解管理规范，吸纳非诉讼解纷机构和调解人员开展特邀调解活动等。内部改造是指法院通过对审判队伍建设、审判方式改革和审判制度创新，对诉讼系统进行自我调整，主动向非诉讼解纷系统靠拢。例如，指定专人或组建专门团队，负责诉调对接工作；主动向当事人释明各类解纷方式的优势特点；提供智能化风险评估服务，实行诉讼费减免政策等激励机制，鼓励当事人选择非诉讼方式解决纠纷；创设证据材料通用、无争议事实固定等规则②，诚信诉讼承诺制度③等。

从运行机制看，上述衔接装置基本上属于"机械衔接"，即通过直接或间接地改变各系统的机构、规则、资源等，实现结构要素的物理链接，为系统间有机结合做好了准备。接下来的重点，是发动让这些装置持续发挥作用的引擎——司法审查机制。司法确认程序的核心就是司法审查。而无须实质审理、快速作出裁决的特征，使之非常契合非诉讼解纷协议司法审查的正当程序需要，可以发挥诉讼与非诉讼解纷方式衔接的"枢纽"作用。

---

① 《最高人民法院关于人民法院进一步深化多元化纠纷解决机制改革的意见》《最高人民法院关于建设一站式多元解纷机制一站式诉讼服务中心的意见》《最高人民法院关于深化人民法院司法体制综合配套改革的意见》《最高人民法院关于深化人民法院一站式多元解纷机制建设推动矛盾纠纷源头化解的实施意见》。

② 例如《最高人民法院关于进一步推行行政争议多元化解工作的意见》规定，当事人在诉前调解中认可的无争议事实，诉讼中经各方当事人同意，无需另行举证、质证，但有相反证据足以推翻的除外。当事人为达成调解协议作出让步、妥协而认可的事实，非经当事人同意，在诉讼中不得作为对其不利的证据。

③ 《最高人民法院关于深化人民法院一站式多元解纷机制建设推动矛盾纠纷源头化解的实施意见》。

(一）诉讼与非诉讼解纷方式的交汇点与"分流器"

首先，司法确认程序是诉讼与各种非诉讼解纷方式的交汇点，在非诉讼解纷方式与诉讼制度之间扮演着"分流器"与"过滤器"的角色。法院适用司法确认程序对解纷协议进行司法审查，透过法律对解纷协议的法律效力进行判断，将符合法律要求的解纷协议转换为法律文件，使当事人无须通过普通诉讼程序即可获得执行名义。如此可以在诉讼前端分流、过滤掉大量的纠纷，减少诉讼案件数量，减轻司法负担。对包含预防纠纷目的的和解协议进行司法确认，还可以起到诉源治理的作用。随着行业性、专业性调解组织的发展，能够进入司法确认程序的解纷协议范围不断扩大，司法确认程序在降低民事纠纷成案率方面的作用将呈现规模效应。①

（二）公正解决纠纷的"防火墙"

司法确认程序作为司法权介入非诉讼解纷方式的正式制度，其目的在于引入法律评价机制，在社会纠纷解决方面保证司法的最终裁决权，扮演着公正解纷的"守门员""防火墙"角色。虽然法院适用司法确认程序对解纷协议进行司法审查以形式审查为主，但并非不包含任何实质审查，而需要对解纷协议的交互性、当事人自愿性、目的合法性等实体内容作出判断，必要时还需要进行公共秩序审查和利益平衡。按照这样的要求对解纷协议进行审查，可以发现虚假和解、强制和解等违反法律强制性规定的行为，防止当事人借解纷协议手段损害公共利益和他人合法权益。

---

① 刘加良：《司法确认程序的功能诠释》，《政法论丛》2018年第4期。

（三）风险领域社会纠纷治理公法与私法合作的黏合剂

生态环境、金融证券、食品药品等领域的纠纷可能引发的社会风险，具有系统性、两面性、技术性、易扩散性等公共风险一般特征。① 如果缺乏有效的控制机制，个别纠纷未能得到妥善处理导致的特定社会系统的变化，极有可能引发"蝴蝶效应"，迅速蔓延以至形成大规模群体性纠纷、触发社会稳定风险。因而，这些领域被纳入现代风险治理范畴。已经逐步形成共识的是，现代风险社会治理是典型的"多中心任务"②，单靠行政监管执法或权利主体行使诉权寻求司法救济都不足以应对，需要超越公法与私法二元分立的法理认知和制度格局，形成公私法融合的现代治理结构。③

近年来，国家通过立法与公共政策在上述领域着力打造的多元解纷机制，就是以公私法合作治理架构为框架，立足本国国情、借鉴域外经验进行的制度创新工程。这在证券期货纠纷解决等领域的制度创新中表现得尤为突出。国务院办公厅于 2013 年 12 月发布的《关于进一步加强资本市场中小投资者合法权益保护工作的意见》初次提出在证券期货监管工作中建立多元化纠纷解决机制。在"完善风险救助机制"部分提出，要探索建立证券期货领域行政和解制度。2015 年 2 月，证监会发布《行政和解试点实施办法》，在部分地方试点开展证券期货行政执法和解工作，允许证监会与监管相对人就涉嫌违法违规行为处理问题达成和解。2019 年修订的《证券法》正式确立证券监管和解制度。2021 年 10 月，

---

① 宋亚辉：《超越公私二分：风险领域的公私法合作理论》，商务印书馆，2022，第 11 页。
② Lon L. Fuller、Kenneth I. Winston, The Forms and Limits of Adjudication, *Harvard Law Review* 92, no. 2 (1978): 353.
③ 宋亚辉：《风险控制的部门法思路及其超越》，《中国社会科学》2017 年第 10 期。

国务院发布《证券期货行政执法当事人承诺制度实施办法》。相关规定体现的证券期货市场监管领域多元解纷机制的构建思路是：以社会风险"预防-救济一体化"为目标，按照"行政执法为主、司法救济补充"的结构，以行政和解制度为抓手进行制度建设。这种治理结构具有"公私法融合共治"的特征，旨在充分发挥行政监管的主动性、专业性、及时性优势，利用行政和解等非诉讼解纷机制作为矛盾纠纷的"第一道干预机制"，防止"小额多数分散"纠纷形成大量诉讼案件消耗司法资源，甚至压垮司法制度。

行政执法准确、及时追究违法违规行为，补偿受害者经济损失，可以快速消解不满，避免负面情绪累积叠加造成群体非理性，冲击社会稳定。在经过行政监管执法过滤掉绝大多数纠纷后，司法最终裁决权作为"最后一道防线"，合理配置司法资源妥当处理诉讼案件，发挥司法在查明事实、解释法律、制约权力、厘定权利、平衡利益等方面的优势，落实私法上损害赔偿制度功能，给纠纷当事人谋求公正解决纠纷、获得强制执行保障提供坚强后盾。行政与司法优势互补的风险治理结构理应是低成本、高效率、保护周到的，而有能力将行政监管与司法审查衔接起来的制度除了诉讼程序，就是司法确认程序。相较于诉讼程序周期长、成本高的缺陷，司法确认程序无须实质审理快速作出裁判且具有强制执行力的特征，更加契合行政解纷司法审查的需要。

（四）非诉讼解纷方式制度化与规范化发展的促进器

司法的本质是法律的判断。司法确认程序借由个案司法审查宣示法律的价值诉求与判断标准，不断向非诉讼解纷系统发出刺激信号，激发其自我反思理性，促使各种非诉讼解纷主体在社会常理、常识判断中融入法律关于是与非、公平与正义的评价标准，通过自我修正保持与环境

（法律系统）的和谐，从而推动自身规范化、制度化发展。尤其是风险领域社会纠纷公私法合作治理结构，更需要一种制度化的机制引入司法审查机制。因为，相较于传统公法、私法"分而治之"的治理模式，公私法共治模式最突出的变化就在于行政赋权，即客观上为行政机关在执法形式上提供了多项选择：执法依据从公法规范向私法规则扩展，公权力可以选择适用私法方式实现执法目的的规则，行政执法自由裁量权和选择权均延展，呈"宽屏"状态。如何防范公权力假借"自由法"的私法逃脱"强行法"公法的约束，甚至与相对人勾结寻租、损害公共利益，成为行政法领域面临的新问题。司法确认程序为解决这个问题提供了制度化路径。例如，北京市房山区人民法院在开展消费纠纷行政调解协议司法确认工作中，注重对行政调解人员进行培训、指导、监督，不仅提高了市场监督管理部门调解解纷能力，而且推动了行政机关转变工作理念和工作方式，从源头预防消费领域纠纷的发生。①

（五）诉讼与非诉讼解纷机制良性互动的催化剂

如果说诉讼属于法律系统的解纷方式，那么非诉讼解纷方式则属于政治系统社会治理体系的组成部分。诉讼解纷系统和非诉讼解纷系统对于纠纷解决有着独立的价值评价标准，分别按照不同的逻辑运行。在非诉讼解纷系统中，当事人或通过谈判磋商达成和解，或经第三方调解斡旋达成协议，其特质在于强调解纷的自愿与合意，体现社会自治逻辑。诉讼解纷系统则以纠纷双方当事人平等对抗、法官居中裁断为基本解纷方式，其特质在于以法律的判断结论为最终解决方案，彰显法治逻辑。两个解纷系统各有优势，也存在明显短板。非诉讼解纷当事人力量不均

---

① 刘国承：《消费领域纠纷调解协议"一站式"司法确认机制的实践与思考》，《中国司法》2021年第12期。

衡时容易滋生"丛林规则",危及社会公平正义;而且解纷结果不具有强制执行力,一旦当事人反悔将前功尽弃。诉讼解纷方式往往周期长、成本高,而且随着时间的推移,当事人情绪带入过多可能提高冲突烈度,加大解纷难度。法院裁判虽然在形式上终结了纷争,但对于当事人来说,这很可能是一场零和博弈,折损解纷的实际效益。

多元解纷机制构建的理想状态,是法律和政治两个系统在解纷领域形成"结构耦合"——两个系统之间发展出相互对应的结构,使一个系统可以聚焦另一个系统的特定变动,彼此形成"共振",从而取长补短、相互促进,形成纠纷治理的合力。这种结构耦合形成的途径,是法律系统通过司法审查介入政治系统的解纷机制,用构成其基本特质的要素(法律与正当程序)对后者持续发出"激扰"信号,让公平中立、保障参与、程序公开等正当法律程序要求稳定地成为非诉讼解纷方式的前提,并且在内部结构上信赖于它,将按照上述要求进行解纷活动作为内在需要与行动范式。而一旦正当法律程序成为诉讼与非诉讼解纷两个系统的耦合结构,将有效降低各子系统(尤其是非诉讼解纷系统)的复杂性,并引导系统间良性互动:一方面加强调解或磋商行为的规范性,提高非诉讼解纷的结果的公信力;另一方面降低司法审查难度,最大限度维护非诉讼解纷结果的权威。适度的司法审查非但不会导致非诉讼解纷系统被诉讼系统同化,而且能帮助它化约环境的复杂性,增强其自创生能力。[①]

二、司法确认的制度逻辑

司法确认程序的核心是法院透过法律对解纷协议进行审查评价。因

[①] 尼可拉斯·鲁曼:《社会中的法》,五南图书出版公司,2009,第490-494页。

此，其制度逻辑取决于两个基本要素：一是司法确认程序的法律属性，二是司法审查在多元解纷机制中的角色定位。这两个要素共同决定了法院审查解纷协议所遵循的原则与方法。

（一）司法确认程序是略式程序

司法确认程序不是非讼程序，而是略式诉讼程序（简称"略式程序"）。所谓略式程序，是指法院不对本案进行实质审理，主要就当事人的申请材料进行形式审查就快速作出裁判的民事程序。[①] 司法确认程序的运行机理是：

首先，司法确认程序不以解决当事人之间的权利义务纠纷为目的，而是通过确认解纷协议的法律效力，赋予其强制执行力，满足当事人获取协议履行保证的需要。因此，司法确认程序的启动建立在当事人对纠纷解决已经达成协议的基础上，法院只审查协议是否符合自愿原则，是否是当事人真实意思表示，是否违反法律禁止性规定，而不对原权利义务争议进行实质审理和判断。略式程序与普通诉讼程序虽然是两种诉讼程序，但存在相通性，略式程序可以向诉讼程序转换。在司法确认程序中，法院发现当事人对解纷协议有效性存在实质争议的，应当裁定终结程序，告知当事人按诉讼程序解决纠纷。

其次，司法确认程序的运行遵循实体法逻辑，即法院对解纷协议的司法审理依据的是实体法关于民事契约或行政协议的规定。司法确认裁定的执行力本质上是实体法上"契约应当被信守"原则的要求，是当事人必须依照合同约定履行义务的法律效力。

再次，司法确认程序适用简式程序保障标准，裁判具有形式确定力，

---

① 关于略式程序与非讼程序的区别可参见吴英姿：《民事略式诉讼程序初论》，《中外法学》2022年第6期。

没有既判力。司法确认程序不处理权利义务争议，法官不需要对案件事实及其证据进行审理判断，可以省略开庭审理环节，但要保障当事人的法定听审权。法定听审权主要是指当事人受合法通知权和陈述辩论权。法院可以根据审查需要采用简式言词辩论形式，也可以用听证会、会议等非正式的听审程序，给当事人陈述意见、提出抗辩的机会。司法确认裁判因不包含对权利义务争议的判断而不发生排除当事人实质争议的效力，但基于程序效力而具有形式确定力，未经法定程序不得废弃。

最后，与较低的程序保障标准相对应，司法确认程序适用低门槛的简式救济途径，即"异议-撤销"，不适用再审程序。司法确认裁定生效后，当事人或有利害关系的案外人认为裁判确有错误的，可以申请撤销。

（二）遵循实质尊重原则

风险领域多元解纷机制"行政执法优先、司法救济补充"的结构与运行机理表明，司法审查的制度功能是补充性的。法院适用司法确认程序对解纷程序进行司法审查应当遵循实质尊重原则，即尽可能尊重当事人意思自治及和解目的，尊重行政机关的自由裁量权。虽然司法确认程序通过司法审查可以将非诉讼解纷结论转换为法律系统沟通符码，将符合法律规定的当事人的合意上升为具有强制执行力的裁判，从而让非诉讼解纷系统局部融入诉讼系统，但是司法审查并非完全按照诉讼系统的规范与标准对非诉讼解纷结果进行评价，而是本着遵循非诉讼解纷机制自身规律、最大限度维护当事人意思自治的原则，对介入非诉讼解纷系统保持克制，不会破坏其独立性与封闭性。易言之，诉讼与非诉讼解纷系统间耦合建立在相互尊重系统独立性和维护系统封闭运行的基础之上。

实质尊重原则表明，司法审查的目的不是用诉讼改造非诉讼解纷方式。相反，其作用的发挥以行政执法公信力强、公法制度有效性高为前提。法院在进行司法审查时应当认识到，作为当事人之间的一种妥协，和解或调解协议的目的不是为审判依据的法律或某种法学理论的目的服务，而是为在协议文本中阐明其意图的当事人的目的服务。

以行政执法和解协议为例，在证券期货、反不正当竞争等行政争议解决领域，行政监管面对的违法行为复杂多样，涉及垄断、倾销、知识产权、金融等不同专业知识，有的还牵扯到涉外政治经济关系问题[①]；当事人达成和解的目的不同，所依据的条件或标准各异，不可能采用某一固定模式达成和解。[②] 更为重要的是，这些领域的行政执法需要遵循公共风险治理逻辑。公共风险的双面性特征意味着没有单纯的受害者。一场金融危机可能是由少数经营者违规行为触发的，但投资者、消费者既是受益者也是受害人，其市场行为或多或少对风险有所"贡献"。行政执法不是单纯地为了查处违法违规行为、维持社会秩序，更要履行服务、保障、救济职责，实现公共利益最大化。因此，行政和解属于多重目的、多元任务的行为，与诉讼程序查明事实、正确适用法律的目的不完全一致。协议双方的目的多半是实用主义的，如行政监管机构要综合考虑维护证券市场稳定、保护投资者信心、让利益受损的投资者尽快获得赔偿、敦促行政相对人内部合规整改、预防新的违规行为发生，以及降低执法成本、有效分配执法资源、提高执法效益等多重目标；行政相对人则希望通过和解规避诉讼结果的不确定性，尽早终结执法部门的调查程序，减少因接受调查而对生产经营、商业信誉、市场份额的不利影响等。为鼓励相对人主动解决问题，行政和解协议通常不以相对人承认违法为条件。因此，法院在审查和解协议时，不应当按照单一目标理解和解协议，

---

① 张红：《破解行政执法和解的难题——基于证券行政执法和解的观察》，《行政法学研究》2015 年第 2 期。

② 方世荣、白云峰：《行政执法和解的模式及其运用》，《法学研究》2019 年第 5 期。

不需要超出执法机关调查范围依职权调查事实,也不应当以行政相对人承认违法作为司法确认的条件,而应当充分尊重当事人和解的目的。

实质尊重原则体现了司法权对社会自我决定权和行政裁量权的尊重与谦让。在美国反垄断执法和解制度发展过程中,美国国会试图加强法院对和解协议司法审查的强度,在1974年通过、2004年修改的《滕尼法》中提出"公共利益"标准,要求法院对和解协议对竞争的实质影响进行司法审查。而法院始终小心地恪守司法权的边界,通过判例对此原则进行解释,把司法审查控制在评估和解协议是否"在公共利益许可范围内"的程度,最大限度尊重和解协议的目的、功能与意义,拒绝代替执法部门判断什么是最好的协议,或者怎样执法才符合公共利益最大化要求。法院认为,如果对和解协议进行严格审查,甚至超出执法机关调查的范围进行审查,将导致原本属于行政机关行使自由裁量权的执法行为变异为司法审判行为。① 法院还把实质尊重原则延续到同意令修改程序。在斯威夫特公司申请修改1920年美国诉斯威夫特公司(United States v. Swift & Co.)同意令的案件中,联邦最高法院驳回了当事人的申请。卡多佐法官在裁判理由中说:我们应该把当事人"留在我们找到他们的地方","特别是当初我们在找到他们时他们同意去的地方";只有当"新的、不可预见的情况引发严重错误(grievous wrong evoked by new and unforeseen conditions)"时,法院才会修改同意令。② 当然,解纷者的意思自治以平等自愿、意思表示真实且不违反法律强制性规定为边界。

实质尊重原则还体现为,司法审查应当维护非诉讼解纷程序规则的

---

① 刘进:《美国反托拉斯法协议裁决的司法审查制度研究》,《美国研究》2012年第1期。
② Thomas M. Mengler, Consent Decree Paradigms: Models without Meaning, *Boston College Law Review* 29 (1988).

有效性。在行政和解案件中，相对人最为担心的问题是，其为和解谈判提交的材料、作出的承诺会被后续损害赔偿诉讼当事人利用，成为不利于自己的证据。为此，一些国家或地区在和解程序中设置了保护规范。如欧盟卡特尔和解程序要求当事人对在商讨中所知悉的内容或材料承担保密义务，允许相对人以口头方式作出承诺，作为内部材料记录在案，禁止披露等。① 法院对此类案件进行司法审查时，应当尽可能维护和解程序规范的有效性，原则上不能把当事人在和解程序中提供的资料、作出的承诺作为认定对其不利事实的证据，不能在证据交换程序中予以公开，除非当事人明确表示同意。

（三）以解纷程序正当性为审查重点

作为一种略式程序，司法确认程序无需对本案争议问题作出实质判断。因此，司法审查的重点应当放在程序问题上，以非诉讼解纷程序是否符合法律正当程序的底限要求为标准。在美国诉花旗集团案中，美国证券交易委员会（US Securities and Exchange Commission，SEC）在起诉的同时向法院提交了一份拟议和解协议申请同意令。和解内容包括：（1）禁止花旗集团未来违反证券法；（2）支付2.85亿美元的分配利润和民事赔偿款。协议中没有要求被告承认实施了违法行为。地方法院虽然表示对行政机关"实质尊重"，但以和解协议没有表明其建立在"坚实可靠的事实"上，没有证明让花旗集团这样的大公司缴纳区区9 500万美元民事罚款是公平、合理、充分并符合公共利益的为由，拒绝批准该和解协议。第二巡回法院撤销地方法院裁判的理由是，"对一个行政机构的和解决定进行事后猜测不是法院的职责"；法院审查的重点应该是"确保

---

① 毕金平：《欧盟卡特尔和解制度研究及启示》，《社会科学》2018年第2期。

同意法令在程序上是适当的，使用客观标准（objective measures）",如和解协议是否合法，内容是否明确，是否存在"被不当共谋玷污"的嫌疑，是否妨害案外第三人独立提起诉讼的权利，等等。地方法院的错误在于将"发现真相"等同于公共利益，是对自由裁量权的滥用。① 该判例申明了同意令程序司法审查的对象与标准，即按照客观标准审查当事人达成合意的程序是否达到正当程序的底限要求。

正当程序审查并不会把司法审查变成"橡皮图章"。如同现代行政借由司法审查的"激扰"发展了行政程序法，推动行政由"合法"迈向"正义"一样②，司法审查对正当法律程序的强调也会激发非诉讼解纷方式的自我反思理性，通过改进解纷程序、提高解纷结果正当性来获得社会信任。美国的同意令程序与行政和解的良性互动为我们提供了一个良好的样本。以反垄断执法和解程序为例，与反垄断诉讼中同意令程序被频繁适用相对应，反垄断执法和解率非常高③，和解程序规范也日趋健全。《滕尼法》除了规定达成和解必须满足的实体条件外，还规定了执法和解"公示—评论—解释"程序。要求执法机关提前60天在指定报刊公示《竞争影响说明书》和谈判关键材料，接受公众评议。任何人有权就和解方案提出书面评论意见，执法机构有责任对评论意见作出回应解释。④ 再如证券行政和解程序。SEC 在 2003 年制定的《行为规范》及其各执法部门（Division of Enforcement）的《执法手册》中对和解程序制

---

① Note, Securities Regulation—Consent Decrees—Second Circuit Clarifies That Court's Review of an SEC Settlement Should Focus on Procedural Propriety, *Harvard Law Review* 128（2015）：1288 - 1295.

② 周佑勇：《行政法的正当程序原则》，《中国社会科学》2004 年第 4 期。

③ SEC Commissioner Luis A. Aguilar, A Strong Enforcement Program to Enhance Investor Protection, U. S. SEC, October 25, 2013, https://www.sec.gov/news/speech/2013 - spch102513laa; Donald Turner, Antitrust Consent Decrees: Some Basic Policy Questions, *Record of the Association of the Bar of the City of New York* 23（1968）.

④ 刘进：《美国反托拉斯法协议裁决的司法审查制度研究》，《美国研究》2012 年第 1 期。

定了详细的规则,包括和解条件、谈判程序、最终接受、公示等,还设置了上级部门集体决策和审批程序,要求执法部门以书面备忘录的形式将与调查对象达成的协议提交 SEC 五人委员会审批。① 类似的,美国司法部对以政府为被告的同意令案件设置了专门的审批程序。② 再如,我国台湾地区《缔结行政和解契约处理原则》为和解程序设置了征询与听证规则,要求"行政院金融监督管理委员会"在行政和解契约协商过程中,应就和解内容征询利害关系人的意见或举行听证会。③ 这些严格的和解程序旨在督促行政机关担负起公共利益保护责任,在决定和解和进行磋商时,尽到谨慎权衡的义务,自行对和解协议内容进行"合目的性审查",斟酌达成和解可能给利害关系人造成的损害。可见,司法审查机制有效运行,可以促使政府部门不断改进执法方式、提高行政和解程序规范性。而非诉讼解纷程序越规范,越能保障和解或调解协议的公共理性,大大减轻司法审查的负担,提高司法审查制度效能。如此良性循环,方能达到诉讼与非诉讼解纷方式有机衔接、相互促进的状态。

(四)以不损害公共利益和第三人合法权益为底限

强调实质尊重和程序审查并不是排斥任何实质审查,尤其是对行政和解协议的司法审查,法院要对协议是否公平合理进行评估,要审查是否存在损害公共利益和第三人合法权益的问题。以行政相对人承诺为核心内容的行政和解协议最容易引发的争议就在于,协议究竟体现的是监

---

① 张红:《破解行政执法和解的难题——基于证券行政执法和解的观察》,《行政法学研究》2015 年第 2 期。

② Michael T. Morley, Consent of the Governed or Consent of the Government: the Problems with Consent Decrees in Government—Defendant Cases, *University of Pennsylvania Journal of Constitutional Law* 16 (2014).

③ 李东方:《论证券行政执法和解制度——兼评中国证监会〈行政和解试点实施办法〉》,《中国政法大学学报》2015 年第 3 期。

管部门的利益还是公共利益。有美国学者对 SEC 和解的实践进行观察后指出，SEC 的职责是维护投资者利益，但它也有自己的人格，拥有许多自然人的本性特征，包括对安全、自由、权力、扩张和表达的需要，因而始终面临着忽视自身利益、保护公众利益的艰巨任务。事实上，SEC 在决定究竟是对涉嫌违规的企业进行诉讼索赔还是达成和解之间进行选择时，未能证明其决定始终是基于对公众利益的考虑。相反，SEC 选择与相对人和解在很多情况下是基于规避诉讼风险、控制监管成本的计算。多数涉嫌违规者更愿意将和解作为诉讼的替代方案并非巧合。① 还有人注意到，SEC 和华尔街之间的"旋转门"暗藏重大的利益冲突。私营部门利润丰厚的就业前景可能会鼓励 SEC 工作人员通过"弱音踏板（soft pedaling）"大事化小来讨好潜在雇主。这可能会削弱 SEC 对投资者的保护。因而建议法院必须从整体上对和解方案进行评估，综合考虑"追溯性损害（retrospective damages）、预期损害（prospective damages）和公平救济（equitable relief）"等因素，通过比较民事罚款与被告所获得的收益、投资者所遭受的损失，充分审查签署同意和解协议的命令与按照普通程序作出判决的竞争影响，评价和解协议提出的补救措施的充分性，力求在实质尊重和司法监督之间取得适当的平衡。②

就审查方法而言，法院可以重点审查执法机关是否严格按照和解程序与相对人签署协议，是否按照规定公开相关信息，是否保障利害关系人参与和解，以及对公众意见的回应解释是否到位等情况，从而评估执法机关对协议可能对公共利益和第三人利益的影响是否进行了谨慎的斟

---

① Danné L. Johnson, SEC Settlement: Agency Self-Interest or Public Interest, *Fordham Journal of Corporate & Financial Law* 12（2007）.
② Note, Securities Regulation—Consent Decrees—Second Circuit Clarifies That Court's Review of an SEC Settlement Should Focus on Procedural Propriety, *Harvard Law Review* 128（2015）.

酬。法国中央行政法院强调，法院适用认许程序对行政契约所进行的司法审查不同于对民事契约的审查，应当包含较多实质审查内容，包括从契约相互性（是否体现了当事人真实意思）、和解目的是否违反法律规定、是否损害公共利益或违反公共秩序等方面审查和解契约的合法性，必要时还需要进行利益平衡。① 其目的是显而易见的，即借由认许程序让司法权介入行政和解契约，监督当事人按照自愿、平等原则就解决行政纠纷达成合意，防止一方当事人利用优势地位强迫和解，或者双方当事人共谋虚假和解，损害公共利益或他人合法权益。

三、司法确认程序模式比较与选择

根据制度运行方式——主要是指与诉讼程序的关系——的不同，可以把已知的中外司法确认程序分为两种：一种是分离式，即司法确认程序作为一种独立的程序，与诉讼程序相区分、单独运行，当事人通过磋商、调解等非诉讼方式达成解纷协议后，无须经过诉讼，自愿依专门程序申请法院审查、批准的模式。这种模式以法国的认许程序（L' homologation de la transaction②）和我国的司法确认程序为代表。另一种是嵌套式，即当事人以起诉的方式将争议提交法院审理后，在诉讼过程中达成和解协议，请求法院审查批准的模式。这种模式以美国的同意令程序（consent decree③）为代表。

---

① 黄源浩：《法国行政和解契约之研究》，《台大法学论丛》2016年第1期。
② L' homologation de la transaction 直译为"对协议的批准"。有学者译为"认许程序"，参见：黄源浩：《法国行政和解契约之研究》，《台大法学论丛》2016年第1期。
③ consent decree 直译为"双方同意的判决"，即经法院准许的和解协议，参见：薛波主编《元照英美法词典》，北京大学出版社，2003，第288页；也有学者译为"协议裁决"，参见：刘进：《美国反托拉斯法协议裁决的司法审查制度研究》，《美国研究》2012年第1期。

（一）分离式：法国的认许程序

早在1837年，法国中央行政法院就通过一则判例创设了认许程序。该案是对乡镇为一方当事人的一份和解契约进行司法审查并予以认许。认许程序的核心在于，经法院认许的民事和解契约获得强制执行的效力。在2002年的"艾雷霍斯中等学校联合会案"中，认许程序的适用范围被扩大到行政和解契约。之后，中央行政法院通过系列判例进一步扩大认许程序的适用范围、完善救济机制。法院在和解契约纠纷诉讼案件的法律审查程序中也可以作出认许裁定。在法院作出不予认许裁定时，当事人有权提出异议。按照中央行政法院的解释，认许程序并非和解协议发生法律效力和成为执行名义的前提条件，当事人也不得约定以法院认许作为和解契约的生效条件。按照该院的预设，当事人申请法院认许和解契约应该是例外而不是常态。[①] 其所依据的原理是，和解协议根据法律规定直接发生法律效力，并不以经过认许程序为要件。例如，根据民法"契约必须遵守"原则，民事和解协议一经成立即在当事人之间发生特定权利义务关系，当事人应当遵照协议约定履行义务。再如，依行政法的有关规定，行政和解协议可以直接成为执行名义，并不需要法院认许才能强制执行。因此，只有在当事人认为有必要时，才会申请法院对和解协议进行认许。《法国新民事诉讼法》规定，法官没有义务认可当事人在庭外调解达成的和解协议，除非双方当事人共同请求法官对协议进行认可。[②]

我国的司法确认程序与法国认许程序在运行机制上大同小异。不过，与认许程序主要适用于和解协议不同，我国《民事诉讼法》规定的司法确

[①] 黄源浩：《法国行政和解契约之研究》，《台大法学论丛》2016年第1期。
[②] 《法国新民事诉讼法典》第131之12条，参见：《法国新民事诉讼法典（附判例解释）》（上册），罗结珍译，法律出版社，2008，第215页。

认程序仅适用于调解协议,而且限于依法成立的调解组织主持下达成的调解协议。《德国民事诉讼法》在诉讼程序部分没有规定类似司法确认的程序,但是在执行程序中规定,符合法律规定的和解协议经法定机构发给执行文可以宣告成为执行名义。此类和解协议主要包括法院主持达成的和解协议、仲裁机构主持达成的和解协议、律师主持的和解协议、经公证的和解协议、依法注册的调解员所主持的和解协议等。[①] 有学者把德国的宣告和解协议可执行程序列入司法确认程序范畴。[②] 如果这种理解是正确的话,那么德国法上的宣告可执行程序应归入独立式司法确认程序一类。

(二)嵌套式:美国的同意令程序

所谓同意令,是指经法院裁决的和解协议,即以法院命令的形式达成的和解协议(court-ordered legal agreements)。美国联邦最高法院认为,同意令兼具"合同和司法裁决"双重属性:既是当事人双方解决争议的合同,也是介入争议解决的司法裁判,具有将私人合同的灵活性与终局裁判的法律效力结合起来的优势。在制度功能上,同意令发挥着替代性纠纷解决(ADR)的作用。[③] 当事人提交法院审查的和解协议称为"拟议同意令"或"拟议同意裁决(proposed consent judgments)"。法院在当事人的请求范围内就和解协议是否有效进行司法审查,而不再审理本案争议。法院经审查认为和解协议不违反法律强制性规定,不损害

[①] 弗里茨·鲍尔、霍尔夫·施蒂尔纳、亚历山大·布伦斯:《德国强制执行法》(上册),王洪亮、郝丽燕、李云琦译,法律出版社,2019,第299-308页;奥拉夫·穆托斯特:《德国强制执行法》,马强伟译,中国法制出版社,2019,第59-63页;《德国民事诉讼法》第796a,参见:《德国民事诉讼法》,丁启明译,厦门大学出版社,2015,第198页。

[②] 周翠:《司法确认程序之探讨——对〈民事诉讼法〉第194—195条的解释》,《当代法学》2014年第2期。

[③] Thomas M. Mengler, Consent Decree Paradigms: Models without Meaning, *Boston College Law Review* 29 (1988).

公共利益和第三人利益的，可以签发同意令。如果法院认为和解协议不符合法律规定，将拒绝批准并命令继续本案审判程序。同意令没有既判力，不能排除当事人对本案实体争议起诉的权利；同意令亦不同于集体诉讼判决，对潜在的原告没有约束力。① 同意令程序的启动让法院对本案保有管辖权。如果双方因履行同意令发生争议，或者在同意令生效后情况发生变化，导致同意令履行有障碍的，当事人还可以申请原审法院对同意令进行重新解释或修改。②

同意令程序经常被运用于反垄断、环境保护、金融监管、民权诉讼等涉及公法调整的执法争议案件的处理。其中有不少以政府为被告的案件（如济贫法律师代理贫困者对国家提起的医疗补助诉讼等③），和解协议内容涉及政府政策调整、机构改革、改善监狱条件、分散公共精神卫生机构、废除教育系统的种族隔离、扩大特殊教育项目等诸多领域。④ 就制度功能与裁判效力而言，同意令程序与我国的司法确认、法国的认许程序并无本质区别。只是在运作机制上，同意令程序可以嵌入诉讼程序中，通常为当事人就纠纷解决提起诉讼后达成和解，申请法院审查批准而将诉讼程序转为同意令程序。特定类型的和解协议离开诉讼程序不可能形成，未经法院批准不能生效，带有一定的强制性。如《美国法典》第 42 篇第 9622 条（d）规定，环境修复协议经司法部长批准后，除法律另有规定外，应当经地区法院审查发布同意令。再如《美国联邦民事诉讼规则》第 23 条规定的集团诉讼和第 23.1 条规定的股东代位诉讼，当

---

① Note, Securities Regulation—Consent Decrees—Second Circuit Clarifies That Court's Review of an SEC Settlement Should Focus on Procedural Propriety, *Harvard Law Review* 128 (2015).

② Thomas M. Mengler, Consent Decree Paradigms: Models without Meaning, *Boston College Law Review* 29 (1988).

③ J. Perkins, Negotiating Consent Decrees that Work, *Clearinghouse Review* 41 (2008).

④ Michael T. Morley, Consent of the Governed or Consent of the Government: the Problems with Consent Decrees in Government-Defendant Cases, *Journal of Constitutional Law* 16 (2014).

事人只有经法院批准才可以和解，且拟议和解协议必须以法院命令的方式签发并送达全体集团成员或股东才能生效。此外，同意令通常包含禁令救济，包括当事人承诺采取具体行动或被禁止采取某种行为等，法院不得不在是否批准同意令时进行利益权衡。因此，司法权在同意令程序中需要发挥一定的能动性，必要时司法权可以在当事人和解的早期阶段介入，尤其是在拟议同意令可能给公共利益或案外第三人造成不利影响时，法院可以对当事人的和解行为进行指导、监督，要求其按照法律和正当程序的要求进行磋商、修改协议。如果法院认为当事人和解的法律效果明显好于判决时，法院还会通过释明促成和解。① 再如，根据《美国联邦民事诉讼规则》第 23 条的规定，初审法院在批准集体诉讼和解协议之前，要提示当事人在谈判时必须遵循公平、充分和合理的原则，以保护将受和解协议约束但没有参加诉讼的其他集团成员的利益。当然，当事人的和解行为是在庭外进行的，法官不会直接介入双方的谈判过程进行调解，这与我国法院调解制度有根本不同。②

对于法律没有强行规定的案件，当事人完全可以私下达成和解而并非必须通过同意令程序，行政部门也可以直接执行行政命令形式的和解协议③，但大多数的同意令程序是在诉讼中启动的。以警察不当行为诉讼为例，美国司法部根据 1994 年《暴力犯罪控制和执法法案》第 141 条的授权，可以对涉嫌有警察不当行为的警察部门进行调查、介入和强制改革。司法部的主要执法机制是起诉警察违反权限。实践表明，这类诉讼多以同

---

① Seth M. Dabney, Consent Decrees Without Consent, *Columbia Law Review* 63 (1963).
② 按照我国《民事诉讼法》的规定，当事人在诉讼程序中达成和解协议的，可以申请撤诉，也可以请求法院制作调解书，但不能要求法院按照和解协议作出判决。
③ 《美国法典》第 42 篇第 9622 条（g）（4）规定，（总统与环境污染责任人签署的）和解协议可以由法院作出同意裁决（decree），也可以体现在规定和解条款的行政命令（order）中。对于和解总费用超过 50 万美元（不包括利息）的行政命令，只有在司法部长事先书面批准的情况下才能发布。生效的行政命令可以申请地区法院强制执行。

意令的方式结案。① 相比私下和解,同意令程序以下几个优势对于当事人很有吸引力:一是有助于纠纷尽早解决,防止商誉受损以及市场变化产生更大损失。二是可以规避审判结果不确定的风险,控制解纷成本。特别是在反垄断和证券监管领域,同意令程序在这个方面的优势更加明显。据 SEC 统计的数据,2020—2022 年 SEC 通过同意令程序与相对人达成和解协议的案件数量占执法案件的 30% 左右。② 而据美国律师协会反垄断部的估计,反垄断诉讼以同意令方式结案的比例超过 60%。③ 三是经法院签发同意令的和解协议具有强制执行力。一方当事人违反同意令的,对方当事人可以申请强制执行,无须提起独立的违约之诉寻求救济。而且同意令具有禁令的属性,违反同意令的行为可能构成蔑视法庭罪。尤其是行政协议相对人为原告的诉讼,更加依赖法院提供的强制执行保障。四是同意令中的救济条款通常比一般的禁令救济更具体,谈判允许双方参与创造性地解决问题,且由于不要求被告承认违法④,被告更有动力给予更广泛的救济并自觉实现所承诺的改革。这在济贫法律师对国家机构提起的诉讼中有突出表现。⑤

---

① Zachary A. Powell、Michele Bisaccia Meitl、John L. Worrall, Police Consent Decrees and Section 1983 Civil Rights Litigation, *Criminology & Public Policy* 16 (2017).

② 参见美国证券交易委员会 2020、2021、2022 年度报告,美国证券交易委员会,https://www.sec.gov/reports,访问日期:2023 年 5 月 12 日。

③ Richard A. Epstein, *Antitrust Consent Decrees in Theory and Practice*:Why Less is More (Washington, D. C.: AEI Press, 2007), p. 1. 另外,1968 年的一个统计数据表明,在司法部提起的反托拉斯诉讼中,有 70%~80% 的案件是以同意令方式结案的,参见:刘进:《美国反托拉斯法协议裁决的司法审查制度研究》,《美国研究》2012 年第 1 期。

④ 美国联邦最高法院在国际消防队员协会诉克利夫兰市案 (International Ass'n of Firefighters v. City of Cleveland) 中,就法院批准同意令提出了四项要求:法院必须对本案(潜在的)争议有管辖权,同意令必须以诉状中请求的范围为限,同意令必须促进诉请所依据之法律的目标实现,不能肯定地要求当事人承认有违法行为。See Michael T. Morley, Consent of the Governed or Consent of the Government: the Problems with Consent Decrees in Government - Defendant Cases, *Journal of Constitutional Law* 16 (2014).

⑤ J. Perkins, Negotiating Consent Decrees that Work, *Clearinghouse Review* 41 (2008).

对于法院来说，同意令程序将和解活动置于法院司法审查的监督之下，更有利于保护公共利益和第三人合法权益。法院也可以根据法律规定、视案件具体情况对当事人的和解行为提出要求。此外，批准一项包含重大禁令救济的同意令可能比准许当事人私下和解撤诉更能有效利用司法资源。一般情况下同意令不得上诉或申请再审，法院得以把节约下的资源转向其他业务。[1]

如前所述，嵌套式与分离式司法确认并不存在本质区别，两者仅仅是在运作方式上有所不同。实际上，美国同意令程序也可以在诉讼外单独提起。如美国司法部在国际电话电报公司兼并案（United States v. ITT）中败诉。之后司法部与国际电话电报公司达成和解协议，申请法院签发同意令获得批准。[2] 在这种情形，同意令程序与分离式司法确认没有什么两样。

（三）司法确认模式选择

嵌套式、分离式两种司法确认模式各有优劣。在嵌套式司法确认模式中，当事人的和解协议只有经法院司法审查颁布同意令才能发生法律效力。因为和解协议虽然是双方当事人协商达成的，而且通常不以被告承认违法为条件，但它们是在未决诉讼（pending litigation）的压力下达成的，且必须得到法院的批准，无形中造就了双方的博弈关系，任何一方提出的解决方案都要考虑对方接受的可能性，据此调整自己提出要求的策略。如此有助于双方当事人讨价还价的能力实质平等、相互制衡。同时，当事人是在提起诉讼后才达成和解协议的，多数情况下，原告为

---

[1] Thomas M. Mengler, Consent Decree Paradigms: Models without Meaning, *Boston College Law Review* 29 (1988); Richard A. Epstein, *Antitrust Consent Decrees in Theory and Practice: Why Less is More* (Washington, D.C.: AEI Press, 2007), p.16.

[2] Note, The ITT Dividend: Reform of Department of Justice Consent Decree Procedures, *Columbia Law Review* 73, no. 3 (1973).

进行诉讼已经进行了一定的准备，尤其是行政机关提起诉讼的情形，其起诉必须建立在尽职调查的基础上，即已经调查收集到相当数量的证据、自行进行过胜诉可能性论证等，和解基础较好。此外，这种模式令当事人的和解活动在法院司法审查的"阴影"之下进行，形成的和解协议的规范性、正当性比较有保证，法院的司法审查将变得简单高效。而和解协议规范性越强，越能预防同意令履行争议。

相比之下，在分离式司法确认模式中，当事人意思自治的程度更高，司法权更加尊重当事人的程序选择权。因为并非所有的和解或调解协议都有必要经过司法确认程序，尤其是标的额不大或当事人即时履行了约定义务的情形，强制当事人申请司法确认反而增加解纷成本。此外，究竟采用哪一种司法审查模式还要考虑一国司法权在国家政权系统中的地位作用、司法资源配置情况和司法权运行特点，没有必要"一刀切"地采用某一种模式。可以在对解纷协议进行类型细分的基础上，结合具体需要选择合适的司法确认模式。

首先，按照是否包含公法属性为标准，可以将解纷协议分为民事合同与行政合同两大基本类型。前者如平等主体在人民调解委员会、行业解纷机构、行政机关主持调解下，就民事权利义务关系纠纷的解决达成的调解协议。这种协议的法律效力等同于普通民事合同，应当充分尊重当事人处分权，是否申请司法确认由当事人自主决定。因此对此类协议的司法审查应该采取分离式。当事人可以依据现行《民事诉讼法》规定的司法确认程序申请法院审查确认。行政合同，如行政和解协议、PPP（Public Private Partnership，政府和社会资本合作模式）协议等，是行政机关与相对人之间就行政监管争议解决或公共设施建设、特许经营等达成的合作协议，在法律关系属性上混合了行政与民事双重属性。除非行政机关行使行政优益权或者约定的行政权，可以通过单方意思表示发生法律效力，否则，行政机关必须与相对人协商一致，才能形成、变更或者废止法律关系。① 这类行政协议纠纷的解决，需要参照适用民事（程序）法律规则，可以通过和解或调解方式解决。

其次，按照权利义务关系的行政性与民事性强弱对比，可以对行政合同进行第二层次的划分。从民事性由强到弱，行政性由弱到强分为：磋商协议、行政协议、行政执法和解协议三种。

第一种，磋商协议是政府或其指定的职能部门，根据法律授权作为公共利益代表，与公共利益侵权人就损害赔偿等民事责任问题进行谈判而达成的赔偿协议。如《生态环境损害赔偿制度改革方案》创设的生态环境损害赔偿磋商制度，政府作为索赔权利人与损害赔偿义务人进行磋商所达成的协议就属于此类解纷协议。按照《民法典》第1234条、第1235条的规定，生态环境损害赔偿责任本质上是民事责任，承担责任的方式与普通民事责任接近，主要是实物补救，即修复；在无法修复或难以修复时，也可以采用金钱赔偿、赔礼道歉等。但是，从公私法合作共治角度理解生态环境损害赔偿责任，应当认识到其价值目标并非单纯的私益损害填补，而是与加害人承担行政责任、刑事责任一样具有公共目的，用于弥补行政责任、刑事责任所不能填补的那部分损害；其制度逻辑不再是单纯追求矫正正义，而更多体现分配正义的价值诉求。生态环境损害赔偿责任因此被认为是"私法外形，公法本质"，体现公法与私法双重制度逻辑的新型责任。② 磋商协议也因而具有公法与私法双重属性。磋商程序的启动、推进与磋商协议的执行都由政府主导，并在主管部门的监管之下。磋商协议的标的是生态环境损害赔偿责任及其落实方案，

---

① 余凌云：《论行政协议的司法审查》，《中国法学》2020年第5期。
② 竺效：《生态环境责任编的比较法借鉴及编纂思路》，《中国法律评论》2022年第2期；晋海、许正豪：《生态环境损害赔偿诉讼法律性质新论》，《河海大学学报（哲学社会科学版）》2022年第4期。

指向生态环境保护公共利益。磋商协议既要体现各方平等主体的意志，又要反映生态环境保护的国家意志，其标的不是单纯的行政法律关系，而是兼具行政性和民事性的特殊合同。赔偿义务人不履行磋商协议的，索赔权利人不能通过行政程序作出强制其履行的行政决定，也不能直接申请法院强制执行。赔偿义务人违反磋商协议的后果既有违约责任，又要承担行政责任。鉴于磋商协议的具体内容主要是确定赔偿义务人应当支付的赔偿金额和修复方案等民事责任的确定与落实问题，因此民事性质成分更重一些。此类解纷协议是否需要司法确认属于当事人处分权，宜适用分离式司法确认模式，由当事人自主选择是否向法院申请启动司法确认程序。但是，如果磋商协议涉及高额赔偿金，当事人认为有必要在司法审查监督下进行磋商的，也可以采用嵌套式司法确认模式。

第二种，行政协议以 PPP 协议、征地拆迁安置补偿协议为典型。PPP 协议是政府公共部门与民营企业等非公共主体之间，就基础设施和公用事业特许经营、政府采购等领域利用私人资源参与合作提供公共产品和服务而达成的协议。这种协议具有行政与民事双重属性。① 协议的达成过程包含公开招标选择合作对象、作出行政决定，与相对人谈判、签订合作协议两个阶段。在作出行政决定阶段，有关行政机关必须严格依照行政法规定的行政程序进行，合同内容必须公示，正当程序保障比较充分，发生争议的可能性不大。即便发生争议，行政机关也可以行使职权直接加以处理。当事人发生争议可能性较大的主要是在合同履行阶段。当事人为解决争议进行和解谈判的，应当对争议标的进行分析。如果争议焦点针对的是行政行为合法性，应当将和解置于司法审查之下，即采用嵌套式强制性司法确认模式。当事人应当向法院提起诉讼，将解

---

① 尹少成：《PPP 协议的法律性质及其救济——以德国双阶理论为视角》，《政法论坛》2019年第 1 期。

纷协议提请法院审查确认。当事人也可以在法院调解下达成协议，法院制作调解书，与判决具有同等效力。如果当事人仅就民事权利义务发生争议的，其解纷协议可以比照磋商协议，适用分离式司法确认模式。

第三种，行政执法和解协议以相对人承诺制度规定的行政和解为代表。如我国《反垄断法》第53条规定的被调查经营者承诺，《证券法》第171条规定的证券监管相对人承诺等。此类行政和解协议以监管相对人作出的补偿投资人损失的承诺为核心，其本质是一种行政处罚的替代方式[1]，公法属性最强。鉴于相对人承诺式行政和解容易损害公共利益和第三人利益，处理得不好容易引发市场风险，对于此类行政和解协议的司法确认原则上应当采用嵌套式司法确认模式，要求行政机关与相对人向法院申请和解，在法院监督下进行谈判、签署协议，经法院审查其合法性后作出确认生效的裁定或法院命令。如此形成行政机关自由裁量权与法院司法审查紧密结合的运行机制，在确保监管和解的合法性的同时，最大限度发挥行政权与司法权在纠纷解决、风险控制方面各自的优势。美国经济从金融危机中复苏后，SEC开始探索既能实现严格监管，又能避免因单个制裁引发市场连锁反应、经济崩溃风险的执法方式。实践证明，以和解协议同意令方式解决监管执法争议是一个行之有效的办法，可以让监管机构自由裁量权和法院司法审查与执行权相结合，在促进争议迅速解决的同时有效利用司法资源，因而在证券执法诉讼中被当事人频繁运用。[2]

---

[1] 席涛：《证券行政和解制度分析》，《比较法研究》2020年第3期；熊勇先、毛畅：《论商事行政处罚和解及其制度构建》，《法学论坛》2021年第6期。

[2] Danné L. Johnson, SEC Settlement: Agency Self-Interest or Public Interest, *Fordham Journal of Corporate & Financial Law* 12 (2007).

四、司法确认程序规则完善

司法确认程序的本质是非诉讼解纷协议的司法审查机制。司法确认中司法审查的目标有双重性:既要通过合法性审查发挥司法监督作用,又要保护非诉讼解纷方式的有效性,最大限度地尊重当事人处分权和行政裁量权,避免破坏非诉讼解纷系统的封闭性与独立性。为保障司法确认程序发挥正当程序作用,防止为虚假和解、强迫磋商以及规避法律的行为背书,需要按照略式程序法理完善相关程序规则。

(一)明确申请条件与证明标准

作为略式程序的一种,司法确认程序的启动对申请材料要求比较高,需要申请人提供能够即时调查的申请证据,也即表面性较强、法官可以直截了当作出判断的证据材料。对于磋商协议、调解协议等适用分离式司法确认模式的案件,当事人原则上应当共同向法院提出申请,表明双方自愿与意思表示真实。为避免因为一方怠于协同申请陷入程序无法启动的僵局,法院不应简单地将当事人单方申请拒之门外。[①] 当然,对于单方申请的证据要求将会更高,即要求提供能够证明和解或调解协议自愿、意思表示真实的证据。如果是行政和解等应当进行强制性司法审查的案件,程序的启动以当事人初步达成和解协议或有明确的达成合意的意向为前提。当事人应当向法院提交的申请材料包括申请书、拟确认和解协议、和解的理由(如行政机关对相对人涉嫌违法行为的调查情况、和解对投资者利益保护的好处、是否对公共利益有不良影响等)、法律依

---

① 马丁:《论司法确认程序的结构性优化》,《苏州大学学报(法学版)》2021年第4期。

据及相关证明资料。

(二) 保障当事人法定听审权

司法确认程序省略了实质审理环节,因此通常不需要开庭审理、组织当事人面对面地言词辩论。但是法院必须保障当事人法定听审权,可以根据案件具体情况选择采用非正式口头辩论审理方式,例如征求当事人意见,特别是行政相对人的意见,确保和解协议是当事人的真实意思表示。对于涉及高额赔偿的重大复杂案件,可以传唤双方当事人到场接受聆讯、召开听证会等。美国法院并非对每一个同意令案件都进行听证,但在当事人和解协议中存在语义含糊、可能影响不特定案外人利益的时候,法院可以决定举行"澄清听证会"[①] 或"公平听证会",根据听证会的结果指导双方修改协议,帮助法官考虑和解协议对案外人、公共利益是否公平、充分、合理[②]。

(三) 增设第三人参加规则

法院在受理申请后,认为当事人的和解可能影响案外第三人合法权益(包括诉权)的,应当通知有利害关系的第三人参加审理程序。有关第三人也可以申请参加程序。如果当事人的协议影响到公共利益的,法院应当先行发出公告,保障公众的知悉权、参与权。有学者指出,行政监管和解协议最容易受质疑的是,和解可能牺牲、损害未参加谈判的第三人合法权益。在当事人发现通过牺牲第三人的利益更容易达成互利的

[①] Thomas M. Mengler, Consent Decree Paradigms: Models without Meaning, *Boston College Law Review* 29 (1988): 291.

[②] Larry Kramer, Consent Decrees and the Rights of Third Parties, *Michigan Law Review* 87 (1988).

和解时，这种情况就会发生。法院鼓励第三方参与同意令程序，引入具有对抗性的陈述，有利于相关法律问题得到充分斟酌，暴露和解协议的弱点、疏忽和遗漏，确保对拟议同意令的司法审查更为周到、妥当，提高法院判断结论的准确性。① 如果第三人的抗辩或主张表明，当事人之间的和解协议是否合法存在实质争议的，法院应当裁定转为诉讼程序，将确认和解协议申请与第三人请求合并审理。第三人提出的抗辩或异议与和解协议无直接关联的，不影响法院作出批准和解协议的裁判。因为司法确认程序不进行实质审理，其裁判不会排除第三人提起私益性损害赔偿诉讼的权利。因此，法院在裁定确认和解协议时，可以告知第三人另行起诉。

（四）设置救济机制

司法确认裁定一经作出立即生效，没有上诉程序。只有在当事人或案外利害关系人认为裁定确有错误、损害其合法权益时，可以申请法院予以撤销。但是，考虑到行政和解协议当事人双方地位不平等的特殊性，更为重要的是这种和解协议通常事关重大利益，基于保护公共利益、第三人利益的目的，有必要对适用嵌套式司法确认模式的案件设置即时异议程序，且宜采用向上一级法院申请复议的形式，建立起上级法院的审判监督机制。

五、结语

司法确认制度的有效运行可以在诉讼与非诉讼解纷方式之间发挥

---

① Larry Kramer, Consent Decrees and the Rights of Third Parties, *Michigan Law Review* 87 (1988).

"枢纽"作用,持续稳定地向非诉讼解纷机制发出法律与正当程序的信号,刺激非诉讼解纷方式朝着规范化、制度化方向发展,提高非诉讼解纷协议的公信力,形成"把非诉讼纠纷解决机制挺在前面"的长效机制。分离式与嵌套式司法确认模式各有千秋,可以为不同特点的非诉讼解纷协议司法审查提供个性化选择。要激活司法确认程序的制度效能,须遵循其制度逻辑,按照略式程序法理完善其程序规则。

(责任编辑:李佳临)

新时代"枫桥经验"与行政协议纠纷的前端化解
——以补偿安置调解协议司法确认为例

翟寅生[*]

习近平总书记指出:"要充分认识'枫桥经验'的重大意义,发扬优良作风,适应时代要求,创新群众工作方法,善于运用法治思维和法治方法解决涉及群众切身利益的矛盾和问题。"践行新时代"枫桥经验"是推进基层社会治理创新、高水平实现中国式现代化的必然要求。为贯彻习近平总书记重要指示精神,全国各地积极探索推动纠纷实质性化解的路径方法。其中浙江省宁波市奉化区人民法院立足辖区内城镇化建设高速推进、征地拆迁领域矛盾凸显、补偿安置协议纠纷占比极高的现状,结合"小事不出村,大事不出镇,矛盾不上交"的基层社会治理理念,探索建立了补偿安置调解协议司法确认制度。

补偿安置调解协议司法确认通过建立预防性法律制度,将解纷力量

---

[*] 翟寅生,浙江省宁波市奉化区人民法院党组书记、院长。

向引导和疏导端聚集，最终通过多元解纷力量将行政协议纠纷化解在基层、化解在萌芽状态。该制度在有效预防征迁纠纷发生、保障工程项目依法有序推进方面表现突出，是传承和践行新时代"枫桥经验"的有力支撑点，具有一定的理论和实践价值。本文欲就补偿安置调解协议司法确认制度产生的现实需求、理论基础及制度设计三方面进行论证。

一、补偿安置调解协议司法确认制度的现实需求

（一）补偿安置协议纠纷化解的现实困境

近年来，补偿安置协议案件数量持续走高。2014年修正的《行政诉讼法》以及《最高人民法院关于审理行政协议案件若干问题的规定》（简称《行政协议解释》）确定了行政协议属于行政诉讼受案范围，行政协议案件数量持续激增，补偿安置协议纠纷又占了行政协议案件的绝大多数。以最高人民法院陆续发布的三批行政协议典型案例为例，补偿安置协议纠纷占比高达50%。[①] 根据浙江省行政审判实践，行政协议案件数

---

① 《最高人民法院发布10起行政协议案件典型案例》（2019年12月10日）中的相关案例包括：蒋某某诉重庆高新区管理委员会、重庆高新技术产业开发区征地服务中心行政协议纠纷案，王某某诉江苏省仪征枣林湾旅游度假区管理办公室房屋搬迁协议案，崔某某诉徐州市丰县人民政府招商引资案，金华市光跃商贸有限公司诉金华市金东区人民政府拆迁行政合同案，安吉展鹏金属精密铸造厂诉安吉县人民政府搬迁行政协议案，徐某某诉安丘市人民政府房屋补偿安置协议案。《最高人民法院行政协议典型案例（第一批）》（2021年5月11日）中的相关案例包括：卡朱米公司诉福建省莆田市荔城区人民政府请求撤销征收补偿安置协议案，温红芝诉上海市虹口区住房保障和房屋管理局请求确认房屋征收补偿协议无效案，陈佐义诉湖南省株洲市渌口区人民政府单方撤销房屋征收补偿协议决定案，马诺诉黑龙江省齐齐哈尔市龙沙区人民政府不履行房屋征收补偿协议案，恒裕公司诉广西壮族自治区融安县人民政府不履行行政协议案。《最高人民法院发布第二批行政协议诉讼典型案例》（2022年4月20日）中的相关案例包括：赵某某诉山东省济南市历城区人民政府不履行拆迁安置补偿协议案，王某某、陈某某诉浙江省杭州市余杭区良渚街道办事处变更拆迁补偿安置协议案，凤冈县某工贸有限责任公司诉贵州省凤冈县人民政府请求撤销补偿安置协议案，宁某某诉甘肃省定西市安定区住房和城乡建设局房屋征收补偿安置协议案，韩某某诉辽宁省锦州市松山新区国有土地上房屋征收办公室不履行预征收行政协议案。

量上升也非常明显，一审行政协议收案量自 2018 年的 804 件，急剧增加至 2019 年的 1 750 件，涨幅超 1 倍，其中补偿安置协议纠纷的收案量已经占到了行政协议总收案量的 90％以上。[①] 具体到宁波市奉化区，2016 年至 2020 年，全区范围内补偿安置协议发案量约 130 件，占全部行政诉讼发案量的 28％。在这 130 件案件中，被拆迁人与房屋征收部门签订协议后，又提起诉讼要求撤销协议的案件为 50 件，占补偿安置协议案件总数的 38％。由是观之，多发、频发已经成为补偿安置协议纠纷的首要特点。

与此同时，补偿安置协议纠纷往往还具有耗时长的特点。补偿安置协议引发纠纷通常存在两种情况。就行政机关一方而言，一些项目征收拆迁过程"求快留疵"，损害群众利益。由于少数从事征迁的工作人员法律政策意识不强、过于追求速度，造成协议不规范、程序不严谨等问题，使得行政机关面临败诉风险。有的行政机关在征收补偿协议签订后，以原协议存在违法情形为由拒绝履行或者变更、撤销原协议导致诉讼，如刘铁山诉浙江省衢州市柯城区黄家街道办继续履行安置补偿协议案[②]即为该种情形。据统计，发生在浙江省的要求行政机关履行协议类纠纷由 2020 年的占行政协议纠纷 17％上升至 2022 年的占行政协议纠纷 30.55％。[③] 就协议相对人一方而言，一些被征迁人先签后反悔，在签订补偿安置协议并拿到各种补贴、奖励后，以各种理由拒绝履约，造成征迁腾房难、腾房慢，拖延项目进度。前述宁波市奉化区被拆迁人起诉要求撤销补偿安置协议的 50 件案件中，有 26 件为此种情形，如邬丰仁诉

---

① 参见：2020 年浙江省高级人民法院联合课题组：《关于依法高效审理行政协议案件 完善政府守信践诺机制的调研》报告。
② 案例出自《2021 年浙江省法院行政案件司法审查情况报告》。
③ 数据来源于浙江省高级人民法院：《2020 年关于行政协议重点调研课题报告》《2022 年浙江省法院行政案件司法审查情况报告》。

浙江省宁波市奉化区房屋拆迁管理办公室请求撤销补偿安置协议案,原告即以被拆迁房屋应按有证补偿为由提起诉讼要求撤销补偿安置协议,被法院以超过起诉期限为由驳回起诉。此类案件的原告常常都因无法提供相应证据或不满足起诉条件被法院驳回诉讼请求或驳回起诉,但其依旧可以继续提起上诉,造成时间上的拖累,消耗司法资源。此外,拆迁项目中还存在个别"钉子户"难以清零的现象,虽占极少数,但只要有一户存在就会影响全局,导致后续拆迁程序无法正常开展,整体项目搁置。

(二) 补偿安置协议纠纷化解的制度供给缺失

《行政协议解释》的实施,使行政协议案件的审理有了直接的法律依据,但因《行政协议解释》本身涉及内容较少,规定较宽泛,无法为补偿安置协议纠纷提供具有针对性的解决方案,导致目前补偿安置协议案件在审判层面和纠纷实质化解层面均存在制度供给缺失。

首先是审判层面所面临的难题。在当事人提出多项诉讼请求的情况下,如何把握传统行政行为"一行为一诉"与行政协议案件中各诉求之间的逻辑联系和审查必要性,《行政协议解释》并没有进行明确规定,而自《行政协议解释》实施以来,浙江省行政协议案件当事人同时提出两项以上诉讼请求的比例高达37%。[①] 此外,《行政协议解释》第11条规定,人民法院审理行政协议案件,应当进行合法性审查,同时根据原告诉讼请求,进行合约性审查,由此确立了行政协议双重审查规则。正是双重审查的交织,使得审查难度显著加大。具体来说,涉及行政诉讼的依职权全面审查与民事诉讼的"不告不理"如何平衡,监督行政机关依

---

① 数据来源于浙江省高级人民法院:《2020年关于行政协议重点调研课题报告》。

法纠错与守信践诺如何平衡，行政机关为维护公共利益行使行政优益权与"合同严守"原则如何平衡等问题，《行政协议解释》并没有给出清晰的指引。还有，虽然《行政协议解释》对确认行政协议无效、未生效，撤销、解除协议以及判令承担违约责任、赔偿责任等裁判方式作出了规定，但是仍难以应对纠缠凌乱的诉讼请求，真正通过裁判解决行政协议纠纷的可行性并不高。结合前文对补偿安置协议效力不稳定性的探讨，行政协议类案件一旦进入审判过程，表面上呈现的和暗地里隐藏的相关问题都将一一呈现，显著增加了解决纠纷的难度。从某种程度上来说，把补偿安置协议纠纷带入审判阶段，使其"拔出萝卜带出泥"，并不是最优的选择。

其次是纠纷实质化解层面所面临的难题。补偿安置协议的签订最终要实现的目的是双方当事人诚信履约，但《行政协议解释》并没有在确保双方当事人签约后诚信履约方面给予制度保障，在是否赋予行政协议合法有效的强制执行力方面仍然存在制度空白。《最高人民法院关于进一步推进行政争议多元化解工作的意见》从源头上预防、化解行政争议角度对上述制度空白进行了尝试性填补，如第14条指出："经诉前调解达成调解协议，当事人可以自调解协议生效之日起三十日内，共同向对调解协议所涉行政争议有管辖权的人民法院申请司法确认。人民法院应当依照行政诉讼法第六十条规定进行审查，调解协议符合法律规定的，出具行政诉前调解书。"该意见明确了经过双方当事人共同申请，调解协议可以进入司法确认程序，但可惜的是，仍未赋予经司法确认的补偿安置调解协议强制执行力，对实质化解纠纷并无过多助益，实践中适用并不频繁。总之，补偿安置协议的签订、审查以及执行缺乏系统的制度供给，掣肘了纠纷的妥然化解。

（三）补偿安置协议纠纷化解的创新探索

基于上述原因，可以看到当前司法制度设计已无法充分满足化解补偿安置协议纠纷的需求，需要通过制度改革创新解决相关困境。早在2004年，"多元化的纠纷解决机制"就被正式列入《人民法院第二个五年改革纲要（2004—2008）》中。为构建多元化解涉征迁行政争议解决机制，国内不少地区积极开展探索，例如陕西省西咸新区推出"法""礼"融合的纠纷化解机制①、浙江省天台县创新"行政诉讼 e 监督"数字化应用等。② 在重大项目补偿安置调解协议中开展司法确认制度改革，正是宁波市奉化区人民法院交出的"创新答卷"。这一机制通过调解及法院司法确认两个环节，加强了补偿安置协议的效力，稳定了法律关系，增强了可执行性。

补偿安置调解协议司法确认制度是指房屋征收部门与被拆迁人达成房屋征收补偿安置协议，并向依法设立的调解组织申请对上述补偿安置协议调解确认后，可以申请法院对补偿安置调解协议效力进行审查确认，经司法确认的补偿安置调解协议具有强制执行力。从宏观层面来看，补偿安置调解协议司法确认制度的主要流程包括：

（1）依法调解。区社会治理中心指派人民调解员进驻各征收拆迁指挥部，在签订补偿安置协议过程中，调解各方纠纷矛盾，促使指挥部与被征迁人顺利签订补偿安置协议，并对签订的补偿安置协议进行调解确认，使调解协议具备申请司法确认的条件。

（2）引导申请。重大项目征迁指挥部将司法确认引导环节嵌入征迁

---

① 构建拆迁纠纷由农村调解员主持、律师与公证员共同参与化解的制度。
② 建立由社会治理中心、法院、检察院、司法局与其他行政机关协同化解，人大代表参与化解并督促行政机关依法履职的行政争议解决。

流程，引入法官驻点或通过设立移动式"共享法庭"方式，为群众讲解司法确认改革政策，提高被征迁人对属地乡镇街道的信任度，引导当事人在签订补偿安置协议的同时主动申请司法确认。

（3）联合初审。双方当事人共同申请司法确认后，区司法局、区社会治理中心对申请材料是否规范齐全进行初步审核，区检察院同步开展监督，帮助征迁工作人员提高依法征迁能力水平，初审通过后正式提交法院确认。

（4）法院确认。区法院在三日内决定是否受理司法确认申请，决定受理的，向双方申请人发送受理通知书，法院主要对补偿安置协议的签订主体是否符合规定，补偿安置协议是不是当事人真实意思表示，补偿安置协议是否违反法律法规，补偿安置协议是否损害国家利益、社会公共利益或者他人合法权益，补偿安置协议是否违背公序良俗，补偿安置协议是否明确具体可执行，其他需要审查的内容等七个方面进行审查，对表达清楚、合法合规的协议予以司法确认。

（5）强制履约。一方当事人一旦出现未及时完全履约情况，另一方当事人即可向法院申请强制执行，法院即可在规定期限内裁定由申请人或属地政府组织实施。

自2021年1月实施以来，截至2023年10月宁波市奉化区人民法院已审结司法确认案件1 755件，涉及20个重点工程，总投资91.2亿元。实施两年多来，涉补偿安置协议行政诉讼发案量仅22件，相较之前出现大幅下降。和本地区同类型诉讼案件相比，在采取重大项目补偿安置调解协议司法确认制度创新后，该类案件缩减了至少6个月的起诉期限和119天的平均审限，争议纠纷大大减少，腾房进度由原来的可能最长两年甚至四五年时间缩短到半年以内的时间，项目周期平均缩短15个月。

二、补偿安置调解协议司法确认制度的理论基础

补偿安置调解协议司法确认制度是社会治理方式转变的结果，更是发展新时代"枫桥经验"、践行能动司法理念的重要体现。该制度的目的在于通过事前的合法性审查降低协议双方事后反悔的概率，通过流程再造减少进入诉讼阶段的案件。

自实施以来，该制度受到的最大质疑是法律依据不充分。根据目前我国的法律规定，司法确认制度适用于民事非诉调解协议，至于具体范围的确定曾经历"V"字形的发展过程。① 根据最高人民法院司法解释及司法文件，司法确认还可以适用于生态损害赔偿磋商协议②、行政争议诉前调解协议，可以说，这两类协议的适用是对法律规定的司法确认适用范围突破性的拓展。但上述规定的司法确认适用范围，均不包括补偿安置协议。同时，该制度可能还存在制度功能与风险防控平衡难度大、工作运行和保障机制不够完善等现实问题。

虽然缺乏直接的法律依据，但还是可以从不少角度寻找到这一改革创新的制度支撑，其理论基础由行政协议的基本属性衍生而来，又与能动司法的理念高度契合，并与其他司法确认制度有着共同的法理依据。补偿安置调解协议司法确认制度在稳定征迁协议签订后的履约关系、减少征迁协

---

① 2009年最高人民法院颁布的《关于建立健全诉讼与非诉讼相衔接的矛盾纠纷解决机制的若干意见》是我国首个规定司法确认的法律规范，当时规定的司法确认范围较为广泛，涵盖行政机关、人民调解组织、商事调解组织、行业调解组织或者其他具有调解职能的组织调解达成的调解协议。而2012年修正的《民事诉讼法》又将司法确认适用范围限定在依照《人民调解法》等法律的规定来确定，即该范围仅为人民调解组织调解达成的协议。后经过2020年开始的为期2年的民事诉讼程序繁简分流改革试点，2021年修正的《民事诉讼法》及其司法解释又将司法确认适用范围扩展至依法设立的人民调解、行政调解、商事调解、行业调解等调解组织调解达成的调解协议。

② 《最高人民法院关于审理生态环境损害赔偿案件的若干规定（试行）》第20条规定："经磋商达成生态环境损害赔偿协议的，当事人可以向人民法院申请司法确认。"

议纠纷等方面可发挥重要作用，使应对纠纷的路径由原来的"产生大量征迁纠纷→解决大量征迁纠纷"转化为"预防大量征迁纠纷→产生少量征迁纠纷→解决少量征迁纠纷"，实现"弥祸于未形"的效果。下文对补偿安置调解协议司法确认制度的三个关键性问题进行理论层面的讨论。

（一）何以调解：基于补偿安置协议混合性的探讨

补偿安置协议作为补偿安置调解协议的前源，是典型的行政协议。行政协议是介于公权力与合意之间的一种特殊形态，也称行政契约，在性质上具备"协议性"和"行政性"双重属性。① 正如有论者指出的，在私法关系上加入了公法关系，无论成分多少，都是"混合契约"，即兼具民事关系和行政关系的混合体。② 在"混合契约"中，具有公法色彩的内容可能只占很小一部分，甚至可以相对独立或分离。因此，行政协议首先是一种"协议"，是双方合意的体现。协议使行政机关和行政相对人之间产生了相应法律关系，双方受到协议的约束。《行政协议解释》第1条对行政协议的定义提及"协商订立"，并最终落脚在"协议"之上，正是体现了行政协议的协议性这一基本属性。在肯定行政协议具有协议性的基础上，方能讨论其行政性。具体来说，行政协议的行政性体现为协议的目的要素，即实现公共利益或行政管理目标，双方通过依法依约履行协议来实现行政上的目的。③《行政协议解释》第1条对行政协议的定义包含了"为了实现行政管理或者公共服务目标""具有行政法上权利

---

① "行政协议是指行政机关以实施行政管理为目的，与行政相对人就有关事项经协商达成一致而成立的双方行为，也可称之为行政契约。不同于传统的行政处罚、行政强制等单方命令式行政行为，行政协议是通过双方合意的方式进行的，具有自愿性、有偿性、竞争性、合意性等特点，更能适应社会主义市场经济的需求，从而成为现代社会中行政主体不可或缺的一种行政方式。"林鸿潮主编《新行政诉讼法适用解答》，人民法院出版社，2015，第147页。
② 余凌云：《行政契约论（第三版）》，清华大学出版社，2022。
③ 胡建淼：《对行政机关在行政协议中优益权的重新解读》，《法学》2022年第8期。

义务内容"这两大要素,便体现了行政协议的行政性这一属性。

　　行政协议的混合属性突出体现于行政协议司法审判实践的发展变革历程之中。从历史沿革角度来看,适用民事规则来处理行政协议方面的问题,有着深远的渊源。由于行政协议所表现出来的法律关系与民事合同关系有极大的相似性,处理行政协议问题所需要依据的法理也与民法原理有很强的共通性,甚至存在行政协议中民商法律关系居多、占主导地位的情形,因此,在《行政诉讼法》修正实施之前,只要是属于协议类型的纠纷,无论是民事协议还是行政协议,法院都倾向于将其纳入民事诉讼受案范围。2014年修正后的《行政诉讼法》将行政协议明确纳入了行政诉讼受案范围,但在制度设计上并没有沿袭传统的行政诉讼模式,行政协议案件的审理、判决方式规定与传统行政行为案件存在明显差异。从这个意义上来说,行政协议案件审判方式的不同进一步展现出行政协议所具有的民事属性。①《行政协议解释》对审理行政协议案件的相关问题进一步作出了全面深入的规定,明确提出了对民事规则进行参照适用。② 可见,无论是在行政协议司法制度的哪一发展阶段,行政协议的

---

　　① 行政协议的行政属性决定了其应当适用行政法的一般原理和基本原则加以规制,民事属性又使其区别于其他行政行为,在救济途径上应当参照《合同法》的相关规定进行处理。所以新《行政诉讼法》针对行政协议的判决方式和针对传统行政行为的判决方式所作出的规定是完全不同的,而是更加接近于对民事合同的判决方式,具体包括:(1)针对被告行为违法的判决。被告不依法履行、未按照约定履行或者违法变更、解除行政协议的,法院可以根据原告的诉讼请求判决确认协议有效、判决被告继续履行协议,并明确继续履行的具体内容;被告无法继续履行或者继续履行已无实际意义的,判决被告采取相应的补救措施;给原告造成损失的,判决被告予以赔偿。在上述情况下,如果原告的诉讼请求是解除协议或者确认协议无效,法院应当判决解除协议或者确认协议无效,并根据《合同法》等相关法律作出处理。(2)针对被告行为合法的判决。被告因公共利益需要或者其他法定理由合法地单方变更、解除协议,给原告造成损失但未依法给予补偿的,法院应当判决给予补偿。被告因上述原因合法地变更、解除行政协议,且已依法给予补偿的,法院应当判决驳回原告的诉讼请求。参见:余凌云:《行政契约论(第三版)》,清华大学出版社,2022,第210-216页。

　　② 《行政协议解释》第27条规定:"人民法院审理行政协议案件,应当适用行政诉讼法的规定;行政诉讼法没有规定的,参照适用民事诉讼法的规定。人民法院审理行政协议案件,可以参照适用民事法律规范关于民事合同的相关规定。"

混合属性都是贯穿始终的,且与民事规则的适用密不可分。具体而言,对于这种"混合契约"中明显属于私法属性的问题,可以参照或适用私法来解决处理,而对其中涉及公法的行政问题则适用公法处理,进行合法性审查,这成为一种较为周全合理的路径。

行政协议的协议性属性可与纠纷解决过程中的意思自治相衔接。现代司法高度重视当事人意思自治,无论当事人选择何种方式解决纠纷,"国家法律对合法的纠纷解决方式和纠纷的解决结果都应当提供保障和支持"。① 司法确认程序正是以尊重和保障当事人意思自治为价值的一种司法程序,"使得当事人自治层面的合意上升为官方、权威层面认可的合意"。② 换言之,协议性正是补偿安置协议得以进行司法确认的实质基础,其突出体现为合意性,具体而言有以下两层含义:

其一,协议内容体现合意性。补偿安置协议是被征收人和征收机关自愿协商达成的合意表现,是双方对于涉征迁有关权利义务自主地选择和处分。与单方性、高权性、处分性行政行为相比,补偿安置协议内容具有可磋商性、可选择性,更多体现当事人的意愿。③ 民商法领域的合同是基于平等主体间的合意,行政法领域的合同虽存在地位并不完全对等的双方当事人,但"行政机关与相对一方间的不对等地位并不必然排斥彼此间自由合意实现的可能性,而只能说,行政契约上自由合意的实现,有其不同于民事契约的特点,亦即,合意是在不对等地位基础上,通过事先对契约内容的限定、有效的行政程序和救济,来保障处于劣势的相对一方当

---

① 潘剑锋:《论司法确认》,《中国法学》2011年第3期,第44页。
② 刘显鹏:《合意为本:人民调解协议司法确认之应然基调》,《法学评论》2013年第2期,第130页。
③ 梁凤云:《行政协议的界定标准——以行政协议司法解释第1条规定为参照》,《行政法学研究》2020年第5期。

事人自由表达意思而形成的"。① 可喜的是，在法制愈加完备的现今社会，已经基本能够保障相对人在签订补偿安置协议过程中充分表达己方意志的自由性。"协商的实质就是自由合意，是保证行政契约这种行政法上的行为方式从本质上符合契约根本属性的重要制度与措施。"②

其二，程序适用体现合意性。双方当事人在法定调解组织参与下达成补偿安置调解协议后共同向法院申请司法确认，是程序处分权的行使，这不仅意味着双方合意启动程序，也意味着双方愿意接受确认裁定书的效力约束以及强制执行。正如有论者指出的，"通过程序处分权的行使来固定实体的权利义务，这也是双方当事人一个合意的过程和结果"。③ 被征收人和征收机关达成协议后，选择司法确认程序进行司法"背书"，是对补偿安置协议内容和效力的进一步固定，正是行政协议协议性与意思自治相衔接的结果。

鉴于补偿安置协议具有尤为显著的混合属性，对其参照适用民事规则，一定程度上借鉴民事调解协议司法确认制度，形成创新的补偿安置调解协议司法确认制度是符合条件和规律的。虽然传统司法语境下，民事调解适用的前提是纠纷的现实存在，但近年来，当事人自行达成民事协议，出于对进一步保障的需求，仍然要求法定调解组织参与调解，并对达成的调解协议申请司法确认的现实事例并不罕见。这也越来越体现出现有制度的一种预防性倾向。实践价值追求与生成路径的相似性，正是补偿安置调解协议司法确认制度借鉴民事调解协议司法确认制度框架及走向并形成一定突破的主要原因。需要特别说明的是，这一借鉴并不与已有的行政法强制性规范相抵触，反而符合行政纠纷解决的相关司法

---

① 林鸿潮主编《新行政诉讼法适用解答》，人民法院出版社，2015，第15页。
② 林鸿潮主编《新行政诉讼法适用解答》，人民法院出版社，2015，第106页。
③ 洪冬英：《论调解协议效力的司法审查》，《法学家》2012年第2期，第115页。

理念。补偿安置调解协议司法确认制度并不完全忽视行政协议所具有的行政性一面，其亦通过对行政行为开展合法性审查的手段，保障了案涉协议中公法属性内容能够获得得当处理。换言之，补偿安置调解协议司法确认制度并不是对民事调解协议司法确认制度的"机械复制"，而是有机的"类推适用"，既保留了必要的行政色彩，又实现了内核上的创造突破。当然，随着试点推行铺展，现行的补偿安置调解协议司法确认制度是否能够彻底脱离民事调解协议司法确认制度，通过立法途径形成一种专属于行政协议的司法确认制度，尚需要理论与实践的进一步探索努力。

（二）何以确认：发展新时代"枫桥经验"的能动性与预防性实践

补偿安置调解协议司法确认是基层法院延伸审判职能、融入社会治理、满足人民需求的积极体现，是"正确处理新形势下人民内部矛盾"的司法机制。具体来说，补偿安置调解协议司法确认制度对坚持和发展新时代"枫桥经验"的体现可以从能动性和预防性两个角度进行审视。

从能动性角度来看，补偿安置调解协议司法确认制度实现了征迁安置纠纷的整体实质化解，切实发挥了"跳出法院看大局、跳出审判看发展、跳出案件看效果"的能动理念。其一，补偿安置调解协议司法确认制度彰显司法为民理念，通过较为完整的指导、调解、审核流程，尽早地发现和规范征迁过程中可能存在的程序和实体问题，甚至是一些被征迁人因自身法律知识有限、信息掌握不足而无法意识到的问题和瑕疵，从而更有效地保障和维护被征迁人的切身利益，避免实质损害的产生，也阻却被征迁人后续经历漫长的维权过程、付出沉重的维权代价。其二，补偿安置调解协议司法确认制度赋能基层社会治理，突出积极主动作为，破除固有的机械思维,将司法职能从审判端向治理端延伸,及早把握隐含的矛盾冲突,切实激活基层组织的资源优势,体现了司法与社会管理的深度融合,构建了推动基层机关、行政机关、检察机关、司法机关整体联动的共治格局,发挥司法机关带动作用,凝聚各方力量,实现调解制度与司法确认制度的良性衔接,构建起行政纠纷"社会调解优先、法院审查断后"的递进式矛盾纠纷分层过滤体系,打造行政协议纠纷解决直通渠道,符合"多治合一"的基本规律,实现基层自治与国家法治的无缝对接,推进中国特色一站式多元纠纷解决机制的建设进程,保障社会和谐稳定。其三,补偿安置调解协议司法确认制度有效平衡了公正、效率在纠纷解决中的需求。公正是开展司法工作的前提和基础,效率是开展司法工作的保障和指标。[①] 补偿安置调解协议司法确认制度具有对抗性弱、程序简便、维权到位、效果稳定等优势,以高效便捷的方式达成平衡各方利益、保障公平正义的预期结果,实现公平与效率的双赢,使当事人尤其是被征迁方更易接受司法确认结果,切实避免发生行政诉讼程序空转、难以实质解决争议之困境,经司法确认赋予补偿安置调解协议强制执行效力,能够保障征迁安置协议的安定性及后续执行落实。

从预防性角度来看,补偿安置调解协议司法确认制度延伸了法院的"管辖链条",将法院的角色从"事后救济"转向"事前预防"。最高人民法院院长张军在全国大法官研讨班开幕式上提出,"把'诉调对接'的'调'向前延伸","把矛盾纠纷化解在基层、解决在萌芽状态"。预防性理念在我国法治建设中得到不断强化,纠纷预防机制建设更加制度化、体系化,成为法治社会的重要保障,其在各司法领域都有所体现,如刑事从业

---

① 余冬爱:《把能动司法贯穿民事审判全过程的思考》,《人民法院报》2023年5月19日第5版。

禁止制度①、民事赋强公证制度、预防性公益诉讼、知识产权诉前禁令等。② 从比较法的视野来看，域外也早已出现了预防性行政诉讼制度。③ 补偿安置调解协议司法确认制度充分体现了"抓前端、治未病"层面的纠纷预防功能，满足了预期利益保护的现实需求，顺应了社会治理方式的积极转变。④ 宁波市奉化区人民法院的创新做法也符合上述理念。其一，补偿安置调解协议司法确认制度具有"预先性"，即通过提前干预或者惩戒的手段，防止"预期损害"实际发生、扩大。这一制度针对容易激化矛盾进而引发重大社会风险的补偿安置调解协议，将合法性审查标准嵌入前端环节，实现从"司法后端干预"到"司法前端介入"的转变。其启动节点设置在损害事实发生之前，即当事人申请、法院介入的节点在争议未实际发生之时，其救济对象为预期损害，其直接目的为阻却相关行政争议产生，充分突出前瞻属性，从源头上杜绝行政诉讼增量现象。其二，补偿安置调解协议司法确认制度具有"防范性"。针对可能威胁社会公共安全、人民群众生命和财产安全的风险，补偿安置调解协议司法确认在事前采取

---

① 《刑法修正案（九）》第1条第1款规定："因利用职业便利实施犯罪，或者实施违背职业要求的特定义务犯罪被判处刑罚的，人民法院可以根据犯罪情况和预防再犯罪的需要，禁止其自刑罚执行完毕之日或者假释之日起从事相关职业，期限为三年至五年。"从业禁止制度的初衷主要是为了防止犯罪分子利用职业和职务之便再次犯罪。参见：臧铁伟："'禁止从事相关职业三到五年'不是新刑种"，人民网2015年8月29日。

② 自2001年我国加入世贸组织以后，我国《专利法》《著作权法》《商标法》等法律在修改后都引入了TRIPS协定中的"临时性措施"，规定权利人在有证据证明如不及时制止侵权行为将会受到难以弥补的损失的情况下有权提起诉前禁令。

③ 预防性行政诉讼是指相对人认为行政机关的行政行为或事实行为正在侵害或即将侵害自己的合法权益，向人民法院提起诉讼，要求确认法律关系、行政行为无效、事实行为违法，或者判令禁止或停止行政行为或事实行为实施的司法制度。两大法系法治发达国家或地区都发展出了具有预防性功能的行政诉讼制度或司法审查制度。参见：解志勇：《预防性行政诉讼》，《法学研究》2010年第4期。

④ "法治建设既要抓末端、治已病，更要抓前端、治未病，……要推动更多法治力量向引导和疏导端用力，完善预防性法律制度。"习近平：《坚定不移走中国特色社会主义法治道路 为全面建设社会主义现代化国家提供有力法治保障》，《求是》2021年第5期。

预防性治理措施防止纠纷发生和升级,要比在事后保护、救济更加有效。如在司法确认审查中,发现征迁中存在不规范问题的,可以建议行政机关直接纠正或者补强,防止继续侵害被征迁人合法权益。与此同时,长效审核监督倒逼机制通过司法确认中对协议开展行政合法性审查的手段,保障了对其中具有公法属性内容的得当处理,符合行政诉源治理"源头预防为先、非诉机制挺前、法院裁判终局"的核心要义。其三,补偿安置调解协议司法确认制度具有"示范性"。这有助于提升征收的依法性和公开性,真正将司法制度优势转化为促进完善国家和社会治理的效能优势,从源头上预防和减少类案多发高发,降低解纠成本,节约司法资源,从而真正实现诉源治理目标,达到法律效果与社会效果的有机统一。

(三)何以构建:基于司法确认制度体系定位的剖析

通过司法确认程序使符合法律规定的调解协议经司法审查后获得强制执行力的探索始于民事诉讼领域。2009年7月发布的《最高人民法院关于建立健全诉讼与非诉讼相衔接的矛盾纠纷解决机制的若干意见》是规定司法确认程序适用范围的首个全国性司法文件,其第20条把经行政机关、人民调解组织、商事调解组织、行业调解组织或者其他具有调解职能的组织调解达成的具有民事合同性质的协议,全部纳入司法确认程序的范围,意图实现非诉调解与诉讼的全方位对接。2012年在《民事诉讼法》修正过程中,全面放开还是有限控制司法确认程序适用范围这一问题,存在不小的争议,最终把司法确认程序的客体范围限定在人民调解协议。但在司法实践中,2015年2月4日起施行的《最高人民法院关于适用〈中华人民共和国民事诉讼法〉的解释》和2016年6月发布的《最高人民法院关于人民法院进一步深化多元化纠纷解决机制改革的意见》等文件坚持经非诉调解组织主持达成的调解协议均可申请司法确认,最高人民法院、司法部 2017 年 9 月发布的《关于开展律师调解试点工作的意见》的第 12 条将律师调解也纳入司法确认范围。基于"与人民调解相比，其他非诉调解均遵循当事人自愿、有权处分和保密等调解的基本规则，其在与司法确认的衔接需求和对接理论上，与人民调解并没有实质区别"[①]的观点，各种非诉调解在与司法确认程序的衔接上具有相同的需求和实践效果。

　　补偿安置调解协议虽为行政调解协议，但同样具有契约属性，亦存在上述容易因当事人反悔或履约不能而被破坏的情况。此外，补偿安置调解协议在当事人自愿、有权处分等基本规则上并无区别，补偿安置调解协议司法确认制度正是源于对现有各类司法确认制度的借鉴与拓宽，但必须注意的是，补偿安置调解协议司法确认制度与已有制度又存在明显的区别，其中显著的特征是合法性要求高于民事非诉调解协议，对其合法性审查力度应当更强。厘清补偿安置调解协议司法确认制度与其他类似制度的关系，有助于明确制度功能，为法院划定能动司法的范围和边界，进而统筹把握行政争议多元化解、诉源治理、当事人权益保护等制度价值之间的平衡。表1将补偿安置调解协议司法确认制度与民事调解协议司法确认制度、行政诉前调解协议司法确认制度、生态环境损害赔偿行政磋商协议司法确认制度进行了横向对比，就申请主体、司法确认对象、经过程序、是否以争议产生为前提、审查标准、是否必须有第三方参与、出具文书、是否有强制执行力以及直接法律依据等要素进行了细致梳理和比较。

[①] 李少平主编《最高人民法院多元化纠纷解决机制改革意见和特邀调解规定的理解与适用》，人民法院出版社，2017，第 288 页。

表 1　四种司法确认制度之比较

要素	制度			
	补偿安置调解协议司法确认制度	民事调解协议司法确认制度	行政诉前调解协议司法确认制度	生态环境损害赔偿行政磋商协议司法确认制度
申请主体	被征收人、征收机关	民事调解协议双方当事人	行政诉前调解协议双方当事人	环境行政部门、损害生态环境责任者
司法确认对象	补偿安置调解协议	民事调解协议	行政诉前调解协议	生态环境损害赔偿协议
经过程序	法定调解组织调解	法定调解组织调解	法院附设的诉前调解程序	磋商、公告程序
是否以争议产生为前提	不必需	是	是	是
审查标准	实质审查	形式审查为主,辅之以必要的实质审查	实质审查	形式审查
是否必须有第三方参与	是（调解组织）	是（调解组织）	是（行政争议调解中心）	否
出具文书	行政裁定书	民事裁定书	行政诉前调解书	民事裁定书
是否有强制执行力	有	有	无明文规定	有
直接法律依据	尚无	《民事诉讼法》第 201 条、第 202 条等	《关于进一步推进行政争议多元化解工作的意见》第 14 条	《关于审理生态环境损害赔偿案件的若干规定（试行）》第 20 条

从表 1 可以看出，补偿安置调解协议司法确认制度目前虽无直接法律依据，但其制度设计理念仍遵循我国已有相关司法确认制度的规定。它与生态环境损害赔偿行政磋商协议司法确认制度、行政诉前调解协议司法确认制度一样都是在实践需求下催生的创新机制，不同之处在于补偿安置调解协议不以产生纠纷为前提，但这一点正如上文所述，是能动司法的最好体现。整体而言，补偿安置调解协议的司法确认符合法理，

在制度设计上亦符合司法成本，具有从地方改革推动国家立法的潜力。

三、补偿安置调解协议司法确认制度的制度设计

为推进补偿安置调解协议司法确认制度的落地，2020年宁波市奉化区人民法院出台《关于开展涉重大工程项目补偿安置协议司法确认试点工作的实施方案》，2022年宁波市中级人民法院、宁波市人民检察院、宁波市司法局、宁波市住房和城乡建设局联合印发了《关于开展涉重大工程项目补偿安置协议司法确认工作的实施办法（试行）》。2023年，宁波市奉化区人民法院经过2年实践，修改出台了《关于开展涉重大工程项目补偿安置调解协议司法确认试点工作的实施方案》，为补偿安置调解协议司法确认制度的建立打下了坚实的基础。根据上述文件，补偿安置调解协议司法确认制度的主要内容包括适用范围、启动条件、审查内容、审查方式、瑕疵救济机制等五个方面。另外，笔者对该制度提出了改革设想。

（一）适用范围

补偿安置调解协议司法确认制度的适用范围宜限定为国有土地上补偿安置调解协议。补偿安置协议一般分为国有土地上补偿安置协议和集体土地上补偿安置协议。因2019年新修正的《土地管理法》对集体土地征收的外部程序进行了调整，形成了"先征后批"的程序模式①，故集体土地上补偿安置协议的生效和执行，取决于有权部门是否批准征收以

---

① 根据《土地管理法》第47条的规定，集体土地征收应当开展拟征收土地现状调查、社会稳定风险评估、公告、听证、签订补偿安置协议等前期工作后，方可申请征收土地。

及市、县政府是否最终实施征收。① 实践中，至集体土地上补偿安置协议生效，协议双方的权利义务已基本履行完毕，如有争议也已实际产生，那么在协议生效后再申请司法确认已无实际意义。同时，充分考虑司法成本，可以设置合理阈值，避免追求全覆盖导致法院工作量骤增，例如限定为具有特定情形的补偿安置调解协议，在评估相关补偿安置调解协议引发纠纷风险概率的基础上进行弹性适用。

（二）启动条件

《民法典》第 5 条规定了自愿原则，即民事主体按照自己的意思设立、变更、终止民事法律关系。这一原则在合同领域转化为意思自治与契约自由，在诉讼法领域则转化为"诉权自治"，被现代各国民事诉讼法所采纳。这一原则同样应当在司法确认程序中予以贯彻，能够在最大程度上保障当事人的司法权益，使他们能够根据自己的主观意识启动司法确认程序。因此，补偿安置调解协议司法确认的启动条件应充分把握司法能动的界限，平衡司法能动和司法被动的关系，即需要充分体现当事人的自主性。一是必须由双方当事人共同提起。向法院申请调解协议司法确认，必须由协议主体，也就是双方当事人共同提出。二是要进行充分告知释明。应当事先告知当事人纠纷解决渠道以供选择，且着重告知申请司法确认的法律后果，即会赋予补偿安置调解协议强制执行力，让当事人在充分知情的前提下作出利益权衡和决策。三是赋予当事人自主选择权。允许当事人根据自身利益判断和选择是否适用补偿安置调解协

---

① 原因是在征收土地申请未经批准前，补偿问题无从谈起；即使签订了补偿安置协议，并不能保证"征收土地申请"就一定能得到有权部门批准。参见：耿宝建、殷勤：《制度变迁：预征补协议在集体土地征收程序的引入——〈土地管理法修正案（草案）〉第 47 条第二款的完善建议》，《法律适用》2019 年第 7 期。

议司法确认制度,并应当给予当事人充分时间予以判断和选择。四是赋予当事人随时撤回权。《最高人民法院关于人民调解协议司法确认程序的若干规定》第 5 条规定,在人民法院作出是否确认的决定前,一方或者双方当事人撤回司法确认申请的,人民法院应当准许。补偿安置调解协议司法确认制度也应适用上述规定,在法院作出裁定前,告知当事人享有随时撤回申请的权利。

(三)审查内容

与民事诉讼以主观诉讼为主的性质不同,行政诉讼兼具主观诉讼和客观诉讼两种性质,引发争议的行政行为除了影响具体相对人外,还具有对世的效力。[①] 故而,行政诉讼不仅要对原告主张的合法权益进行审查,还要对行政行为本身的合法性进行审查。鉴于补偿安置调解协议的行政性、协议性双重属性,对其开展司法审查应遵循形式审查与实质审查并重的原则。法院既要根据《行政诉讼法》相关规定审查征收拆迁行为是否合法有效,又要根据民事法律规范审查补偿安置调解协议是否合法有效,最大程度保障公共利益和人民权益。在审查过程中,应当将审查重点放在补偿安置调解协议是否为当事人真实意思表示,协议内容是否明确、具体、规范,是否违反法律法规以及征收拆迁政策,是否损害国家利益、公共利益或者第三人的合法权益,是否违反社会公序良俗,征收拆迁程序是否合法等事项上。

(四)审查方式

司法确认程序设立的目的之一就是减少诉累,并用简单快捷有效的

---

① 薛刚凌:《行政公益诉讼类型化发展研究——以主观诉讼和客观诉讼划分为视角》,《国家检察官学院学报》2021 年第 2 期。

方式解决纠纷。从审查方式上来说，不应认为形式审查就是书面审查，实质审查就是听证审查或开庭审查。形式审查也可采取询问当事人等调查核实方式，实质审查也可采取书面方式进行。① 调解协议效力司法审查的方式一般以书面审查为主，这体现了非讼程序的特点。调解协议效力的司法审查包含正反两个方面，结果可能是赋予调解协议司法效力，也可能是确认调解协议无效或变更、撤销。这意味着在充分尊重当事人处分权的同时也要限制和干预当事人通过行使处分权侵害社会公共利益、第三人利益。② 部分补偿安置调解协议可能存在欺诈、胁迫甚至串通而导致当事人利益受损、国家利益和社会公共利益受损的情况，为防止当事人通过司法确认程序达到某些不正当目的，人民法院认为有必要的，应当进行实质审查，可以采取询问当事人、举行听证等方式进行，也可以依职权调查收集有关证据以审核补偿安置调解协议的合法性。

（五）瑕疵救济机制

当司法确认裁定的效力存在瑕疵时，生效裁定具备的强制执行力可能会使得当事人或者案外人的权利与利益受到损害，因此应当建立瑕疵救济机制。补偿安置调解协议司法确认制度的瑕疵救济机制可参考民事司法确认的瑕疵救济机制③，但对于在异议期限内当事人、利害关系人未提出异议而司法确认裁定书确有错误的情况，相关法律和司法解释并

---

① 刘敏：《论优化司法确认程序》，《当代法学》2021年第4期。
② 洪冬英：《论调解协议效力的司法审查》，《法学家》2012年第2期。
③ 2022年修正的《最高人民法院关于适用〈中华人民共和国民事诉讼法〉的解释》第372条规定："适用特别程序作出的判决、裁定，当事人、利害关系人认为有错误的，可以向作出该判决、裁定的人民法院提出异议。人民法院经审查，异议成立或者部分成立的，作出新的判决、裁定撤销或者改变原判决、裁定；异议不成立的，裁定驳回。对人民法院作出的确认调解协议、准许实现担保物权的裁定，当事人有异议的，应当自收到裁定之日起十五日内提出；利害关系人有异议的，自知道或者应当知道其民事权益受到侵害之日起六个月内提出。"

未明确规定其救济方式。补偿安置调解协议司法确认涉及的国家和社会公共利益更为复杂、重大，需要构建完善的瑕疵救济机制以保证制度的可行性。因此，除异议救济外，还应明确法院依职权启动瑕疵救济的情形。如出现特殊情形的，当事人或者利害关系人可申请行政检察监督，检察院认为符合条件的，可以建议法院撤销确认裁定书，也可直接向法院提出申诉，法院经审查后发现确有错误的，依法裁定撤销或改变原裁定。具体包括：第一，补偿安置调解协议违反自愿原则或者协议内容违反法律的；第二，当事人之间恶意串通，通过司法确认方式损害国家利益、社会公共利益、他人合法权益的；第三，有新的证据证明司法确认裁定确有错误的。

补偿安置调解协议经司法确认后，当事人是否可以就协议效力另行提起诉讼，即是否丧失程序上的起诉权和实体上的胜诉权，也是一个值得讨论的问题。补偿安置调解协议司法确认是在争议未实际发生时启动的，当事人对未来可能发生的争议以及自身利益的认知和预判并不充分，在这种情况下让其作出争议解决方式的选择，并非理性的选择，即不完全的自由处分。作为法律救济权的诉权是人权的重要组成部分，也是保障人权实现的必要手段，诉权作为一项基本宪法权利，倘若被随意剥夺，有违现代法治社会的根本要求，更将沉重打击司法公信力。另外，补偿安置调解协议的行政相对人不局限于被拆迁人，可能还有诸如承租人等被拆迁人以外的利害关系人。故补偿安置调解协议经司法确认以后，相关诉讼权利仍应予以保障，但在案件诉讼实体审查过程中，对经由司法确认的案件，可以加以一定的区别考量。

（六）改革设想

补偿安置调解协议司法确认制度是对司法确认制度新的突破和改造，以"行政协议＋调解协议"的形式一定程度上解决了不符合现有法律框架、当事人权利保障不完善等问题。但目前，纵观整体架构和法理支撑，尚存在较多不够完善之处，如缺乏直接法律依据、适用范围较小、程序设计较为烦琐、存在推广难度等问题。解决上述问题，最直接的方法系完善相关法律依据，故建议可由全国人大常委会授权决定，最高人民法院在全国范围内指定包括宁波在内的若干个地区或者法院进行试点，试点应扩大适用层面、简化程序，如明确可对符合条件的行政协议直接进行司法确认，对未产生纠纷的行政协议可无须设置调解程序直接申请司法确认等。若试点改革效果明显，则可考虑将行政协议司法确认纳入立法修法范围，通过对行政协议司法解释的修改，就适用范围、确认案件的管辖法院、确认申请的程序设置、审理程序、确认与不予确认的情形、确认后的法律效力等问题作出具体规定，为该项制度在全国范围内推广运行提供法律指引，从而达到通过实践推动立法，生成全国性的制度成果，进而再由立法支撑实践的改革目的。

四、结语

新时代"枫桥经验"作为化解基层矛盾纠纷、构建和谐社会的特色经验，是基层社会治理的创新样本。坚持诉源治理，从源头上化解矛盾纠纷是"枫桥经验"的重要内涵。具体到行政诉讼领域，补偿安置调解协议司法确认制度于矛盾纠纷未起之时，以其能动性、预防性的机制特点，实现行政争议的实质性化解。"行政诉讼法制度和学说的发展，只有在社会变迁中不断寻找时代之问，充分体现时代特质，才能形成真正具有原创性和生命力的时代理论。"[①] 补偿安置调解协议司法确认制度的提

---

① 章志远：《行政争议实质性解决的法理解读》，《中国法学》2020年第6期，第140页。

出，源于我国征收补偿安置协议纠纷现状之惑，且符合新时代中国特色社会主义法治建设和司法改革的方向，符合经济社会发展的现实需要，有利于从源头预防化解行政争议。作为基层推动的改革探索，在适用和解释好现行法律及法理依据的基础上，可参照"定西做法"等制度改革模式①，适时通过出台司法文件、推动全国人大常委会授权试点、修改《行政诉讼法》等立法路径，为补偿安置调解协议司法确认制度大范围推广适用提供充分的法律保障，进而将这一制度优势更好地转化为适应新时代发展需要的司法社会治理效能。

（责任编辑：欧阳嘉俊）

---

① 甘肃定西法院系统对人民调解协议司法确认首先开展了积极探索和不断完善，相关经验被称为"定西做法"，并为最高人民法院制定规范性文件（含司法解释）和全国人大制定人民调解法和民事诉讼法修正案所吸纳，系目前多元化纠纷解决机制建设中被全国性立法确认的唯一成果。参见：刘加良：《司法确认程序何以生成的制度史分析》，《法制与社会发展》2016 年第 1 期。

多快好省：
小额诉讼十年观察（2013—2022）
——基于长三角 20 家基层法院的深度调查

安徽师范大学法治中国建设研究院课题组[*]

一、引言

（一）调研缘起

近年来，随着经济社会的高速发展，公民的法治意识不断增强，司法需求越来越大。为便利当事人在小额金钱类债务纠纷中降低诉讼成本、提升诉讼效率，缓解法院人案矛盾，2011 年 5 月，最高人民法院在全国 90 个法院启动了小额速裁试点。随后，2012 年修改的《民事诉讼法》正

---

[*] 课题组负责人：汪小棠，安徽师范大学法治中国建设研究院研究员，法学博士；高永周，安徽师范大学法治中国建设研究院研究员，法学博士。
课题组成员：张瑞豪、李光耀、范浩哲、徐硕、王雪雪、凌楚然、康玉山、刘胜洋、赖嘉怡、蒲宇翔、陈小丫、王曈、马晓玄。

式确立了小额诉讼程序。2015年1月，最高人民法院发布《关于适用〈中华人民共和国民事诉讼法〉的解释》，用13个条文对该程序进行了细化。2016年9月，最高人民法院发布《关于进一步推进案件繁简分流优化司法资源配置的若干意见》，扩大了小额诉讼的适用范围。2020年1月，最高人民法院印发了《民事诉讼程序繁简分流改革试点方案》和《民事诉讼程序繁简分流改革试点实施办法》，要求进一步简化小额诉讼审理方式和裁判文书，合理确定小额案件审限。2021年1月，中共中央印发《法治中国建设规划（2020－2025年）》，要求完善民事诉讼制度体系，扩大小额诉讼适用范围，完善其与简易程序、普通程序的转换机制。同月，中共中央办公厅、国务院办公厅印发了《建设高标准市场体系行动方案》，明确简化消费争议处理程序，要求尽快明确小额消费纠纷数额，完善司法程序，鼓励当事人通过小额诉讼快速处理。2021年12月，修正后的《民事诉讼法》将适用案件类型限定为"金钱给付"案件，标的额从"各省、自治区、直辖市上年度就业人员年平均工资百分之三十以下"提升到"百分之五十以下"，并新增合意适用模式，尊重当事人程序选择权。2022年3月，全国人大常委会工作报告指出，要继续完善司法确认程序、小额诉讼程序、简易程序，提高司法效率，促进司法公正。

　　回眸十年，小额诉讼程序的适用效果如何？是否如司法预期，有效地促进了案件繁简分流；是否缩短了审理周期，实现了快速解纷的目标；是否达到了较好的法律效果和社会效果，尽可能让每一个案件当事人都能服判息诉；是否最大限度地优化了司法资源配置，降低了当事人的诉讼成本。为此，我团队围绕"小额诉讼程序适用"展开了为期18个月的调研，以了解小额诉讼实务运作的真实样态，并针对相关问题提出改进意见。

（二）调研对象

1. 受访法院

团队走访了长三角地区 9 地 20 家基层法院，分别是安徽省芜湖市 W 区、F 区、J 区、H 区、Y 区法院，池州市 U 区、Q 县、S 县法院，滁州市 N 区法院，马鞍山市 D 县法院；江苏省泰州市 L 区、A 区、G 区法院，南京市 X 区法院，盐城市县级市 D 市法院；浙江省衢州市 Q 区、K 区、C 县、K 县法院；上海市 I 区法院。调研选址涵盖东南沿海经济发达的江苏省、浙江省和上海市与经济较发达的安徽省，并通盘考虑各省份的区域差异，选取省会城市和其他非省会城市，以及经济发达区和经济欠发达区。另外，考虑到试点法院存在上级重视、下级发力等因素的影响，本次调研的法院基本为非试点法院，仅有个别法院曾是试点法院，主要是为了真实地反映该程序在基层法院应用的现状和出现的问题。同时，受访法院都有各自的典型人物和特色举措，具有较高的样本价值。

2. 受访人员

团队共专访了 121 位一线审判人员，其中法官 74 人，法官助理 34 人，书记员 13 人。曾获最高人民法院表彰或在本院担任重要职务的有 H 区法院"全国模范法官"、民事速裁庭庭长、一级法官 Q，W 区法院院长、四级高级法官 W，J 区法院副院长、三级高级法官 Z，J 区法院立案庭副庭长、二级法官 L，Y 区法院审判委员会专职委员、四级高级法官 C，D 县法院副院长、安徽省人大代表 Z，G 区法院副院长、全国优秀法官、2017 年度人民法院十大亮点人物 H，X 区法院副院长 P，U 区法院副院长、审判委员会委员 Y，Q 县法院党组副书记、副院长 C，S 县法院副院长、审判委员会委员 H，D 市法院党组成员、副院长 Y 等。

3. 样本基数

如图 1 所示，团队通过调查问卷的方式统计了受访法院十年来小额诉讼的案件总量，共计 166 252 件，其中 F 区法院 9 271 件，Y 区法院 11 302 件，J 区法院 9 451 件，W 区法院 2 930 件，H 区法院 15 402 件，N 区法院 992 件，D 县法院 5 279 件，L 区法院 4 519 件，A 区法院 5 918 件，G 区法院 2 911 件，X 区法院 24 742 件，U 区法院 4 748 件，Q 县法院件 2 486 件，S 县法院 99 件，D 市法院 6 079 件，I 区法院 42 772 件，Q 区法院 1 621 件，K 区法院 9 752 件，C 县法院 1 154 件，K 县法院 4 824 件。

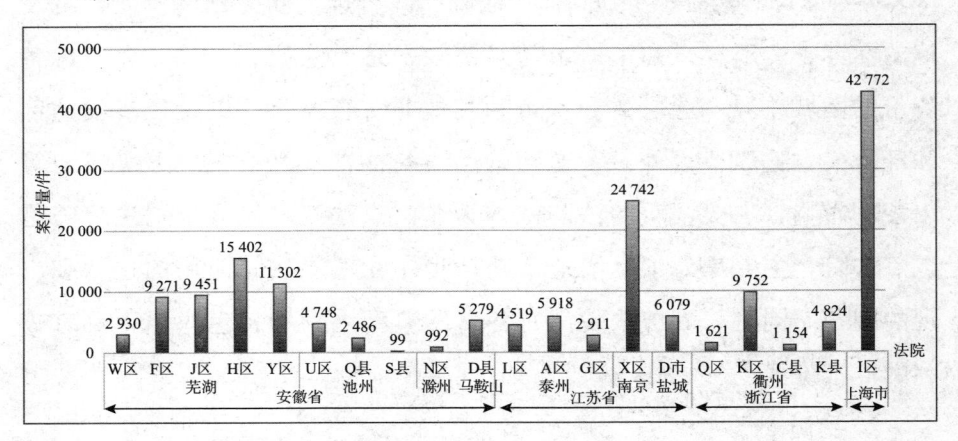

图 1 受访法院小额诉讼案件量统计

（三）调研方法

1. 问卷法

在调研准备阶段，团队结合理论和实践制作了调查问卷，总计 15 题，涉及"组织机构""人员构成""适用率""转换机制""当事人救济保障"等方面。开展调研时，团队向受访法院发放问卷、收集数据，为后期分析奠定基础。

2. 半结构化访谈

团队重点围绕访谈提纲与受访法院开展座谈会。受访人员依访谈提纲介绍小额诉讼适用情况后，团队成员向其提问，针对重点问题展开深度挖掘。座谈会结束后，团队选取代表性人物进行个人专访。接受专访的 W 区法院院长 W、G 区法院副院长和全国优秀法官 H、N 区法院速裁庭庭长 Z、X 区法院副院长 P、U 区法院诉讼服务中心副主任 C2 和 K 区法院立案庭庭长 Z 等都是具有丰富审判经验的法官。

二、小额诉讼程序适用的典型举措

（一）审判组织团队化

搭建专门化的团队是小额诉讼高效运行的基础和组织保障。如表 1 所示，为提高诉讼效率，多家法院都搭建了相应的速裁团队（非专门机构）；有的法院还特别设立了民事速裁庭，专门配备业务能力强、审判经验丰富的法官集中办理民事领域的简单案件；同时，有的法院也采取了团队内部划分单元的方式，每个单元自己独立负责一部分案件，对案件的整体进程更有把握。在这些组织设置下，多家法院基本实现了"一审一助一书"的人员配置模式，这种安排可以将审判各环节工作按照其特点分配给不同人员，便于审判资源合理配置，协调审判各环节。

表 1 受访法院小额诉讼程序组织机构概况[①]

受访法院	组织安排	受访法院	组织安排
W 区法院	速裁审判团队	X 区法院	速裁庭一庭、二庭
F 区法院	速裁快审团队	U 区法院	速裁团队

[①] H 区法院、X 区法院、D 市法院为小额诉讼搭建了专门审判机构，其他均为非专门机构。受访法院小额审判机构人员配置大多遵循"一审一助一书"的模式，W 区法院在"一审一助一书"的基础上还增配了一名调解员，但也有个别法院司法辅助人员配置不足，例如 F 区法院、N 区法院和 K 县法院仅配置"员额法官＋法官助理"，C 县法院仅配置"员额法官＋书记员"。

续表

受访法院	组织安排	受访法院	组织安排
J区法院	速裁团队	Q县法院	速裁团队
H区法院	民事速裁庭	S县法院	速裁团队
Y区法院	速裁快审团队	D市法院	速裁庭
N区法院	速裁团队	I区法院	速裁团队
D县法院	诉前调解团队	Q区法院	速裁团队
L区法院	速裁团队	K县法院	审判团队
A区法院	民事审判第三庭	C县法院	民商事办案部门
G区法院	小额速裁庭	K区法院	速裁团队

（二）诉讼业务数字化

1. 完善网上立案平台

为减轻当事人诉前负担，满足人民群众的司法需求，多家受访法院充分运用移动微法院、网上诉讼服务中心等平台受理案件，可以实现线上提交材料、线上审查材料和线上缴费。J区法院L法官指出，如果当事人选择网上立案，立案法官需在三天内审核。如若无误，将通知当事人核实立案；若有误，则电话一次性告知需要补充的材料。这些举措极大方便了当事人诉讼。

2. 积极开展在线诉讼

将互联网技术运用到小额诉讼中，提升当事人的便捷度，是各家法院普遍推行的创新举措。依托智慧法院建设成果，W市和C市各法院大力推动"人民法院在线调解平台""解纷芜忧"等线上调解平台的应用。W区法院S法官指出，小额案件当事人无法亲自到庭的，可以在法院调解平台上提出申请，进行在线音视频调解、远程云开庭，当事人使用手机即可参与庭审。Q县和S县法院认为，相较于传统庭审模式，在线诉讼打破了空间的局限性,为当事人和法院带来了极大的便利,而且在线诉讼能够减少当事人面对面的"对抗",有利于维护庭审秩序。

3. 广泛应用电子送达

文书送达是民事诉讼的重要环节。与普通民事案件相比,要大幅缩短小额诉讼的审理周期,快捷高效地送达诉讼文书至关重要。W区法院S法官指出,在小额诉讼中,电子送达开庭公告、传票等法律文书得到了广泛应用。据K县法院的调研数据,电子送达占所有送达方式的80%左右(委托送达和邮寄送达共占20%左右)。

此外,J区法院从2020年7月开始,将受理的民商事案件(特别是小额案件)进行外包,委托第三方(如联通公司等)进行送达,利用移动服务商的信息优势来弥补法院"找被告难"的问题。A区法院通过使用智慧送达过程管理系统,对外包公司的电话送达、EMS送达及延伸服务、直接送达、公告送达等方式进行管理,大幅提升送达质效。F区法院和U区法院则尝试微信送达等方式以缩短送达时长。

(三)调解手段活性化

从各家法院小额案件结案方式来看,调解是一种主导方式。调解作为独特的"东方经验",具有修复社会关系的优势。小额案件具有事实清楚、权利义务关系明确、争议不大等特性,这些特性决定了调解是化解小额案件的最佳方案,不仅能减少诉讼费,还有利于彻底平息双方矛盾。在个别类型的案件中,还不会影响到债务人征信。

对于如何调解小额案件,各家法院都有自己的方法。

其一,有的法院侧重人员安排的活性化。调解员大都是法院聘请的退休法官、干警和其他法律从业者,他们能够依托专业的法律知识调解纠纷。同时,有的法院在安排调解员时侧重"人尽其长",根据调解员各自的特点，将其与不同性质和类型的小额案件相匹配，以达到"1+1＞2"的效果。例如，F 区法院在挑选速裁快审团队的人员时主要选择了擅长调解且较为资深的法官与法官助理。

其二，有的法院侧重组织安排的活性化（见表2）。例如，X 区法院设立诉讼与非诉讼调解中心，聘任 9 名人民调解员，成立 32 个特邀调解组织，诉调分流率接近 100%；再如，L 区法院的 9 个调解室分别处理四类案件，包括金融案件、物业纠纷、家事（主要是离婚案件）和商事案件，将调解工作专门化、专职化。同时，F 区法院针对金钱给付的简单案件，设立"夕阳红"调解、律师调解和商会调解等多元调解机制，针对不同纠纷予以分类处理，争取在源头上解决纠纷。此外，有的法院采取多方联动的调解模式，如 K 区法院实行"1+1"（买卖纠纷调解团队与买卖纠纷审判团队）联动，S 县法院实行"3+1"（村委会、司法所、派出所和法院）联动。

表 2　部分法院特色调解模式概览

受访法院	特色模式		具体内容
J 区法院	"夕阳红"调解		聘请退休法官调解
	在线调解		在线调解系法官对双方当事人背对背（non face-to-face）说理调解
N 区法院	专门机构调解		主要包括基层调解、妇联调解、工会调解、心理专家调解、公证处调解和行业调解
L 区法院	9 个调解室依据纠纷类型分别调解		①物业纠纷调解室 ②金融案件调解 ③家事（主要是离婚案件）调解室 ④商事调解室
A 区法院	"1+1"联动聘任		与司法局共同聘用部分具有法律工作经验的人担任人民调解员
X 区法院	诉讼与非诉讼调解中心	人民调解	聘任包括退休法官、退休社区工作人员、退休干部在内的 9 名常驻人民调解员负责专业性案件的调解
		特邀调解	邀请包括律所、法律服务行业协会、社会组织等在内的 32 家调解组织负责普通民事案件的调解

续表

受访法院	特色模式	具体内容
S县法院	"1+3"联动调解	村委会、司法所、派出所和法院联动
K区法院	"1+1"联动调解	买卖纠纷调解团队与买卖纠纷审判团队联动

（四）诉讼文书简约化

在小额诉讼司法实践中，F区、N区、D市、L区和C县法院积极推行"要素式"（又称"令状式""表格式""简式"）文书。"要素式"起诉状是一种表格式文书，由立案庭提供通用式模板，当事人根据提示填写基本要素即可起诉，极大地减轻了当事人的诉累。"要素式"判决书围绕争议要素集中陈述原告、被告意见及相关证据和法院认定的理由和依据[①]，简洁明了的判决书让当事人轻松看懂。相较于简易程序，小额诉讼文书内容更少。F区法院D法官表示，及时以调解结案的小额案件不用制作调解书，只需调解笔录和调解协议即可。总之，"要素式"文书不仅使法院减少文书制作的时间成本，还能让当事人诉讼更加方便快捷。

三、小额诉讼程序取得的主要成效

（一）调撤率比较高

调解是解决纠纷的重要方式，其优势在于当事人享有更广泛的自主空间，法官也更好把控诉讼风险。

如表3所示，各基层法院调解率占绝对优势，集中占比40%至

[①] 黄振东：《要素式审判：类型化案件审判方式的改革路径和模式选择》，《法律适用》2020年第9期。

70%左右,个别法院高达87%。调解和撤诉明显是小额案件结案的主导方式,原因在于:其一,受访法院积极探索"夕阳红"调解、联动调解等特色调解模式,这些调解组织、模式的设置,为小额案件的有效调解奠定了组织基础。同时,受访法院安排本院调解能力较强的人员或返聘具有法律工作经验的退休人员担任调解员,进一步提高了调解成功的可能性。其二,作为一种简单案件,小额案件的本质决定了其非常适宜调解。"现代纠纷所呈现出的内容相对定型化,标的相对定额化特征使调解制度的运用成为可能"①,小额案件因为"事实清楚、权利义务关系明确、争议不大"呈现出"定额定型"的特征,便于法院调解。其三,不得不承认的是,小额诉讼高调解率的背后,也存在司法政策的导向性影响。有学者指出,"司法政策对诉讼调解实践具有较大的趋导作用"②,"诉源治理"的政策推广和"诉讼调解"的指标考核引导小额案件承办法官往往最终以"调解"方式结案。由于某些常规指标的约束、"诉源治理"政策的大力推广乃至"一审终审"的制度安排,法院也更倾向于用调解方式来化解小额案件。而较高的撤诉率往往也是依赖于调解而存在的,原告之所以撤诉,正是因为法院调解后被告自愿履行甚至当场履行了相关义务,故没有必要再继续诉讼。

表3 受访法院小额诉讼案件调解、撤诉、判决率统计

受访法院	调解率	撤诉率	判决率	其他
W区法院	79.00%	15.10%	5.90%	0%
F区法院	43.20%	48.00%	8.50%	0.30%

---

① 左卫民:《通过诉前调解控制"诉讼爆炸"——区域经验的实证研究》,《清华法学》2020年第4期,第102页。
② 谷佳杰:《中国特色诉讼调解制度之70年变迁与改革展望》,《山东大学学报(哲学社会科学版)》2019年第6期,第42页。

续表

受访法院	调解率	撤诉率	判决率	其他
J区法院	87.00%	8.00%	4.00%	1.00%
H区法院	45.60%	45.60%	8.60%	0.20%
Y区法院	50.80%	34.30%	14.30%	0.60%
N区法院	52.00%	32.10%	15.20%	0.70%
D县法院	36.10%	31.70%	14.00%	18.20%
L区法院	40.06%	35.13%	23.11%	1.70%
A区法院	48.33%	23.55%	27.82%	0.30%
G区法院	54.52%	27.91%	17.27%	0.30%
U区法院	35.97%	43.44%	18.99%	1.60%
S县法院	63.48%	31.75%	4.77%	0%
D市法院	46.68%	19.83%	29.39%	4.10%
I区法院	40.23%	47.77%	10.70%	1.30%
Q区法院	33.65%	38.77%	27.38%	0.20%
K区法院	47.20%	22.54%	20.06%	10.20%
K县法院	29.84%	41.59%	26.77%	1.80%
C县法院	46.70%	26.61%	26.49%	0.20%
Q县法院	43.83%	33.18%	22.79%	0.20%
X区法院	14.15%	34.26%	50.89%	0.70%

（二）审理周期缩短

由于小额案件事实清楚、权利义务关系明确、争议不大，便于法官掌握案情和适用法律规范，因此审理周期较短。调研发现（见图2），20家基层法院小额诉讼的平均结案时限在20天左右，与简易程序相比大大缩短（见图3）。有的法院结案周期更短，在5天以内，结案周期稍长的法院也能控制在55天以内。据W区法院W法官介绍，安徽省2022年上半年民事案件的平均审理周期在50天左右，而适用小额诉讼程序一般在20天以内，较普通民事案件缩短了一半以上。不仅如此，小额案件审理周期短还体现在庭审时长上，W区法院要求小额诉讼程序实现四个"当庭"，即当庭陈述、当庭举证、当庭调解和当庭裁判；H区法院小额案件基本一次开庭即可审结，时长一般为10到15分钟；A区法院也表示，一次开庭也只需要10到15分钟。

当然，缩短审理周期不能以降低案件质量为代价。各家法院在"提速"的同时也通过一定的内部机制保证案件质量。如N区法院实行文书校对制度，不同法官之间相互审核裁判文书，以保证案件质量；J区法院开展案件质量评议会，各庭法官在归档之前，讨论案件是否存在瑕疵，分析瑕疵案件的质量问题。

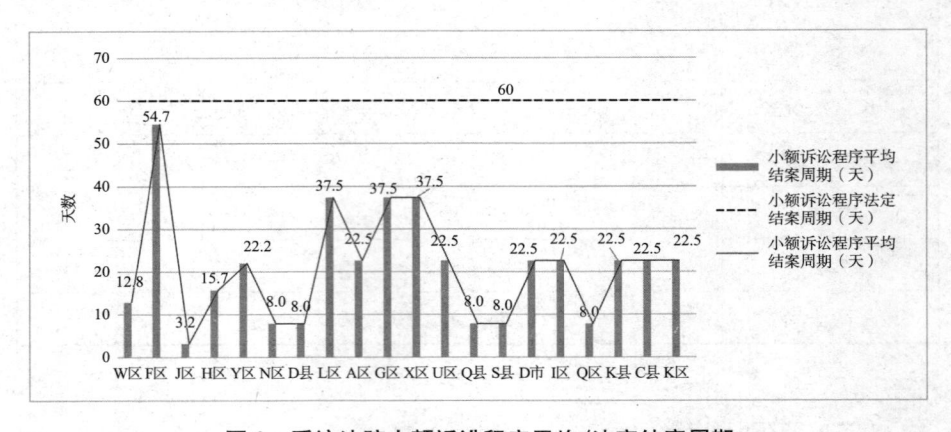

图2 受访法院小额诉讼程序平均/法定结案周期

（三）诉讼成本降低

对当事人而言，小额诉讼的基本功能就是解决纠纷。当事人通过小

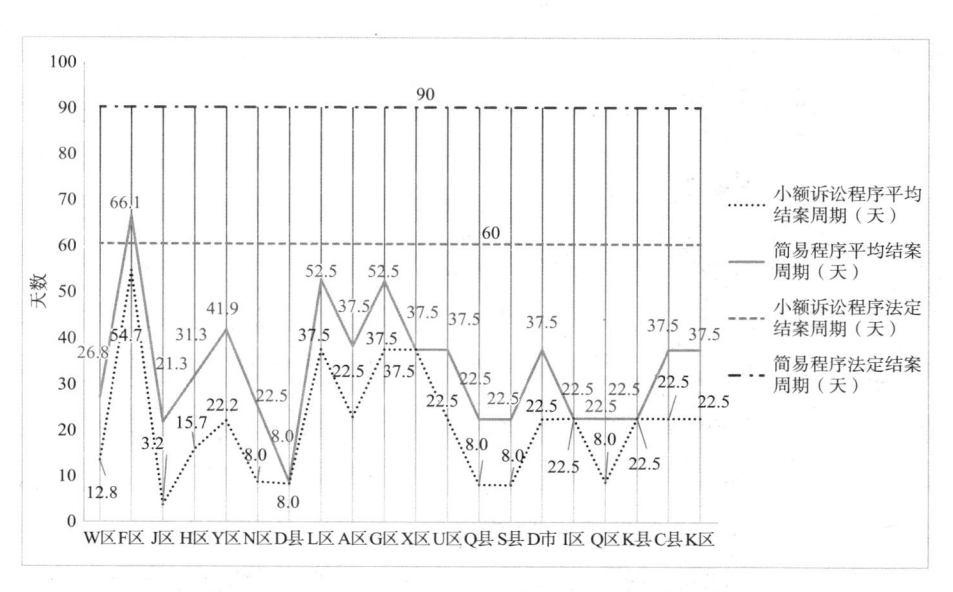

图 3　受访法院小额诉讼程序平均/法定结案周期和简易程序平均/法定结案周期

额诉讼程序能更加简单、便捷地进行诉讼和保护自己受侵害的小额债权。① 其一，节约诉讼时间。Y 区法院 C 法官认为，适用简易程序和普通程序审理的民商事案件不仅诉讼周期长，而且当事人如果上诉，时间成本将大大增加。小额诉讼程序较短的审理周期和"一审终审"的设置大大节约了诉讼时间。其二，节省诉讼费用。只要当事人具备基本的表达能力，一般不用委托律师，而且只需缴纳普通程序一半的诉讼费。其三，提高司法效率。对于法官和法院来说，法官在程序和实体两方面行使较大的裁量权，使程序相对灵活，以有效地加快审判的进程②，同时还有助于将有限的司法资源分配至更复杂的案件，实现"简案快审、繁案精审"。当然，从法院内部而言，由于小额诉讼实行"一审终审"，大幅减轻了二审法院上诉案件的负担。

---

① 肖建华、唐玉富：《小额诉讼制度建构的理性思考》，《河北法学》2012 年第 8 期。
② 范愉：《小额诉讼程序研究》，《中国社会科学》2001 年第 3 期。

四、小额诉讼程序面临的困境及其原因

(一) 适用标准有待调整

我国《民事诉讼法》规定小额诉讼的适用标准为双重标准：一是形式标准，即标的额为各省、自治区、直辖市上年度就业人员年平均工资50%以下；二是实质标准，即事实清楚、权利义务关系明确、争议不大。无论是从理论角度还是从实践角度来看，上述标准都存在一定的问题。

1. 形式标准过分扩张

相较于2011年小额速裁试点和2020年繁简分流改革试点采用的定额制，立法对小额诉讼的标的额始终采取的是比例制。比例制的优点是可以兼顾各省级行政区的经济发展和收入水平差异，但2021年12月修正的《民事诉讼法》一次性提高20%的比例，本身幅度比较大。目前，长三角各地区小额诉讼的标的额上限，低则四万余元，高的已达到六万余元，将来逐年上调后将会更高。将如此之高的标的额称为"小额"，不仅与常识不合，普通民众也未必能够接受。况且许多省份内部还存在南北差异、东西差异、城乡差异等，在同一省份的欠发达地区，几万元对于一般人并非小数。如果适用小额诉讼并且一审终审，当事人就可能存在疑虑。

与此同时，许多地区的高级法院在下发的关于适用小额诉讼标的额的通知中选取了"城镇非私营单位就业人员年平均工资"这一指标作为测算依据。而无论是在全国层面还是在各地区层面，"城镇非私营单位就业人员年平均工资"都远高于"城镇私营单位就业人员年平均工资"，而且，采取这一指标也没有考虑到工资与可支配收入的区别。

2. 实质标准比较模糊

"事实清楚、权利义务关系明确、争议不大"作为小额诉讼实质标准

往往由立案人员依靠经验分析确定，并没有明确的客观标准。W区法院Z法官指出，立案法官一般会根据自己的司法经验大致判断案件适用何种程序。但案件是否"事实清楚、权利义务关系明确、争议不大"只有经过初步审理后才能确定，立案时仅凭对起诉状的形式审查或与被告进行简单的电话沟通，很难做到精准判断。这在实务中便产生了一定的困局：有的案件表面上符合标的额的标准，在进入正式审理程序后才发现实际案情复杂，争议较大，并不能适用小额诉讼程序，主审法官就不得不进行程序转换。

实际上，该条件作为简易程序的适用条件本就模糊不清，而小额诉讼沿袭了这一条件。关键在于，如果法官发现案情并不简单，那么案件就既不适用小额诉讼，也不适用简易程序。但实务中很多小额诉讼的程序都转为了简易程序，这与简易程序的适用条件仍然是相矛盾的。

为解决标准模糊的问题，一些地方法院直接放弃实质标准，规定只要达到相应数额即可。这种办法虽然可以将更多的案件立为小额案件，但同时又会带来转换率升高的问题。

（二）合意适用受到冷遇

我国现阶段小额诉讼程序的适用方式有法院主动适用（法定适用）和当事人合意适用（约定适用）两种，合意适用小额诉讼程序意味着当事人丧失小额诉讼程序异议权和以不应适用小额诉讼程序为由的再审申请权。实践中，小额诉讼程序基本由法院依职权启动，当事人在纠纷发生前进行程序选择的情形极为罕见，本次调研中当事人合意适用小额诉讼程序的案件为"0"件。

一方面，在纠纷发生前，当事人无法确切地知悉彼此之间"争议的范围有多大、争议的内容是什么、争议的标的是多少"，无法生成根本合意。纠纷发生后则是达成合意"最合理但最不易"的阶段,因为合意适用的依据是程序选择权理论,但实践中债权人和债务人的想法是不一致的。债权人作为原告选择适用小额诉讼程序的意愿更高,但对债务人而言,适用该程序只会使其在更短的时间内被法院判决偿还债务,因此意愿较低。换言之,"这种关于一方利益获得和另一方利益丧失的预计,当然会影响当事者的态度和行动"。① 根本来说,囿于当事人理解能力有限,且小额诉讼程序的社会认知程度低,大部分人也并不知道该程序的存在,程序选择无从谈起。此外,小额诉讼程序一审终审会使当事人失去上诉权,如果当事人双方确实争议较大,选择该程序并不能更好地解决问题。②

(三)多数为企业所利用

尽管小额诉讼程序的适用范围在立法上逐步拓宽,但在实践中小额案件类型较为单一,且原告大多为物业公司等企业。有学者统计了2013年至2018年6月30日的裁判文书发现,适用小额诉讼最多的案件为物业纠纷,占比高达35.665%。③ 有的法官也发现,北京市基层法院审理的小额案件50%以上为物业公司追索物业费、供热企业追索供暖费和电力公司追索电费等相对固定的类型。④

这一现象在团队的调研中同样得到了印证,受访法院处理的小额案件主要是物业、电信等服务合同纠纷,案件占比可达40%左右。以F区

---

① 棚濑孝雄:《纠纷的解决与审判制度》,中国政法大学出版社,2004,第102页。
② 李浩:《繁简分流改革视域下完善小额诉讼程序研究——以N市与S市试点法院为重点》,《当代法学》2021年第4期。
③ 占善刚、王甜:《小额诉讼程序的运行效果之实证分析——以"中国裁判文书网"数据为基础》,《河南财经政法大学学报》2018年第6期。
④ 陆俊芳、牛佳雯、熊要先:《我国小额诉讼制度运行的困境与出路——以北京市基层法院的审判实践为蓝本》,《法律适用》2016年第3期。

法院为例，截至 2022 年 6 月 30 日，该院适用小额诉讼程序审结的案件共 9 451 件，其中物业服务合同纠纷为 4 923 件，占比一半以上。Q 县法院 Y 法官指出，物业公司一般只需要聘请一个法律顾问就可以代理一系列批量化的追索物业费的案件。

我国小额诉讼程序对适用主体没有限制。如图 4 所示，10.5% 的小额案件为银行卡纠纷。随着分期付款和信用卡的出现，金融类小额纠纷不断增加，相关的债权纠纷数量也随之增长。X 法院 P 法官指出，X 法院是主城区法院，金融机构比较集中，案件类型也比较多，其中的债权人多为信贷公司、银行、大企业等机构。这就使得小额诉讼程序变成了针对消费者或穷人的讨债程序，与小额诉讼程序的初衷不符。[①]

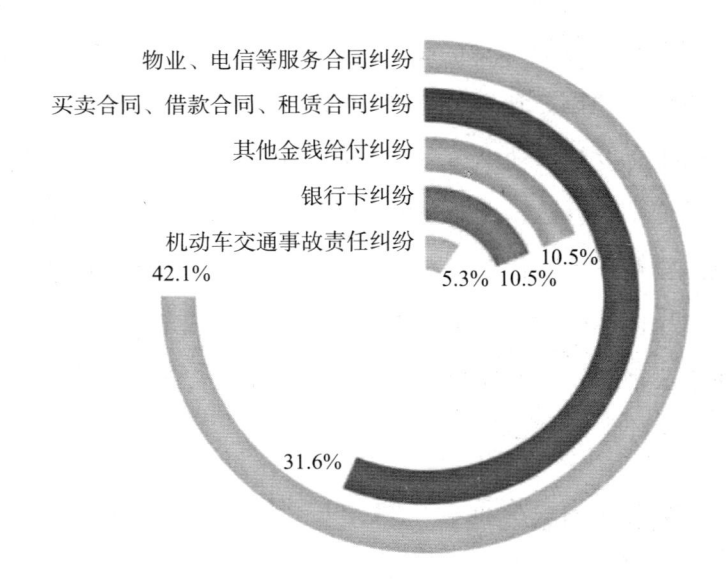

图 4　受访法院主要案件类型统计

- 物业、电信等服务合同纠纷　42.1%
- 买卖合同、借款合同、租赁合同纠纷　31.6%
- 其他金钱给付纠纷　5.3%
- 银行卡纠纷　10.5%
- 机动车交通事故责任纠纷　10.5%

[①] 肖建国、刘东：《小额诉讼适用案件类型的思考》，《法律适用》2015 年第 5 期。

(四)程序独立性不足

1. 体例上依附于简易程序

我国《民事诉讼法》将小额诉讼程序附设在简易程序之中，导致二者在适用中呈现出同质化现象。[①] 尽管小额诉讼程序有自身的适用范围、举证期限、答辩期以及审限、审级等特殊规定，但在体系上仍然是依附于简易程序的。二者最显著的区别在于小额诉讼程序实行"一审终审"。问题是，如果法官适用简易程序，只要释法说理比较到位，也并非不能实现一审终审的结果。而且，许多法院的法官表示，适用小额诉讼程序所花的精力和时间与适用简易程序相比，其实并没有明显的差别。

2. 缺乏专门的内设机构

在组织形式上，20家基层法院的小额案件多由速裁团队、速裁审判团队、速裁快审团队、速裁庭等来审理，这些机构大都具有"临时性"的特点，很少有专门审理小额案件的内设机构。即便是速裁团队的法官，可能既要处理小额诉讼，也要处理其他适用简易程序和普通程序的案件，这就导致法官要在不同程序间来回切换，不仅难以形成稳定的审判工作模式，也容易忙中出错。C县法院Z法官指出，没有设立小额法庭的不利之处在于法官既要办普通程序，又要办小额诉讼程序，还要办简易程序，手上的案件很杂。

(五)程序适用率偏低

小额诉讼程序是缓解司法资源紧张和使普通民众高效率、低成本地实现定分止争的渠道。2012年《民事诉讼法》修正实施后，最高人民法

---

① 石春雷：《小额诉讼程序的分流困境及其破解》，《北方法学》2021年第6期。

院审判委员会专职委员杜万华曾认为,"全国法院小额案件将占到全部民事案件的30%左右,对人民法院的民事审判工作格局将产生重大影响"。[①]然而,小额诉讼实际运作却与前述预期存在偏差,适用率长期处于比较低迷的状态。有学者发现,小额诉讼程序审结率从2018年至2020年仅增长1.63%,未能实现最高人民法院期待的"常态化适用"的目标。[②]也有实务人士指出,2013—2019年小额诉讼程序适用率维持在1%左右,2020年和2021年增长速度加快,分别为3.57%和6.98%,远未达到30%的司法预期效果。[③]

团队的调研也印证了这一困境(见图5、图6)。数据表明,20家基层法院10年小额诉讼程序年均适用率为12.1%,这和30%的预期仍然存在较大差距。同时,不同地区小额诉讼程序适用率存在差异,其受到经济收入、人口流动和案件数量等因素影响。

1. 诉前调解大幅分流

中共中央办公厅、国务院办公厅联合印发的《关于完善矛盾纠纷多元化解机制的意见》要求人民法院建立健全诉讼与非诉讼相衔接的矛盾纠纷解决机制。部分调研法院贯彻落实政策,创设诉前调解组织。诉前调解对分流小额案件具有重要作用,如D县法院H法官指出,对于大部分"事实清楚、权利义务关系明确、争议不大"的小额案件,前期调解就能化解掉,无须进入小额诉讼程序。同时,诉前调解组织亦能发挥"预诊"的功能,即调解人员先行调解,无法调解成功的案件大概率不符合小额诉讼程序的实质标准,遂向审判组织出具"不建议适用小额诉讼

[①] 谢勇:《要认真做好小额诉讼实施准备工作》,《人民法院报》2012年10月9日第1版。
[②] 于涛、刘新星:《小额诉讼程序改革的法理审视与制度完善》,《云南民族大学学报(哲学社会科学版)》2022年第4期。
[③] 刘波、张伟:《我国小额诉讼程序研究》,陕西法院网2022年7月11日,https://sxfy.chinacourt.gov.cn/article/detail/2022/07/id/6786868.shtml(最后访问日期:2023年12月31日)。

图 5 受访法院小额诉讼程序平均适用率分布

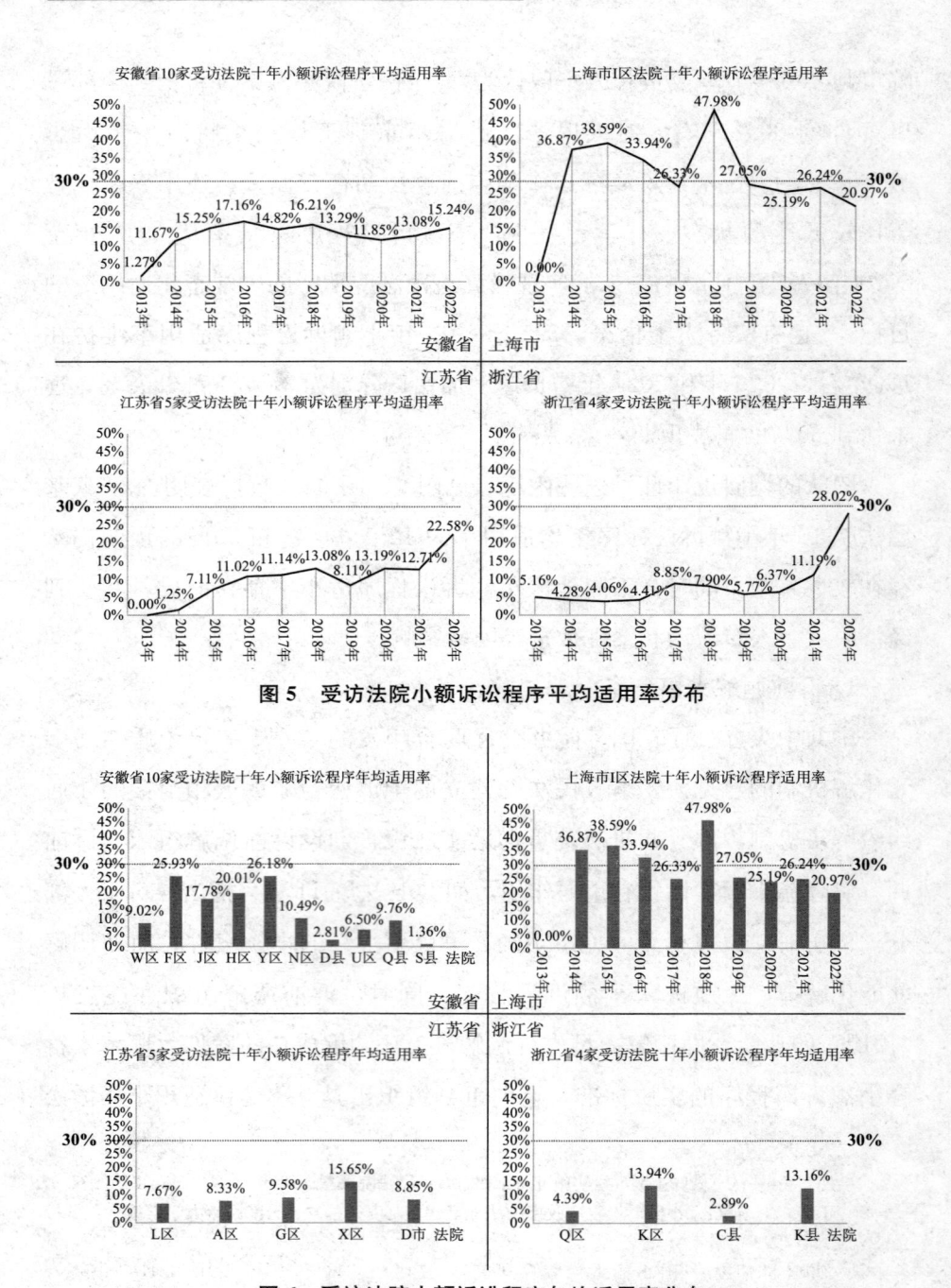

图 6 受访法院小额诉讼程序年均适用率分布

程序的告知书"。D市法院Y法官亦指出，其法院的诉前分流率高达80%以上，诉前调解成功率达50%以上，这一部分案件基本上不需要再进入正式的审理程序。

2. 程序救济不够通畅

上诉具有为法院裁判提供正当性、保障裁判的统一、纠正错误和法律续造的意义。[①] 如果缺少合理的救济途径，不仅会贬损司法权威，也会使当事人的利益得不到保障。目前，法院适用小额诉讼作出判决后，当事人程序内的救济途径只有申请再审。而我国《民事诉讼法》对再审程序设定的门槛较高，"事实清楚、权利义务关系明确、争议不大"的小额案件很难达到法定的再审条件。相较于上诉而言，尽管小额案件当事人也能通过申请再审寻求救济，但申请再审不等于再审程序必然会启动，但是上诉是无条件的。

而且在实务中，一些上级法院要求申请再审只能向原审法院提出，不能向上级法院提出，实际上剥夺了《民事诉讼法》第206条赋予当事人的选择权。如果强制当事人只能向原审法院申请再审，有损再审程序于当事人的公信力。

3. 诉讼主体共同排斥

小额诉讼程序在"原告－法官－被告"三方主体的互动中遭受"冷遇"。不仅当事人对"一审终审"存在疑虑，对于原告和被告双方的诉讼代理人而言，"小额"的抽成收入和"上诉"的期待利益灭失使得其引导当事人疏离小额诉讼程序。[②]

特别是对于法官而言，其工作量并未实质减少。实际上，小额诉讼

[①] 李浩：《小额诉讼程序救济方式的反思与重构》，《法学》2021年第12期。
[②] 刘加良：《小额诉讼程序适用的改进逻辑》，《法学论坛》2020年第1期。

程序取消了当事人的上诉机会,减轻的是二审法院的压力,并没有减轻一审法院的压力。庭审前,为了让当事人理解小额诉讼程序的特点,法官在适用该程序之前和审理过程中要不断地向当事人进行释明。同时,小额诉讼程序要求"当庭裁判"①,这意味着法官的一切工作要做在庭前,在庭前就要进行实质性的审查。在庭审中,在小额诉讼程序和简易程序没有实质区分的情况下,法官的工作并没有减少,反而被要求更快结案,这些给法官造成了很大的压力。稍有差别的是小额诉讼程序的裁判文书较为简单,但许多法官表示,文书制作只占诉讼程序很小的一部分,因此工作量减少得不多。

4. 其他因素综合作用

其一,两审终审观念根深蒂固。上诉是当事人在诉讼中最主要的救济方式。一般而言,当事人都不会主动放弃上诉权。中国人自古就有"信上不信下"的传统观念,自1954年《人民法院组织法》确立两审终审制以来,有的民众已经形成了两审终审的思维惯性,认为打官司就是两审终审,而一审终审的制度安排与民众的传统认识有所抵触,导致当事人的程序认同度偏低。K区法院X法官指出,当事人对二审终审的概念是根深蒂固的,一旦我们告知他们一审终审的时候,当事人往往就会产生一定的抵触行为。

其二,信访制度增加法官压力。一审终审既是小额诉讼程序的亮点,也是痛点,因为当事人总是渴望得到进一步的救济。在这种情况下,如果法官未进行充分的释法说理,当事人心中就会对裁判存有疑虑;如果当事人不服又申请再审或者进行涉诉信访,法官按要求把更多的精力投入信访案件的办理、汇报、报结,难免会耽误正常案件的办理,又难免

---

① 不过,大部分法院事实上也难以做到"当庭裁判"。

会形成新的信访案件，周而复始，形成"恶性循环"。J区法院Z法官表示，现在法院信访压力很大，按规定法官还要负责判后答疑和信访的释法说理工作。Q区法院T法官指出，如果法官适用了小额诉讼程序，当事人不能通过二审程序转移愤怒情绪、发泄不满的话，可能会通过信访或者其他的手段来转移。

其三，终身负责制进一步加压。小额诉讼程序不仅未对法官进行实质减负，还无法充分调动起法官的积极性。在"一审终审"和"终身负责"的双重加持下，当事人对判决不服而进行信访或申请再审的后果，依旧会作用在法官身上。J区法院Z法官表示，"法官终身责任制"导致法官不愿用、不敢用小额诉讼程序。W区法院R法官认为，由于终审权在法官手里，裁判作出后便不可更改，这就意味着需要法官一个人承担案件的所有结果。对于小额案件而言，一审终审后当事人失去上诉权，不管案件审判是否公正，当事人都会归责于承办法官。因此，法官可能会减少适用小额诉讼程序。

其四，当事人诉讼能力不足。小额诉讼程序适用率低还由于程序的利用者——当事人缺乏对该程序的深入了解，遑论适用该程序。当然这主要受到两方面的影响：一是法律宣传不够到位，二是当事人的法律水平和诉讼能力也较低。在实践中，小额案件当事人基本不会聘请律师，在举证阶段甚至有的人连证据原件都不知道要带。而对于一些法律概念，即使法官多次解释，当事人还是无法理解，于是在对判决不满又不能上诉时，当事人就会与法官争吵。上述情形难免会导致诉讼无法顺利进行，影响"案结事了"。这就给法官增加了不少"麻烦"，造成了法官对该程序的排斥感。

五、小额诉讼程序困境的纾解之道

（一）优化程序的适用标准

2021年《全国人民代表大会常务委员会关于修改〈中华人民共和国民事诉讼法〉的决定》将标的额上限提高到各省、自治区、直辖市上年度就业人员年平均工资50%以下，随着就业人员收入水平逐步提高，标的额上限也会快速增长，当事人的系争利益越来越大，此时仍适用小额诉讼程序就超出了一审终审可承载的范围，不利于当事人的程序保障。因此，今后不宜再对50%的标准进行扩大，甚至可能需要适时加以限缩。同时，立法上应当以各地"居民人均可支配收入"指标作为法定基准按特定比例折算。建议将现行《民事诉讼法》第165条第1款的相关表述修改为"标的额不超过各省、自治区、直辖市上年度居民人均可支配收入百分之五十的，适用小额诉讼的程序审理，实行一审终审"。

此外，不应无限制地放宽和扩大适用范围。按照目前的适用条件，"一刀切"地采取强制适用本身并不是一种很好的选择，应当为基层法官保留"因案制宜"的裁量空间。对于适用的案件类型，应当从试点和实务经验中总结提炼出真正适合于一审终审的案件类型，并详细列举哪些应当适用、哪些可以适用、哪些不得适用，将适用范围清单化。相较于2015年《民事诉讼法司法解释》正面列举了九类案件，2021年修改的《民事诉讼法》采取了排除式规定，即只要不属于六类排除情形的，都可以适用小额诉讼程序。实际上，列举式规定对于基层法院的指引性更强，排除式规定反而不够清晰，加之小额诉讼程序的适用标准本身又很模糊，基层法院就更难精准把握有些案件到底是否适用小额诉讼程序。有些类型的案件，虽然法律关系简单，但社会性矛盾和影响较大，仅凭一审难以彻底化解，不太适合小额诉讼程序。在审理过程中，如因案情复杂需要转换程序，应当征得当事人同意才能转为简易程序，否则应当裁定转为普通程序。

（二）激活合意的适用模式

我国台湾地区"民事诉讼法"第 436 条规定："关于请求金钱或其他代替物或有价证券之诉讼，其标的之金额或价额在新台币 50 万元以下者，得经当事人合意适用小额诉讼程序，其合意应以文书证之。"① 2016 年 9 月《最高人民法院关于进一步推进案件繁简分流优化司法资源配置的若干意见》扩张了小额诉讼程序合意适用的资格。

在实践中，小额诉讼程序基本由法院依职权启动，当事人在纠纷发生前进行程序选择的情形极为罕见。法院可以通过《小额诉讼告知书》释明并引导当事人选择适用小额诉讼程序。在调研中，W 区、F 区、J 区、H 区、Y 区和 D 县法院均采用这一方式并取得一定成效。在民事诉讼繁简分流改革试点中，有的法院在双方当事人未约定适用的情况下，在开庭前由法官询问双方当事人是否同意适用小额诉讼程序，并在征得双方同意后适用小额诉讼程序审理，但这种做法属于"超范围征询当事人同意"。②

此外，有学者建议"通过合同条款等形式将小额诉讼程序作为解纷方式缔入，合意约定适用小额诉讼程序"③；在实务中，该做法亦有呼应，K 区法院 X 法官建议金融机构将合意适用小额诉讼程序作为格式条

---

① 杨建华：《民事诉讼法要论》，北京大学出版社，2013，第 360-361 页。
② 李浩：《民事诉讼当事人程序同意权研究》，《法学评论》2023 年第 6 期，第 67 页。
③ 徐本鑫、张瑞豪：《个人金融信息保护与利用的"告知-同意"规则优化》，《征信》2023 年第 7 期。

款直接写入合同。但值得思考的是,合同条款的本质是诉讼契约,若契约双方掌握的法律资源、社会资源和经济地位存在较大差异,就会削弱合意的真实性,使其变成一方当事人对另一方的强迫。如果金融机构多数或只与自然人缔结程序适用的契约,那么小额诉讼程序必然会丧失"便民"的功能优势。较为妥宜的做法是限制诉讼契约的主体,仅允许同类主体(如法人之间)通过诉讼契约合意选择小额诉讼程序。

(三)限制适用主体和次数

小额诉讼是为便利民众接近司法而设置的程序,所以不应当允许法人主体毫无限制地针对普通人利用小额诉讼程序,在司法资源有限的前提下,应当从程序方面限制非自然人主体利用小额诉讼程序的次数,优先保障普通公民利用的机会。

从域外来看,美国克利夫兰市规定在一个月内小额法庭中同一原告起诉次数不多于四次;布法罗市的小额法庭则限制了原告资格,规定债权受让人无法成为原告,同时除自然人之外,企业、医院、市政各部门都不能适用该程序[①];加利福尼亚州规定,除地方公共机构之外,诉讼人在一年内提出单次超过 2 500 美元的小额索赔诉讼不得多于两次。[②] 日本立法限定一年内同一原告向同一简易裁判所提起小额诉讼不得超过十次。

我国应当借鉴域外做法,限制小额诉讼程序被法人利用的次数,促进速裁快审资源向普通人倾斜,更好地保障普通公民适用的机会,真正实现其便利民众的目标。同时,团队在调研中发现,部分法院的创新举

---

① 袁春兰:《两大法系小额诉讼程序的比较分析》,《河北法学》2005 年第 4 期。
② 美国加利福尼亚州法院行政办公室司法教育和研究中心(英文版)主编《美国加州小额诉讼程序指南》,罗东川审订,蒋惠岭、黄斌等译校,人民法院出版社,2011。

措有助于缓解小额诉讼受案类型集中于物业纠纷的困局，U 区法院主张加强与基层社区的联系，助力其提高物业服务质量，F 区法院通过示范调解以解决批量化的物业案件。

（四）提升程序的独立性

纵观世界各国的小额诉讼程序立法体例，存在两种模式：一种是独立运行，如美国加利福尼亚州制定了独立的小额诉讼程序规则《小额诉讼程序指南》，韩国制定了单独的《小额案件审判法》和《小额案件审判规则》。① 另一种是附设运行，如德国和法国将小额诉讼程序规定在简易程序之中，立法只对小额诉讼程序作出更加简化、灵活的规定。② 未来我国可以推动出台专门的小额案件审判法，将其与简易程序完全区分，形成独立自主的规范体系。对于审判机构而言，本次调研的法院都没有设置专门的小额法庭，而是搭建了速裁团队或者民事速裁庭，同一法官审理案件可以适用多种程序。尽管有的法院相对实现了高效，但也有一些法院在小额案件的审理周期上不尽如人意，法官的工作量也减少不多，与适用简易程序相比差别不大。我国香港特别行政区的小额钱债审裁处、澳门特别行政区的小额钱债法庭等都是独立的小额速裁庭，实现了"多面化"向"专门化"的转变，也都取得了较好的效果。③ 团队建议，推动基层法院设立独立的、专门化的小额审判庭集中审理小额案件，在人员配置上可实行"一审一助一书一调"的模式，同时在法院诉讼服务大厅设立小额案件立案专窗，给予相应的诉讼引导。

---

① 应当注意的是，韩国的小额诉讼程序很大程度上扮演的是我国简易程序的角色。
② 石春雷：《小额诉讼程序的分流困境及其破解》，《北方法学》2021 年第 6 期。
③ 白昌前：《小额诉讼程序适用的现实困境及应对——以重庆法院为例》，《西南政法大学学报》2015 年第 1 期。

此举将有助于法官专注于小额案件,积累充足的审判经验,进一步提高司法效率。

(五)提升程序的适用率

1. 增强程序的社会认知

尽管小额诉讼程序在中国已实施了十余年,但其社会认知程度仍然相当低,大多数老百姓对小额诉讼程序为何物基本不知。英国学者阿蒂亚指出:"就算世界上有一种最完美的法律制度,如果公众无法利用这种制度,那么这种制度再好也是没有多大用处的。"① 民众的普遍不了解,是小额诉讼程序适用率低的深层原因之一。

可以加强对小额诉讼程序的普法宣传,让民众真正认识到小额诉讼程序对于解决纠纷的积极意义,让当事人遇到符合条件的小额案件时,从不了解、不敢用转变为愿意用、乐于用。同时,法院在立案时也可以对当事人加以引导,促进当事人合意适用。四川省崇州市法院在诉讼服务中心开展诉前辅导,为当事人释明小额诉讼程序简单、快捷、省时等特点,这种做法值得借鉴。此外,可以将小额诉讼程序诉前辅导工作纳入律师法律援助或调解员的工作范围,以减轻法官的工作量,使其将更多的时间和精力花费在审判工作中,也能使当事人得到更为充分明确的解释和更为快速准确的判决,增强当事人对小额诉讼程序的了解与信任。

2. 创新当事人普惠措施

小额诉讼程序存在的意义,在于提供低成本、高效率且灵活简便的程序,让大众更加接近司法,方便当事人的诉讼活动。如果不能为当事

---

① 阿蒂亚:《法律与现代社会》,范悦译,辽宁教育出版社,1998,第67页。

人提供更多的普惠措施，小额诉讼程序难以发挥应有的作用。

其一，可以进一步减免小额诉讼程序的诉讼费。北京法院率先规定，自 2022 年 9 月 1 日起全市法院受理的小额诉讼案件每件仅收取 10 元受理费；以调解方式结案或当事人申请撤诉的，收费标准降为 0 元。[①] 此举有利于提升当事人的主观意愿，值得推广。

其二，针对当事人诉讼能力不足的问题，需要多方面发力。北京市朝阳区法院在当事人座席张贴《诉讼权利告知书》，释明程序适用依据、标准和救济途径。[②] 鉴于小额案件标的额小，当事人委托代理律师的情况较少，可以借鉴刑事值班律师制度，鼓励法院与司法局、律协建立联系，为当事人提供诉中法律援助服务。就法院自身而言，可以采取"视频辅导为主＋人工辅导为辅"的模式，在诉讼服务大厅提供学习视频，由当事人扫码下载观看，不具备操作能力或仍有疑问的，辅以人工辅导。此外，应尽快推出一整套标准化、简易化、通俗化的诉讼文书样式，以普通民众能够看懂为标准，避免法言法语，提升程序的亲民性。

其三，虽然不少法院在诉讼服务中心为当事人提供"要素式"文书，但当事人在起诉时往往需补充材料。对此，可以对小额诉讼程序进行深度电子化，让当事人在立案大厅自助立案系统甚至手机客户端输入基本信息即可立案，从而实现"一站式"起诉，并且将小额诉讼程序与异步审理衔接适用，当事人可以借助手机平台进行非同步诉讼，提升程序的灵活性。

其四，灵活安排开庭时间。为方便民众诉讼，我国台湾地区针对小

---

① 赵岩、付金、李天佳：《北京法院发布营商环境 5.0 版改革成效》，《人民法院报》2022 年 8 月 12 日第 1 版。

② 张孟、韩芳：《深化民事诉讼程序繁简分流改革 实现"大体量"法院办案模式提档升级》，《人民法院报》2022 年 9 月 26 日第 3 版。

额诉讼曾尝试在夜间、休息日开庭。虽然该举措在我国台湾地区的实施效果并不理想，最终偃旗息鼓，但并不意味着类似方式在我国完全不能实行。对此，可以由部分法院进行试点，将专门小额法庭的上班时间设置为工作日与非工作日相互交叉，例如周四至周日的白天和周三的夜间，以便法官根据当事人的需要灵活安排审理时间。考虑到法官自身的家庭和个人生活，不宜长期在休息日上班，可以实行休息日轮班制，具体可由试点法院根据自身情况加以探索。

3. 完善当事人救济机制

从域外来看，小额诉讼程序裁判的救济机制有三种代表性模式：美国的动议制度救济方式、英国与我国台湾地区的特定条件上诉模式和日本的异议申请模式。[①] 学界普遍认为申请再审不足以给当事人提供有效的救济，并提出了若干救济方式。有学者指出，在不突破一审终审的前提下，存在两种强化救济的方案：第一种即允许当事人提出异议，由原审法院指定另一名法官重点审查原裁判是否存在错误。第二种是不设前置的审查程序，在当事人提出异议后直接由原审法院适用普通程序重新进行审理。[②]

但从实践来看，小额诉讼的服判息诉率普遍很高，申请再审和启动再审的情形均极为罕见。Y区法院C法官指出，目前没有遇到过当事人信访或者申请再审的情况。有当事人提过，我们就告诉他如果认为案件判错了可以申请再审，但是后来也没有去再审。J区法院L法官亦提及，小额诉讼到目前为止，没有一起启动再审，包括当事人申请再审、本院依职权再审和检察监督发动再审。当然，出现这一现象可能是因为小额

[①] 占善刚、王甜：《小额诉讼程序的运行效果之实证分析——以"中国裁判文书网"数据为基础》，《河南财经政法大学学报》2018年第6期。

[②] 李浩：《小额诉讼程序救济方式的反思与重构》，《法学》2021年第12期。

诉讼调撤率较高而判决率较低。但现阶段，随着员额制改革后法官队伍逐步精英化，其审理简单的小额案件基本不存在问题，故总体上暂无增加救济途径的紧迫性。按照部分学者提出的观点，若当事人不服判决则由原审法院重新指定一名法官进行审查或直接转为普通程序重新审理，此类方案将会大幅增加基层法官的工作量，可行性不强。

在现有制度下，如果要强化当事人的救济空间，值得考虑的办法是放宽小额诉讼的再审条件，并限定再审法院为中级人民法院。目前真正应注意的是：除当事人自愿选择原审法院外，小额诉讼的再审申请应由中级人民法院受理为宜，此举有助于上一级人民法院统一辖区内的司法尺度，防止各基层法院宽松不一或陷入自我监督的矛盾，造成当事人的不信任。而且，此举也不会过分增加中级人民法院的办案负担。如果当事人的再审申请符合法定事由，中级人民法院应严格依法启动再审程序，避免引发可能的涉诉信访案件。

4. 构建科学的考核机制

小额诉讼程序适用率低的另外一个主要原因是"法官不敢用"，这背后直接涉及法院的绩效考核制度。应取消传统考核指标中涉及信访和再审的指标，如当事人无正当理由对小额诉讼判决提出涉诉信访的，不计入法院或法官的考核范围。D县法院Z法官指出，由于安徽省有单独的小额诉讼考核指标，法院必须主动适用该程序，但潜在的涉诉信访压力又让法官不得不谨慎适用，这给法官造成了较大的困扰。而L区法院X法官则表示，江苏省没有相应的考核指标，这与安徽省存在明显差别。

此外，不少法官反映，这类案件是非常适合通过各类非诉讼调解机制来解决的。如果诉源治理的效果越好，将来流入小额诉讼程序审理的案件就会越少。从这个角度看，应当将小额诉讼程序与诉前调解深度融合，实行"调解前置主义"和"调审一体化"。只要纠纷在整体的程序通道内得到化解，无须过分追求小额诉讼程序本身的适用率。因为真正的目标是化解纠纷，而不是必须用某个程序来解决纠纷。

六、结语

小额诉讼程序是 2013 年正式实施的新制度。作为民事案件繁简分流改革的重要一环，该程序在一定程度上缓解了法院"案多人少"的普遍矛盾，起诉、送达、调解等环节更加灵活简化，满足了人民群众对多元高效解纷机制的需要。但从调研的总体情况看，小额诉讼程序的整体运行与立法预期仍存在距离，现有制度设计的不健全导致其在实践中也面临着较多的问题。展望下一个十年，如何改变法官不敢用、当事人不想用、适用率偏低的突出困局；如何做到适用的案件类型与一审终审的审级安排相匹配；如何让小额诉讼程序充分释放制度效能，实现效率与公正的价值平衡，更好发挥分流案件、接近民众的作用，真正使小额诉讼程序成为一种"多快好省"的解纷渠道……这些问题既需要立法机关的审慎对待，也需要理论界和实务界的共同思考与努力。

（责任编辑：宋史超）

延展多元解纷平台
推行庭审优质化改革

陈 林[*]

习近平总书记强调,"法治建设既要抓末端、治已病,更要抓前端、治未病"。要防住未病,需要在诉讼前端做好纠纷化解工作;要治好已病,需要让每一个进入审判的案件更优质、高效地得到解决。"我国国情决定了我们不能成为'诉讼大国'",要"坚持把非诉讼纠纷解决机制挺在前面,从源头上减少诉讼增量"。最高人民法院院长张军要求,把诉调对接的"调"向前延伸,做实"抓前端、治未病"。把矛盾纠纷化于未诉、消于萌芽,已然成为人民法院的重要职责。近两年来,辽宁省鞍山市两级法院充分借鉴"枫桥经验",坚持"走出去"与"请进来"相结合、"横向联动"与"纵向贯通"相结合,深挖内潜、广借外力,以多元化的诉调对接和高质量的司法产品,推进矛盾纠纷源头化解,取得了良好成效。

---

[*] 陈林,辽宁省鞍山市中级人民法院党组书记、院长,全国审判业务专家,法学博士。

自 2022 年 9 月以来，辽宁省鞍山市中级人民法院新一届党组探索推行庭审优质化，以创新赋能审判，从一系列"小切口"入手，做实做优"书状先行""争点整理""集中审理""释明权行使""心证公开""对话协同""疑点排除""一次性解决纠纷"等一系列关键词，"庭前功夫"与"庭上功夫"齐发力，有力推动了案件质量、效率和司法公信力的大幅提升。

一、"治未病"，延展多元解纷平台

1. 织密解纷网络，抓实前端力促诉前调解

一是引进多方力量。认真贯彻辽宁省委关于强化源头治理的要求，出台推进全市法院诉前调解和源头治理的实施方案，推动人员、经费、场所、机制等方面保障工作有序开展。全市法院通过公开招募、动态调整等方式聘请 133 名驻院诉前特邀调解员，增设 43 间调解室，申请保障经费 300 多万元，修订完善配套制度机制 27 项，开展专题培训 16 次。市中级人民法院与部分行政机关、仲裁委、行业协会、调解组织等 29 家单位建立了诉调对接机制，并在诉讼服务中心设立人大代表调解室、律师调解室、品牌调解员等特色调解室，满足群众多元解纷需求。

二是走进基层网络。市中级人民法院与市司法局联合推出《关于协同推进矛盾化解工作的意见》，全面加强两级法院与司法行政机关联动协作，切实履行指导人民调解法定职责，全市法院已经对接司法所 86 家，建立了常态化信息互通、法律服务、指导人民调解等工作机制。加强"四所一庭"联动，推进人民法庭与基层司法所、法律服务所、派出所的沟通联系。为深度参与基层网格化治理，市中级人民法院推行"法官进网格"，实行"全员进格、一员多格"，375 名基层法院法官对接全市

1 177名一级网格长,中级人民法院组成综合网格包片小组,指导各基层法院网格员就地化解纠纷。

三是提升化解成效。充分利用"人民法院调解平台"手机小程序,开展线上视频调解。为检验诉前化解纠纷成效,市中级人民法院开展诉前调解现场调度会、金牌调解员、诉源治理典型案例评选等活动。岫岩县网格法官在走访中了解到某小区40多名业主欲起诉物业公司,立即组织开展诉前化解工作,促成双方达成和解协议。铁东区法院和市中级人民法院的法官们在指导人民调解员诉前成功调解某小区十余起物业纠纷后,邀请各方人员和物业公司代表现场召开了物业纠纷治理座谈会。2022年以来,全市法院共诉前调解案件44 369件,调解成功14 604件,调解成功率32.91%,其中2022年以来调解成功件数亦有所增长。

2. 增进评估预断,抓实中端力促诉中化解

一是中立评估增预断。市中级人民法院出台《关于建立民商事纠纷中立评估制度的实施意见(试行)》,全市法院均设立中立评估室,选聘律师协会代表、行业协会代表、专家学者等40名专业人士为中立评估员,在诉前或诉中为当事人提供法律型、专业型的中立评估和预断服务,据此为当事人提供和解、调解建议或其他更加合理的争议处理途径。如立山区法院的中立评估员,在接受因上下楼淹水事故的当事人委托后,通过实地走访,将事实认定与法律分析等的研判结果向双方当事人阐明,促成双方摒弃争议,达成调解协议。

二是专业领域专业调。注重专业知识与专业人才在调处纠纷中的作用发挥。市中级人民法院组建了劳动人事争议、心理咨询师等专业化调解团队,化解了网约车租赁合同纠纷等大量的涉众型纠纷。市中级人民法院与市妇联联动推行由妇联干部、婚姻家庭指导师等人员构建的婚姻家庭纠纷"五位一体"诉调对接机制,在成功调处一起矛盾激化的离婚

纠纷中，一揽子解决了财产分割、债务分担、债权人确认等相关问题，获得了当事人的赞誉。千山区法院作为地区知识产权案件集中管辖法院，与市知识产权局联合构建知识产权保护"司法、行政、维权援助"一体化平台，聘请了一批具备专业能力的特邀调解员。在审理一批20件涉歌厅歌曲侵权的案件中，法官与特邀调解员共同促成该批案件成功调解，且经过回访，该批歌厅再未涉及侵权行为。千山区法院大孤山人民法庭作为"金融法庭"，其专业审判团队在2022年以来审结的案件中，调解率达到80%，质效指标长期稳居全省人民法庭第一名。

三是全程调解全时调。法官们在办案的全流程中抓住有利调解时机，通过巡回法庭、假期走访、晚间登门、就地评理等方式，力促纠纷化解、案结事了。值得一提的是，在做好诉中调解的同时，亦不漏时机、不遗余力地做好判后调解工作，如海城市法院在一件案件判决后一方当事人递交上诉状时，抓住时机促成双方达成和解并当即履行义务。同时，高度关注系列案件的示范意义，力求调解一案、带动众案，如铁东区法院法官在审理某业主因开发商逾期交房引起的纠纷中，通过评估预判该小区会有大量案件进入诉讼，在全面了解业主和物业公司的具体情况和诉求后，引导当事人通过人民法院在线调解平台进行调解，仅用10天就促成双方达成了一致意见，以该案作为示范，该法院对后续业主起诉的316件案件已调解成功182件。

3. 突出效能转化，抓实后端力促诉后治理

一是高发领域重点关注。针对高发的物业、快递、保险等行业案件，全市法院积极与住建、人社、工会、邮政等相关部门衔接联动，开展走访调研、诉源治理座谈、以案讲法等活动700多次，如市中级人民法院在集中审理17件系列劳动争议案件并当庭宣判后，在庭审现场召开相关行政部门、仲裁机构、企业参加的调裁衔接座谈会，共商劳动争议案件

源头治理举措。市中级人民法院劳动用工"法治体检"团队走进20多家企业进行法律风险评估与应对指导，对调解案件当事人进行回访，监督协议履行和合规治理情况。

二是典型案例宣传示范。在市中级人民法院门前设立法治大道，持续宣传弘扬社会主义核心价值观典型案例，引领新时代新风尚。通过中央及省市电视台、人民日报客户端、人民法院报、辽宁日报等各级权威媒体及新媒体、自媒体平台广泛宣传优化法治化营商环境、助推国企改革、妥善调处民事纠纷、助推乡村振兴等典型案例以及诉源治理新举措。

三是司法建议助推良治。坚持能动司法，切实发挥司法建议在参与社会治理、源头预防纠纷等方面的重要作用，实现"办理一案、治理一片"。为刚性做实司法建议，市中级人民法院出台了司法建议管理规定，提出定期定量要求，纳入绩效考核范围，定期调度通报。市中级人民法院曾在案件审理中发现涉鞍钢集团、保险公司等单位的内部管控问题，并对此相继发送了司法建议，得到了积极回应和反馈落实。同时，着力升级司法建议新模式，在助推依法行政和综合治理上做足大文章，如市中级人民法院在梳理总结大量行政案件后，向行政机关发送7万多字的《工伤认定行政执法风险防控报告》，获得了市长的批示肯定。

二、"治已病"，推行庭审优质化改革

1. 推广规范化诉答文书，把好诉讼程序前端关口

为有效解决起诉状和答辩状处于无序自发状态、导致不能形成有效争点交锋、影响初始案件审理走势、制约办案质量效率与效果等长期存在的问题，推行诉答文书规范化，快速明晰争议焦点，提高办案效率。

一是规范样式，统一书写格式。选择民间借贷纠纷、物业服务合同纠纷、劳动争议纠纷、机动车交通事故责任纠纷、离婚纠纷、继承纠纷等十类简易民商事案件设计起诉状与答辩状文书样式模板及通用模板、诉答文书证据清单。模板对诉讼主体、诉讼请求、事实与理由、证据等要素进行填充式设计，指引原告在起诉状中记载"事实与理由"时，达到最低限度的必要事实，并足以支持诉讼请求，对具体事实的陈述须逐项分段表述，并附证据清单；被告答辩时针对起诉状中的"事实与理由"逐项表态，明确承认、否认或抗辩，否认的事项附理由及证据，抗辩具备实质性内容。通过规范起诉状和答辩状，引导当事人从立案伊始便开门见山、直截了当地表达自己的诉求，明确攻防观点，以便法院在后续庭审中能够准确高效地查明事实、适用法律，最终实现实质性化解纠纷的目的。

二是加强推广，扩增应用范围。市中级人民法院与市律师协会联动推广应用规范化诉讼文书模板，在辖区法院印发文书模板和宣传册，通过立案窗口向当事人发送，将文书模板植入系统向当事人提供电子板，录制推介宣传片在中国新闻网刊载，播放量高达30万次。设立立案庭长值班制，对律所及律师进行专项指导。律协选派优秀青年律师在立案窗口定期值班，现场指导当事人使用诉答文书模板。截至目前，全市数十家律所参与使用规范化模板，已制定多类案由的规范化诉答文书模板，应用案数已达数万。"民商事案件诉答文书的战略实践"成为辽宁省法学会2023年度立项课题，10月中旬在市中级人民法院召开了开题报告论证会。

三是注重转化，提高案件指标。诉答文书模板的使用，让条理清晰、攻防对应的文书更加及时地校正当事人的心理预期，给案件调解带来了更大的可能性，更有助于满足当事人真正的诉求。根据有关数据统计，截至 2023 年 11 月末，市两级法院最先适用诉答文书模板的十类简易民商事案件，一审服判息诉率为 90.65%，同比上升 1.85%；一审、二审平均调撤率为 55.43%，同比上升 4.82%。同时，这些案件一次庭审完毕率达 90% 以上，一审平均审理时长也同比缩短了 30%。

2. 打造优质化庭审模式，集中力量攻克庭审难题

树立"一次性解决纠纷"理念，围绕优质化庭审做足庭前准备和庭上审理功夫，做实诉答交锋、证据交换、争点交碰，力求一次开庭终结，避免反复开庭"打补丁"，力求一次裁判事了，避免程序反复流转甚至空转，最大限度减少当事人诉累，防止程序性停滞架空实体性保护，为高质高效处理案件奠定坚实基础。

一是书证先行，唤醒沉睡法条。出台《民商事案件庭前会议的操作规程（试行）》，在庭前通过"书状先行"方式，引导诉讼双方以书面形式提交诉辩材料、进行证据交换、发表质证意见，完成多轮书面意见的交锋，如发现争点不明确或有重要事实尚待查明等情况，通过"三令两表"即"法院指令""当事人本人到庭令""书证提出命令"和"事实证据一览表""法律适用一览表"，进一步查明疑点问题，有效解决案件事实不清、证据偏在等问题。2023 年年初，市中级人民法院在审理一起因优先受偿权和抵押权冲突引发的第三人撤销之诉案件时，发出全省首份《当事人本人到庭令》，当庭迅速查明事实。目前全市法院已经在民间借贷、建设工程等纠纷中发出数百份本人到庭令，唤醒沉睡的法条，多"令"组合并用，收效显著。

二是争点整理，抓牢争议焦点。出台争点整理操作指引，树立"争点确定前移"理念，即在争点确定前不要开庭、不做证据调查，引导法官在开庭前，对案件要件事实及法律适用难点进行充分研判的基础上，引导诉讼双方梳理细化案件事实及证据材料，快速固定无争议事实，整

合归纳法律适用观点，厘清双方法律争议焦点、事实争议焦点、证据争议焦点，为后续庭审聚焦、文书撰写奠定良好基础。如在一起复杂的借贷纠纷中，通过法庭指令在庭前即有效限缩和确定了争点，进入庭审后，庭审双方聚焦争点交锋，围绕争点证据进行质证，庭审时长缩短了一半以上。

三是心证公开，确保案结事了。贯彻"如我在诉"理念，出台举证责任分配、心证公开、释明权行使的操作指引，将释法说理与心证公开贯穿到庭前准备、开庭审理及判后答疑，通过适时适度公开阶段性见解，吸纳当事人的意见，及时有效排除疑点，不断修正与坚定法官内心判断。通过组织当事人开展对话式庭审，引导当事人积极参与到查明事实、适用法律的全过程，提升其对裁判结果的心理预期和信服度、接受度。

3. 健全精深化配套体系，强力助推改革落地见效

健全完善精深化、高端化配套体系，通过高标准示范庭、高质量裁判指引、高规格培训研讨，强化助推庭审优质化做得更优更强。

一是观摩示范，"打样"优质庭审。开展"优质化庭审观摩活动"，市中级人民法院院长带头示范，带动全市法院召开庭审观摩400多次，全面检验法官驾驭庭审能力。市中级人民法院院长作为审判长，二审公开开庭审理并当庭宣判了一起买卖合同纠纷案件，以个案审理为例对庭审优质化的庭前准备阶段和庭审阶段作全流程示范，在庭审公开网同步直播，邀请人大代表、政协委员、专家教授、律协代表及全体民事部类法官旁听观摩，以庭代训，起到了良好的示范效应。而在另一场示范庭后，院长现场为全市法院干警讲授专题党课，从这场庭审入手，对如何把握庭审优质化要点，如何提升人民群众司法获得感、满意度和信服度进行了全方位的阐释。

二是编写指引，统一裁判尺度。将类案裁判指引编写工作，作为市中级人民法院的"一号工程"，抽调业务骨干90人组成10个专项组，从全省14个地级市法院5年内的近14万件案件裁判文书中筛选出543个问题进行研究，确定5大部类10个案由，编写类案裁判指引共计100多万字，并在征求最高人民法院、省人民法院相关业务专家、省内外专家学者、全市员额法官、市律师协会等多方面意见建议后，于2023年4月正式发布实施，有力统一了两级法院裁判标准。出台《司法辅助人员工作手册》，细化司法辅助人员职责清单与工作规程，进一步规范庭审程序。

三是定制培训，全面提升素能。陆续开展"一次性解决纠纷""准确查明事实，实质化解纠纷""庭审优质化"等系列专题讲座，邀请北京大学等全国著名高校专家学者20多人次就审判理论与实务问题进行授课。市中级人民法院与复旦大学签订科研合作协议，组织全市员额法官及部分优秀法官助理共计四期到复旦大学参加庭审优质化新型庭审方式专题培训。以复旦大学培训为基础，还计划与上海交通大学就法律适用、能力提升开展合作培训，与中国政法大学共同举办证据审查专题培训班。

四是高端研讨，拓宽改革视野。2023年7月初，市中级人民法院举办了"庭审优质化理论与实践研讨座谈会"，邀请来自最高人民法院、北京大学、复旦大学、中国人民大学等单位的十余位专家学者，以及多位全国、省人大代表、政协委员，律师代表，围绕"诉答文书与庭审优质化""事实认定与庭审优质化""人证审查与庭审优质化"三个专题进行深入探讨，就庭审优质化配套机制的体系完善与路径选择提出意见和建议，为"优质化庭审鞍山模式"提供了理论基础和实践支撑。2023年以来，陆续邀请北京大学等全国著名高校专家学者20多人次就审判理论与实务问题进行授课，主办4期"鞍山政法大讲堂"。9月，主办首届"千山法治论坛"，与各地、各高校专家学者共同探索研讨与庭审优质化相关的司法理念、司法实务。

随着司法改革的纵深推进，庭审优质化承载着司法改革的新期待。庭审优质化的衡量指标最终必然落在质量最优、效率最优、效果最优、司法获得感最优，让当事人获得最信服、最满意的司法体验，赢得明明白白、输得心服口服。而这些，也正是鞍山法院正在孜孜追求的价值和目标。

（责任编辑：李佳临、朱禹臣）

新时代"枫桥经验"融入法院执源治理的实现路径

卞国平 杨 哲[*]

习近平总书记强调,法治建设既要抓末端、治已病,更要抓前端、治未病。人民法院在加强诉源治理、防止我国成为"诉讼大国"的同时,也应强调执源治理,防止我国成为"执行大国"。福建省漳州市芗城区人民法院立足地方实际,牢牢把握"枫桥经验"的核心要义,将新时代"枫桥经验"融入执行工作中,执源治理工作取得显著成效。据统计,2023 年芗城区人民法院执行质效实现"三升三降"良好态势,执行完毕率同比上升 4.49%,执行和解率同比上升 8.37%,结案率同比上升 5%。案访比同比下降 1.49%,结案周期同比下降 4.9%,收案数同比下降 3.5%。

---

[*] 卞国平,福建省漳州市芗城区人民法院执行局局长、一级法官。杨哲,福建省漳州市芗城区人民法院金融庭五级法官助理。

一、新时代"枫桥经验"融入法院执源治理的逻辑证成

执源治理,是指在社会治理的视域下,加强矛盾纠纷"源头管控""未病预警",达到从源头上减少执行增量的目标。通过建立诉前、诉中"执行不能"风险告知制度,提升诉前和诉中保全比例,构建判后督促履行制度和执前调解制度,促进形成"在立案阶段考虑执行、审判阶段兼顾执行、执行阶段扫除障碍"的工作模式①,从而推进人民法院实现"切实解决执行难"工作目标,不断提升执行工作水平,达到能动司法的内在要求,提升人民群众的司法获得感。

执源治理是一项系统性工程。总体来看,执源治理分为两部分内容,第一部分为法院内部治理,主要有完善"立审执一体化"机制,构建判后督促履行制度和执前调解制度等;第二部分为多元共治,如搭建综合治理和执破融合平台等。

从漳州地区的情况来看,综合治理执行难,多元解纷机制仍未落实,主要有三方面原因:一是各地执行联动机制建设进度参差不齐,有些地区人民法院缺乏与其他兄弟单位的协调联动、有机衔接,在立足基层一线、就地参与矛盾化解方面有较大提升空间;二是社会治理共同体意识有待增强,部分相关职能部门认为执源治理是人民法院的主责主业,普遍认为"有事找法院",并不重视参与纠纷化解工作,协同开展执源治理流于形式,主要由法院"单打独斗";三是执源治理工作不能完全契合群众预期,在实务中,多数胜诉当事人是在多次催讨后才提起诉讼,对败诉当事人的信任感已经崩塌,所以胜诉后他们的第一选择往往是想尽快

---

① 王丽丽:《提升能动执行能力 及时解决群众急难愁盼问题——最高法执行局相关负责人就人民法院能动司法(执行)典型案例答记者问》,《人民法院报》2023年5月20日第3版。

进入强制执行阶段，缺少执前和解的意愿。总的来看，法院在引导当事人通过执前和解等方式解决纠纷、推动执源治理方面，措施还不够丰富。

发源于1963年的"枫桥经验"，历经60多年发展已成为坚持和完善中国特色社会主义制度、推进国家治理体系和治理能力现代化的有机组成部分。"枫桥经验"中坚持党的领导、坚持走群众路线的理念，发动和依靠群众、坚持矛盾不上交、就地解决的核心目标与执源治理工作中形成多元共治、降低社会治理成本、避免矛盾和纠纷二次发生、提高司法质效的理念，有着相似的价值导向。在深化执源治理中发展新时代"枫桥经验"，才能以最小的成本、在最佳的时机把矛盾纠纷化解在基层、化解在萌芽状态。

二、新时代"枫桥经验"融入法院执源治理的实践分析

（一）芗城区人民法院2023年前执行状况分析

1. 执行案件数量居高不下

一是随着经济社会的快速发展，各类民商事纠纷大幅上升；二是群众法治意识、权利意识不断提升，从"家丑怕外扬"到"有事找法院"，司法需求与日俱增；三是社会诚信度下降，执行案件量剧增主要是由于民间借贷、买卖合同等经济往来中一方不守诚信、怠于或故意不履行自己的义务；四是司法改革后，立案审查制转变为立案登记制，诉讼成本大幅度降低，诉讼门槛降低的同时，大量案件涌入法院。

2. 执行法官压力居高不下

一是芗城区人民法院位于中心城区，大量企业、银行处在分管辖区内，执行案件数量居高不下。自2018年以来，每年的执行案件均达7 000多件，人均办案量达458件。二是人少案多问题严重，审判审理案

件无论难易，终归能在审限内结案，但执行法官因实践中存在大量"执行不能"的案件，手中执行积案会逐年累加，一直存在超负荷办案的情形。三是执行工作缺乏存在感与尊荣感。大多数民众对于法官的印象多停留于高堂上手握法槌的大法官，虽然从事执行工作的法官也被称为"法官"，但无论是民众、法官、检察官、律师还是法学院校，对于执行工作多数时候仍然持有天然的偏见。

（二）芗城区人民法院将新时代"枫桥经验"融入执源治理的实践路径

执源治理作为多元化解纠纷、切实解决执行难的创新司法工作理念，已经上升到推动社会治理现代化的战略高度，并与新时代法院审判能力现代化相互促进。面对漳州地区执行纠纷状况，芗城区人民法院创新执行工作模式，探索执源治理新路径，其主要做法有以下几方面：

1. 理念变革：在传承"枫桥经验"中厚植服务理念

注重理念先行，推行主动型、服务型和回应型司法，以"服务理念"的发展，引领推动执源治理。

（1）立足基层实际，塑造特色服务精神。"枫桥经验"的产生和发展具有浓厚的基层色彩。将闽南民俗文化中"人本""从善"等基因密码和"民本""正心理政"等思想融入执行工作中，践行"有利于执行"理念，积极推动治理创新，争当"古意人"（待人热情），乐于"做公亲"（居中调解），在处理问题、化解矛盾上均重点考虑当时当地环境、传统和民俗文化等因素，在新时代"枫桥经验"的浸润中厚植执行服务理念，从而实现理念上的转变，真正践行"能动司法""案结事了、政通人和""抓前端、治未病"等理念。

（2）凝聚法治共识，构建综合治理格局。坚持和加强党的领导，是

"枫桥经验"得以萌发、传承和迭代升级的核心基因，也是执源治理真正取得实效的基本保障。在芗城区委、区政府的支持下，加强与有关单位、部门协同合作，通过资源共享、信息互通、智慧赋能，形成切实推进解决执行难的多元共治格局。通过建立"法院＋公安机关""法院＋移动公司"等联动执行机制，与公安、铁路、电信的大数据筛查系统对接，将执行经纬网布控到辖区所有派出所及移动片区，提高"查人找物"效率。拓展与淘宝网等社会机构的协作，对已查封的房产、土地、车辆等资产集中统一处置、网络拍卖，确保财产处置及时高效。

2. 实践创新：在推进执源治理中发展"枫桥经验"

（1）创新多元调解，推动全链条多元解纷。坚持"诉源、执源、案源、访源"系统治理，努力实现人民法院本职工作和治理功能的有机协调，健全完善"立调审执"全链条执源治理模式。

第一，抓前端推动源头治理。设置执行调解室、执源治理研判室，实现执源治理与诉讼调解、仲裁调解、行政调解、行业协会调解和人民调解等多元解纷力量协同对接，同时依托"法院（法庭）—法官工作室、巡回办案点—镇街村居、企业矛盾纠纷调解室"的解纷平台，将服务触角延伸到基层，推动纠纷化解在一线。[①] 定期或不定期召开执源治理分析研判会，针对多发频发的涉金融纠纷、物业纠纷等类型化案件，制定防范化解措施，实现执源减量增效。

第二，抓中端推动实质解纷。在审判阶段，建立"立案提示＋判后预警＋执前督促"机制，以提升诉讼法官参与执源治理的积极性为目的，将自动履行率纳入审判人员业绩考评内容，由审管办统一管理，实行月度统计，建立正向激励机制，引导诉讼法官通过风险提示、法律释明等

---

① 赵文娟、刘钦赐：《芗城：为你提供"最具性价比"的调解》，《福建日报》2023年1月17日第4版。

方式，督促当事人自动履行，实现办案效果"三个统一"。

第三，抓末端推动执行和解。推行执行和解前置，构建执行案件"两级分流"机制，即对新登记执行案件，在执行立案前，实行一级分流，将涉党政机关、民生和小标的等符合执前和解条件的案件分流到执源治理办公室，统一分配执行员、和解员联合开展调处；对义务人拒不到场或者有财产转移风险等不适宜执前和解的案件，实行二级分流，立案后，由执行员在采取强制措施后，视情况组织执行和解。在服务中心设置宣教室（临时羁押室），利用"拘留送所前"的黄金时间，对被执行人开展诚信教育，通过"强制措施＋宣教说理"等方式，引导当事人达成和解。

（2）引入当地文化元素，创设特色解纷环境。坚持一体化集成，传承闽南文化"人本""开拓""拼搏""重义"的基因密码，以打造具备地方特色的执行服务中心为抓手，实行"智慧服务为主＋人工服务辅助"，为群众提供集聚事务性和服务性的"一站式"服务。

第一，集成智慧服务。在服务中心配备智慧自助终端，开通执行案款"二维码"云缴费服务，提供自助立案、查询案件信息、缴纳执行费用等服务。

第二，集成事务办理。设置导执台和服务窗口，为群众提供执前引导、信息查询、立案登记、案款发放、信访接待、司法救助等综合服务。落实"最多跑一趟"要求，制定执行服务指南，推行首问责任制和岗位责任制，确保简单事项即收即办、复杂事项当日流转。

第三，集成信息公开。制定出台《执行款管理规定》等管理制度，通过制度上墙，对外公布，接受社会各界监督。利用LED显示屏、微信公众号等，公布失信被执行人名单，滚动播放宣传教育片，营造诚实守信的社会氛围。邀请人大代表、政协委员、当事人代表等群体来院参加开放日活动，做到以公开促公正。

三、新时代"枫桥经验"融入法院执源治理工作的困境剖析

虽然芗城区人民法院积极传承新时代"枫桥经验"并将其融入执源治理中，在减少群众诉累、遏制执行案件增量方面取得一定成效，但距离真正切实解决执行难的目标要求仍有一定差距，主要存在以下问题：

（一）新时代"枫桥经验"融入执源治理程度仍有差距

新时代"枫桥经验"融入执源治理纠纷解决机制尚处在探索阶段，部分干警认为该创新只是为了打造品牌，因而未在实际执行工作中真正运用新时代"枫桥经验"化解矛盾，如办案中机械运用法律规范，没有结合民间习惯、伦理道德等各种社会规范，从而影响纠纷的最终解决。

（二）服务大局、齐抓共管意识尚待增强

一方面，党的领导是坚持和发展新时代"枫桥经验"的核心[①]，执源治理是在党的领导下的社会治理，要坚持贯彻落实党的方针政策，服务保障区域经济社会发展。但在司法实践中，部分法院仍然以指标为导向，单纯为了完成案件任务而进行执源治理工作，没有把执行法律、依法裁判与激发市场活力有机结合起来，甚至起到"案件结了、民营企业倒了"的反作用。另一方面，"重审判、轻执行"理念尚未根本转变。基层党委对于诉源力度支持较大，多地形成党领导诉源治理的机制，但是

---

① 余钊飞、代冰洁：《人民法院坚持和发展"枫桥经验"的历史总结》，《中国审判》2023年第20/21期。

对于执源治理仍未给予足够重视,导致多元共治流于形式,如跨域财产查控、联合各单位查人找物、强迁清场、司法拘留等,受制于地区、人员、时间等各方面不可预测的因素,事项委托难以及时响应甚至无法完成,上位政策缺位情况时有发生。

(三)质疑人民法院司法公信力

执行是法院依法运用国家强制力,采取强制措施使不履行义务的当事人履行其义务的司法行为,是法院强制力的有力体现。当事人往往对法院的权威性寄以极大期待,然而一味劝导当事人进行调解,延迟进入强制执行阶段,某些程度上会降低法院的权威性。

四、新时代"枫桥经验"背景下完善执源治理工作的路径构想

习近平总书记强调,"检验我们一切工作的成效,最终都要看人民是否真正得到了实惠,人民生活是否真正得到了改善,人民权益是否真正得到了保障"。[①] 执源治理是向"切实解决执行难"目标迈进的现实需要,是提升群众司法获得感的必要之举。为推动执源治理工作形成长效机制和取得更大实际成效,应以解决人民群众急难愁盼的现实问题为出发点,结合新时代"枫桥经验",重点从以下方面入手:

(一)行为层面:传承"枫桥经验"引导法院干警做优司法服务

开展执源治理工作必须围绕"公正与效率"这个工作主题,而公正

---

① 习近平:《在纪念毛泽东同志诞辰120周年座谈会上的讲话》,《党史文汇》2014年第1期,第9页。

与否、效率高低,归根结底取决于人。新时代人民法院队伍建设必须以"枫桥经验"唤醒法院干警服务意识,激发他们做到忠诚干净担当的思想自觉和行动自觉。"枫桥经验"蕴含着"群众路线、基层基础、公平正义、改革创新"的基因密码,是人民法院文以化人的重要资源,用好这个资源,就要转变"传统性、确定性"的培育逻辑,让新时代"枫桥经验"传承融入法院干警培训体系,通过现场研学、理论宣讲的方式激励干警坚持和发展新时代"枫桥经验",把牢"矛盾不上交"的核心要义,做到"发乎内而形于外"。面对新型问题,深化"改革创新"的奋斗意识;面对贪腐诱惑,注入"公平正义"的道德血液;站稳人民立场,树立"群众路线"的工作理念;通过"枫桥经验"对法院干警进行价值的重塑、心灵的重整,从而厚植司法为民服务理念,让司法为民更有底气。

(二)思想层面:拓展新时代"枫桥经验"元素与人民法院执源治理的关联矩阵

1. 硬件升级:加强"枫桥式"执源治理中心实体化建设

改革创新是坚持和发展新时代"枫桥经验"的动能,立足执行服务中心,创新集约执行服务功能,增加执行调解硬件措施,设置办事区、办案区、办公区,通过"智慧服务为主+人工服务辅助",实现涵括安检、咨询、立案、调解、执行、答疑等全流程的"事务性+服务性"事项一站通办。

2. 因地制宜:结合当地文化营造良好的调解氛围

芗城区人民法院地处闽南地区,将当地闽南文化创新性地运用至执源治理工作中:一是立足闽南文化资源丰富、底蕴深厚的特点,把"和为贵、善为本、诚为先"等理念通过剪纸、木版年画等文化元素融入调解室的布局,与调解工作相呼应,缓解当事人的对抗情绪,营造宽松缓和的氛围；二是充分发挥闽南方言的优势，以文化认同打开当事人的心结，为不懂普通话的当事人提供量身定制的语言服务，以乡土味便民利民；三是开展闽南文化文艺作品创作，通过"两微一端"等新媒体矩阵将法治文化、法律知识具象为老百姓易于接受的文字、视频作品，让优秀传统文化内涵更好更多地融入生活场景，转化为不可或缺的日常组成部分①，实现润物细无声的作用。

（三）社会层面：构建新时代"枫桥经验"与人民法院执源治理社会服务能力融合路径

1. 共治共享：构建党委领导的执源治理大格局

坚持党的领导是人民司法的"根"和"魂"，执源治理是关乎社会治理水平、治理能力现代化的综合性工作，党的领导是推动执源治理、加强基层治理最根本的政治保证。要紧紧依靠党委领导，全力争取党委、政府对执源治理工作的支持，健全完善党委领导的综合治理执行难工作大格局，整合政府、社会、公众力量，确保将我们的政治优势、制度优势转化为工作优势、治理效能。要充分利用基层熟悉情况、贴近群众这一优势，主动深入社区，指导基层自治组织建立完善矛盾纠纷排查梳理和风险评估机制，推进基层自治共同体的塑造，建立起基层治理与人民法院执行工作的良性互动。②要发挥司法建议作用，结合市域、乡村、行业领域特点，对涉房地产、金融、土地等执行案件阶段性、类型化分析其成因特点，提出意见建议，将预防化解职能精准延伸到纠纷产生的源头。要依靠党委领导，打破行业壁垒，争取获得公安、铁路等有关单位的大力支持，有效解决执行工作中的多方联动协调、信息共享等问题，

---

① 杨盼盼：《新时代中华传统文化传承发展研究》，西北大学 2019 年硕士学位论文。
② 潘荣凯：《构建全流程系统化的执源治理模式》，《人民法院报》2023 年 9 月 16 日第 2 版。

推动多元共治机制不断完善。

2. 齐心协力：打造多方参与的综合治理大平台

一是以"和"为贵凝聚共识。在执源治理中，要注重在社会层面营造注重"和谐"理念的氛围，通过诚信宣传和失信惩戒，推动信用修复，在执行工作中大力弘扬社会主义核心价值观，积极推动形成双赢多赢共赢局面。

二是以"合"为要凝聚合力。定期召开联席会议，由法院、公安、银行等有关单位共同召开纠纷解决联席会议，分析研判区域、行业矛盾纠纷，评估执行风险，提出防范化解建议。对研判确定执行风险较大的群体性、频发性案件，由相关部门及时介入，在保障权利的前提下提前为当事人提供相关意见建议。对于研判确定需要扶持的民营企业，要贯彻善意执行理念，尽量在执前达成和解效果，做到能动司法。

（责任编辑：刘子赫）

第四编

"枫桥经验"与机制创新审思

习近平总书记指出,坚持把非诉讼纠纷解决机制挺在前面,从源头上减少诉讼增量。在审判资源有限的情况下,非诉讼纠纷解决机制能大大减轻法院的受案压力,使有限的审判资源能得到更高效的运用。对于当事人而言,非诉讼纠纷解决的时间成本、金钱成本低,程序灵活方便,方式不拘一格,是贴近中国国情的有效解决方案。

本编的六篇文章从方式创新、理论反思、现实检视等视角,对新时代"枫桥经验"指导下诉源治理工作的理念、手段、困难等多方面内容予以展开论述。

浙江是"枫桥经验"的发源地,《诉源治理背景下"共享法庭"的实践与探索》是对浙江探索"共享法庭"的学术总结。"共享法庭"旨在打通向基层提供纠纷解决服务的"最后一公里",在不增加编制的情况下实现对矛盾纠纷的层层过滤,在基层以调解方式解决大部分纠纷。"共享法庭"注重以数字手段搭建基层矛盾纠纷解决的网格,是基层社会治理的创新成果。

《论诉源治理有效性的法治转型》是对诉源治理的理论探索。文章回顾了诉源治理这一理念的来龙去脉,分析了诉源治理在阶段、对象、组织、内容等方面的扩张态势。文章指出,诉源治理应当注重纠纷解决的整体性、协调性,保持司法理性和法治逻辑。

《人民法庭参与诉源治理的现实困境及纾解之道》分析了人民法庭参与诉源治理的现状。文章客观陈述了人民法庭参与诉源治理取得的成绩、面临的困难,从转变角色定位、完善配套保障机制、立基审判主业等方面提出了改进方案。

《以新时代"枫桥经验"提升人民法院诉源治理实效性研究》着重研究了如何以新时代"枫桥经验"提升诉源治理有效性。文章以法院的角色定位为出发点,倡导转变司法理念、合理配置资源,加强前端预防、中端化解，防止衍生诉讼。

《坚持和发展新时代"枫桥经验"，充分发挥公证法律服务在基层社会治理中的积极作用》从公证法律服务与"枫桥经验"的结合入手，以一线公证人员的切实感受和方法为依托，整体阐述了通过公证服务帮助基层治理的理论与实践。文章具体套路公证工作中的预防纠纷、帮助调解、固定证据等创新机制。

《基层人民法院参与基层社会治理机制创新与实践》概述了山西省六地基层法院在"枫桥经验"指导下参与基层治理的实践情况，提供了中西部地区基层司法与基层治理互动协同的生动经验，突出表现为能动履职、多元共治、机制优化等创新举措。

（专题介绍：宋史超）

诉源治理背景下"共享法庭"的实践与探索

蒲一苇 廖 雪[*]

随着社会经济的发展,社会转型期矛盾纠纷与日俱增,涌入人民法院的案件数量呈几何级数增长,司法负担沉重,"案多人少"的问题十分突出,矛盾纠纷多元化解机制的重要性日益显现,成为国家治理体系和治理能力现代化的重要内容。习近平总书记在2019年中央政法工作会议上指出:"要善于把党的领导和我国社会主义制度优势转化为社会治理效能,完善党委领导、政府负责、社会协同、公众参与、法治保障的社会治理体制,打造共建共治共享的社会治理格局。要创新完善平安建设工作协调机制,统筹好政法系统和相关部门的资源力量,形成问题联治、工作联动、平安联创的良好局面。"党的十九届四中全会关于矛盾纠纷多元化解机制的表述,对诉源治理进一步提出三点要求,即一是突出党对社会治理的集中统一领导,二是让更多社会主体参与社会治理,三是注

---

[*] 蒲一苇,法学博士,宁波大学法学院教授。廖雪,宁波大学法学院硕士研究生。

重强基导向，提出"社会矛盾纠纷多元预防调处化解综合机制"的概念。[①] 在这一背景下，为进一步推进社会矛盾纠纷的多元化解，化解司法服务的"最后一公里"问题，浙江省创造性地提出并建设"共享法庭"，使司法主动融入基层社会治理，聚合基层法治力量，成为群众身边的最小法治单元。"共享法庭"的实践坚持和发展了新时代"枫桥经验"，契合了新时代全面依法治国对诉源治理提出的新要求，是浙江法院继杭州互联网法院、移动微法院之后推出的又一个重大改革创新，成为深化诉源治理和健全矛盾纠纷多元化解机制的生动现实样本。

一、"共享法庭"的缘起：完善多元解纷机制的现实驱动

我国正处于社会转型期，社会生活复杂化，群众法治意识增强，矛盾纠纷大量增多，群众对公共法律服务的需求也日益增多，完善矛盾纠纷多元化解机制存在现实紧迫性。浙江省作为"枫桥经验"的发源地，经过多年的改革和发展，在矛盾纠纷多元化解机制的建设和改革方面可谓成绩斐然，近年来法院案件数量的增长态势也得到了一定的遏制。然而目前法院"案多人少"的困境尚未得到有效化解，如何深化诉源治理、健全矛盾纠纷多元化解机制，仍然是司法实践中面临的一个重要课题，这也成为"共享法庭"建设和探索的现实驱动力。

（一）打通法院服务基层社会的"最后一公里"

《中共中央 国务院关于加强基层治理体系和治理能力现代化建设的

[①] 李占国主编《共享法庭：基层治理法治化的浙江实践与探索》，人民法院出版社，2023，第14页。

意见》指出:"基层治理是国家治理的基石,统筹推进乡镇(街道)和城乡社区治理,是实现国家治理体系和治理能力现代化的基础工程。"为此,推进基层社会治理法治化,如何协调各方力量与联动发力是亟须思考并解决的时代命题。在全面依法治国背景下,基层群众对依法治理、依法化解纠纷的法治化需求与日俱增。满足基层群众日益增长的司法需求,一方面,需要法院转变职能,主动参与到社会治理中。法院作为提供司法服务的核心力量,需要延伸司法触角,主动参与到基层社会治理的活动中。另一方面,需要深化基层社会诉源治理,推进基层社会良性善治。

近年来,浙江省的诉源治理工作持续走深走实,基层治理从化讼止争向少讼无讼转变,法院的案件数量持续呈下行趋势,2023年的收案总量从2017年的全国第2下降至第8。但是,目前而言,法院仍是解纷的主要力量,诉讼作为社会公平正义的"最后一道防线",成为群众解纷需求的第一出口。[1]而法院在参与基层社会治理、化解矛盾纠纷方面,还存在法庭设置偏少、服务半径过大等诸多现实问题,从而导致群众解决矛盾需要花费的时间成本与金钱成本均较高。浙江省共有人民法院338家,每家平均服务4.1个乡镇[2],这一方面导致案件堆积,法院陷入"案多人少"的困境,另一方面也不便于群众解决纠纷,不利于基层治理。加强诉源治理,将解纷资源嵌入乡村、社区、网格,提供普惠均等的公共法律服务,打通法院服务基层社会的"最后一公里",才能及时把矛盾纠纷化解在基层、化解在萌芽状态。

---

[1] 浙江省杭州市中级人民法院课题组:《都市版"枫桥经验"的探索与实践》,《法律适用》2018年第17期。

[2] 《中共中央 国务院关于加强基层治理体系和治理能力现代化建设的意见》,新华网2021年7月11日,http://www.xinhuanet.com/politics/zywj/2021-07/11/c_1127644184.htm(最后访问日期:2023年12月31日)。

(二) 下沉延伸一站式多元解纷机制的抓手和支点

2019年,最高人民法院发布了《关于建设一站式多元解纷机制一站式诉讼服务中心的意见》,并在该《意见》中首次提出人民法院两个"一站式"建设的要求。为了健全多元解纷机制和加强基层社会治理,浙江省创建了"矛调中心",助推"信访打头、调解为主、诉讼断后"的县级社会治理中心建设,构建起递进式矛盾纠纷分层过滤体系。

但目前的多元解纷机制还存在一定的局限性。一方面,在社区等社会末梢缺乏统一的纠纷化解、协商平台,致使基层治理者各自为政,难以形成解纷合力;另一方面,群众自治模式下依法解决纠纷的能力有限,基层调解人员缺乏专业知识,面对复杂或涉及专业领域的纠纷无能为力,进而导致群众对非诉解决纠纷的信任度不高,仍有大量矛盾纠纷流向法院。因此需要进一步健全诉源治理工作机制,推动一站式多元解纷服务站点向基层社会末梢延伸、向重点行业领域的深度延伸,并利用数字化手段整合治理力量,聚合解纷资源,以健全预防在先、分层递进、全面覆盖、线上线下相融合的一站式多元解纷机制。

(三) 满足基层社会治理对数智化司法服务的新需求

党的十八大将"信息化"列为中国特色新型"四化"道路之一,并将"信息化水平大幅提升"作为全面建成小康社会的重要标志,我国的信息化建设速度得以大幅加快,法院的信息化建设发生了质的飞跃,逐步建设起了"全面覆盖、移动互联、跨界融合、深度应用、透明便民、安全可控"的人民法院信息化体系。随着信息化、数字化的迅猛发展,民众的生活习惯和思维方式发生了极大改变。随之而来,社会公众对公共服务便捷化、开放化、多元化的需求,对司法运行模式、司法服务提出了更高的要求。是否能够满足人民群众不断发展的司法需求，成为衡量司法工作是否成功的重要标准之一。"共享法庭"的建设充分发挥法院信息化建设的优势，构建一站式线下服务基地、打造线上多元治理一体化平台，为完善基层公共法律服务体系、满足基层群众对公共法律服务的新需求贡献了新思路。

"共享法庭"依托大数据等新兴技术，以数据共享、服务需求、安全可控为原则，能够有效化解当事人参与诉讼的"数字鸿沟"。为有效拓展在线诉讼适用范围，方便部分不善于自主利用在线诉讼平台的当事人通过在线方式参加诉讼，借助移动微法院等网上诉讼、解纷平台，在基层人民法院、派出法庭、县乡两级矛盾纠纷调处化解中心、乡镇街道、村委会、金融邮政网点以及律师事务所等处设立供当事人线上参加诉讼的场所，由当事人就近选择服务点异地参加在线庭审、调解等线上诉讼活动，助力当事人跨越"数字鸿沟"，让更多群众享受智慧法院建设带来的"数字红利"。

二、浙江省"共享法庭"的建设和发展历程

浙江省在《法治浙江建设规划（2021—2025年）》中提出了建设法治宣传阵地的要求，全省法院积极参与共建共治共享的现代基层社会治理，围绕基层矛盾纠纷化解特点，根据基层群众需要合理设置司法便民服务点。2017年的"微法庭"于2019年转型升级为"共享法庭"，并于2021年开始在全域范围内推广，"共享法庭"的建设和发展经历了模式形成、深化发展和规范制度几个阶段。

（一）模式形成：从"微法庭"到"共享法庭"的转型

"共享法庭"起源于浙江省杭州市临安区人民法院"微法院"的实践

探索。临安区人民法院自 2010 年起积极探索推动"法官进综合治理中心"工作，选派优秀的法官走进镇街综治中心开展法律服务。2017 年临安区开展"无讼无信访村（社区）"活动，临安区人民法院在总结新时代"枫桥经验"的基础上，在上田村试点建设首个"微法庭"，将司法服务延伸至基层。"微法庭"配备一名联系法官和一名执行法官，并通过村社、镇街、区县三级联动机制，形成集法治宣传、法律咨询、调解指导等司法服务于一体的基层治理新模式。

2019 年 9 月，临安区人民法院以数字化改革为契机，以"共建共治共享"理念为出发点，将"微法庭"转型升级为"共享法庭"①，集调解指导、网上立案、在线诉讼、普法宣传、社会治理诸多功能于一身，进一步丰富了司法服务的内容与方式。表 1 反映了从"微法庭"到"共享法庭"的变化。

表 1 从"微法庭"到"共享法庭"的变化

	微法庭	共享法庭
人员构成	一名联系法官、一名执行法官	一名庭务主任、一名联系法官
功能	法治宣传、法律咨询、调解指导	调解指导、网上立案、在线诉讼、普法宣传、社会治理
服务方式	法官下沉到村社，实地走访	在线提供司法服务
优势	面对面交流	服务基数大、服务范围广、不受时间地点的限制

从"微法庭"到"共享法庭"的升级转型，不仅更加贴合"微法庭"建设的初衷，也促使司法服务模式实现了从"流线型"服务模式向"双

---

① 2021 年 6 月，浙江省高级人民法院调研组赴临安实地调研"微法庭"工作，使基层干部、法院工作人员对"微法庭"有了更深刻的认知，从共建共治共享理念中得到启发，认为"共享"二字更贴合"微法庭"的初衷，由此将"微法庭"更名为"共享法庭"。参见《浙江省委常委、政法委书记王昌荣考察杭州法院"微法庭"工作》，全国产经平台，https://www.163.com/dy/article/FD8GHE900550A54Z.html（最后访问日期：2023 年 10 月 27 日）。

循环型"服务模式的转变。① "微法庭"的司法服务模式主要是"流线型"模式,这种模式下人员单一不固定,组织形式、服务时间与供给数量不足,难以应对新形势下基层治理对司法服务的需求。而"共享法庭"则聚焦矛盾纠纷多发地,将镇街、村社作为基本布局点,创立了"双循环型"司法服务模式,进一步发挥了在基层社会治理中的功能作用。图1对比了"微法庭"和"共享法庭"司法服务模式。

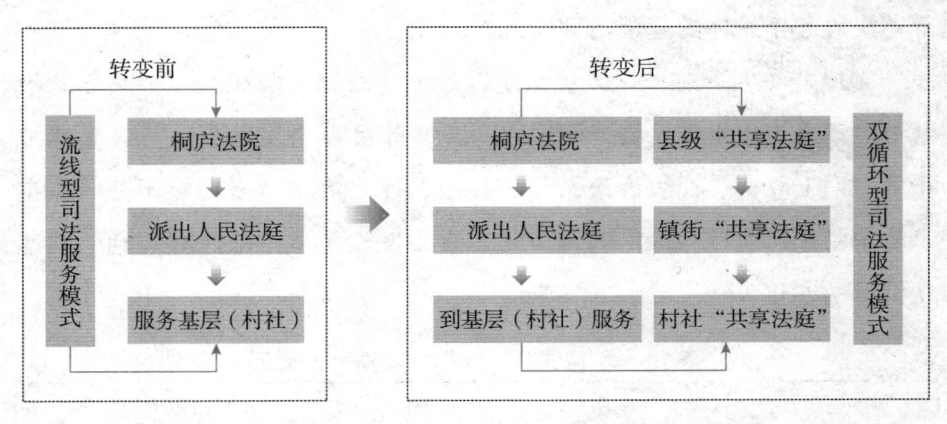

图1 "微法庭"和"共享法庭"司法服务模式的对比图

(二)深化发展:从区域经验到浙江模式

2021年6月,浙江省高级人民法院党组经过深入调研,在总结各地法院实践探索的基础上,决定在全省范围内全面推广建设"共享法庭"。"共享法庭"建设工作同时也得到了浙江省委的高度重视和大力支持,并获得了时任浙江省委书记袁家军的多次批示肯定。2021年9月,浙江省委全面深化改革委员会会议审议通过了《浙江省全面加强"共享法庭"建设 健全"四治"融合城乡基层治理体系的指导意见》,将"共享法庭"

---

① 朱晓燕、陆杨洁:《共同富裕背景下"共享法庭"在基层治理中的功能分析——基于桐庐县230家"共享法庭"的调研》,微信公众号"浙江天平",2022年6月11日。

正式列为浙江全省的深化改革重点项目。2021年11月，浙江省委办公厅、省政府办公厅正式发文在全省范围内推进"共享法庭"建设，预定至2022年底，形成覆盖全面、功能完备、高效运行的运行体系。

2022年6月，经过全省法院的合力，共建成"共享法庭"25 965个，镇街一级的覆盖率达到100%，村社一级达到90%以上，特设"共享法庭"涉及10个以上的行业或组织，提前完成规划目标任务。到2023年7月，全省建成"共享法庭"2.7万个，覆盖100%的镇街、98%以上的村社以及众多行业协会、调解组织、社会团体。① 图2汇总了浙江省各地"共享法庭"建设情况。

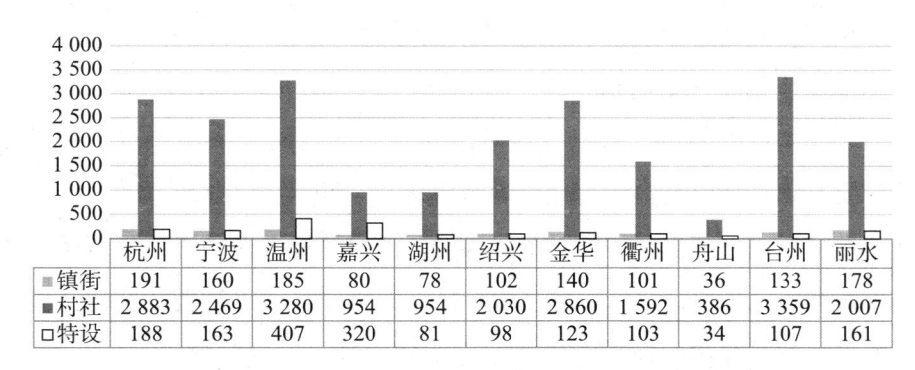

	杭州	宁波	温州	嘉兴	湖州	绍兴	金华	衢州	舟山	台州	丽水
镇街	191	160	185	80	78	102	140	101	36	133	178
村社	2 883	2 469	3 280	954	954	2 030	2 860	1 592	386	3 359	2 007
特设	188	163	407	320	81	98	123	103	34	107	161

图2 浙江省各地"共享法庭"建设情况汇总（截至2022年6月）

（三）规范制度：从指导意见到规范性文件的发展

在"共享法庭"建设的推进过程中，以省级层面作为主导力量，省市区（县）三级协同，通过制度顶层设计实现功能定位、运行机制相统一的整体机制建设。

---

① 《浙江发布共享法庭建设与运行规范 为共享法庭在全国复制推广提供浙江经验》，新浪网2023年7月18日，https://finance.sina.com.cn/jjxw/2023-07-18/doc-imzcavcx5597010.shtml（最后访问日期：2023年12月31日）。

1. 省级层面

2021年9月，浙江省委全面深化改革委员会会议审议通过了《浙江省全面加强"共享法庭"建设 健全"四治"融合城乡基层治理体系的指导意见》，指导各地建设"共享法庭"。为了进一步规范"共享法庭"的建设运行，2022年3月，浙江省高级人民法院先后印发"共享法庭"建设制度标准一、二批文件，积极推动"共享法庭"建设标准化、规范化与制度化，明确了"共享法庭"在基层社会治理中的功能定位、工作流程与管理制度等方面的要求，推动"共享法庭"的运行效能不断提升。

2023年6月，浙江省高级人民法院联合省市场监督管理局召开新闻发布会，发布了《共享法庭建设与运行规范》，进一步明确"共享法庭"的功能定位，推进运行机制统一化的建设。《共享法庭建设与运行规范》结合工作实际，着眼于"共享法庭"建设和运行两个方面，对"共享法庭"是什么、怎么建、干什么、怎么管进行了明确，并从组织、队伍、场地、数字化建设和机制建设五个方面对"共享法庭"建设进行了规范，逐层细化场地选址、命名标识、设施设备、人员配备、系统架构、安全管理等要求。省高院将把标准的实施作为全省"共享法庭"建设工作的关键。一方面，健全完善相应的评价机制、督查机制、考核机制，开展明察暗访，强化监督检查，跟踪标准实施。另一方面，省高院还将协同相关部门，积极组织对标准内容进行培训，加强对标准的解读和宣传，让"共享法庭"工作人员熟悉标准、掌握标准、运用标准。通过强化结果运用，督促不符标准的"共享法庭"整改落实，确保建设工作落地见效。

2. 市区级层面

《浙江省全面加强"共享法庭"建设 健全"四治"融合城乡基层治理体系的指导意见》的发布标志着全省启动"共享法庭"的建设，全省各地纷纷结合本地实际情况出台相应规范性文件，对共享法庭的建设和运行模式进行探索，推进其实体化、实效化运作。例如，杭州市临安区推动出台了《星级"共享法庭"建设实施方案》《"共享法庭"工作"以奖代补"实施细则》《关于人民调解融入"共享法庭"的实施意见》等相关文件，宁波市海曙区出台了《海曙区"共享法庭"建设考核办法》《庭务主任工作清单》《庭务主任管理办法》。截至2021年12月31日，浙江省各地共出台170项"共享法庭"制度文件，为全省统一性文件的出台提供了宝贵的实践经验。表2统计了浙江省各地出台的"共享法庭"文件数量。

表2 浙江省各地出台的"共享法庭"文件统计表

地区	文件数量	地区	文件数量
杭州	29	金华	12
宁波	16	衢州	11
温州	26	舟山	6
嘉兴	13	台州	15
湖州	9	丽水	24
绍兴	9		
总计	170		

各地出台的规范性文件亦具有鲜明的地区特色，如宁波市发布2项针对海事"共享法庭"建设的文件，在把握一般"共享法庭"建设的同时，重视特设类"共享法庭"对化解基层专业性纠纷的重要作用。地区规范性文件对省级文件进行细化，使"共享法庭"更好发挥在源头预防化解矛盾方面的独特优势，紧扣市域社会治理需求，健全覆盖城乡的司法公共法律服务网络，推动健全基层治理体制机制。

三、"共享法庭"模式的特色优势

"共享法庭"的建设以"不增编、不建房、快落实、广覆盖"为原则，其基本做法是每个"共享法庭"配备一名联系法官和一名庭务主任，以"一根网线""一块屏幕""一个终端"为标准配置，集成浙江解纷码、移动微法院、庭审直播系统、裁判文书公开平台等软件模块，具备调解指导、网上立案、在线诉讼、普法宣传、基层治理等功能，为人民群众提供更加优质高效、普惠均等的司法服务。

（一）专业引流：矛盾纠纷分层过滤的新体系

在法院的多元解纷实践中，传统做法是由法院主导，借助法院的诉讼服务中心整合解纷资源，借助社会力量来推动纠纷的诉前调解，以实现案件分流和提高纠纷化解效率。但是这种做法并不具备在源头预防、减少纠纷的功效，不能从根源上解决纠纷急剧增长的困境。尽管法院也采取了通过下基层进行普法宣传、点对点的流动法庭等方式参与诉源治理，但因呈现分散式、碎片化状态，难以持久。而且在"案多人少"的困境之下，法院也很难有大量的时间来走访基层并进行相应的司法服务。因此，法院参与基层治理、解决基层纠纷的精力是有限的，成效亦有局限。作为多元解纷机制和基层社会治理的改革成果，"矛调中心"在纠纷的分层过滤、多元化解上成效显著。矛调中心的运作以党政主导为基点，法院通过入驻矛调中心的方式参与其中，将纠纷的多元化解与诉源治理相融合，从而实现"调解优先、司法断后"的纠纷化解格局，其实质是借助行政、社会等解纷力量化解"案多人少"的困境。[①] 但"矛调中心"模式存在着场所固定、建设成本较高，难以有效解决司法服务"最后一公里"的问题。

与上述两种多元解纷模式相比，"共享法庭"的优势在于，借助数字

---

① 蒲一苇：《纠纷分层过滤模式的探索与检视——以 N 市法院入驻矛调中心的实践为基础》，《法治研究》2022 年第 4 期。

化技术，不增编、不建房，打破传统解纷模式在时间和空间上的限制，实现了在解纷初期当事人与联系法官的在线对接，从而使得纠纷在源头化解、多主体联动化解机制的构建发生质的飞跃。"共享法庭"的建设和运行充分整合和调动了政府、司法、社会等多方力量和资源，为纠纷的分层递进、多元化解打下了基础。表3对比了三种模式下的纠纷过滤方式。

表3 三种模式下的纠纷过滤方式对比

模式	主体	纠纷过滤方式	优势	不足
传统做法	法院主导	引入各类调解资源，开展诉前的线下调解	专业	呈现分散式、碎片化状态，不具备直接减少纠纷数量的功能
矛调中心	党政主导，法院参与，解纷力量聚合	行政调解＋社会调解＋诉前调解＋线上调解＋线下调解	专业一站式解纷，具备直接减少纠纷数量的功能	场所固定，建设成本高，数量少，不适合在村社全面铺设，难以在源头预防、阻断、化解纠纷
共享法庭	政法委牵头，法院主导参与，解纷力量聚合	行政调解＋社会调解＋法院指导调解＋诉前调解＋线上调解＋线下调解	专业一站式解纷，具备直接减少纠纷数量的功能，在源头预防、阻断、化解诉讼	

具体而言，在"共享法庭"模式下，通过"共享法庭"的分类设置和全面覆盖，实现纠纷的专业引流和分层过滤。

首先，根据设置地点的不同，将"共享法庭"分为普设型和特设型两大类型，并通过特设型"共享法庭"实现纠纷的专业引流。普设型"共享法庭"即基层性的"共享法庭"，铺设在镇街、村社，并实现村（社区）镇（街道）全覆盖；特设型"共享法庭"实则为专业性、行业性的"共享法庭"，根据各区域的经济发展状况、产业结构、人员构成、特色文化等因素，依托金融、保险等营业网点以及妇联、共青团、工会、调解组织、行业协会等而设立。特设型"共享法庭"的建立主要针对解决行业特征明显、类型化的纠纷，依托婚姻家庭、金融保险、物业、房产、消费等行业性、专业性调解组织，整合各方调解力量，对商事、物业、婚姻家庭、劳动、金融、知识产权等领域的纠纷进行分流，发挥专业性、行业性调解的优势，实现"行业纠纷行业解"，纠纷由具有相应专业知识的组织或人员进行调处化解，提高纠纷解决的专业性和针对性。图3介绍了"共享法庭"的分类与设置地点。

普设型"共享法庭"
设置地点：镇街、村社

特设型"共享法庭"
设置地点：群团组织、行业协会等

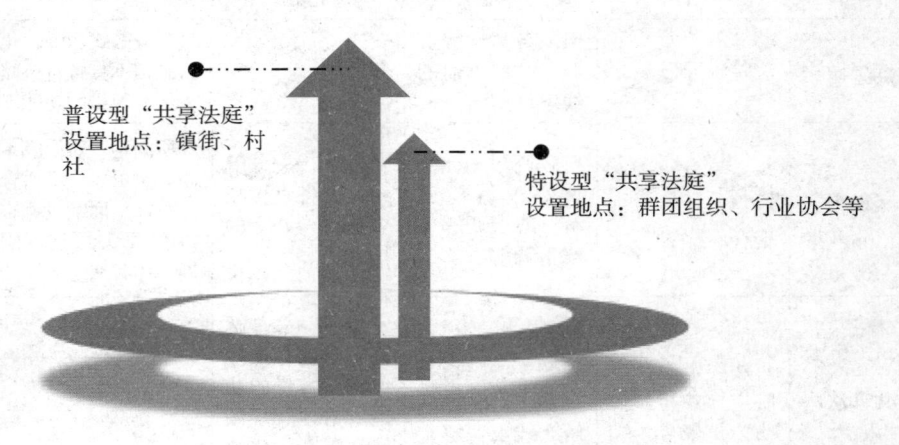

图3　"共享法庭"的分类与设置地点

其次，通过普设型"共享法庭"的全面覆盖和层级对接，健全纠纷化解的分层过滤机制和网络。普设型"共享法庭"具体包括两个层级：一是依托镇街矛调中心或人民法庭、派出所、司法所等机构设立的镇街"共享法庭"，二是依托村委会、居委会等基层群众自治组织和村社综治工作站设立的村社"共享法庭"。通过"共享法庭"和"矛调中心"的衔接，按照纠纷的复杂程度和化解的难易程度形成三级调处机制。具体而言，对于标的额小、影响范围小、涉纠纷人数少的一般性纠纷，由村社"共享法庭"先行调处，或者在镇街"共享法庭"指导下就地调处，就地化解；对于涉企、涉众或者一时难以解决的复杂矛盾纠纷，则由镇街"共享法庭"调处，村社"共享法庭"若接到此类纠纷则上报到镇街"共享法庭"，由镇街"共享法庭"指导调解或联动其他主体协同调解；对于重大敏感、疑难的纠纷，则交由县级"矛调中心"进行调处。

"共享法庭"在调解的过程中如果遇到疑难问题，庭务主任可直接在线与联系法官进行联络，并在法官的指导下进行案件的调解。在纠纷调处成功后，若当事人有意愿申请司法确认的，则庭务主任可引导当事人进行在线申请立案，实现"接案－分流－调解－司法确认"的一条龙的司法服务，真正落实"调解优先、诉讼断后"的解纷理念。图4介绍了纠纷调处的分层过滤机制。

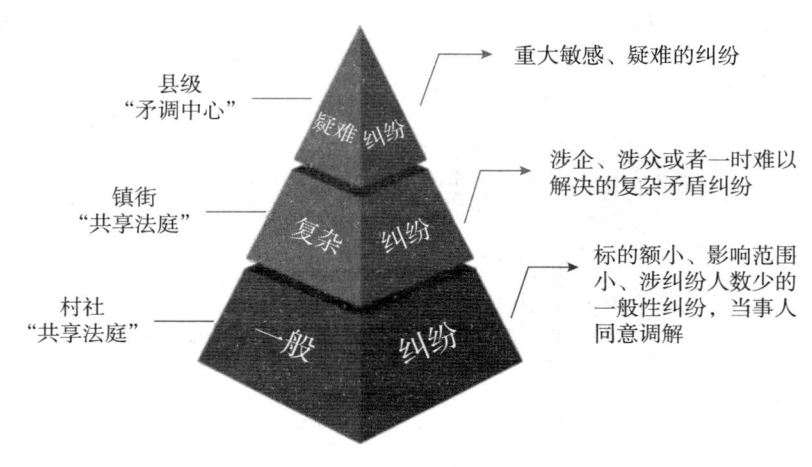

图4 纠纷调处的分层过滤机制

（二）功能前置：法院指导诉前调解的新机制

"共享法庭"搭建起基层人民法院指导人民调解的工作平台，将诉前调解工作从传统的线下模式转变为随时调解的线上模式，构建了法官指导调解的常态化工作机制，在贯彻法院对人民调解工作支持和指导理念的基础上，实现了法院指导调解工作的全过程覆盖，进一步加强了法院与人民调解工作的互动。具体而言，表现在以下几方面：

其一，创新法官指导方式。实行诉前调解指导工作"总对总""点对点"，实现法官对诉前调解案件全过程、全区域指导。庭务主任在化解矛盾纠纷时碰到较为复杂的法律问题时，即可在线接受法官专业化的指导，矛盾双方当事人亦能享受到便捷、可视化的司法服务。

其二，明确法官指导内容。"共享法庭"模式下的法院指导调解机制进一步明确了法官指导调解的方式和内容，包括指导事项的申请，指导事项的分流，以及涵盖梳理案件事实、分析责任、讲解法律适用等事项的具体案件调解指导，既方便法院展开系统的指导，又便利了庭务主任、调解员的工作。图5介绍了"共享法庭"指导诉前调解的方式与内容。

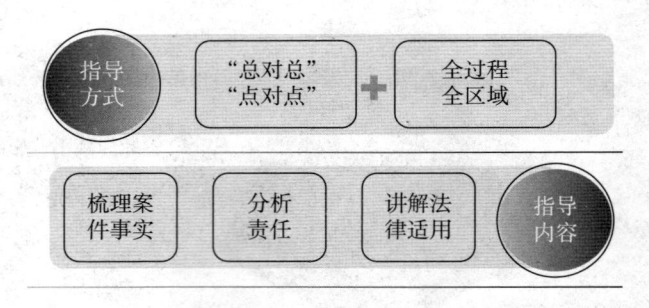

图5 "共享法庭"指导诉前调解的方式与内容

其三，"共享法庭"的数字化把法官指导诉前调解的工作前置。法院通过"共享法庭"延伸司法职能，以前置的工作方式实现司法供给的普惠均等，把矛盾纠纷排查化解"实效化""多元化""常态化"。以"共享法庭"为基点，深化诉源治理工作，加强矛盾纠纷源头治理，切实将纠纷解决在萌芽状态、息止于诉前，筑牢维护社会稳定的"第一道防线"。

（三）流程再造："一站式"在线诉调对接的新路径

"共享法庭"作为"一站式"多元解纷机制的接口，在线整合了大量法治资源，打造"法律＋"资源池，方便人民群众"一站式"随需获取，推动基层矛盾纠纷"应收尽收、精准分流、妥善处置"，助力基层治理体系与治理能力现代化。图 6 为邀请法官诉前指导调解流程图。

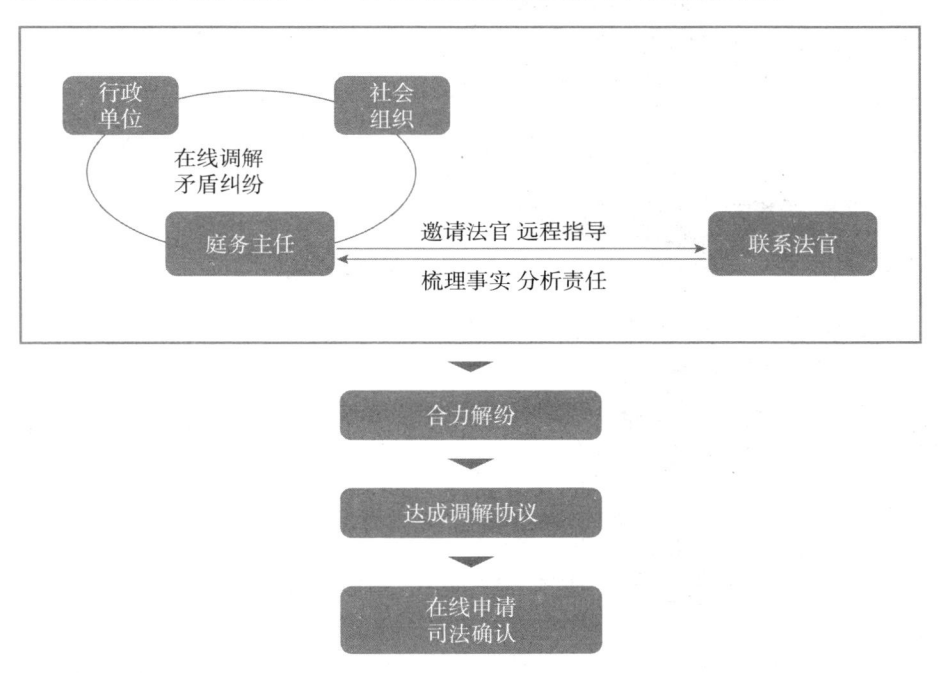

图 6　邀请法官诉前指导调解流程图

在传统诉调模式中，"一站式"在线诉调对接更多地指向在线纠纷化解平台（ODR 平台），ODR 平台从法律咨询、评估，向在线调解、在线仲裁、在线诉讼层层递进，使矛盾纠纷不断被过滤和分流。ODR 平台汇聚人民调解、法院特邀调解、行业调解、律师调解、仲裁调解，纠纷经平台调解成功后无障碍进入司法确认程序，若经平台处理仍无法解决，就无障碍进入诉讼程序，实现了两种解纷模式的有效衔接、繁简分流。

但 ODR 平台适用范围受限，基层法治工作者（例如党建、街道办、社区服务中心的工作人员）调解的纠纷难以实现诉调程序无障碍转换。而在"共享法庭"的诉调对接模式中，庭务主任成功化解的纠纷也可实现"在线调解—在线立案—在线申请司法确认"的一条龙办理。一方面，"共享法庭"完善了在线诉调对接机制，让更多纠纷被化解在萌芽状态、解决在基层，推动人民法院司法服务向基层延伸；另一方面，"共享法庭"将法官的专业优势与调解人员的一线工作优势有机结合，基层工作者解纷的专业化水平显著提升，经过司法确认进一步强化调解协议的效力，达到诉源治理、减少诉累的效果。图 7 为在线诉调对接流程图。

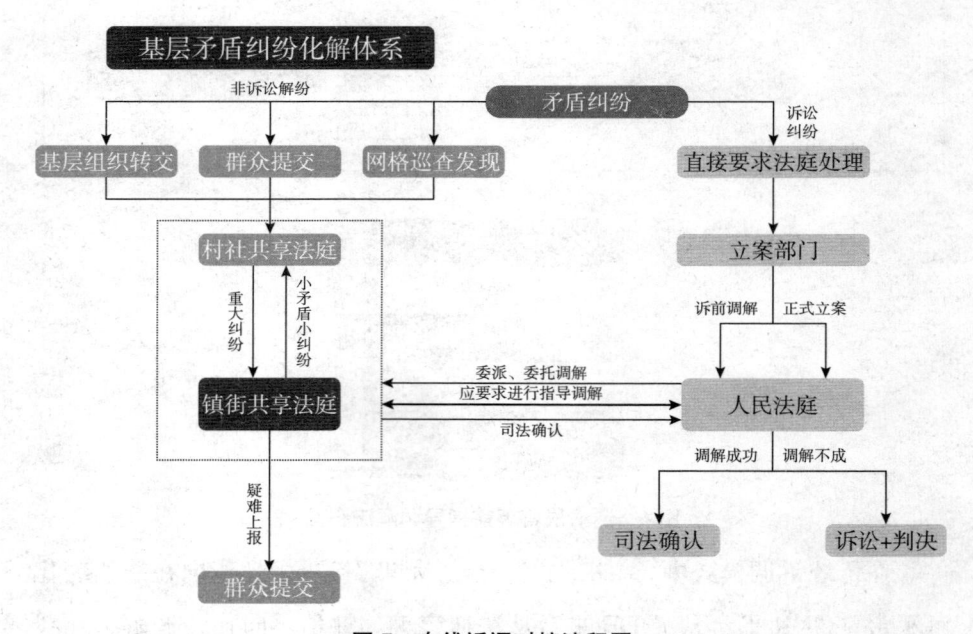

图 7　在线诉调对接流程图

（四）数字赋能：促进科技与司法的深度融合

"共享法庭"与浙江解纷码、人民法院在线服务平台、庭审直播系统、裁判文书公开平台等相衔接。借助数字化技术可以形成诉讼服务、解纷服务、万人成讼率、案件类型、司法协助等多个数据集成应用场景，进一步为基层社会治理提供有力的智能支撑。

一方面，"共享法庭"以数字化改革为牵引，共享省内外解纷资源，实现跨地域纠纷协同化解，夯实基层治理的法治底座，以顺应新时代人民群众的司法需求；另一方面，法院通过"共享法庭"平台，深入数据内部，挖掘数据价值，推动"内部"大数据研判向"外部"延伸，为基层社会治理机关提供实时的大数据决策。法院对区域的纠纷数量、纠纷类型数据进行汇聚、管理，通过集成文本分析，可提前预知该区域可能发生的大规模的特定类型案件，进而为政府管理部门提供矛盾纠纷的预防和控制方案。政府部门对社会的治理将形成一种"提前知、提前控、全程知、全程控"的超强管理形式。

同时，"共享法庭"还可以依据存储信息自动生成辖区数据报表和解纷地图，助力地方党委政府科学决策，记录并分析法官参与基层治理的工作量，为优化绩效考核体系提供参考。借助数字化技术手段，"共享法庭"进行数字司法大脑转型升级，为基层社会治理提供数智司法的支撑，达到普惠司法的效果。

四、"共享法庭"建设中存在的问题和对策

"共享法庭"的实践探索坚持和发展了新时代"枫桥经验"，为深化多元矛盾纠纷化解机制的探索提供了生动的实践样本。但是，由于"共享法庭"建设的时间不长，还处于探索和发展阶段，其建设模式、运行机制、管理制度尚不成熟，有待于进一步完善。

(一)"共享法庭"建设中存在的问题

1."共享法庭"的职能关系及边界不清晰

"共享法庭"作为基层社会治理的综合性平台,从建立之初就被给予"两大定位"和"五＋X 功能"①,其功能涵盖丰富,大致可包含司法服务和基层治理两大类功能。从"共享法庭"的运行来看,实践中对这两大类功能关系的认识还不够清晰,把握还不准确。究其本源,"共享法庭"创建的深层目标是深化诉源治理、提升基层治理实效,而诉讼和非诉作为化解社会矛盾、促进社会和谐的重要手段,终将服务于基层社会治理。"共享法庭"兼具诉讼与非诉解纷功能,也决定了其在基层治理机制上主要是借助司法手段运作的,与行政机关的治理方法和立场存在本质的差异。②"共享法庭"的定位应以解纷功能为核心,通过基层矛盾纠纷的调处进而参与社会治理。而目前"共享法庭"承担了过多除矛盾化解之外的基层社会治理任务,导致"共享法庭"虽名为法庭但名实不符,弱化了其司法属性,这也导致"共享法庭"在参与基层治理时的限度并不明确。③"共享法庭"职能边界的虚化和模糊化显然不利于"共享法庭"的制度化建设,在一定程度上制约了"共享法庭"的效能发挥。

2.庭务主任的管理制度不完善

首先,庭务主任选聘方式单一。目前"共享法庭"的庭务主任多从

---

① 李占国主编《共享法庭:基层治理法治化的浙江实践与探索》,人民法院出版社,2023,第39页。共享法庭具有两大定位与五大功能:学习宣传习近平法治思想的基层阵地和"一站式诉讼服务便捷驿站""一站式多元解纷的重要前哨""一站式基层治理的有效抓手"三个最小支点,具备调解指导、网上立案、在线诉讼、普法宣传、基层治理五大功能。
② 周一颜、魏玉玲:《浙江"共享法庭"的理论阐释与实践探索》,《南海法学》2023年第4期。
③ 杨凯:《人民法庭高质量发展的公共法律服务体系建构——以基层社会治理的中国式法治现代化建设路径为视角》,《中国应用法学》2022年第6期。

基层干部中选聘，且以基层组织内部指定为主，庭务主任管理、解纷能力水平差距比较明显。庭务主任虽然有基层工作经验丰富、群众信赖度高的优势，但遇到复杂的矛盾纠纷，他们往往由于缺乏专业知识而显得心有余而力不足。此外，村社的庭务主任总体年龄偏大，不少村社"共享法庭"的庭务主任由村里的退休村干部或有威望的老人担任，对矛盾纠纷的解决多以传统"老娘舅"的方式进行调解，难以熟练运用"共享法庭"的信息共享功能来助力纠纷化解。

其次，庭务主任工作负担偏重。"共享法庭"人员构成比较简单，基本采取"1＋1"的配置模式（1名庭务主任＋1名联系法官），庭务主任需负责引导调解、对接法官、协助诉讼以及维持"共享法庭"日常运行等多项工作。许多镇街、村社的庭务主任由街道办、社区服务中心原有工作人员兼任，作为基层工作人员本就承担诸如社区管理、综治、矛盾调解在内的多项本职工作，工作忙且压力大，若是其所负责的"共享法庭"纠纷数量较大、事务较多，则无疑会大大增加其工作负担而使其难以兼顾和投入，从而影响"共享法庭"的有效运行。

最后，庭务主任考核培训机制不健全。随着社会的发展和人们对司法服务要求的提高，解决矛盾往往需具备相应的法律知识、心理学专业知识等，庭务主任队伍尚未形成完善的培训机制和规范的考核机制，不利于庭务主任的成长和培养，难以应对矛盾纠纷的专业化、司法服务的智能化发展趋势，以及人民群众日益增长的公共法律服务需求。

3. 保障"共享法庭"实质化运作的"后半篇"工作落实不到位

在政法委的牵头下和法院的主导下，"共享法庭"聚合各方力量共同参与建设，以整合现有资源，并促使其作用功能有效发挥。但是，在资源聚合的模式下，各相关机构保持了相对的独立性，财政支持、场所设施人员供给、规范制定、技术支持等资源的聚合模式，决定了

"共享法庭"在运行、衔接、监督管理上比较复杂和困难。"共享法庭"日常运作主要依靠庭务主任,力量薄弱,而作为兼职的庭务主任往往是两肩挑,受到其直属单位与法院的双重管理。管理监督的重叠是引发监管交叉与缺位问题的根源。且各机构内部有自己的运行流程,纠纷化解工作模式也有所差异,加之"共享法庭"运行期还不长,各单位间的协调统一还未成型,存在标准不一、沟通衔接不畅等问题。各解纷机构间的协作配合机制还需完善,各机构组织间的工作流程在衔接上需要进一步优化。

此外,"共享法庭"在建设初期主要依靠财政政策支持,在后续的运行管理中,涉及的人员津贴、管理费用、硬件设备的管理和维修费用等经费缺少必要的保障,致使部分地区存在重建轻用现象,这势必成为制约"共享法庭"长效化运行的一大障碍。

4. 智慧治理力度不足

"共享法庭"是共建共治共享社会治理机制在基层的载体和实践,其依托信息技术手段进行构建,目的在于以最小的成本实现资源的共享共用,因而信息共享是"共享法庭"建设的主要基础,同时也提出了更高的要求。但在"共享法庭"实际运行过程中,因应用平台尚未充分开发,智慧治理存在碎片化问题,数字模块应用频率不高。"共享法庭"与基层治理等多个平台之间数据尚未能实现充分共享,甚至存在相互脱节、功能交叠问题。基层干部为了维护智慧平台的有效运转,需要耗费大量时间和精力采集、录入信息,甚至出现人必须符合系统的反向适配现象,影响了"共享法庭"共享效能的输出。

(二)完善"共享法庭"模式下纠纷多元解决机制的对策

针对上述问题,基于"共享法庭"的特性以及科技与司法深度融合的趋势,应当从以下方面完善"共享法庭",引领基层法治价值。

1. 进一步厘清"共享法庭"的职能关系与边界

"共享法庭"的建设与运作应立足法治立场,注重"共享法庭"司法的"功能性治理",通过推动基层矛盾纠纷的化解来提高社会治理实效。基于"共享法庭"自身职能的多样化,在各项功能的比重和侧重点尚未明晰的情况下,若盲目地将其置于所有功能统筹推进、共同发挥作用的工作框架下,则不可避免会在处置各项事务时出现角色冲突。如"共享法庭"既要扮演好公正的矛盾冲突裁判者,又要在参与社会综合治理时协调与党政间的关系。各种角色若不能有效协调,可能导致相关工作难以开展。为此,在现阶段须强化司法属性,凸显纠纷化解的核心功能。通过"共享法庭"培养法治带头人,提升解决基层矛盾的能力,助力法治成为制度上的基础设施。在化解矛盾纠纷的过程中,推动"共享法庭"建设与多元解纷司法理念的进一步融合,进一步挖掘多元解纷资源的优势,探索创新协作解纷模式,强化线上线下、法院与非诉解纷主体的联动,努力发挥其在多元解纷实践中的引领作用,从而实现对纠纷的有效治理和实质性化解。

2. 健全"共享法庭"的长效运行机制

"共享法庭"的运行汇集多方解纷资源和社会力量,参与者的范围十分广泛。为了推动"共享法庭"的深入发展和持续发展,应进一步加强党政的主导作用,构建"党政主导、司法主推、社会参与"的工作格局,充分发挥党总揽全局、协调各方的领导核心作用,强化部门的联动效能、社会的协同作用,促进部门和治理主体间紧密协作、广泛联动、协同高效地运转。同时,加强"共享法庭"场地、设施使用、维修等的管理以及经费保障,确保"共享法庭"常态化长效运行。现有的"共享法庭"已经配齐相关的硬件设备,且在硬件设施的维护保管问题上缺乏明确规定，暂由"共享法庭"场所提供者承担维护保管责任。在后续的建设中，须进一步明确责任主体和经费来源，为场所、设备等维修、更新以及庭务主任工作经费提供保障。

3. 推进庭务主任管理制度的规范化

首先，优化庭务主任的选拔机制。优先考虑具有一定法律知识储备和调解经验，以及原有业务与"共享法庭"业务交叉范围较大的人员，如分管综治、矛调、法治的人员，在保证熟悉业务的同时最大限度减少庭务主任的新增工作量，提升解纷质量。针对不同就职类型设置不同选聘要求，普设型"共享法庭"庭务主任需满足基本要求（工作经历、道德素质、文化水平、技术水平），特设型"共享法庭"庭务主任在此基础上增加具有相关知识技能、技能证等特殊要求。在选聘流程上建立初选、出任、短期或者长期选聘机制。

其次，健全庭务主任的培训考核机制。从庭务主任工作和群众体验的双重角度重新审视庭务主任的能力提升和培养机制，采用线上和线下相结合的培训方式。培训课堂应针对当事人是否应当分开调解、什么阶段联系法官效率较高、是否能进行司法确认、如何制作申请司法确认的规范文书等问题进行专类培训，邀请法官针对不同类型的纠纷和程序机制进行指导。同时，健全常态化考核机制，制定庭务主任日常考核办法，通过庭务主任、当事人、法官、调解员等多主体的综合评价，对不能胜任的庭务主任应当及时培训或建立退出机制。

4. 增强信息共享力度，提升"智治"水平

"共享法庭"建设是一项系统工程，不仅仅局限于数字赋能基层治理，它本质上是一种制度变革，即通过数字化手段构建起一套法院与政府、社会广泛参与的高效协同、整体智治的现代化基层社会治理体系。为强化多跨协同的优势，"共享法庭"建设一方面要充分整合现有的平台

资源，包括数据质量管理、数据挖掘、区块链等，对零散的数据进行治理，实现多源异构大数据汇聚的跨界融合，形成统一的数据资源并存储，满足不同场景下的需求，破除各应用场景、跨部门协同的壁垒，确保系统兼容和数据融合，为不断扩展的场景应用提供有效支持；另一方面要充分挖掘司法类数据和各政务平台数据，提高对数据的分析能力，全面汇集基层调解、在线诉讼、法治宣传等各环节数据及核心指标，建立数据模型开展分析，研判矛盾纠纷多发的高频事项，推进基层治理着力点与风险防控有力结合。数智赋能纠纷多元解决机制，真正实现以数字化改革推动社会治理，切实提升基层社会治理的"智治"水平。

五、结语

溯源治理和纠纷多元解决机制的构建是一个综合性、长期性的任务，要构建集约高效、多方协同的运行模式与运行机制，在短期内是很难完成的。作为基层社会综合治理改革的最新成果，"共享法庭"的发展和完善还需要经历长期的实践和探索。在未来的建设中，应当进一步厘清建设理念，调整"共享法庭"的工作格局，充分发挥数智治理的优势，在线对接综治中心、矛调中心、司法所、派出所、工会、妇联、乡镇（街道）、村（社区）等基层治理单位，有效激活基层解纷服务网格，让大量矛盾纠纷依法及时就地化解，形成更高效完善的纠纷多元解决机制。

（责任编辑：陶禹行）

论诉源治理有效性的法治转型[*]

曹建军[**]

诉源治理是人民法院践行新时代"枫桥经验"的重要探索与有效路径，坚持和发展新时代"枫桥经验"是深化诉源治理的基本引领，同时诉源治理又可以为新时代"枫桥经验"提供法治镜鉴。[①] 诉源治理在坚持党的领导与群众路线相结合、坚持自治法治德治相融合、坚持基层社会治理现代化转型等方面，与新时代"枫桥经验"拥有共同的本质特征。在新时代中国特色社会主义法治建设的宏观背景下，诉源治理机制的建设与完善既是"推进国家治理体系和治理能力现代化"的司法实践与行动表达，也是多元化纠纷解决机制迈入"改革深水区"的推进升级与创新发展。"诉源治理"概念存在政治与司法的双重语境，前者突出和强化了法院的政治功能，即统筹推进经济社会发展工作大局，后者注重和整

---

[*] 本文是 2022 年度北京市社会科学基金规划项目《北京法院执行公证债权文书制度研究》（22FXC016）的阶段性研究成果。

[**] 曹建军，中央财经大学法学院副教授。

[①] 宋建波：《坚持和发展新时代"枫桥经验" 推进诉源治理走深走实》，《人民法院报》2023 年 9 月 3 日第 2 版。

合了法院的司法功能，即在矛盾萌芽发酵之初及时介入纠纷解决。

"诉源治理"在2016年之后的司法实践中呈现出明显的扩张倾向，原本"诉源对象＋治理手段"构成了此次司法改革的出发点与主心骨，但铺展的改革局面与壮大的改革阵线日渐形成整合之势，不仅将多元化纠纷解决机制、大调解格局建构等2016年以前的措施纳入新的改革浪潮，而且将民事诉讼繁简分流、非讼程序健全与衔接等新兴内容加入治理框架。[①] 这就使得"诉源治理"的内涵与外延都发生了根本性的变化，内涵由单一变成多元、具体变成抽象，外延也跨越司法界线，深入政治视域。"诉源治理"的扇形辐射面迅速展开，扩展到纠纷演进的全部流程、诉中诉后的全部阶段、法院以外的社会整体、诉讼以外的综合治理。简言之，"诉源治理"一词已经不足以标识改革的内容本身，而是代表着改革的目标、方向与理念，日益承载了司法改革与政治改良的全部愿景。那么，"诉源治理"的新近扩张是否符合我国国家治理体系与治理能力的现代化要求，是否顺应司法治理在布局上的法治化安排呢？为正确认识我国诉源治理机制，合理把控目前诉源治理的改革方向，实有必要细致梳理与全面研究这项曝光率攀升的司法改革重大举措[②]，实现改革目标与实际成效、深化发展与固有边界之间的合理均衡。

一、诉源治理的改革缘起

诉源治理的实践发展脉络可以追溯到新民主主义革命时期的"马锡五审判方式"、社会主义革命和建设时期的"枫桥经验"，其作为司法改

[①] 张卫平：《"案多人少"问题的非讼应对》，《江西社会科学》2022年第1期。
[②] 2023年11月30日，笔者在"人民法院报"官网上在标题栏以"诉源治理"为关键词，共检索到328份文章，这一定程度上反映出法院对诉源治理工作的重视与宣传。

革的主要标志性概念则是出现在人民法院积极落实司法治理的探索行动中。① 2016年8月，成都市中级人民法院开展诉源治理改革，探索出大邑县法院的"无讼社区"、蒲江县法院的"五老调解"、武侯区法院的"法治指导员"、新津县（现新津区）法院的"法治诊所"等不同模式，在试点的两年多期间取得案件增幅放缓乃至下降的显著成果。② 成都两级法院推行的诉源治理实践方案成为全国法院系统积极落实"矛盾不上交、就地解决"的"枫桥经验"的典范，经最高人民法院的认可得以在全国推广应用。例如，福建省龙岩市上杭县人民法院实行"分调裁"三三机制，推行"五区三化"工作法，在村区、社区、工业区、景区、校区设立法律联系站、法官工作室、诉讼服务点，并配备法律咨询委员，定期开展上门立案、巡回审判、法律咨询、法治宣传，截至2019年9月，已经建立22个"圩头巡回办案点""司法联调点"。③ 甘肃省金昌市中级人民法院建立"诉源治理"法官联系点制度，截至2019年10月，在全市139个村、33个社区、2个企业及律师协会设立法官联系点，对法官进驻乡村的活动进行全面升级。④ 浙江省杭州市中院、司法局、妇联联合推进家事纠纷诉源治理，在全国首创家事诉调全流程服务的家事辅导员、家事调解员、家事调查员、家事观察员、危机干预员、案件回访员"六大员"机制。⑤ 重庆市形成城镇治理的"荣昌模式"和乡村治

---

① 李占国：《诉源治理的理论、实践及发展方向》，《法律适用》2022年第10期。
② 王鑫、胡思行、周玲萍：《成都：矛盾纠纷源头治理》，《人民法院报》2018年10月16日第6版。
③ 陈立烽、陈桂莲、罗小丽：《"三重奏"解纷推进诉源治理》，《人民法院报》2019年9月5日第8版。陕西省咸阳市中级人民法院推行的"三三制"工作法是明确各类纠纷依次在法官工作室、法律服务站、联合调处中心进行三级三轮调解。
④ 《多元解纷 金昌法院有一套——推进诉源治理实质化运行的"金昌密码"》，甘肃法院网2019年10月22日，http://www.chinagscourt.gov.cn/Show/45882（最后访问日期：2023年12月31日）。
⑤ 朱伊娜：《杭州首创"六大员"推进家事纠纷诉源治理》，《浙江法制报》2019年8月14日第2版。

理的"西阳模式",前者采取"党政＋司法＋群众＋智能"的思路,建立了接受法院代管和指导的独立编制、独立经费的综合调处室,后者采取"联席会议、联动执法、联合调处"的三联互动机制,实现了人情、乡情与法理的自然交融。①

随着地方试点向全国推广的迈进,"诉源治理"已经成为我国各级法院的重要工作任务,并且在司法治理实践上取得了一定的成绩。根据各省市高级人民法院的工作报告,2019年度的诉源治理工作使得浙江省法院收案下降4.60%;江西省法院新收案件增幅同比下降11.55%;四川省法院新收案件增幅回落6.31%;江苏省新收一审民事案件同比增幅下降5.00%,54家基层法院收案出现负增长;北京市法院新收案件增幅从上年的16.30%下降到9.90%,基层法院21.60%的民商事法官在诉讼前端解决了65.40%的民商事纠纷;河北省法院新收各类案件同比下降2.19%,结案同比上升6.11%,导入诉前调解32.52万件,诉前调解结案23.42万件。②浙江省法院系统为实现诉讼案件自2020年开始逐年稳步下降的目标,致力于将"普陀模式""龙山经验"发展成"浙江模式",以进一步推广诉源治理经验、巩固诉源治理成效。2020年6月,《浙江高院关于进一步推进诉源治理工作的意见》提出要将诉讼服务中心成建制入驻县级社会矛盾纠纷调处化解中心,推动完善"社会调解优先,法院诉讼断后"的递进式矛盾纠纷分层过滤体系,努力实现矛盾纠纷调处化解"最多跑一地"的目标。③

---

① 龙飞:《"把非诉讼纠纷解决机制挺在前面"的实证研究——以重庆法院实践为样本》,《法律适用》2019年第23期。

② 新收案件的数量增减是诉源治理成效的重要衡量标准,但各省级法院也有案件受理数量明显增长的情形,例如广东、安徽、上海、天津等地。案件数量不应当是诉源治理的唯一衡量标准,评价时需要明确案件增减的具体原因,否则以此标准追求的诉源治理可能只会损害立案登记制的既得成绩。

③ 载"浙江天平"微信公众号,2023年11月30日。

诉源治理在我国的萌发乃至勃兴，有其深层原因和内在动力。首先，我国目前的纠纷现状呈现出"案多人少"的严峻形势。改革开放 40 多年来案件数量的增长速度显著大于法官人数的增长幅度，特别是经济发达地区的积案问题严重、法官人均办案数量畸高，"案多人少"的现实压力与异常现象已经成为司法界的共识。[①] 为提升司法审判的效率与质量，我国已经着手采取一系列内外措施进行改革，包括增加法院人财物供给、分类管理法官人员编制、改革审判方式和管理流程、运用信息化办案手段等。这些改革举措在一定程度上有助于解决常规案件的审理困难，但在短期内并没有改变受案数量与审理任务之间的紧张状态。第一，员额制改革既没有明显增加一线审判人员的数量，也没有显著削减或彻底剥离审判人员的非审判业务；第二，程序简化与分流改革无法解决终审不终的问题，也就不能实现案结事了的目标；第三，智慧法院建设持续吸纳人财物的资源投入，却无法解开疑难杂案久拖不决的关键症结；第四，立案登记制和便民司法服务刺激了民众的司法需求，使得更多案件涌入法院。[②] 法院针对"人少"一端几乎穷尽内外手段，现在自然将眼光放在矛盾的另一端即"案多"问题。诉源治理就属于从源头化解纠纷的根本举措，既要抑制潜在的纠纷酝酿和浮现，也要防范已经产生的纠纷演变成诉讼案件。

其次，社会纠纷在源头阶段与基层空间存在诉外化解的潜在可能。我国存在无讼少讼、互让和解的文化传统和社会心理，熟人近邻之间碍于"低头不见抬头见""家长里短巷尾议"的人际密切联系而更易妥协言

[①] 左卫民：《"诉讼爆炸"的中国应对：基于 W 区法院近三十年审判实践的实证分析》，《中国法学》2018 年第 4 期；张枫：《基层法院"案多人少"的界定与应对实践——以人民法院内部优化为视角》，《山东大学法律评论》2015 年；范明志、金晓丹：《关于人民法院"案多人少"问题的调研分析》，《中国审判》2012 年第 1 期。

[②] 刘潇：《"案多人少"与法院员额制改革》，《政治法学研究》2017 年第 1 期。

和，普通主体之间也可能因"多一事不如少一事""杀敌一千自损八百"的处世心态而力求尽快脱身。无论是在乡村"熟人社区"还是在城市"陌生社区"，社会主体相对更追求稳定秩序带来的宁静生活与心绪，"为权利而斗争"更多是在面临重要权益时退无可退的选择而非事无巨细的吹毛求疵。同时，基层法院在一线审判前沿方便接触到符合诉源治理条件且具有诉外化解可能性的简单纠纷，对简单纠纷的批量化解决以及对常见纠纷取得良性化社会效果，往往能够突出基层法院在体制内的先进创优业绩（如获得英模称号、集体奖项）。从新闻报道反映的情况来看，诉源治理在司法实务上也主要发生在基层治理空间，基层法院对诉源治理表现出旺盛的现实需求与显著的质效优势。①

再次，当前的司法形势需要国家权力间的共同协作与国家机构间的紧密联动。《民事案件案由规定》列举了11项一级案由、54项二级案由、473项三级案由，广泛众多的案件类型可能牵涉立法、行政、司法机关在诉讼前的不同管辖领域。② 例如，股东登记纠纷可能引起民行诉讼冲突，加强工商登记机关与法院的联合互动，有助于整合司法和行政资源，理顺民行诉讼关系，促进该类纠纷彻底解决③；城市物业纠纷涉及综治部门、公安机关、住房城乡建设部门、司法行政部门和人民法院等，需要强化多方管理主体在职责上的协作配合，提升物业纠纷依法多元化解的能力和水平。相反，立法、行政、司法有一环没有关注或重视诉源治理，均可能会造成案件激增、救济拥堵、矛盾丛生的治理难题。

---

① 张馨予：《调解成功率100%的法庭，是真实需求还是目标内卷？》，《中国新闻周刊》2023年第25期。
② 当然刑事领域也存在诉源治理。例如，浙江省慈溪市人民检察院为从源头减少讼累，集中移送、具结、起诉、开庭，提升认罪认罚使用率，贯彻落实"少捕慎诉"的要求。参见：蔡俊杰、陈颖智：《诉讼生态实现良性循环的奥秘》，《检察日报》2020年4月3日第2版。
③ 曹明明、张敏：《以社会化视角对民行诉讼交叉问题的再思考——以股东登记纠纷联动解决机制为例》，《法律适用》2012年第9期。

例如,《劳动合同法》在立法过程中删除了草案原本规定的工会权力条款,抑制了工会在解决劳动侵权纠纷中的作用;《道路交通安全法》弱化了交警部门的纠纷处置功能,使得交通案件以每年7‰~11‰的速度递增。① 由此可见,社会纠纷的诉源治理要求不同国家权力之间的诉前协作,司法机关应以法治思维和法治方法进行指导和推动,行政机关应注重提高公共管理与执法监管的水平,立法机关应以完善的法律规则充分表达公民的利益诉求。例如,广东省东莞市在市域社会治理现代化工作中,已经建设形成政法委、法院、司法、公安、民政、妇联等部门协调联动的工作格局。②

最后,社会治理的整体任务要求在源头上拓展司法的非诉讼纠纷解决功能。在我国经济发展与社会转型的宏观背景下,民众权利意识觉醒、利益分散多元、政府控制失灵、社会自治缺失、司法救济迟钝等,日益加剧着新时代社会治理的挑战与压力。以审判为中心的司法改革注重建构实体公正与程序正义并重的纠纷解决机制,巩固和坚守司法公正的"最后一道防线",但是司法的中立性、被动性、事后性与有限性特点决定了光有审判还不足以应对大量汹涌的诉前纠纷,司法裁判的严格刚性也使得诉讼纠纷解决机制存在特定的局限性。普法宣传、诉前调解、委托调解、委派调解、诉调对接以及法院与其他公权力机构、社会机构的紧密协作等非诉讼纠纷解决机制更加适应诉前纠纷的化解活动,既考虑到了纠纷在源头的突发性、分散性、复杂性特征,也能与以审判为中心的诉讼机制交相辉映。合理发挥司法的非诉讼纠纷解决功能,正是司法

---

① 姜峰:《法院"案多人少"与国家治道变革——转型时期中国的政治与司法忧思》,《政法论坛》2015年第3期。
② 《东莞多部门联合 打造诉源治理新体系》,东莞市人民政府网2020年6月4日,http://www.dg.gov.cn/jjdz/dzyw/content/post_3173546.html(最后访问日期:2023年12月31日)。

融入社会治理格局、司法汇聚综合治理力量的有效方式,这既契合了20世纪80年代以来世界范围内多元化纠纷解决机制的发展潮流,也满足了中国在21世纪法治发展的实际需要。①

二、诉源治理的扩张现象

诉源治理改革在政治方向上秉持着由"枫桥经验"上升到基层治理法治化、国家治理体系和治理能力现代化之战略高度②,成为我国司法系统响应党中央指示精神与国家政治的改革目标之重要体现,因此"诉源治理"的内涵外延在改革进程中也在不断地扩张和延伸,以尽可能涵盖社会纠纷源头治理、非诉纠纷多元化解与诉讼案件终端裁判三项领域。③ 这就改变了"诉源治理"的文本含义和初始宗旨,将狭义的"诉源治理"演变成为现今广义的"诉源治理"④,将最初的源头治理延伸到末梢治理,最终使得"诉源治理"承载了过度沉重的改革目标。

2021年2月,中央全面深化改革委员会第十八次会议审议通过《关于加强诉源治理推动矛盾纠纷源头化解的意见》,提出要"推动更多法治

---

① 范愉:《当代世界多元化纠纷解决机制的发展与启示》,《中国应用法学》2017年第3期;王翔:《诉源治理的全球视野:比较经验与中国反思》,《经济社会体制比较》2023年第4期。

② "诉源治理"是对"枫桥经验"的坚持和继承,但"诉源治理"扩展了"枫桥经验"的纠纷化解链条与领域,将"枫桥经验"的纠纷产生之后的外部化解机制扩张到纠纷产生前后法院审判执行的各个阶段与各个部门。参见:四川省成都市中级人民法院课题组:《内外共治:成都法院推进"诉源治理"的新路径》,《法律适用》2019年第19期。

③ 以"源头预防为先,非诉机制挺前,法院裁判终局"为核心的诉源治理新实践在我国已经形成。参见:薛永毅:《"诉源治理"的三维解读》,《人民法院报》2019年8月11日第2版。

④ 狭义的诉源治理是指诉讼之外的纠纷实质化解决,广义的诉源治理还包括诉讼之内的纠纷实质化解决。有观点主张前者的法院角色定位是"有限参与、积极辅助",法院在诉讼内的诉源治理角色是"全面参与、履行职责"。参见:钟明亮:《法院在诉源治理中的角色定位及完善》,《人民法院报》2020年1月9日第8版。然而,诉讼内的纠纷解决实际上已经属于"末梢治理",不适宜渗入行政色彩浓厚的治理思维和维稳思维。

力量向引导和疏导端用力"。2021年9月,《最高人民法院关于推动新时代人民法庭工作高质量发展的意见》要求加强诉源治理考核,适当增加诉源治理等的考核权重。2021年9月,《最高人民法院关于深化人民法院一站式多元解纷机制建设 推动矛盾纠纷源头化解的实施意见》提出要"推动人民法院一站式多元解纷向基层延伸,向社会延伸,向网上延伸,向重点行业领域延伸"。2023年9月,最高人民法院、司法部印发《关于充分发挥人民调解基础性作用 推进诉源治理的意见》,提出要夯实人民调解"第一道防线"。诉源治理的扩张在规范和实务上主要表现为治理时间、治理对象、治理主体、治理流程四个方面的扩张,这使得诉源治理与社会治理、市域治理、县域治理等相关概念的区别日益模糊,法院在基层综合治理过程中与其他国家机关或社会组织的角色定位日渐趋同,司法在国家权力配置体系中的功能界分也逐步趋向依附性。①

1. 诉源治理在时间阶段上呈现出"纠纷前—诉讼外—诉讼中—诉讼后"的延伸

在纠纷前,法院提前介入基层社会治理,为民众提供法治宣传、警戒教育,为机关单位提供法治培训、业务指导的司法服务,帮助预防和减少矛盾纠纷的发生;在诉讼外,法院提前引导已经产生的纠纷向替代性纠纷解决机制分流,加强司法部门与仲裁、公证、调解等机构的交流协作②;在诉讼中,法院高度重视诉讼与非诉讼的衔接、调解和解结案方式,建设繁简分流、简易小额、速裁快审、非讼程序机制,化解诉讼争议;在诉讼后,法院强化判后释法、执行结案的力度,及时跟踪诉讼、执

---

① 曹建军:《诉源治理的本体探究与法治策略》,《深圳大学学报(人文社会科学版)》2021年第5期。
② 公证等纠纷解决方式属于预防性法律制度的重要环节。参见:史书一:《诉源治理目标下公证制度的优势、障碍与出路》,《荆楚学刊》2022年第2期。

行、涉访案件以避免纠纷升级或复发。此时,诉讼各环节、各审理阶段、各不同审级的"案源治理"新机制已经明显背离诉前阶段的"诉源治理"目标,因为"诉源治理"处理的是纠纷,而"案源治理"针对的是裁判。由"诉源治理"延伸到"案源治理",不仅违背当前集中精力解决源头纠纷的决策和部署,而且很容易导致法院和法官的角色迷失。①

2. 诉源治理在处理对象上表现为"原生纠纷—诉讼纠纷—衍生纠纷—复生纠纷"的拓展

诉源治理追求纠纷的实质化解决而非个案的形式化终局,处理的对象除了诉讼前的原生纠纷,也试图一并解决诉讼中的纠纷,甚至日渐重视裁判之后衍生的关联性纠纷和复生的上诉再审信访纠纷。② 由于纠纷形态各异且类型多样,诉源治理可能跨越市民自治和相关国家机关主管的领域。例如,家庭情感、单位管理、国家政策、历史遗留等领域。诉源治理的牵连范围越广泛,司法资源与治理任务之间的关系将越趋于紧张。为实现诉源治理的精准化,法院不得不将有限的资源投入常见类型的纠纷解决。但是,按照目前各级各地法院在时空、内容、人力、财政等层面拓展诉源治理的进度来看,法院的供给能维持多久、投入与产出比率能达到多少、何时能最终实现诉源治理目标,仍然缺乏科学化的统计与验证。

3. 诉源治理在组织力量上展现出"党政机关—司法机关—社会组织—人民群众"的衔接

试点法院为竞逐政绩,在内部加强多元化纠纷解决机制的建设、衔接与保障,扩大调解组织、调解员、诉讼服务站、基层法治指导员、联

---

① 周苏湘:《法院诉源治理的异化——基于功能主义的研究视域》,《华中科技大学学报(社会科学版)》2020年第1期。
② "衍生案件"与"复生案件"有时可能混同使用,"衍生案件"专指同一纠纷引起的串案、类案和潜在的多个诉讼案件,"复生案件"专指一次审理结束之后出现上诉、再审、执行、信访等再次争议情形的案件。

络员等的数量；在外部积极广泛地联系党政机关、基层组织、社会团体、民间力量等多元参与主体，以会签合作协议、形成实体对接、建立沟通机制等方式争取外部工作上的协助与配合。例如，重庆市荣昌区人民法院建立了综合功能、集中入驻的非诉讼纠纷解决中心，将区社会综治中心、法院非诉解决中心、区涉法涉诉信访维权中心、区社会诚信体系建设中心汇集在一起办公，有力避免了重复处理、多头解决、分散办案的问题。① 不过，法院在诉源治理的主体地位、具体任务、协作方式上仍没有确定下来，在理论和实践上尚没有达到清晰明确的程度。

4. 诉源治理在工作内容上体现出"非诉分流—调解分流—非讼分流—诉讼分流"的扩散

无论是多元化纠纷解决机制、各行各业的调解优先机制，还是诉讼与非诉的衔接、民事诉讼繁简分流，在诉讼前后均贯彻了程序分流的解决思路，以便于法院精准进行纠纷的预防、排查、过滤与化解。但是，法院承担了纠纷解决全程的分流者角色，既要在诉讼之前根据不同的司法需求安排合适的分流渠道，也要在诉讼之中终局解决那些筛选下来的疑难杂案。法院在千头万绪的分流工作里至少要警惕四项风险：（1）自愿选择走向强制的风险，即法院以直接强制、拒绝变更、反复说服的方式达到分流目标；（2）成本与收益失衡的风险，即法院对同一纠纷安排多次不同甚至全部纠纷解决渠道；（3）内部负荷过载的风险，即投入难以为继时法院的纠纷管理陷入停滞或崩溃；（4）外部失调摩擦的风险，即法院因工作方式、思路的差异而与其他治理组织发生工作摩擦或冲突。若法院在分流时忽视上述风险，可能会刺激纠纷解决的司法需求，激化

---

① 龙飞：《"把非诉讼纠纷解决机制挺在前面"的实证研究——以重庆法院实践为样本》，《法律适用》2019 年第 23 期。

法院与当事人的矛盾，引起法院与其他国家职能部门之间的龃龉。①

三、诉源治理的理性回归

各级法院的改革热情切实推动了我国诉源治理的发展，不仅凸显出司法机关在国家治理中的重要地位，使得法院由维稳的兜底角色转变为治理的积极参与者，而且也强化了司法权力应对社会转型的纠纷解决功能，树立起源头思维和综合视野以回应日益过载的司法需求。但是，任何制度的发展均不能脱离制度实施主体的法定职责与制度解决对象的固有需求，即使是正确的制度发展方向也要匹配坚实稳固的发展步骤。若诉源治理改革跨越司法治理的法定框架，超越司法机关的功能定位，诉源治理引起的问题或风险可能将超过其所产生的成效。为避免所谓"过犹不及""矫枉过正"，诉源治理在当前阶段也应当回归司法的应然角色，发挥其法定功能，防止纠纷解决与秩序维持的司法目的掩盖权利保护与程序保障的价值追求。

1. 诉源治理的时间阶段应当限于诉讼前程序而排除诉讼后阶段

由于社会矛盾与利益诉求的司法化，诉源治理旨在将治理链条回溯前伸到诉讼之前的社会场域，从源头出发对社会纠纷进行诉前过滤与化解。但是，诉源治理与司法裁判在基本原则与价值目标上仍然存在根本区别，诉源治理不能否定或取代司法机关肩负的裁判职能，更不能凌驾于司法裁判之上。诉源治理应当为诉讼裁判服务，而非颠倒过来，因此法院在立案、审判、执行的诉讼后阶段应当适度关照诉源治理活动，而

---

① 张保川、熊晓彪：《基层诉源治理的探索与出路——以四川省蒲江县人民法院为中心的分析》，《人民法治》2017 年第 7 期。

不是将诉源治理的各项举措推广适用到诉讼阶段。例如，法院应当谨慎适用妨害民事诉讼的强制措施，避免过度诉讼惩戒可能造成的法院与当事人之间矛盾的激化；提高对衍生案件治理机制的关注度，有效减少一审案件衍生出二审、再审、执行、信访等更多案件；做好诉讼风险提示、上诉风险评估、类案推送参考，引导当事人的诉讼行为符合理性与规范；准确把握诉前犹豫期、立案提示期、保全黄金期、调解缓和期、氛围营造期、执行催促期等特定环节，依法及时地行使法院诉讼指挥权以实现程序的有效衔接。

至于民事诉讼繁简分流、诉讼调解、督促程序、小额诉讼、代表人诉讼、示范诉讼等程序机制的建构与健全，依旧是在诉讼与非讼的裁判范畴内，提升纠纷解决的公平与效率，不应强行纳入诉源治理体系之中。否则，诉源治理的政策目标与司法裁判的法定目标可能混淆，进而影响司法裁判的独立性与专业性。例如，各地推行的判后答疑的确有助于增强判决的针对性和说服力，降低继续争议或重复申诉的概率，属于定分止争、服判息诉的有效治理措施。但是，这并不是司法裁判的法定制度或强制机制，过度强调判后答疑也有混淆法官诉讼释明义务与诉源治理的法外政策之嫌，平添当事人与法院的负担却无助于及时终局的纠纷解决。①

2. 诉源治理的处理对象应当限于可能发展为诉讼纠纷的原生纠纷

诉讼纠纷及其衍生纠纷已经进入诉讼程序内，自然应当运用法治思维、诉讼手段、程序机制，赋予纠纷当事人公正、经济、迅速的救济。当事人既然选择了诉讼的最后救济手段，就应当以法定明确的司法裁判规则解决诉讼内的民事纠纷，而非再以诉源治理政策协调当事人之间的

---

① 王天民、陈剑：《判后答疑还是审判释疑：司法权威何以实现?》，《南通大学学报（社会科学版）》2009年第1期。

利益天平。法院在审理之时应当秉持诉源治理的开放视野,适度关照同类纠纷在诉讼之外的类型化解决,为当事人预防和解决同类争议提供行为准则。尤其是在面对类案、串案以及疑难复杂、对抗激烈的案件时,法院为实现案结事了也应当注重心证的及时公开与裁判理由的论证说理,适度考量两造利益衡量在法律框架之内的妥当方案。

但是,法院适时贯彻诉源治理思维,不等于就在每一个案件里嵌入了诉源治理的方法与机制,诉讼之外的同类纠纷、衍生纠纷与审理终结之后重新燃起的复生纠纷并不是案件审理的直接对象,解决这些纠纷只是法院在兼顾社会效果之时的"栽柳之举"。当事人应当服从法院裁判的公信力与权威性,通过法定渠道进行申诉,经过裁判程序处理的复生纠纷已不存在诉源治理之时"讨价还价"的余地。

3. 诉源治理的组织力量应当注重内外分布的均衡与解纷成本的协调

尽管法院发起和推动的诉源治理工作已经得到党委、政府、社会与公众的积极呼应,但法院的整体投入与法官的时间、精力付出均是有限的。只有治理成本与化解成效符合经济原则,诉源治理工作才会具备可持续的动力与可规划的远景。在对外合作上,司法机关可以借助外部力量分担治理成本,将诉源治理作为国家治理、政府治理与社会治理的一部分共享治理成果,吸引其他治理力量在这一领域的参与和投入;在力量组合上,不同治理主体应当基于各自的职权优势,将纠纷类型特点与自身组织力量结合,形成诉源治理分工、衔接、共享、共成的网络格局;在内部安排上,人民法院应当坚守员额制改革的宗旨和要求,合理设定诉源治理的机构分布、人员分工与业绩考核,动员非审判岗位的工作人员参加司法社会化工作;在规划评估上,司法机关可以对诉源治理设定评估要素,在科学合理的成本效益评估之上进行方案的调整与重组,以适应诉源治理千头万绪的内容与变化多端的形势。

4. 诉源治理的方式方法应当保持司法理念与科技发展的同步

"五五改革纲要"提出"智慧法院建设"的重大命题，大数据、云计算、人工智能等现代科技手段是审判体系和审判能力现代化的有力科技支撑，其既可以直接应用于审判方式、诉讼制度与互联网技术的深度融合，也可以广泛助力诉源治理上的智慧诉讼服务建设。一方面，法院可以自主投入开发互联网、移动终端的智能辅助软件，在现有的智能系统内为当事人提供纠纷解决方案、多元救济渠道、诉讼风险评估、诉前调解建议、自助查询咨询等服务，切实弥补人民群众在诉源阶段的信息缺失与缓解解纷压力。例如，推动建立统一的在线矛盾纠纷多元化解平台，实现纠纷解决的在线咨询、在线评估、在线分流、在线调解、在线确认。另一方面，法院也可以参与推动建立统一的诉源治理软件，将多元治理主体统合纳入平台，以实现综合管理、程序分流、工作衔接、纠纷预警、风险评估、固定证据等目标功能。尤其是针对互联网纠纷，司法区块链技术的应用可以解决诉讼内外的电子数据存证、取证、示证、举证、认证等难题，以分布式算法证明重构社会信任机制，减少信息不对称、事实难证明的诉源治理难题。①

四、诉源治理的发展方向

司法解释和地方规范性司法文件已经将高空抛物坠物行为的预防与惩治、优化营商环境、落实"六稳"工作和"六保"任务、道路交通事故损害赔偿纠纷网上数据一体化处理、黄河流域生态保护和高质量发展、民事诉讼程序繁简分流改革、法治乡村和法治政府建设等，陆续纳入诉

---

① 张春和、林北征：《司法区块链的网络诉源治理逻辑、困惑与进路》，《中国应用法学》2019年第5期。

源治理机制建设中，反复强调诉源治理的理念与思维。诉源治理已经弥漫在当前司法工作的各个领域，体现在民事、商事、家事、刑事、知识产权、环境保护等领域各项具体案型中，成为一项几乎包罗万象和百用百通的基本制度。但正如前文所述，我国的诉源治理改革应当由过度扩张转向理性回归，在时间阶段、处理对象、组织力量、方式方法上集中精力解决诉前原生纠纷，这种战略收缩并非要弱化诉源治理的整体作用，而是要坚持正确的发展方向以谋求更加长远的改革布局。

（一）诉源治理应当继续立足于基层法治化建设的重心

"基层往往成为法治建设的薄弱环节，也是社会矛盾的高发地和聚集地，中国80%以上的矛盾纠纷都发生在基层，解决好基层的社会治理问题，就解决了中国法治建设的主要问题。"[①] 因此，我国的诉源治理应当立足于基层法治理念的贯彻，促进社区法治与自治、德治、善治相结合，引导基层群众依法表达诉求，理性共议、风险共分、难关共渡。以"全国最忙基层法院"北京市朝阳区法院的诉源治理工作为例，2019年该院民商事收案92 409件，同比下降12.3%，收案量在连续7年攀升后首次下降。朝阳区法院通过司法定制服务包、法官工作站和示范性裁判"三点支撑"，聚焦物业、供暖、拆迁等群体性、常发性基层纠纷的预防，有效实现审判职能的延伸、治理力量的扩大以及基层秩序的重构。

诉源治理立足于基层法治化建设的重心体现在四个方面。

1. 确立行为规范

基层社会的行为规范往往是基于规模效应、威权压制、模仿因袭形成的，这种经长期生活总结的非明文行为规范有时不一定契合现代

[①] 魏东：《推进诉源治理 提升国家善治》，《人民法院报》2019年11月11日第2版。

法治的要求。当国家立法规范与社会行为规范产生分歧或冲突时，法院通过诉源治理工作就可以及时密切地观察分歧或冲突的现象及分析其原因，针对性地选择"劝服"或者"压服"的方法，促进国家立法规范与社会行为规范之间的调和，尽快形成适应现代法治精神的社会行为规范。

2. 营造社会风气

以社会行为规范为基础的礼治秩序，无法替代法治秩序。法治秩序阙如的基层社会容易缺乏对现代法治的认同感和接受度，社会风气也容易偏离"尊法、学法、懂法、守法、用法"的法治氛围。诉源治理工作可以拉近法院与基层群众的时空距离与心理距离，现身说法，以加快社会风气的法治化转向。

3. 修复社会关系

司法裁判贵在以明确具体的法律规范对两造激烈对抗的争议做出清晰划一的界分，这是司法追求秩序维持、权利保护与程序保障的当然结果。但这也限制了司法裁判修复社会关系的机能，民众在利益受损之后可能继续陷于纠纷。故基层纠纷的化解实际上离不开社会关系的修复，诉源治理也现实发挥着心理治疗、利益填补、风险担保的功能。

4. 加强基层自治

基层治理的政治逻辑和经济逻辑大有压倒法治逻辑的趋势，使得基层行政权力脱离法治轨道，基层自治组织与群众脱钩，基层群众自治让位于干部支配、能人主导。诉源治理工作可以为基层自治注入新鲜血液与法治精神，既能约束基层组织的行政权力，建立群众的信任与合作机制，将司法治理与经济发展、基层稳定、乡村振兴等重点工作深度融合，同时也有助于实现法治轨道之下的基层自治，激活群众自治的热情，赋权群众参与的力度。①

(二) 诉源治理应当持续强化纠纷解决规范化的趋势

基层社会以行政机构为主体、以行政能力为依靠的治理方式，催化和助长了基层民众在遇到社会纠纷时"有问题找政府"的思维模式。当基层行政组织无力解决民生与政治裹杂的复杂纠纷时，反而会影响基层组织解决纠纷的积极性与主动性，将司法机关由"最后一道防线"推向"第一道防线"，直面不能承受之重的司法裁判任务。一旦司法机关的非人情化、欠灵活性的裁判方式不能满足民众的心理期待与利益诉求，无力终局化解土地权属、土地承包、房屋宅基地、劳资福利、民事赔偿等基础纠纷，基层社会无疑将会坠入治理混乱的困局，形成国家治理与公共管理的"洼地"。因此，人民法院的诉源治理工作应当带动和促成基层自治的规范化与公民行为的规范化。

基层组织在诉源治理格局之下，负有尽职管理和积极协同的义务，不能一味将纠纷解决任务推向司法机关。基层自治的规范化包括明确基层组织在诉源治理中的权利和义务、基层自治的法定程序与监管、基层自治的职权行使与救济等。在我国自上而下的权力层级之下，基层自治处于中间夹层，既直面群众的利益诉求，又承接上级机关的问责压力，因此基层自治的规范化也要求国家机关内部治理关系的规范化，即形成权利义务责任分明的权力运行机制。② 上级机关在布置任务、进行政治决策和考核业绩时应考量基层的实际情况，实现上下级信息的共享与流

---

① 姚迈新：《转型期基层治理法治化的逻辑与路径——以广州为例》，《探求》2020年第2期；王勇：《村民自治40年：基层治理法治化变迁的学理分析》，《社会科学战线》2018年第9期。
② 韩志明：《"大事化小"与"小事闹大"：大国治理的问题解决逻辑》，《南京社会科学》2017年第7期。

通顺畅，同时在民情反馈、危机处置和方略调整时应调查和研究纠纷的真实面貌，保证利益裁量的公正与全面。

人民法院的诉源治理应当高度重视基层法治规则的生成与扎根，促使社会行为规范自觉贴近法律，杜绝"按闹分配"的不良风气与思维，形成办事依法、遇事找法、解决问题用法、化解矛盾靠法的良好法治环境。"按闹分配"的思维惯性与行为模式也是我国当前纠纷激化的重要原因之一，弱势民众在与政府、企业等对抗之时会选择舆论渲染、身体抗争、暴力表达等方式，极易将个体问题转化成社会问题，将个人底线变成博弈策略，造成整体社会治理的机会主义与去制度化。[①] 因此，公民行为的规范化意味着要以法治规则替代"按闹分配"，在疏通民意表达渠道的基础上重塑公民行为的法治思维和规范模式，既要有效遏制小事闹大或无理取闹的纠纷衍生进程，也要贯彻落实法治精神在乡规民约、家规家训、社会公德、职业道德中的自觉融合机制。

（三）诉源治理应当坚持促进组织力量多元化的策略

法院在诉源治理工作上的投入和付出已经接近难以为继的地步，诉源治理的负荷也反过来制约着法院的改革步伐，因此我国诉源治理要强调多元协同参与的工作格局。

首先，多元协同参与不会取代或抹杀法院在诉源治理中的地位或功绩。就诉源治理改革发展至今的进程而言，法院是该项改革的关键推动者，由国家治理发展出诉源治理，同时也由诉源治理推进着司法治理；法院是该项改革的基本保障者，独立的司法品格和专业的司法能力保证了治理的公平与效率，诉源治理与诉讼裁判前后相依、彼此相成；法院

---

① 王郅强：《身体抗争：转型期利益冲突中的维权困境》，《探索》2013年第5期。

是该项改革的重要参与者，社会矛盾的化解是历久弥坚的系统工程，在纠纷演进的各个环节都必须有法院法官的身影。

其次，多元协同参与也是诉源治理的目标之一。诉前纠纷构成法院积案的压力来源，法院对此几乎穷尽了可能的手段，引入外部多元力量已经成为迫在眉睫的重要方案。但面对这样一个治理难题，其他国家机关和社会组织其实也是避之唯恐不及，不愿陷入治理困局做劳而无功的纠纷化解工作。法院适时推动诉源治理，建构协同合作的基本框架，为多元主体共同参与诉源治理搭建了开放性平台，使得各方不愿涉足的领域成为合作共赢的新兴政绩增长点。行政机关、基层组织和社会团体都可以发挥各自的职能优势，将诉源治理的对应工作重新纳入自己的职责范围，借助多方力量争取诉源治理的成效，共同分享诉源治理的改革红利。

最后，诉源治理在组织分工的基础上强化职权联动。现代国家机关和职能部门已经形成较为清晰明确的纵向层级控制和横向职权分工，造就行政管理与公共服务的集约化与专业化，但同时也衍生出层级过多过密、职能交叉重叠、部门管理分割、服务质量下降等严重问题。[①] 同样的，不同机关组织之间的部门、层级和职能的严格界限也在一定程度上阻碍了基层原生纠纷的及时有效解决，当事人在屡次碰壁和遭遇推诿之后只能求助法院这一司法救济的"最后一道防线"。而法院在介入之后又会经常面对错综复杂的案外利益与牵扯不清的部门职责，既要仔细调查以理清头绪，又要均衡各方利益以免失之偏颇。因此，机关组织的职权联动适应了现代社会治理的无缝隙衔接要求，能够编织出强大的纠纷解决力量网络，及时回应基层群众的维权救济需求。例如，地方政府为完

[①] 竺乾威：《公共服务的流程再造：从"无缝隙政府"到"网格化管理"》，《公共行政评论》2012年第2期。

成拆迁安置任务,购买开发商没有验收的商品房,业主因房屋质量瑕疵诉请开发商赔偿,开发商确已提前告知房屋未经验收的真实情况,而建设行政主管部门因资料缺失或手续不齐而一直没有安排竣工验收。此时法院身处地方政府、众多业主、开发商、建设行政主管部门等多方利益主体之间,不得不在诉讼程序里面对各方的对立情绪与分化的利益诉求。若在矛盾产生的前端,法院就联合相应机关组织及时开展诉源治理,将有可能化解这种疑难纠纷,为各方提供圆满的利益协调方案。即使依旧进入诉讼程序,法院也可根据已经掌握的案情细节和证据材料及时做出公正裁断。

(四)诉源治理应当重视开发互联科技智能的平台

尽管人工智能在初级发展阶段只能作为辅助办案的工具,不能全面取代法官在司法领域的角色地位和工作内容,但人工智能办案系统的应用确实有助于司法效率的提升和"案多人少"困局的缓解。2020年是智慧法院建设由初步形成向全面建设迈进的第二年,围绕智慧审判、智慧执行、智慧服务、智慧管理的智慧法院体系要继续走向深度应用,尤其是要将智慧法院建设与诉源治理、"枫桥经验"紧密融合,持续推进法院调解平台的建设应用,建设一站式多元化纠纷解决平台。目前多地法院主导和联合政府及相关部门建立了 ODR 平台,未来的规划是要整合成统一的线上矛盾纠纷多元化解平台,进一步扩大法院 ODR 平台建设的现有成果。①

就我国目前司法智能化的实际应用来看,亟待解决的主要问题在于:

---

① 中国社会科学院法学研究所法治指数创新工程项目组:《2019 年中国法院信息化发展与 2020 年展望》,载陈甦、田禾主编《中国法院信息化发展报告 No.4(2020)》,社会科学文献出版社,2020,第 2、13、17 页。

第一，固守原有的司法运行模式，简单地将传统线下流程嫁接在互联网上，将实体法院迁移到网络空间；第二，电子化、信息化平台或终端没有升级到智能化程度，不能做到为法官充分减负，甚至平台的运行和维护反会消耗法院的司法资源；第三，法院网络系统与其他司法机关、行政部门、企事业单位、社会团体，仍然存在明显的数据鸿沟和信息孤岛①；第四，部分系统功能与实际业务需求脱节，形成智能化建设与审判工作的"两张皮"现象，导致系统闲置或应用不足。②

为消除我国智慧法院建设的障碍，贯通诉源治理的智能化路径，我国智能化纠纷解决信息处理平台的建设目标应当设定为：第一，在内部实现司法存证平台、在线调解平台与诉讼服务平台、审判管理系统的平行对接，在外部实现不同层级之间、不同地域之间、不同机关之间的系统互联、数据互通；第二，针对繁杂多样的纠纷类型，诉源治理的智能工具应当在横向上做到综合比较与明确辨别，提供纠纷信息的归类汇总与方案规划，在纵向上实现无缝衔接与全程监管，做到纠纷解决的动态跟进与态势预测；第三，推动司法大数据的挖掘应用，实现常态化监控预警纠纷状态、有效辅助各单位科学决策、健全考核指标体系等治理功能，为各机关组织改善社会治理局面与纠纷预防机制提供智能化的决策参考。

五、结语

2023年是毛泽东同志批示学习推广"枫桥经验"60周年，也是习近

---

① 刘畅：《京津冀地区纠纷解决机制的司法流程再造——以诉源治理推进纠纷"一站式"多元解决为视角》，《天津法学》2019年第4期。
② 中国社会科学院法学研究所法治指数创新工程项目组：《中国法院"智慧审判"第三方评估报告（2018）》，载陈甦、田禾主编《中国法院信息化发展报告No.3（2019）》，社会科学文献出版社，2019，第57页。

平总书记指示坚持发展"枫桥经验"20周年。我国诉源治理机制建设在"枫桥经验"发展格局中经历了7年的地方试点与4年的全国动员，诉源治理的中国特色主要体现在理论属性、实践功能和工作机制三个方面，亦即，诉源治理是具有中国特色的能动司法理念，应当在司法被动性与主动性之间划定职权行为的边界；诉源治理是体现人民司法的公共政策，应当在依法裁判与司法治理之间明确纠纷解决的层次；诉源治理是国家机关联动协作的工作方式，应当在社会治理大循环与司法治理小循环之间理顺结构关系。[1] 人民法院的诉源治理机制建设一方面要避免行动的局限性与领域的失衡性问题，注重纠纷解决的整体性与协调性，另一方面也应当警惕过度扩张或冒进的倾向，回归司法理性与法治逻辑。

（责任编辑：曾　梦）

---

[1] 严玉婷、张晓玲：《习近平法治思想指导下基层法院参与诉源治理路径分析——基于帕森斯结构功能主义视角》，《上海法学研究》2021年第3卷。

人民法庭参与诉源治理的现实困境及纾解之道

李天杰　谢昕霖[*]

在我国社会变革转型背景下,大量矛盾纠纷涌入法院系统寻求司法救济,法院案件受理数量一直居高不下,"案多人少"矛盾进一步加剧。为有效缓减审执压力,推动矛盾纠纷从司法终端解决向源头预防延伸,从而在根源上化解矛盾纠纷,成都法院系统于2016年提出了诉源治理这一基层社会治理命题。[①] 2021年2月19日,习近平总书记主持召开中央全面深化改革委员会第十八次会议,会议审议通过《关于加强诉源治理推动矛盾纠纷源头化解的意见》,对诉源治理机制建设做出顶层设计,自此,诉源治理正式成为国家治理的重要制度安排。作为有效降低诉讼案件增量的制度改革尝试,诉源治理受到了最高人民法院的肯定,最高人

---

[*] 李天杰,浙江省宁波市中级人民法院。谢昕霖,浙江省象山县人民法院。
[①] 冯巧凤:《化纠纷于诉外 止纠纷于诉内 成都"诉源治理"走向全国》,《成都日报》2018年12月27日第2版。

民法院批示全国法院予以推广①,"五五改革纲要"文件中明确提出要完善"诉源治理"机制,把非诉讼纠纷解决机制挺在前面,推动从源头上减少诉讼增量②;而后法发〔2019〕19号司法文件③中又进一步提出人民法院要主动融入党委和政府领导的诉源治理机制建设,强化人民法庭就地预防化解矛盾纠纷功能,推动矛盾纠纷源头化解。由此可见,人民法庭参与诉源治理,不仅是纵深推进司法体制改革的应有之义,也是发挥人民法庭就地解决纠纷这一显著优势的必然要求。然而任何事关基层治理的制度改革都不会一帆风顺且立马行之有效,人民法庭在矛盾纠纷多元化、复杂化的背景下参与诉源治理,亦会面临诸多的困境和挑战,故而更需要我们结合实践从理论上去分析论证,求索出路,给予支持。

一、溯源问道:人民法庭参与诉源治理的正当性基础

从语词的字面含义看,诉源治理就是对进入法院诉讼案件的源头进行根本性的治理,即社会个体及包括法院系统在内的其他社会机构单独或共同联合采取各种方式方法,将已经产生或潜在的矛盾纠纷予以调处化解,使社会主体之间紧张甚至是出现裂痕的社会关系得以较好地弥合。④诉源治理一方面是要将传统"无讼"文化融入纠纷解决过程,通过推进基层社会治理,将矛盾纠纷"扼杀"在萌芽阶段,止于未发,防患于未然;另一方面则是要通过多元解纷机制优质高效化解已经产生的

---

① 李雁佳:《诉源治理——新时代"枫桥经验"的成都实践》,《成都日报》2019年1月23日第1版。
② 参见《最高人民法院关于深化人民法院司法体制综合配套改革的意见——人民法院第五个五年改革纲要(2019—2023)》。
③ 《最高人民法院关于建设一站式多元解纷机制一站式诉讼服务中心的意见》。
④ 吴明军、王梦瑶:《诉源治理机制下法院的功能定位》,《行政与法》2020年第7期。

矛盾纠纷,"内外并举,善借外力,标本兼治,重在治本",从而实现矛盾纠纷的源头解决。① 从推动矛盾纠纷源头化解的角度看,诉源治理本质上就是对强调"矛盾不上交、平安不出事、服务不缺位"的新时代"枫桥经验"的接续与传承,并进一步延伸了矛盾纠纷解决链条,拓展了矛盾纠纷化解领域,是基层治理方式的创新和发展。② 人民法庭积极参与诉源治理,不仅能发挥身处一线、直面人民群众、就地妥善解决群众纠纷的优势,同时也能有效服务党和国家推进基层治理现代化的中心工作大局。补齐人民法庭在诉源治理过程中暴露出的各种体制机制短板,才能建设出满足群众需要、因应时代需求和紧扣基层治理形势的高质量人民法庭。

(一)诉源治理是对新时代"枫桥经验"的坚持和发展

20世纪60年代,浙江诸暨枫桥镇的干部群众在社会主义教育运动中创造出了发动和依靠人民群众,就地解决矛盾纠纷的"枫桥经验",并得到了中央领导的批示肯定。③ 改革开放以后,"枫桥经验"作为我国推进基层治理的"金字招牌",在全国范围内得到进一步的宣传和推广。"枫桥经验"在实践中不断丰富和发展,逐渐成为以"小事不出村、大事不出镇、矛盾不上交"为内核的基层社会治理的优异制度经验,有效维护了良好的基层治理环境,保障了经济平稳健康发展。④ 党的十八大以来,"枫桥经验"的发展进入了新时代,党的二十大报告明确提出,"在

---

① 郭彦:《内外并举全面深入推进诉源治理》,《法制日报》2017年1月14日第1版。
② 郭彦:《对深化"诉源治理"十大关系的思考》,载"法律适用"微信公众号,2019年10月28日。
③ 吕剑光:《"枫桥经验"的前前后后》,《人民公安》1997年第19期。
④ 汪世荣主编《枫桥经验:基层社会治理的实践》,法律出版社,2008,第5页。

社会基层坚持和发展新时代'枫桥经验'"①。习近平总书记亦对传承和创新"枫桥经验"多次做出重要讲话、指示和批示,他参加十四届全国人大一次会议江苏代表团审议时就强调,"要坚持和发展新时代'枫桥经验',完善正确处理新形势下人民内部矛盾机制,及时把矛盾纠纷化解在基层、化解在萌芽状态"②。在习近平新时代中国特色社会主义思想的指引下,孕育形成了以"矛盾不上交、平安不出事、服务不缺位"为基本内涵的新时代"枫桥经验"。③"枫桥经验"在我国社会主义革命和建设时期由党领导人民群众创新性提出,在改革开放和社会主义现代化建设新时期又得到了进一步的实践和完善,进入新时代以后,创新和发展新时代"枫桥经验"又成为推进基层治理的重要抓手。尽管历经时代的变迁,"枫桥经验"的内涵不断充实和丰富,但"枫桥经验"始终强调坚持党的领导、坚持发动和依靠人民群众、坚持群众矛盾纠纷的就地解决。因此,从根本上来说,诉源治理与"枫桥经验"存在着本质特征的一致性、价值取向的同一性和方法路线上的趋同性。诉源治理是对新时代"枫桥经验"的创新发展,并将"枫桥经验"发动和依靠群众就地解决纠纷的核心内涵进一步扩展为纠纷的提前化解和诉讼的源头治理,是"枫桥经验"的生动实践。④ 人民法庭作为司法体系的"最基层单元",处在化解基层矛盾纠纷的第一线、司法为民的最前沿,有着熟悉基层社会生态、贴近人民群众的优势。人民法庭积极参与诉源治理,融入基层治理

---

① 凌锋:《坚持和发展新时代"枫桥经验"》,《法治日报》2023 年 3 月 7 日第 1 版。
② 《习近平在参加江苏代表团审议时强调:牢牢把握高质量发展这个首要任务》,中国法院网 2023 年 3 月 5 日,http://www.gov.cn/xinwen/2023-03/05/content_5744877.htm(最后访问日期:2023 年 12 月 31 日)。
③ 金伯中:《新时代"枫桥经验"是预防化解矛盾风险的重要法宝》,光明网 2022 年 11 月 3 日,https://www.gmw.cn/xueshu/2022-11/03/content_36135121.htm(最后访问日期:2023 年 12 月 31 日)。
④ 吴明军、王梦瑶:《诉源治理机制下法院的功能定位》,《行政与法》2020 年第 7 期。

大格局，推动基层社会矛盾纠纷综合治理、源头解决，能够更好地满足基层人民群众司法需求。这不仅有利于人民法庭传承和发展新时代"枫桥经验"，也可将"枫桥经验"与司法体制改革结合起来充分发挥职能作用，不断提升人民法庭的司法权威和公信力。

（二）诉源治理有利于服务党和国家推进基层治理现代化的中心工作大局

人民法庭的设立、角色定位及功能面向始终与党和国家的中心工作大局息息相关，密不可分。当下，我国正处于社会转型期，生产生活方式的深刻改变和社会主体之间利益格局的深度调整必然会滋生大量的矛盾纠纷，这些矛盾纠纷绝大多数产生在基层，如若这些潜在抑或已然生成的矛盾纠纷得不到妥善的预防和化解，局部性、非对抗性的矛盾就会演变为全局性、对抗性的矛盾，从而极大影响基层社会的和谐稳定。[①]基层稳定，全局向好，基层治理是国家治理的基石，国家治理的重点在基层，难点也在基层。习近平总书记就鲜明强调，"全面推进依法治国，推进国家治理体系和治理能力现代化，工作的基础在基层"。2021年4月28日发布的《中共中央 国务院关于加强基层治理体系和治理能力现代化建设的意见》就明确提出"统筹推进乡镇（街道）和城乡社区治理，是实现国家治理体系和治理能力现代化的基础工程"，要着力"提高基层治理社会化、法治化、智能化、专业化水平"，建立"自治、法治、德治相结合的基层治理体系"，充分展现"中国特色基层治理制度优势"。法律的治理是推进基层治理规范化的重要方式，也是推进基层自治和德治

---

① 杨凯：《人民法庭高质量发展的公共法律服务体系建构——以基层社会治理的中国式法治现代化建设路径为视角》，《中国应用法学》2022年第6期。

相融合的重要保障。① 人民法庭是法院系统的"神经末梢",身处推进基层治理法治化的最前沿,直接面对着基层的矛盾纠纷,在诉源治理中发挥着"桥头堡"的重要作用。因此,人民法庭立足自身审判职责去做好诉源治理工作,从根本上解决基层矛盾纠纷,积极参与基层社会治理,是推进基层治理法治化的有效手段②,也是服务党和国家推进基层治理体系和治理能力现代化的有力保证。

(三)诉源治理是建设高质量人民法庭的内在要求

2021年9月15日,最高人民法院发布《关于推动新时代人民法庭工作高质量发展的意见》,就推动新时代人民法庭工作高质量发展提出意见。建设高质量人民法庭是加强基层政权建设的重要内容,人民法庭要立足职责积极服务基层社会治理,通过加强辖区纠纷的源头化解,形成"源头预防、非诉挺前、多元化解的分层递进前端治理路径"。诉源治理作为有效的社会治理手段,是加强基层社会治理的重要内容,需要在基层党委领导、政府主导下展开。人民法庭作为治理主体之一参与诉源治理,需要加强与基层党委政府的沟通和交流,借助党委协调各方、总揽全局、督办落实的优势。如此,一方面有利于在法治轨道上汇集成各方资源禀赋,形成诉源治理的强大合力;另一方面也有利于人民法庭紧紧依靠党委政府提升城乡基层社会治理水平,推动党委政府以更大的力度加强多元解纷机制建设、以更大的力度支持人民法庭解决设施配套以及与其他治理机构的工作对接协调等难题,助力人民法庭的高质量发展。相较于诉讼路径解纷,诉源治理更加强调矛盾纠纷的源头预防和多元化

---

① 陈志君:《通过法律的治理:新时代"枫桥式"人民法庭参与基层社会治理的基本模式》,《中国应用法学》2022年第5期。
② 陈俊伶、胡宇、吴莹:《诉源治理实质化 社会治理新格局》,《人民法治》2019年第11期。

解，本质上是一种涵盖"源头、诉前、诉中"的全流程治理路径。人民法庭参与诉源治理，要求人民法庭工作人员进乡村、进社区、进网格，发挥贴近群众的优势，跳出"法庭"看"治理"，不再局限于"一案一事"，而是更加注重提炼具有普遍意义的治理经验，为基层治理贡献司法保障力量，提升基层社会治理的法治化水平。诉源治理的多元治理模式和全流程治理路径为人民法庭创新工作方式提供了有益参考和借鉴，有利于全面提升人民法庭的工作水平，建设有效服务基层社会治理、满足人民群众高品质生活需要的高质量人民法庭。

二、管中窥豹：XZ 人民法庭的实践运行情况检视

XZ 人民法庭是 XS 县人民法院的人民法庭之一，法庭办公场所位于 XS 县工业重镇——XZ 镇，距离县城 20 余公里，半个小时车程，法庭工作人员平时均住在县城，开车上下班，有效办公时间较院本部工作人员少一个小时左右。目前该法庭包括庭长、副庭长在内共有员额法官两人，行政编制法官助理两人（其中一人专职负责法庭执行工作，未参与审判辅助工作），聘用制法官助理一人，聘用制书记员两人，聘用制内勤一人（负责立案及法庭内勤工作），聘用制协警一人（从事执行辅助工作），法庭配有一辆公车供法庭工作人员办案使用。XZ 人民法庭管辖两个乡镇下共计 68 个行政村的一审民商事案件，2023 年 1~6 月底新收民初案件 312 件。2022 年 1~12 月新收 664 件，较 2021 年 748 件同期下降 11.2%，结案 664 件，较 2021 年 736 件同期下降 9.8%，案由主要集中在合同纠纷、离婚纠纷、机动车交通责任纠纷、土地承包经营权纠纷等领域，此外，亦有数量较多的公司、保险、证券类纠纷。从收结案数量上看，该法庭人均办案 332 件，案件承办压力较大，两名员额法官每个

工作日基本都在开庭处理纠纷；从人员配置上看，该法庭基本上实现了审判团队法官、法官助理和书记员1∶1∶1的人员结构配比，人员分工较为明确，但法庭工作压力依旧很大；从处理案件类型上看，尽管该法庭位处基层一线，绝大多数案件标的额不高，但案件处理难度并不低，尤其是一些涉及拆迁、土地承包经营权案件，往往需要牵扯承办法官大量精力，此外亦有不少新型的、处理难度较大的诸如证券、保险的民商事纠纷案件。

2022年，XZ人民法庭积极参与辖区诉源治理机制建设，从2022年总体收案数的下降幅度看，该法庭采取的诉源治理措施的效果比较显著。该法庭采取的诉源治理措施主要有以下几个方面：一是利用好共享法庭平台，汇聚辖区解纷资源。该法庭在下辖的每个行政村的党群服务中心均揭牌设立了共享法庭，并由本村党支部书记担任庭务主任，居住在本地的案件当事人可选择在共享法庭解决纠纷，村书记也可参与调解化解纠纷。该措施不仅极大便利了当事人参与诉讼，也汇聚了村书记等乡贤解纷资源，进一步拓宽了解纷渠道。二是聘用"老娘舅"参与纠纷，强化诉前纠纷化解机制。该法庭聘用了两位极具调解能力和解纷经验的退休村书记参与诉前调解，将一些案情简要、当事人有调解意愿的案件交由他们进行诉前调解。该措施不仅灵活调动了本辖区的调解资源，缓解了法官的案件承办压力，也能有效地消弭纠纷。三是常态化开展普法宣传活动，培育辖区群众法治意识。法庭工作人员挤出时间前往企业、商会、学校等开展有针对性的普法宣传活动，针对不同群体进行不同主题的法治宣传，有效提升辖区群众法律意识。

不难看出，XZ人民法庭采取的诉源治理措施还比较有限，诉源治理边际效用递减较为明显，如相比2022年全年，2023年上半年的收案数并没有明显下降的趋势，究其原因有以下几点：一是案件数量多，审判压力较大，而人员配置仍旧不够充裕，加之各种会议繁多，法庭工作人员难有多余精力参与额外的诉源治理工作；二是与基层党委政府的工作协同还需加强，法庭单打独斗参与诉源治理的边际效用递减较为明显；三是缺乏相应的考核机制，导致法庭的工作人员难有动力去推进诉源治理工作；四是人民法庭参与诉源治理的方式还有待创新，工作成效难有显著提高；五是部分法庭工作人员认为人民法庭过多参与诉源治理易模糊法庭的中立性，应慎重参与该项工作。

XZ人民法庭作为东部沿海地区工业重镇法庭，在客观的综合办案条件优于全国其他大多数派出法庭的前提下，其参与诉源治理仍然面临着众多困惑、压力与挑战，由此不难推断其他基层人民法庭参与诉源治理所面临的困难之严峻，尤其是中西部一些急缺"人财物"的人民法庭，它们需要克服的困难只会更多更复杂。XZ人民法庭作为一面反映现实情况的镜子，其折射出的是在诉源治理渐次在全国推进的背景下，基层人民法庭落实顶层制度设计的失语、乏力和失范现状。人民法庭参与诉源治理路在何方？如何避免诉源治理在基层落地中出现的口号化和形式化倾向？这值得我们去思索和回答。

三、由点及面：人民法庭参与诉源治理的现实困境

尽管诉源治理最早由法院系统提出与倡导，具体工作也主要集中在司法裁判和纠纷解决领域，但诉源治理是一项事关基层社会治理全局的综合性系统工程，其顺利推进并非法院系统一家"单打独斗"就能实现。人民法庭位处基层，有着参与诉源治理的天然"主场"优势，理应在诉源治理新一轮司法体制改革中有所作为，对人民群众有效快速解纷的司法需求有所回应。笔者对XZ人民法庭实践运行情况进行分析思考，认

为在实践中人民法庭参与诉源治理存在着如下问题：对自身角色定位及如何在诉源治理中做出人民法庭的应有贡献认识不清晰；相应配套保障跟不上，影响人民法庭参与诉源治理的积极性；与相关部门沟通衔接不顺畅，诉源治理难以协同推进，存在流于形式等突出问题。这些问题严重掣肘了人民法庭在诉源治理中的应有功能发挥。

（一）角色担当定位不清晰

只有法院意识到自己在做什么时，才有更多收获，并促使它们有意识地尽其所能把事情做得更好。[①] 然而当人民法庭置身诉源治理这项宏大的社会治理体制改革中时，却对自身在诉源治理中的角色定位产生了认识偏差，不知如何对诉源治理的需求做出应有的角色回应。一是基于有限的人力和物力条件，一些人民法庭对参与诉源治理持否定或怀疑态度。[②] 尤其是对一些案件审执压力大而又人手短缺的人民法庭而言，在缺乏相应物质激励和制度支持的前提下，让它们一定程度上脱离审判主业去推动和参与诉源治理工作，显然是不够现实的。二是一些人民法庭对自身在诉源治理中应"扮演"何种角色存在认识偏差。现阶段，基层党委、公安、检察院以及一些地方的矛盾调解中心均参与了诉源治理机制建设，诉源治理已经从"法院主导"上升为"党委主抓"，然而诉源治理的预防和解决纠纷的核心目标又决定了人民法院作为纠纷化解的职责主体需要在多主体参与诉源治理机制建设中发挥参与、推动和保障作用，在诉源治理机制建设多主体参与、多元方案选择的背景下就难免

[①] 卡多佐：《法律的成长——法律科学的悖论》，董炯、彭冰译，中国法制出版社，2002，第60页。

[②] 张浩涵：《人民法庭如何参与诉源治理——以 S 市人民法庭运行状况为例》，第十四届中部崛起法治论坛论文。

存在行政与司法不分、主体角色定位不清晰等问题。三是容易模糊人民法庭作为纠纷"中立裁判者"和诉源治理机制"建设者"的双重角色定位。诉源治理强调纠纷的源头预防和化解，这就意味着法官在纠纷正式进入诉讼前与当事人接触的概率将大大增加，将使司法"最后一道防线"前移至直面纠纷的"最前沿防火墙"，这可能违反法庭中立原则和不告不理的司法准则[①]，进而损及司法权威和公信力。

（二）资源配套保障不完善

发展至今，人民法庭在人员配备、办案条件和物质保障等方面都得到了各级法院的大力支持。然而不可否认的是，伴随着老百姓的"权利觉醒"，在绝大多数基层矛盾纠纷涌入法庭寻求司法救济的背景下，大多数人民法庭依旧面临着人力稀缺、时间稀缺和资源稀缺的矛盾，处理大量进入人民法庭的纠纷就已经牵扯了法庭法官的绝大多数精力，而诉源治理机制建设要求既抓末端、治已病，又抓前端、治未病。这就意味着人民法庭的法官不能单纯地"坐堂断案"，更要积极投身基层党委政府主导的诉源治理机制建设，更加注重矛盾纠纷的源头预防和化解。例如深入乡村、社区、学校和工厂等开展法治宣传讲座，为基层调解组织的调解工作提供专业指导，加强与居委会、村委会等基层自治机构在纠纷预防化解方面的沟通交流等，在诉源治理巨量工作任务的加压下，人民法庭的"人财物"短缺的矛盾只会进一步放大。再者，在法院对人民法庭进行工作成效考核时，有的法院忽略了将诉源治理成效纳入考核体系，

---

① 曹建军：《诉源治理的本体探究与法治策略》，《深圳大学学报（人文社会科学版）》2021年第5期。

单纯以法庭法官人均办案数作为审判质效的主要考评指标。① 在考核"指挥棒"的驱动下，法庭的法官毫无疑问会更加偏重于完成既定诸如办案质量和效率的考核目标任务，而忽视对诉源治理工作的参与和精力投入，缺乏绩效考核的制度激励，人民法庭参与诉源治理的动力将大打折扣。

（三）联动对接机制不顺畅

作为一项多方参与的系统工程，诉源治理机制建设非法院"一家之事"，各司法机关、行政机关及其他社会治理机构应在党委政府的领导下相互配合、协调联动、整体推进。多元主体参与的特征决定了诉源治理机制建设需要顺畅有效的工作联动对接机制予以支撑，然而实践中，一方面，基层党委政府作为各项政策落地的"最终执行者"，其工作涵盖政治、经济、民生等方方面面，"上级千头令、基层万端绪"是基层党委政府的工作常态，发展、改革和稳定的诸多政策压力最终都会传到基层党委政府，是故在任务繁重、时间紧迫、精力有限的情况下，基层党委政府难以将充足的资源和精力投注在诉源治理机制建设中，导致虽然诉源治理主体较多，但却缺乏基层党委政府的有力统筹和各治理机构间的良性协同，难以形成强大的治理合力，诉源治理在基层出现碎片化、口号化和形式化的倾向。另一方面，人民法庭作为基层法院的派出机构，在人事调动、绩效考核、司法资源配置等方面均接受基层法院的安排，人民法庭与基层政府并无隶属关系，一向缺乏稳定的工作沟通和协调机制，两者之间互动并不密切。② 因此，如何在人民法庭与基层党委政府、其

---

① 韩俊、鲍平晓、解思辛：《关于诉源治理配套保障机制的问题分析及对策建议》，《人民法院报》2021年9月23日第8版。
② 羊燕：《人民法庭参与基层社会治理的反思及路径抉择——以对Y市18家人民法庭的分析为视角》，扬州市中级人民法院2019年11月25日，http://fy.yangzhou.gov.cn/yzszjrmfy/fxyj/2019-11/c1870913a430445983b4d5230ea328e0.shtml（最后访问日期：2023年12月31日）。

他治理机构之间构建顺畅的工作联动对接机制，打通部门之间的壁垒，准确定位各治理机构在诉源治理中的角色担当和权责划分就成为当下推进诉源治理机制建设亟须予以重视的问题。

四、实践出路：人民法庭参与诉源治理的路径选择

进入新时代，我国社会主要矛盾发生了深刻转变，人民群众对公平正义的企盼更加急切，对人民法庭的司法工作也提出了更高要求。人民法庭参与诉源治理是推动司法工作高水平发展、满足人民群众对公平正义日益增长的需求、不断提升人民群众在纠纷解决过程中的获得感和满意度的重要抓手。前路漫漫，诉源治理是一项开展时间不久、涉及面广的综合性社会治理改革，人民法庭参与诉源治理面临不少困境，还有诸多体制机制短板需要补齐。前路亦灿灿，人民法庭要正视困境，主动适应新时代的治理形势，积极融入基层治理大格局，找准参与诉源治理的嵌入路径，在诉源治理机制建设中发挥应有作用。

（一）转变角色定位，积极融入党委政府的统筹安排

诉源治理的多元主体参与、多纠纷解决路径的模式将非诉讼纠纷解决机制挺在前面，这一做法能够妥善化解潜在的或已产生的纠纷，有效降低进入法院系统的诉讼案件增量，缓减法院系统"案多人少"的突出矛盾。应当说，法院作为能直接享受到诉源治理机制改革成效的部门，具有推进诉源治理的强烈动机和充分动力。但当我们将诉源治理置于基层社会治理体系的全局中去看时不难发现，社会治理资源是推动治理体系和治理能力法治化、现代化的关键因素，而诉源治理就需要调动和投入各方面的社会资源。基层党委政府掌握着丰富的社会治理资源，又担

负着地方平安建设的治理任务，有领导和推动诉源治理机制建设的能力和责任。由基层党委政府担任"领导者"的诉源治理机制，一方面，能发挥党委政府强大的号召力、统筹力和执行力，充分调动方方面面的社会治理资源，理顺不同社会治理机构的权责关系和工作对接协调机制，实现诉源治理机制建设的方向统一、步调一致和成果共享，确保我们坚持党的领导这一政治优势、制度优势转化为工作优势、治理效能[①]；另一方面，在人民法庭诉源治理"主导者"的角色定位下，统筹推进诉源治理的巨量工作不仅不利于缓减人民法庭"案多人少"矛盾，还会过度、不当加重法官在审判之外的工作负担和现实压力，进一步稀释和消耗人民法庭宝贵且有限的司法资源，最终与诉源治理机制建设的初心和目的相背离。因此，人民法庭要积极融入"党委领导、政府负责、社会协同、公众参与、法治保障"的社会治理体制，完成从诉源治理机制建设的"主导者"到"参与者"的角色转变，在基层党委政府的领导下加强与乡镇综合治理办公室、居（村）委会、矛盾调解中心等治理机构的沟通交流与业务协同，形成诉源治理的强大合力，"有位"且"有为"地参与诉源治理机制建设。

（二）完善配套保障机制，补齐参与诉源治理的制度短板

尽管人民法庭的建设受到了各级法院的重视，在人员配备、地理布局、硬件设施等方面都得到了极大改善，但在司法资源整体有限的背景下，人民法庭人员少、流动大、缺乏保障等也依旧是严峻的现实问题。人民法庭参与诉源治理机制建设，毫无疑问会加重法庭工作人员在审判主业之外的工作负担，较高的工作任务要求和单薄的配套保障之间的矛

---

① 李占国：《诉源治理的理论、实践及发展方向》，《法律适用》2022年第10期。

盾将进一步凸显。对此，应以诉源治理为契机，努力完善人民法庭的配套保障机制，让人民法庭更有动力亦更有能力和条件参与诉源治理机制建设。

一是优化人员配备。人民法庭参与诉源治理，首要的就是配齐人民法庭工作队伍，让法庭法官得以从繁重的审判任务中抽出时间和精力参与诉源治理，否则有关诉源治理的政策文件要求都将因为缺乏人员执行而难以在人民法庭落地见效。优化人员配备，一方面要坚持以案定人，充分考虑人民法庭承担诉源治理任务这一因素，在法院工作人员整体调配上向案件数量大、治理任务重的人民法庭倾斜，做到"随缺随补"式的动态调整；另一方面也可通过购买社会化服务的方式将法庭的辅助性事务外包出去，补强司法辅助人员力量，让法官从诸多程序性事务中解脱出来，将工作重心放在审判主业和诉源治理当中。

二是夯实硬件保障。"工欲善其事，必先利其器"，完善的硬件保障是人民法庭高效参与诉源治理机制建设的基石。这里的硬件保障既包括治理经费的保障，也包括办案设施设备的保障，无论是下基层普法宣传，还是对其他社会调解组织进行业务指导，抑或是运用在线网络平台进行诉前的纠纷调处，都离不开充足的经费保障和完善的设施设备支撑。尤其是对一些管辖区域较广、区域位置较为偏僻的乡镇人民法庭而言，更需要配齐交通工具和完善法庭的办案设施，避免陷入"一群人配一杆枪"的窘境。在经费保障方面，一些地方在党委政府的支持和领导下，建立了诉源治理专项经费保障机制，为人民法庭参与诉源治理提供经费支持[①]，此种做法可资借鉴。总而言之，要想法设法通过夯实硬件保障，破除人民法庭参与诉源治理机制建设的客观制约因素。

---

① 田松、雷会：《诉源治理的痛点、难点问题调研——基于贵阳市部分基层法院的实证调研》，载微信公众号"筑城审判"，2023年1月11日。

三是完善考评机制。司法绩效考核机制一直是监督人民法庭工作、推动人民法庭深化改革、提升工作效率的重要抓手。在激励人民法庭积极参与诉源治理机制建设时，需要发挥"考核指挥棒"的良好导向作用。具体而言，首先要与时俱进，转变考核理念，从过去的重视"案件处理数量"向强调"纠纷化解数量"转变；其次要将诉源治理成效纳入考评体系，进一步细化考核指标，适当提高诉前纠纷分流情况、法庭工作人员进村进社区频率、在线调解适用成效、与其他社会治理机构会商情况等的考核权重，并将这些考核指标完成情况作为法庭工作人员职级晋升、评优评先和年度考核的重要依据，充分调动法庭工作人员参与诉源治理的积极性和主动性；最后应避免片面追求案件数量下降的形式化考核，防止在实践中出现立案登记制度被架空、人为久调不决等负面现象。

（三）立基审判主业，创新纠纷预防化解的路径方法

人民法庭作为审判机关的派出机构，审判是其最为核心的职责所在。新时代的人民法庭工作，应统筹处理好执法办案和参与社会治理之间的关系，要立基于审判职能参与社会治理，切实做到不越位，也不缺位。[①] 诉源治理不仅强调进入司法诉讼个案的彻底化解，也强调将治理资源向"诉前"倾斜，把非诉讼纠纷解决机制挺在前面，让案件"止于未发""止于萌芽"。这就要求人民法庭以参与诉源治理机制建设为契机，立基审判主业，发挥基层首创精神，创新纠纷预防化解的路径方法，防止基层纠纷向上溢出、向外传导。

一是要"善借外力"，推动多元化纠纷解决机制在基层"落地生根"。诉讼方式的程序性、对抗性和高成本的固有局限决定了由其处理数量多

---

① 高明义：《正确处理六个关系 推动新时代人民法庭工作高质量发展》，《人民法院报》2020年11月19日第2版。

发、主体多元、诉求多样的纠纷并不一定就能实现最好的处理效果，因此，应把非诉讼纠纷解决机制挺在前面，把诉讼作为处理纠纷的"最后一道防线"，切实发挥其终局兜底作用。首先要依托基层治理资源，做好调解工作。人民法庭要将司法触角不断向城市社区、辖区企业、乡村地头等基层网格单元延伸，充分调动和运用这些潜在的基层治理资源进行纠纷调解。例如浙江地区广泛开展的"共享法庭"建设，在居（村）委会、乡镇司法所、辖区商会和大型企业等地方挂牌成立了"共享法庭"，通过"一根网线""一块屏幕""一个终端"搭建起了在线快捷调处纠纷的平台，既丰富了纠纷的调解主体，也降低了纠纷的化解成本。其次要发挥专业优势，指导好调解工作。人民法庭的工作人员要充分运用处理纠纷的丰富经验和专业能力，通过培训、联席会议、交流等方式向基层调解组织提供专业支持，指导调解人员依法、高效调解。最后要完善人民法庭与其他调解组织的工作衔接机制，调解成功经审查合法可以及时通过法庭司法确认赋予执行效力，调解失败则经由法庭进一步妥善处理。

二是要数字赋能，建设好、运用好在线纠纷调处平台。面对繁重的社会治理任务，要通过数字化建设，用科技为人民法庭赋能，提升效率，减轻负担，也为位处偏远地区、交通不便的当事人送去更加便捷的司法服务。目前，我们已经可以通过人民法院在线服务平台打破时空限制，远程进行纠纷化解，让当事人足不出户就能快捷、高效、低成本地参与纠纷解决。我们要不断迭代更新在线纠纷调处平台，充分运用数字技术，将更多的治理资源汇集在一起。例如，浙江法院系统于2017年研发推广出在线矛盾纠纷多元化解平台，为社会公众提供在线咨询、评估、调解、仲裁、诉讼五大服务。该平台吸收容纳了诸多社会治理资源，将综治、司法、人社、工商等部门纳入其中，并有优质调解员提供专业的调解服务。该平台打破了平台隔离，突破了信息孤岛，实现了与法院审判系统、移动微法院、网上立案平台以及人民调解平台等的信息互联和数据共享。人民法庭可以充分运用好此类平台，因地制宜利用平台吸纳辖区的优质治理资源，改变"单打独斗"的治理现状，实现矛盾纠纷的在线治理、集成治理和多元治理。

三是要转变理念，更加注重纠纷的源头预防。古语云，"消未起之患，治未病之疾，医之于无事之前""上工治未病，中工治已病"，这些都反映了我国自古以来就有提前采取预防措施，将问题解决于未起，消灭于萌芽的思想观念。诉源治理就是对这一传统思想的继承发展，"源"就是指纠纷产生的根源、来源，概念本身就蕴含着从潜在矛盾纠纷源头进行预防的理念。人民法庭要立基于解决基层矛盾纠纷的司法经验、智识和技能，主动因应诉源治理的内涵要求，进一步转变治理理念，更加重视纠纷源头预防。一方面要跳出"个案"看"治理"，不拘泥于个案的案结事了，而是更加注重从多发、频发、易发的纠纷中提炼针对性的治理经验，有效降低同类型纠纷的增量。另一方面则要发挥好人民法庭的纽带作用，强化与居（村）委会等基层自治组织的交流协作，支持基层自治组织依法决策、科学决策，引导纠纷的自我预防和化解，重视传统伦理道德的教化作用，通过开展巡回审判、以案说法、法制讲座等途径推动基层法治、德治和自治的融合统一。

"天下之治，有因有革，期于趋时适治而已。"诉源治理是一项事关社会治理全局的综合性系统工程，人民法庭参与诉源治理机制建设有着无可比拟的"一线优势"和无比广阔的作用空间。人民法庭应当立足本职，积极作为，结合本辖区经济社会发展实际，创新参与诉源治理机制建设的路径和方法。我们期待，人民法庭能在不断实践和总结中突破现有藩篱，为诉源治理机制建设贡献基层司法力量。

（责任编辑：成　卓）

以新时代"枫桥经验"
提升人民法院诉源治理实效性研究

张仕馨[*]

诞生于20世纪60年代的"枫桥经验",历经几十年的发展,完成了从地区基层治理经验到指导全国基层社会治理方法论的升华。新时代,日益增长、更为复杂的矛盾纠纷给社会治理带来更大挑战,人民法院同样面临着人案矛盾加深的困境。为进一步优化基层治理,改变基层矛盾纠纷的解决过度依赖诉讼程序的情况,党的十九大以来,诉源治理已然成为一项重要的司法改革内容,成为人民法院的重点工作之一。"枫桥经验"历久弥新,其尊重人民主体地位,发动群众、依靠群众、就地解决矛盾的精神内核一以贯之[①],诉源治理源头化解矛盾纠纷、促使纠纷多元化解的方法和目标与"枫桥经验"就地解决矛盾的内涵一致。可以认为,诉源治理是对"枫桥经验"的传承,是践行新时代"枫桥经验"的具体表现形式。结合新时代"枫桥经验"对人民法院诉源治理工作已取

---

[*] 张仕馨,浙江省宁波市海曙区人民法院。
[①] 李少平:《传承"枫桥经验"创新司法改革》,《法律适用》2018年第7期。

得的经验、存在的问题及改进方向进行分析,对丰富新时代"枫桥经验"应用场景、进一步提升人民法院诉源治理实效性具有重要意义。

一、以新时代"枫桥经验"提升人民法院诉源治理实效性的可行性分析

"枫桥经验"是人民群众在解决内部矛盾、实现自我管理、参与社会治理过程中形成的智慧结晶,在长期实践中形成了以解决纠纷为主要任务,以"政府-公民"的互动为主体特征,以"预防-调和"为方法特征的理论和制度体系,并凸显出和谐、稳定、以人为本等时代价值。① 党的十八大以来,习近平总书记明确要求把"枫桥经验"坚持好、发展好,使之在服务群众、化解矛盾工作中发挥出更大效能。以新时代"枫桥经验"提升人民法院诉源治理实效性的可行性体现在以下几个方面:

(一)"枫桥经验"与诉源治理的目标一致

"枫桥经验"诞生于20世纪60年代的社会主义教育运动,浙江诸暨枫桥镇干部群众创造了矛盾不上交、就地制服"四类分子"的对敌和平改造经验。改革开放后,枫桥镇干部群众在加强社会治安管理的过程中探索出集"打、防、教、管"于一体的社会治安综合治理体系,有效维护了地区经济社会发展,此后该经验被总结推广,这一时期的"枫桥经验"被视为社会治安综合治理的典范。之后,"枫桥经验"被提炼为"党政动手,依靠群众,预防纠纷,化解矛盾,维护稳定,促进发展"的时代特色经验。进入新世纪,社会主要矛盾变化,"枫桥经验"的理论内涵

---

① 于语和、潘天驹:《"枫桥经验"的解纷功能简论》,《湖南警察学院学报》2014年第5期。

和实践表现亦与时俱进，逐步形成了村民自治、基层民主法治建设的新经验，在提升城乡基层社会治理现代化水平的过程中焕发新的生机与活力。[①] 在长期的实践中，"枫桥经验"形成了许多符合时代特色、紧贴人民群众需要又易于操作和推广的做法，例如"组织建设走在工作前，预测工作走在预防前，预防工作走在调解前，调解工作走在激化前"的"四前工作法"，"家庭琐事不出户、邻里纠纷不出组、小事不出村、大事不出镇、矛盾不上交"的"矛盾化解五分法"。

"诉源治理"概念最先由法院系统提出并倡导。由于人口增长、社会发展不均衡不协调、公民权利意识增强等多方面因素，案源复杂、"案多人少"是人民法院面临的现实难题，也带来了上诉率高、申诉率高、信访率高"三高"的不良效应。[②] 为缓解人民法院的压力，除了需要建立健全多元、有效的纠纷解决机制，更应当关注矛盾纠纷的源头治理，从而实现"化解风险于无形，消除矛盾于未然"。2019年2月，《最高人民法院关于深化人民法院司法体制综合配套改革的意见——人民法院第五个五年改革纲要（2019—2023）》，在"坚持把非诉讼纠纷解决机制挺在前面""深化多元化纠纷解决机制改革"等基础上，正式确立了"诉源治理"的司法理念。诉源治理站在社会治理的视角强调人民法院处理涉诉案件，既是化解矛盾纠纷，又是参与构建基层社会治理新格局的重要方式。

"枫桥经验"与诉源治理均是特定时期为解决当下社会问题进行的积极探索。诉源治理以将矛盾化解在初始、推动解纷关口前移为目的，确保人民群众在生产生活中的各类矛盾在基层能够有效破解，这与"枫桥经验"治理矛盾纠纷重预防，要化早、化小的目标一致。"枫桥经验"不

---

① 汪世荣主编《枫桥经验：基层社会治理的实践》，法律出版社，2008，第5~7页。
② 马磊、王红建：《行政争议诉源治理机制研究》，《河南财经政法大学学报》2021年第2期。

仅注重个体纠纷的解决，还注重社会的长治久安，诉源治理依靠群众力量化解群众矛盾，进而完善基层治理，保障经济社会发展，故从长远看，"枫桥经验"与诉源治理具有共同的社会治理远景目标。

（二）"枫桥经验"为诉源治理提供方法指引

1. 坚持党的领导

坚持党的领导是各项事业取得成功的根本保证，"枫桥经验"虽然发端于人民群众的自发探索，但其经验总结、创新发展、全面推广离不开党的领导和支持。最高人民法院在对十三届全国人大四次会议第6265号《关于多措并举持续推进诉源治理 推进社会治理现代化的建议》的答复中提到，推动诉源治理是党委领导下的一项系统工程。诉源治理实效的发挥，需要综合运用法律、政策、道德规范等手段和司法、行政、社会其他主体的通力协作，从而最大限度调动社会资源。此外，社会转型期矛盾的复杂性、矛盾激化的风险性加剧，更需要党委政府从宏观层面科学判断，精准施策。因此深入推进诉源治理，有赖于党强有力的领导。

2. 彰显法治思维

"枫桥经验"诞生之初具有浓厚的政治色彩，但在长期的实践和经验总结、理论升华中，其蕴含的法治理念日益明确，特别是在全面依法治国的时代大背景下，在习近平新时代中国特色社会主义思想指导下发展、创新的新时代"枫桥经验"，其法治思维、法治方式更加鲜明丰富。首先，"枫桥经验"坚持走群众路线，培育以人民群众为主体的基层社会治理内生动力。其次，"枫桥经验"将社会治理与国家治理融合，既体现为人民群众对国家法律的遵守，也推崇村规民约、行业规范等社会"软法"在社会治理中的作用，两者结合引导人民群众增强法治意识，推进基层民主法治建设。

3. 强调多元共治

"枫桥经验"的成功并非个人之功，而是整个社会资源高度整合、社会力量融合集聚的产物。社会协同、公民参与是"枫桥经验"构建的基层治理格局中的重要部分。"枫桥经验"鼓励人民群众和其他社会力量基于生产生活、纠纷化解的需要进行自觉创造，各级党委政府积极指导、协调，提供充分的物质保障，并将人民群众的实践成果转化为法律法规、方针政策、行政举措等贯穿社会治理全过程，同时这些举措又能应群众需求、实践的变化及时调整革新，使"枫桥经验"始终体现出实事求是、与时俱进的特色。① 矛盾纠纷的多元性、诉讼程序解决纠纷的滞后性和修复社会关系功能的有限性决定了诉源治理不能靠法院"单打独斗"，多元共治也是深化诉源治理的现实需求。

二、人民法院参与诉源治理实证分析

（一）人民法院参与诉源治理的实践

近年来，各地法院在参与诉源治理方面多有创新，从各地法院的实践看，诉源治理的内涵已不仅仅局限于源头预防矛盾，而是将解纷视角扩大至预防新纠纷产生、小纠纷非诉化解、法院裁判终局实现案结事了的全过程。根据最高人民法院在2020年工作报告中的数据，自1995年以来，全国民事诉讼收案量以10%的增速逐年增长，在2020年出现首次下降，诉源治理成效已开始显现。通过抽样查阅、分析2022年各地区法院的工作报告，我们发现各地人民法院参与诉源治理的具体实践体现在三个方面。

---

① 王斌通：《新时代"枫桥经验"与矛盾纠纷源头治理的法治化》，《行政管理改革》2021年第12期。

1. 融入社会治理，预防新矛盾纠纷的产生

预防矛盾纠纷产生、将小纠纷化解在当地是法院参与社会治理的重要内容。一方面，通过加强人民法庭与村镇的联系，指导小纠纷化解，加强法治宣传，树文明新风。例如浙江海曙法院在2018年专设"小纠纷化解微信群"，邀请村书记、乡镇干部入群，并组建"法官＋司法员＋民警＋特约律师＋调解员"的调解团队入群解答，提供24小时在线服务，解决基层干部找法急、村社到法庭路远的问题。湖北随州法院常态化开展"法庭夜校"活动，法官结合常见案例，用地方语言向村民介绍民事诉讼全流程，重点讲解农村土地承包经营纠纷、婚姻家庭纠纷等常见案例，营造"重法治、讲家风、树新风"的浓厚氛围。另一方面，及时反馈审判中发现的基层治理问题，完善基层治理，防范诉讼风险。例如浙江义乌法院依托大数据比对技术，定期分析一审民商事案由收案情况，排查呈非正常增长趋势的案件类型，深度剖析此类案件来源、诉讼成因等，向重点区域、行业领域发送类案治理司法建议，2021年发送36份司法建议，减少相关诉讼纠纷3 503起。

2. 健全多元解纷机制，推动已产生的纠纷在诉讼外化解

在健全非诉讼纠纷解决机制方面，各地法院的实践呈现出如下特点：一是解纷力量社会化。一方面，各地法院都在探索将乡贤、律师、行业协会等纳入解纷队伍，因案而异参与调解。另一方面，各地法院注重调解员积极性的调动和调解质量的提升。例如四川东坡法院调解中心采用"抢单制"分案方式，同步研发"智调助手"小程序，将案件信息、调解补助标准、调解期限等推送至对应专业调解群，由调解员抢单认领，该竞争性委派案件方式充分考虑调解员专业特长和个人时间，同时，以案件基数和调解效果为核心指标，结合德、能、勤、绩、廉五个方面构建调解员评价体系，并将此作为调解员补贴上浮和续聘的依据，改变了驻

班调解的疲态。二是解纷平台多样化。从全国范围看，截至2023年3月，最高人民法院开发的"人民法院调解平台"，已有9.6万个调解组织和37.2万名调解员入驻，在线调解纠纷3832万件[①]，凸显解纷平台的综合性。从地区创新实践看，解纷平台具有多部门协同性和领域专业性的特征，例如江苏盱眙法院的"盱小e"善调平台，能够与110指挥中心、12345热线服务中心、信访维稳中心等互联互通，全方位构建多部门协同的闭环式矛盾纠纷调处模式。浙江各地法院加强"共享法庭"建设，打造化解知识产权纠纷、金融纠纷、劳动纠纷等特色"共享法庭"，针对性化解各类纠纷。三是解纷方式便民化。各地法院在打造多元解纷机制时或侧重提升解纷队伍的专业性，或重视解纷资源的整合度，但司法为民仍是主线。通过提供成本更低、更加便捷的非诉解纷方式，引导当事人主动选择诉讼外化解纠纷。目前，各地法院大多将在线解纷平台的开发应用作为法院数字化改革的重要方面，融合诉前调解、司法确认、申请执行等多样化功能，实现"一站式解纷"、"指尖"解纷；也有法院充分考虑部分人群应用数字工具的能力不足，推动驻村社调解工作室建设，选派法官、调解员驻地调解，实现纠纷化解在当地的目标。

3. 妥善化解诉讼内纠纷，防范衍生诉讼

除前端预防、化解诉讼纠纷外，通过对诉讼案件的精细化管理实现案结事了，避免形成衍生诉讼，也被许多法院纳入诉源治理的关键环节。一是畅通诉调双向对接渠道，消除案件在调解、审判阶段的障碍，充分保障当事人的诉权。例如江苏连云港法院制定了《关于进一步加强审判管理的若干规定》，明确诉前调解案件立案后转交承办法官的时间、承办法官首次调解时间，调解不成需当日立案并于一个月内完成首次开庭等。

[①] 周强：《最高人民法院工作报告——二〇二三年三月七日在第十四届全国人民代表大会第一次会议上》，《人民法院报》2023年3月8日第2版。

二是审判阶段强调准确查明事实。2021年10月,最高人民法院启动四级法院审级职能定位改革,围绕改革设定的基层法院"准确查明事实"的职能目标,各地基层法院通过充实庭前会议、合理引导当事人举证应诉等方式打造基础坚实的第一审,形成示范调解、示范判决,修正群体性纠纷当事人不合理诉讼预期,妥善化解同类纠纷。三是调解或判决后,法院通过督促履行提高案件自动履行率,畅通答疑通道,减少当事人对裁判结果的质疑,形成"法院裁判终局"的解纷闭环。

(二) 人民法院深化诉源治理的障碍

1. 以法院为诉源治理格局中心的定位误区

尽管许多法院已经意识到"一家独大""各自为战"于诉源治理的深入无益,并积极推动将诉源治理成效纳入地方政府年度工作考核中,但人民法院的"主导""包揽"的现实角色尚未有根本改变。一方面,线下设置法官联络点、诉讼服务站,线上开发解纷平台、区域成讼数据分析平台等仍由人民法院承担主要责任;另一方面,主动联络街道村社、提供培训指导等日常工作的力度仍在不断加大。以法院为中心的诉源治理格局弊端明显:于法院而言,诉源治理日益增加的工作量进一步加剧了司法审判资源的稀缺,有违"诉源治理"缓解法院人案矛盾的初衷,也无益于以高质量司法裁判促进社会治理规则形成的目标实现;于诉源治理而言,法院在整合各类解纷资源、充分调动各类解纷主体积极性方面的作用有限,难以实现诉讼解纷和其他纠纷解决方式之间的有机协同和均衡发展。

2. 非诉解纷优先理念尚未形成

随着社会历史变迁、城市化进程不断加快,传统的熟人社会正向陌生人社会演变,熟人社会中的乡规民约、道德准则、"无讼"传统的影响力正逐渐弱化。① 公众权利意识觉醒，对契约、规则、法律的依赖加强，加之长期以来对"以法律武器捍卫自己权利"的宣传，公众对"法律武器"的认识多局限于司法救济，忽视了对蕴含"以和为贵""礼法并用"的非诉解纷方式的选择。②

3. 现有多元解纷方式难以全面回应公众实质解纷需求

一方面，现有多元解纷方式面临着权威性不足的客观事实。检索各地区调解员选任公告发现，多数地区对调解员选聘没有专业要求，实践中退休人员、教师或社区工作人员占较大比例，与日益增加的矛盾纠纷数量和调解难度相比，专业调解力量明显不足。另一方面，配套保障措施不足也制约着多元解纷方式效用的发挥。典型表现如对调解工作的激励机制不健全，社会力量参与纠纷化解的主动性、创造性不足，也有法院在实践中出现了诉前委派调解率高而实际化解成功率低的现象，徒增程序成本。

4. 案结事了与治理规则的形成仍有差距

规则形成是司法裁判的重要功能之一，通过依法裁判、裁判文书说理和公开，传递司法裁判的价值理念，促进社会治理规则的形成，尤其在同案同判、以示范判决化解群体性纠纷方面，司法裁判的规则形成功能体现得更为明显。而诉源治理强调的以非诉讼方式解决纠纷，其目标指向个案纠纷的化解，其解纷力量主要是人民调解员、特定行业工作人员等社会力量，其解纷结果主要是形成人民调解协议，或者权利当场兑现、义务当场履行，未有书面结果形成。这一解纷过程具有极强的特殊

---

① 张华：《论我国多元化纠纷解决机制的发展困境与突破路径——以传统文化为视角》，《山东审判》2017年第5期。
② 四川省成都市中级人民法院：《诉源治理：新时代"枫桥经验"的成都实践》，人民法院出版社，2019，第40-41页。

性，在解纷力量专业性不足、规则提炼意识不强等因素的影响下，非诉讼纠纷化解结果难以形成具有普遍适用意义的社会治理规则。

三、以新时代"枫桥经验"提升人民法院诉源治理实效性的路径

新时代"枫桥经验"为人民法院深入开展诉源治理提供了思想基础和实践范本，充分吸收新时代"枫桥经验"的治理智慧，能够回应、破解人民法院参与诉源治理的种种障碍，优化诉源治理工作格局，提升诉源治理工作实效。

（一）法院在诉源治理中角色定位差异化

人民法院自成立以来就承载着维护国家秩序的功能，人民法院通过适用法律公正裁判解决纠纷、回应人民群众多元的司法需求来践行"司法为民"的宗旨。人民法院参与诉源治理有其正当性。但如前文分析，人民法院"主导""包揽"诉源治理工作不利于其自身职能的发挥及诉源治理格局的良性发展。结合实践，人民法院在诉源治理不同阶段的角色应有差异，各有侧重。首先是预防纠纷产生阶段的"有限参与"，在党委领导的"社会矛盾纠纷化解第一道防线"中发挥法治保障作用，重在提供法律咨询、业务培训，加强对各类调解组织的指导。① 其次是小纠纷非诉化解阶段的"积极引流"，即在尊重当事人意愿的前提下，积极引导其选择诉讼外纠纷解决方式化解矛盾，并通过司法确认程序赋予调解协议执行力，消除当事人对调解结果无法兑现的顾虑。以浙江改革为例，

---

① 李少平：《传承"枫桥经验"创新司法改革》，《法律适用》2018 年第 7 期。

2019年，浙江省高级人民法院出台《关于诉讼服务中心成建制入驻社会治理综合服务中心、完善一站式递进分层解纷机制的实施意见》，分析该意见可发现，在诉源治理的第一、二阶段，一站式纠纷化解中心正逐渐走向中心地位，诉讼服务中心入驻区域矛调中心，依托矛调中心平台将纠纷分流至不同调解组织，进行联合调解，调解成功的当场履行或可向法院申请司法确认，调解失败后再分流至法院立案审判。最后是诉讼解纷、法院裁判终局阶段的"主动作为"，结合繁简分流改革、四级法院审级职能定位改革，推进简案快审、繁案精审，准确查明事实，实质化解纠纷，同时督促自动履行、规范判后答疑工作等，促进服判息诉，防范衍生诉讼。放眼司法裁判的规则形成功能和示范裁判的辐射影响，人民法院在诉源治理的第三阶段，通过典型案件的妥善化解，将法律适用、裁判考量因素等加以释明，通过类案纠纷的梳理分析，及时反馈诉讼风险，从而提示有关主体关注此类情形可能引发的纠纷，强化类似纠纷的预防，为其他类似纠纷的当事人选择何种程序寻求救济提供参考，引导当事人理性维权。

（二）转变司法理念推进诉源治理社会化

多主体共建共享是新时代"枫桥经验"的典型特征之一。诉源治理工作格局健全的关键也在于多元社会主体共同参与、科学分工、有序配合，达成矛盾纠纷综合治理的目标。人民法院既要坚守司法裁判是解纷"最后一道防线"的理念，避免司法权过度超前介入纠纷化解，有损法官"中立"的角色属性，引发法院参与诉源治理的"异化"风险[1]，也要积极融入党委领导的诉源治理体系，协助构建党委领导、政府负责、政法

---

[1] 周苏湘：《法院诉源治理的异化风险与预防——基于功能主义的研究视域》，《华中科技大学学报（社会科学版）》2020年第1期。

委牵头、各方参与的共建共治共享大格局。诉源治理社会化程度具象表现为多元解纷主体的参与度和社会公众的认可度。在提升多元解纷主体参与度方面，助力打造"法院＋"模式是许多法院进一步深化诉源治理的选择，根据具体纠纷化解需求，引入相关政府部门、行业协会进行联动调解。在调动多元主体解纷积极性方面，已有许多法院积极争取党委政府的支持，推动将万人成讼率纳入基层工作评价指标中，同时推动设计科学的诉前纠纷化解效果评价指标，确保其他治理主体履行化解纠纷的职能不缺位。公众对非诉解纷方式的认可度取决于非诉解纷实效，《人民调解法》亦明确了人民法院对调解组织、调解工作的指导制度，因此，人民法院须着力引导各类非诉解纷组织规范化发展。例如通过定期召开联席会议，介绍诉源治理典型案例，探讨解纷中的疑难问题并提出专业建议等，提高调解员的纠纷化解能力。

（三）合理分配资源推进诉源治理专业化

人民法院在诉源治理全阶段多角色的演绎效果与法院内部资源的支持、配合密切相关。当有限资源优先投入矛盾纠纷前端治理、诉讼外化解中时，必然会影响到审判业务的"偏废"。也有学者提出，资源分配混同是人民法院参与诉源治理反而加剧人案矛盾、阻碍司法裁判功能有效发挥的主要原因，因此主张对法院内部资源进行区别化配置。[①] 以"员额制"为基础，考虑专业性、替代性、人员需求量等因素，支持负责司法行政工作的法官及相关工作人员参与普法宣传、与其他相关人员进行沟通对接等，让负责审判的法官专注司法裁判，提高审判质量。资源的区别化配置需要科学的绩效考核机制驱动，以避免减损不同岗位人员的

---

① 周苏湘：《法院诉源治理的异化风险与预防——基于功能主义的研究视域》，《华中科技大学学报（社会科学版）》2020年第1期。

工作积极性与职业归属感。首先是工作岗位区别化评估，区分裁判业务岗位和非裁判业务岗位，建立不同的评估机制，尤其是对非裁判业务岗位需要引入体现参与前端治理、诉前调解工作量及成效的考核指标。其次是矛盾纠纷区别化评估，区分不同领域的矛盾纠纷计算工作量，例如根据案件难易程度制定案件折抵办法，将建设工程合同纠纷案件、医疗损害责任纠纷案件、破产清算案件等复杂案件按照一定比例折算为多件普通民商事纠纷案件，以此科学评定办案人员的工作量。通过差异化绩效考核机制驱动法院内部有限资源区别化配置，鼓励不同岗位的法院工作人员各司其职，实现审判质效提升与纠纷化解成效提升齐头并进。

（责任编辑：曾　梦）

坚持和发展新时代"枫桥经验"，充分发挥公证法律服务在基层社会治理中的积极作用
——以北京市方圆公证处为样本

牟海容　吴春信[*]

"枫桥经验"是20世纪60年代浙江诸暨枫桥镇基层干部群众创造的基层治理方式。随着时代变迁和社会发展，"枫桥经验"被不断赋予新的内涵、注入新的活力，并不断衍生出新的基层治理范式，成为中国之治的标识性概念，是推进中国治理体系和治理能力现代化的重要组成部分和重要体现。[①] 习近平总书记强调，"我国国情决定了我们不能成为'诉讼大国'"，坚持把非诉讼纠纷解决机制挺在前面，从源头上减少诉讼增量。公证作为预防性司法制度和非诉讼纠纷解决机制的重要组成部分，以预防化解矛盾纠纷、减少诉讼为核心要旨，是"预防在先"实践要求的实体性支撑，与"诉源治理"相呼应，其在价值理念、制度功能、

---

[*] 牟海容，北京市方圆公证处副主任（主持工作）。吴春信，北京市方圆公证处公证员。
[①] 叶阿萍：《论新时代"枫桥经验"的法治化进路》，《法治研究》2023年第5期。

组织要求等方面与新时代"枫桥经验"高度契合,理应成为坚持和发展新时代"枫桥经验"的重要支撑和实践路径。

一、本体论:公证制度对坚持和发展新时代"枫桥经验"的有力助益

"坚持和贯彻党的群众路线,在党的领导下,充分发动群众、组织群众、依靠群众解决群众自己的事情,做到'小事不出村、大事不出镇、矛盾不上交'"是新时代"枫桥经验"的科学内涵。① 从本体论的角度出发,公证制度对坚持和发展新时代"枫桥经验"的有力助益,主要体现在以下几个方面:

1. 公证制度有利于进一步丰富新时代"枫桥经验"的基本内涵

新时代"枫桥经验"的基本内涵包括六个方面,即:"党的领导是根本保证""科学理论是根本指引""以人民为中心是根本立场""就地解决矛盾是目标导向""依法办事是时代特征""基层基础是坚实支撑"。② 公证机构作为党领导下的重要公共法律服务机构,具有"国家、政治、政法、公益"等基本属性[3],是党密切联系基层群众的重要纽带,是党的政策和人民群众"见面"的重要窗口,是将党的路线方针政策、法律法规以及社会主义核心价值观等道德规范集成、转化、适用的重要渠道。实践中公证通过特有的工作方式手段全面介入社会经济生活微观领域,及时解决人民群众"急难愁盼"问题。

---

① 习近平:《习近平著作选读》第二卷,人民出版社,2023,第243页。
② 陈文清:《坚持和发展新时代"枫桥经验"提升矛盾纠纷预防化解法治化水平》,《求是》2023年第24期。
③ 刘鹏、次亚楠:《深入贯彻落实党的二十大精神 奋力推进新时代北京公证现代化发展》,《中国公证》2023年第4期。

在我国司法体系中，唯公证以事前预防为本①，最先介入民事活动②，它通过公证程序及一整套体系化的制度安排将法律的风险防范机能延伸到权利义务关系产生、变更、消灭、救济的全过程，并形成矛盾纠纷预防化解的闭环。因其介入纠纷的超前性、解决问题的专业性、提供服务的便捷性、化解矛盾的彻底性而具有将矛盾纠纷隐患牢牢吸附在基层、吸附在公证工作范围内的鲜明特点。

应然状态下，公证法律服务不仅对微观的矛盾纠纷产生预防化解效应，而且对宏观公共决策也有一定的反馈功能。公证客观上具有为社会经济发展存证的功能，公证机构保存的大量交易信息数据能够反映一个地区一定时期内某个行业领域的发展状况，而这种状况可以成为决策部门评估检视现有政策效果的有力支撑，同时也可为新的公共决策提供实证参考。

2. 公证制度有利于进一步拓展新时代"枫桥经验"的基本职能

"立足预防、立足调解、立足法治、立足基层，切实做到预防在前、调解优先、运用法治、就地解决"是坚持和发展新时代"枫桥经验"的实践要求。③《关于加强诉源治理推动矛盾纠纷源头化解的意见》强调，"法治建设既要抓末端、治已病，更要抓前端、治未病"，要求"把非诉讼纠纷解决机制挺在前面，推动更多法治力量向引导和疏导端用力"。从司法分工理论的角度看，基层政法机关单位都负有坚持和发展新时代"枫桥经验"、预防化解基层矛盾纠纷的基本职责。同时，地方人民政府在预防化解矛盾纠纷方面的属地责任也将进一步强化。比如，最高人民

---

① 吴健生：《公证在国家治理体系和治理能力现代化中的制度优势》，《中国公证》2020年第8期。
② 马宏俊主编《公证法学》，北京大学出版社，2013，第5页。
③ 陈文清：《坚持和发展新时代"枫桥经验"提升矛盾纠纷预防化解法治化水平》，《求是》2023年第24期。

法院党组提出,要积极推动万人起诉率等指标广泛纳入县、乡地区平安建设考核,不断扩大诉源治理"朋友圈"。[①]

从法理上看,由国家公权力机关推进矛盾纠纷化解工作,固然有其独特的政治优势、组织优势和资源优势,但也势必以"法无明文规定不可为"为其职责边界。这就意味着,在"枫桥经验"视野下,公权力机关因受职权法定原则限制,其在"预防纠纷"方面所能采取的措施、发挥的作用相对有限。而公权力不便、不能介入的环节则是公证法律服务发挥作用的空间。

公证以服务为手段,通过执行民事法律规范发挥作用,并借助民事法律关系主体奉行的"法无明文规定皆可为"的民事法律原则将公证职能延伸到社会生活和公民个人生活的方方面面,具有高度灵活性、深度参与性,有效弥补了公权力机关在预防化解矛盾纠纷方面的职能不足。从这个意义上讲,公证法律服务可以为公权力机关在预防化解矛盾纠纷方面提供实体支撑和职能延伸[②],促进"诉源治理"向"溯源治理"转化,从而将"预防纠纷"的要求落到实处。

3. 公证制度有利于进一步保障新时代"枫桥经验"的工作成效

新时代"枫桥经验"在习近平法治思想引领下,始终深植中国基层法治实践、坚持把传承中华优秀传统法律文化和借鉴国外法治有益成果紧密结合起来,在继承"未雨绸缪、预防在前""以和为贵、息诉止讼"等传统理念[③]的基础上形成了"软法治理、柔性化解、源头预防、人民

---

① 中共最高人民法院党组:《学思践悟习近平法治思想 以审判工作现代化支撑和服务中国式现代化》,《求是》2024年第8期。
② 潘剑锋:《促进社会和谐稳定 完善预防性法律制度》,《人民日报》2021年1月19日第9版。
③ 陈文清:《坚持和发展新时代"枫桥经验"提升矛盾纠纷预防化解法治化水平》,《求是》2023年第24期。

主体"等内生性法治理念。① 公证作为非诉讼纠纷解决机制，自产生之初便具有预防纠纷、化解矛盾的天然属性，在后来的发展实践中，特别是在新时代的发展实践中，一贯秉持服务为民、预防在先、诉源治理、实质化解等基本理念，并将这种理念延伸、覆盖至矛盾纠纷产生演变的全过程，通过非对抗形式达到"息诉止讼"的目的。

在权利义务产生之初，即矛盾纠纷处于"未萌"状态时，公证便已开始发挥作用，通过公证取证、公证告知、公证审查、公证证明、公证赋强等手段将"私"行为纳入"公"视野，起到过滤风险、消除隐患、促进履行等作用，最终达到预防纠纷、减少诉讼的目的。具体而言，公证法律服务通过取证存证固定法律事实，通过谈话告知引导当事人合理预期，通过公证确认明确当事人法律身份，通过实质性证明②强化民事法律行为，通过协商承诺衡平权利义务关系，通过程序规制（证据程序、赋强程序等）实现定分止争。这一方面为当事人的合法诉求赋能增益，另一方面也防止了潜在矛盾风险进入其他救济程序，起到诉源纾解作用。

二、认识论：公证在坚持和发展新时代"枫桥经验"方面的禀赋优势

公证法律服务在坚持和发展新时代"枫桥经验"方面具有独特的内在禀赋优势，具体体现在以下几个方面：

1. 深度参与优势

正如前文所述，在我国司法体系中唯公证以事前预防为本，最先介

---

① 叶阿萍：《论新时代"枫桥经验"的法治化进路》，《法治研究》2023年第5期。
② 公证大部分是实质性审查，极少的一部分是形式审查。参见马宏俊主编《公证法学》，北京大学出版社，2013，第5页。

入民事活动，在矛盾纠纷"未萌"之时，公证便广泛参与到公民个人生活和基层社会治理当中，为各类社会主体提供"伴随式"的公证法律服务，亲历并见证各类法律关系从产生到变更再到消灭的全过程，并对工作过程中接收到的"第一手材料"予以存证。实践中，公证机构为公民个人及其家庭提供出生、求学、就业、交往、投资、婚姻、继承等全生命周期的法律服务。在服务和保障基层社会治理中为基层自治组织、社区、中小微企业、中小学校、大中专院校、医院、金融机构、房地产行业等提供全方位的委托、声明、现场监督、证据保全、赋予债权文书强制执行效力等公证法律服务。这种全流程、全周期、全业态、伴随式的服务，使得公证机构能够全面掌握当事人的基本情况、案件的基本事实和基本材料，为可能发生的矛盾纠纷化解打下基础。

2. 中立立场优势

我国公证制度立法的核心要旨及其在法律体系中的职能定位是"在保障民法私权自治原则的基础上，实现国家对重大经济活动与公民的重要法律行为的适度干预"，同时"又尽可能地避免直接干预所带来的负面影响"。[①] 公证制度的这种职能定位，决定了公证法律服务必须以社会公共利益为基本导向，以客观中立为基本立场[②]，以法治思维和法治方式为基本依托，并以当事人"自愿选择主义"和"自主处分主义"[③] 为基本前提，这与其他法律服务群体提供的法律服务存在很大差异。

3. 工作方式优势

首先，公证独特的工作方式优势体现为办证的"亲历性"。当事人或

[①] 宫晓冰：《中国公证制度的完善》，《法学研究》2003 年第 5 期。转引自马宏俊主编《公证法学》，北京大学出版社，2013，第 43 页。

[②] 彼得·L. 马瑞、拉尔夫·施图尔纳：《民法公证人和中立律师——现代社会预防性司法比较研究》，王葆莳等译，中国政法大学出版社，2023，第 12 页。

[③] 马宏俊主编《公证法学》，北京大学出版社，2013，第 44 页。

其委托代理人①原则上应当"来到"公证处②，并在公证员的"面前"表达意愿、提供材料、做出意思表示、签署相关文件。近年来，随着网络技术的发展，部分公证机构也开展了线上公证试点。就目前来看，公证机构线上办证也必须符合亲历性要求，并实现线上线下"等效"的司法效果。其次，公证独特的工作方式优势也体现为取证的"原始性"。与民事诉讼程序不同，公证法律服务在某种程度上不以"谁主张谁举证"作为最高证据原则，而是基于群众需求对证据材料进行追根溯源式的调查。实践当中，公证人员往往需要结合当事人的生活、工作、婚姻等经历开展跨时空的证据调查核实工作，在抽丝剥茧、去伪存真的基础上形成客观真实的证据链条，为法律适用打下坚实基础。最后，公证独特的工作方式优势还体现为审查的"实质性"。虽然对公证的审查方式理论界和实务界历来都有形式审查与实质性审查之论，但主流观点仍认为应以实质性审查方式为主。笔者认为，公证的实质性审查应以有限理性为限，不应以此对公证职权的有限性进行苛责，更不应以此无限放大公证责任。

4. 证据效力优势

公证机构出具的公证书应当被人民法院所采信，并作为认定案件事实的依据。《民事诉讼法》第72条规定："经过法定程序公证证明的法律事实和文书，人民法院应当作为认定事实的根据，但有相反证据足以推翻公证证明的除外。"《最高人民法院关于民事诉讼证据的若干规定》第10条规定，对"已为有效公证文书所证明的事实"，当事人无须举证证明。此外，《最高人民法院关于行政诉讼证据若干问题的规定》亦有类似

---

① 根据《中华人民共和国公证法》第26条及司法部《公证程序规则》第11条的规定，遗嘱、遗赠扶养协议、赠与、认领亲子、收养关系、解除收养关系、生存状况、委托、声明、保证及其他与自然人人身有密切关系的公证事项，不得委托他人办理。

② 马宏俊主编《公证法学》，北京大学出版社，2013，第45页。

规定。由此可见，公证书在证据地位和证明力上有着显著优势，其不仅优于一般的当事人提供的书证，甚至也超过其他国家机关、团体、企事业单位出具的证明。①

5. 强制执行优势

公证机构根据当事人的申请，可依法定程序赋予无疑义的债权文书与人民法院判决书、仲裁委员会的裁决书一样的强制执行效力，而不必再经过诉讼程序。根据法律规定，公证机构对债权是否真实合法、当事人接受强制执行的意思表示是否真实准确等进行审查，固定债权人、债务人或担保人关于如何偿付债务的意思表达，证明当事人达成的债务履行协议真实有效，并在强制执行条件成就时依申请出具强制执行的法律文书，供人民法院执行机构直接执行。强制执行公证是公证法律服务职能优势最鲜明的体现，在预防债务纠纷、助益债的建立运行、协力社会治理、减少诉累等方面发挥了重要作用。②

6. 成本效益优势

首先，公证费用相对低廉。以北京市方圆公证处为例，在实行政府指导价的公证法律服务项目中，按件计价的项目，收费标准均在1 000元及以下，有的甚至只有两位数。③另外，方圆公证处还根据上级要求为符合条件的特殊群体或减或免公证费用。比如为70岁以上的老年人免费办理遗嘱公证，为符合条件的见义勇为人员及家属减、免公证费用等。④即

---

① 人民法院在诉讼中对当事人提供的包括一般书证在内的七种证据，"必须经过查证属实"后，才能作为"认定事实的根据"。对于机关、团体、企事业单位和个人提出的证明文书，人民法院"应当辨别真伪"，审查属实后，才能"确定其效力"。参见：马宏俊主编《公证法学》，北京大学出版社，2013，第128页。
② 李全一：《强制执行公证研究——理论与实务精要》，法律出版社，2020，第19页。
③ 比如证明文本与原件相符，证明法律文书上的签名、印鉴属实，收费标准仅为80元每件。
④ 《北京市司法局发布2023年公证行业便民举措》，北京市人民政府网2023年6月9日，https://www.beijing.gov.cn/ywdt/gzdt/202306/t20230609_3129173.html（最后访问日期：2024年3月12日）。

便根据标的额按比例进行分段计价收费的项目,其收费标准也明显较低。其次,公证办理周期较短。根据规定,公证机构自受理公证申请之日起15个工作日内向当事人出具公证书,这远远低于诉讼审理期限和仲裁裁决期限。因此,公证能为当事人节约更多的时间成本。最后,公证能够产生良好的社会效应。相较于"治已病"的治理方式,公证作为预防性纠纷解决机制也能为社会运行节约大量成本,产生良好的社会效益。

7. 专业人才优势

公证员是公证法律服务的具体承担者或实施者。相较于其他法律服务人员,我国公证法对公证员任职规定了更为严格的程序和条件。在符合法定条件的前提下,公证员任职须经省级人民政府司法行政部门审核同意后,报请国务院司法行政部门任命。严格的准入制度条件确保了公证员队伍的专业素养和专业能力,使其成为法律职业共同体中不可或缺的一员,也为公证机构贯彻落实"枫桥经验"实践要求、对接和承接更多急难险重任务提供了人才保障。

另外,公证还具有社会公示公信优势、监督效力优势以及跨主权国家法域得到普遍认可和适用的优势等。

三、实践论:公证行业坚持和发展新时代"枫桥经验"的积极探索

党的十八大以来,北京市方圆公证处认真学习贯彻习近平总书记关于坚持和发展新时代"枫桥经验"的重要讲话、重要指示精神,全面践行习近平法治思想,立足北京经济社会发展实际,注重将预防纠纷、减少诉讼的公证职能与"枫桥经验"实践要求相结合,持续强化公证法律服务在基层社会治理中的积极作用。

1. 坚持党的全面领导，锚定公证发展正确方向

进一步加强领导班子建设，按要求配齐配强领导班子，严格落实"一岗双责"要求，不断优化职责分工，努力形成"抓业务必须抓党建、抓管理必须抓党建"的鲜明导向；积极探索党建工作与业务工作深入融合的体制机制，实施党组织班子成员和行政负责人双向进入、交叉任职制度，不断健全完善领导决策机制，强化党组织对重大事项的政治把关作用；进一步优化内部组织架构，统筹党建工作要求和具体职责分工，逐步建立起分工明确、权责统一，上下一贯、衔接有序，高效联动、保障有力的组织领导体系和内部职能分工体系；持续强化政治理论武装，按要求组织开展"不忘初心、牢记使命"主题教育、党史学习教育、学习贯彻习近平新时代中国特色社会主义思想主题教育等，将政治理论学习制度覆盖全员，以五微工作法（微党课、微载体、微阵地、微公益、微典型）为抓手不断丰富学习内容，完善学习制度，创新学习载体，提高党员干部职工运用党的最新理论创新成果指导实践、推动工作的能力；突出"三会一课"的政治教育和党性锤炼，注重在一线岗位培养发展党员，不断提高党员比例、改善队伍结构，以高质量党建赋能高质量发展。2021年至2023年间，北京市方圆公证处共办理各类公证事项27.5万余件，业务发展规模总体呈上升趋势（见图1）。

2. 坚持服务保障大局，推动公证融入时代潮流

北京市方圆公证处作为北京地区重要的涉外公证事项承办机构，2021年至2023年间共办理涉外涉港澳台民事类公证事项约11.7万件，涉外涉港澳台经济类公证事项近1.6万件，出具的公证书被世界各大洲国家和地区广泛认可和使用（见图2）。在服务保障国家"一带一路"发展战略中，北京市方圆公证处为大型央企、国企在项目招投标、基础设施建设、境外投资发展、跨境货物技术贸易、知识产权保护、企业资质

证明、劳务用工派遣、涉诉法律文书等诸多领域提供高效服务，三年来共办理涉"一带一路"沿线国家公证事项 5.2 万余件，涉及沿线国家 143 个，约占沿线国家总数的 94%；同时，积极开展海外远程视频试点工作，与我国 65 个驻外使领馆建立联系，对符合条件的声明、委托、婚姻状况、亲属关系、无犯罪记录等 15 类公证事项采取视频连线的方式办

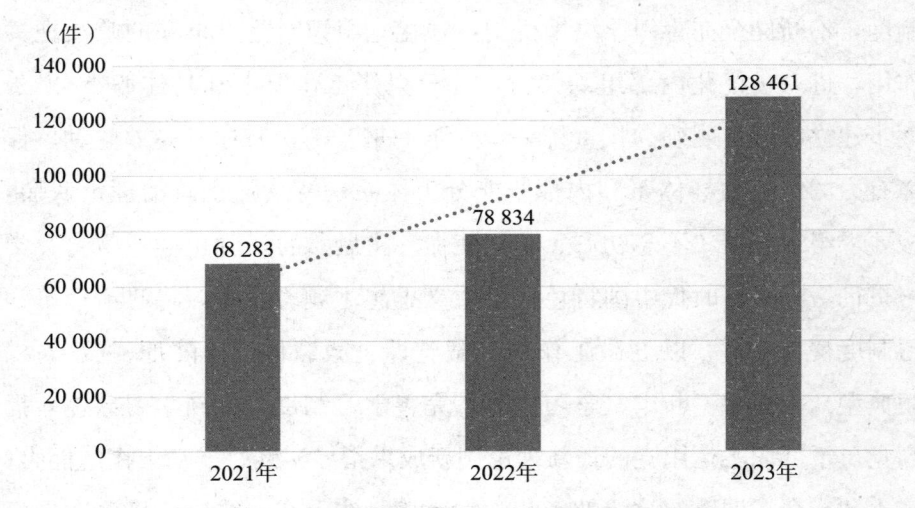

（件）
- 2021年：68 283
- 2022年：78 834
- 2023年：128 461

图 1　北京市方圆公证处近三年业务发展规模趋势图

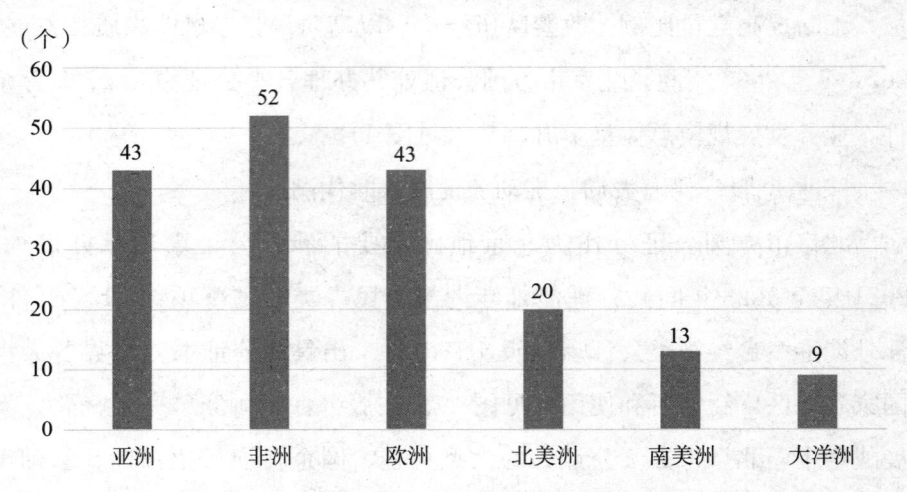

（个）
- 亚洲：43
- 非洲：52
- 欧洲：43
- 北美洲：20
- 南美洲：13
- 大洋洲：9

图 2　方圆公证书在世界各大洲国家和地区使用分布情况

理,有效满足旅居海外中国公民的公证需求;积极服务国家航空航天事业,连续28年参与国家航天载物证据保全工作,共出具公证书10万余份。北京市方圆公证处还积极服务市域重点工作,深度参与北京"四个中心"建设和"两区"建设,每年为棚户区拆迁改造、商品住宅年度集中供地招投标等提供全方位的公证法律服务,在服务保障市域治理体系和治理能力现代化方面发挥了积极作用。

3. 坚持公证为民理念,提升公证服务社会价值

一是均衡配置公证法律服务资源。除朝阳门本部外,北京市方圆公证处还在西直门地区、亦庄地区、通州副中心等群众、企业需求密集区域分别设置了办公区,便于群众就近办理公证事项;打造"半小时公证服务圈",与东城区朝阳门街道及其所辖社区全面签订"社区公证服务顾问"三方合作框架协议,选派9名青年公证员担任社区公证服务顾问,着力推动公证法律服务资源向基层一线下沉;深入开展"大手拉小手"共建活动,与大兴区、门头沟区、密云区公证机构在业务办理、人员培训、课题研讨等方面开展广泛合作,让远郊区群众就近享受高质量的公证法律服务。

二是综合采取多种便民利企举措。进一步核减"证明材料清单",在原有92类259项公证事项所需证明材料清单基础上,按要求再次核减66项证明材料,进一步减轻群众举证负担;逐步扩大"最多跑一次"公证事项范围,由最初的52项增至185项,基本覆盖全部公证业务领域;按要求对学历公证、学位公证、机动车驾驶证公证、纳税状况公证等实施"跨省通办";进一步压缩办证时间,对法律关系简单、事实清楚、证明材料充分的24类81项具体公证事项(事务),按要求将出具公证书的时间压缩至五个工作日,对13类69项具体公证事项(事务),按要求将出具公证书的时间压缩至十个工作日;全面推行"公证服务周末不打烊"

活动，切实解决群众节假日办理公证难的问题；为特殊群体提供个性化服务，常年为老年人、未成年人、残疾人、卧床病人等提供上门等贴心服务；持续减免公证费用，对符合条件的人群按要求减、免公证费用等。

三是广泛服务民生领域。三年来，北京市方圆公证处共办理国内民事类公证事项4.9万余件，办理国内经济类公证事项9.3万余件（见图3），内容涉及物权处分、婚姻家庭、遗嘱继承、投资融资、企业管理、知识产权保护等，几乎涵盖所有民事生活领域，在增进民生福祉、促进社会公共资源公平公正分配、有效预防社会风险矛盾等方面发挥了积极作用。其中，为全市100个共有产权项目提供现场监督公证，涉及房屋约3.4万套，总建筑面积约280万平方米，涉及家庭8万余户；受理小客车指标摇号申请21 117件，出具公证书21 117份；此外，还为"农转非"摇号公证、义务教育阶段升学派位开展现场监督公证等。

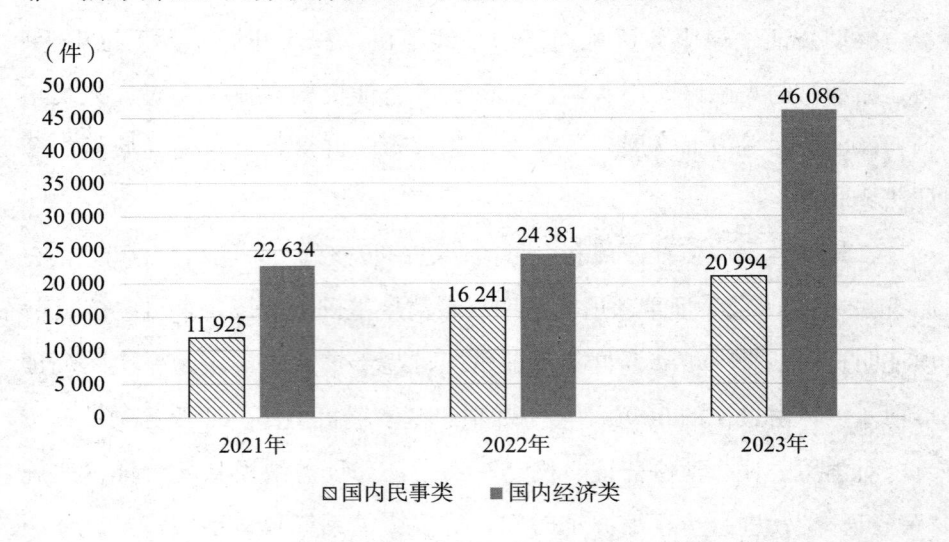

图3 北京市方圆公证处近三年国内公证办理情况

4. 坚持科技创新引领，拓展公证服务崭新场景

深入开展"公证＋不动产登记"服务试点，为依据公证材料非涉税继承取得不动产的登记事项提供延伸服务，形成"一门申请、同步登记、一站领证"的"公证＋不动产登记"联动办理模式。持续深化公证业务前沿问题研究，结合民法典实施过程中的有关问题分别就"一带一路"公证法律服务、意定监护公证、遗嘱信托、婚姻家庭、综合养老、遗嘱与继承、居住权设立、遗产管理人等领域的公证法律问题开展专题研究，进一步深化公证在服务普惠金融、民营企业、知识产权保护等领域的实践，持续拓展公证法律服务领域，持续创新公证法律服务模式。全面加强信息化建设，研发"北京市方圆公证处电子数据区块链保全平台""北京市方圆公证处电子数据取证中心"等多套电子取证系统，有效满足多场景下快速取证存证的社会需求；实现了与北京互联网法院进行数据对接，成为北京互联网法院"天平链"的一级节点，实现了电子数据全流程记录、全链路可信、全节点见证。

5. 坚持首都首善标准，持续打造过硬服务队伍

一是持续提升公证人员政治素养。坚持把政治过关作为公证执业的前提和基础，促进政治素养和服务技能双提升。比如在学习贯彻习近平新时代中国特色社会主义思想主题教育中，北京市方圆公证处将政治理论学习教育对象扩大到全体党员干部职工，引导全体党员员工在"学思想"中深化对公证基本属性、基本职能的认识，在"强党性"中践行公证为民理念，在"重实践"中深化公证法律服务，在"建新功"中落实便民惠民要求，不断提升工作人员的工作能力和服务水平。

二是进一步完善队伍激励保障措施。树立正确用人导向，把政治素质高、大局意识强、工作能力突出、工作作风扎实的人员选拔到领导岗位上，通过"压担子""架梯子""搭台子"等多种方式激励干部勇于担当、干事创业；统筹推进业务绩效考核、工资结构优化、工作流程重构、工作机制完善等相关工作，有效促进队伍融合和工作整合。

三是积极培养树立先进典型。北京市方圆公证处是全国开展海外远程视频公证的首批试点单位,是最早开展航空航天载物证据保全的公证机构,是加入海牙公约后全国首份附加证明书的出具单位,是北京市最早开展"公证+不动产登记"的试点单位,被司法部等上级单位授予"文明公证处""全国公共法律服务工作先进集体""全国知识产权公证服务示范机构""首都创建文明行业活动示范点"等荣誉称号,4 名公证员获得省部级及以上表彰。

四、方法论:公证行业坚持和发展新时代"枫桥经验"的路径优化

新形势新条件下公证行业更好贯彻落实坚持和发展新时代"枫桥经验"实践要求可以从以下方面着手:

1. 积极融入基层社会治理,充分发挥公证预防作用

在"万人起诉率"等指标被纳入县、乡地区平安建设考核范围的大背景下,主动与区、乡级人民政府及其职能部门取得联系,阐明公证在坚持和发展新时代"枫桥经验"方面的职能优势,借助政府职能组织体系推动更多公证法律服务力量和资源向基层一线延伸;做深做细做实"就诊式"释法说理工作,在当事人申办公证过程中,充分发挥告知、沟通等手段作用,明确告知当事人申办公证事项的法律意义以及可能产生的法律后果,指导当事人自觉履行民事义务,强化当事人法律预期;持续开展"公证进乡村、进社区、进校园、进企业"系列普法宣传活动,提高普法的针对性、实效性,进一步增强广大基层群众的法律意识;优化与基层自治组织、社区、中小微企业、中小学校、大中专院校、医院等的交流合作,为其在办理现场监督公证、证据保全公证、赋予债权文

书强制执行效力过程中提供便捷高效的公证法律服务。

2. 广泛融入地方司法体系，协同推动平安中国建设

如前所述，基层政法机关单位都负有坚持和发展新时代"枫桥经验"、预防化解基层矛盾纠纷的基本职责，但囿于职权法定原则，基层政法机关在预防化解矛盾纠纷时存在掣肘，影响工作效果。公证机构应当积极争取政法机关的支持，及时介入司法体系薄弱环节，借助自身优势延伸政法机关职能。

在前期调研过程中，笔者认为厦门市鹭江公证处与基层派出所合作的模式具有启发意义。厦门市公安机关在推进平安建设过程中主动与公证处取得联系，以"政府购买服务"方式选派专业公证人员进驻基层派出所，将民警在出警过程中遇到的依法可以由公安机关调解的民事纠纷，全部委托给公证人员调解。这种模式既释放了警力又提升了基层治理的质效，使得即时性、冲动性的矛盾纠纷在基层一线得到及时化解，有效防止了"民转刑""刑转命"等案件的发生。

借鉴厦门市前述做法并由此展开，其实公证机构不仅可以接受公安机关的委托而参与调解，也可以接受审判机关的委派或委托参与调解，甚至也可以接受检察机关的委托参与检察和解。在此基础上理顺并完善运用非诉讼纠纷解决机制实质化解矛盾纠纷的体制机制，开辟与诉讼纠纷解决机制并行的非诉讼纠纷实质化解通道。一方面，在符合法律规定的前提下，公证机构可以赋予前述调解、和解协议强制执行效力。一旦一方当事人不履行调解协议的内容，可由另一方当事人"绕过"诉讼程序径行向人民法院申请强制执行。另一方面，对于无法达成调解协议的或者不适宜赋强的调解协议，公证机构可以采取证据保全的方式对当事人参与调解过程中承认的事实、提供的材料以及所做的陈述进行证据保全固定。案件纠纷一旦进入诉讼程序，人民法院可以直接依法采信公证

书的内容,从而降低举证成本,提高案件审理效率。

3. 深度融入社会经济领域,全力保障营商环境优化

"当前,公证法律服务大多只是被动地应对社会的刚性需求,这无疑是远远不够的,公证行业还需积极主动深入服务社会经济发展的各个领域,能动地促进社会经济的高质量发展"①,达到国家对重大经济活动与公民的重要法律行为适度干预同时又能避免直接干预所带来的负面影响的效果。

鉴于上述考虑,公证可以更深入地参与到商品房买卖交易过程当中,对买卖主体是否适格,房屋是否真实存在、有无权利受限、产权关系是否明晰,交易双方或多方是否存在隐瞒或欺诈等情况进行全面审查。此种审查不同于登记机关的行政审查,公证是伴随交易双方房屋交易这一民事法律行为做出的过程而做出的审查、指引和证据固定,是对房屋交易的实质审核和判断,可以排除人、财、物、流程等各方面的不确定性,消解不合法成分,为交易事项筑牢法律上和事实上的安全防线。②

公证法律服务应该在更深层次和更广范围内为国家普惠融资服务体系的建设助力。在办理赋予债权文书强制执行效力过程中,公证员要依法对当事人的主体资格、意思表示真实性以及双方约定的条款内容进行真实性与合法性审查,剔除违法与不符合双方意图的内容,强化债权文书在履行过程中的监督职能,充分发挥公证预防性法律制度作用,提高金融机构金融债权实现效率,降低金融债权实现成本,保障金融安全。③

另外,公证法律服务应当向更多高精尖产业领域拓展,特别是聚焦人工智能、自动驾驶、生命科学、新材料、知识产权保护等重点领域进行探

---

① 廖永安、谢蔚主编《中国公证的现代化:体制转型与制度创新》,清华大学出版社,2023,第8页。
② 《房屋过户交易为什么需要公证》,载"昆明市公证员协会"微信公众号,2021年7月6日。
③ 李全一:《强制执行公证研究——理论与实务精要》,法律出版社,2020,第17页。

索，为服务新质生产力的培育做好储备。

4. 持续优化支持保障措施，确保公证职能充分发挥

公证机构作为自收自支事业单位，公证法律服务费用是维系其自身存在发展的重要资金来源。同时，公证法律服务作为基层社会治理的重要组成部分、作为预防化解纠纷的重要方面，其自身职能的发挥也依赖其他单位的配合、支持。实践当中，为充分发挥公证法律服务职能，宜采取如下措施：一是推动公证法律服务支出纳入地方财政预算，为相关公权力机关采用"政府购买服务"的方式支持公证机构助力基层社会治理提供财政支持；二是建立常态化的沟通协调机制，建立健全工作制度、统一工作标准、协同工作程序，形成良性互动工作格局；三是为公证机构履职提供必要的支持条件，特别是在办公场所、办公设备、信息技术等方面提供支持；四是加大基础数据共享互联力度，积极协调大数据管理部门、民政部门、自然资源部门、人力资源和社会保障部门、金融行业主管部门、医疗服务机构等，进一步打破"数据壁垒"；五是营造良好的公共法律服务发展环境，进一步推动政府机关、司法机关以及社会群众对公证机构及公证员独立地位、公证审查边界、公证法律责任等方面形成正确的理解和认识。

5. 全面加强公证自身建设，有效提升服务供给能力

一是开展示范创建工作。参照公安机关、人民法院的有效做法，在公证领域探索开展"枫桥式公证处"示范创建活动，以此为抓手统筹推进公证机构制度完善、流程优化、质效提升等工作。二是创新公证工作方式。结合参与人民调解、司法调解、行政调解、商事调解等领域的实际情况，依托在线平台实现矛盾纠纷闭环管控，将信息化平台作为公证处参与多元化纠纷解决服务的重要组成部分。[①] 三是进一步完善公证保障机制。进一

---

① 陈根：《坚持和发展新时代"枫桥经验"的公证实践》，《中国公证》2024年第1期。

步推进公证价格改革,深化公证行业收入分配改革,建立健全公益财政补贴机制①,建立健全当事人涉公证违法违规线索移交机制等。四是进一步加强公证法律队伍建设。统筹考虑事业编制、劳动合同、劳务派遣等用工形式,进一步壮大公证法律服务队伍,积极探索新形势下公证法律服务队伍培养新机制,采取跟班学习、委托培养、锻炼任职等形式,进一步提升公证人员的服务能力。

五、结语

公证法律服务既关民生又涉公平,是党和政府实现人民群众对美好生活向往的重要支撑,在助推人民群众的获得感、幸福感、安全感方面具有独特优势和作用。从一定意义上讲,公证功能发挥的程度,彰显了一个国家治理体系和治理能力现代化的水平。② 实践表明,公证法律服务在整个经济社会良性运行当中,发挥了经济"助推器"、市场"催化剂"、风险"过滤网"、矛盾"吸附仓"、安全"压舱石"等功能。将公证法律服务纳入坚持和发展新时代"枫桥经验"的范畴,既具有科学正当性也具有现实必要性,有利于进一步拓展新时代"枫桥经验"的适用场景,使其能够与其他纠纷解决机制相互支撑、相互补充、相互促进,真正实现"未病"先防、"已病"根治的司法效果。

---

① 参见司法部、财政部《关于建立健全政府购买法律服务机制的意见》(司法通〔2020〕72号)。
② 廖永安、谢蔚主编《中国公证的现代化:体制转型与制度创新》,清华大学出版社,2023,第8页。

基层人民法院参与基层社会治理机制创新与实践

翟瑞卿　郭晓辉[*]

习近平总书记指出,基层既是产生利益冲突和社会矛盾的"源头",也是协调利益关系和疏导社会矛盾的"茬口"。基层治理需要协调各方利益关系,处理大量纷繁复杂的法律关系。人民法院司法审判职能与基层协调利益关系、处理显性纠纷、预防潜在纠纷、化解社会矛盾、补齐治理短板的治理需求天然吻合。新时代,人民法院如何立足司法职能妥善处理基层各种利益冲突和社会矛盾,有效参与基层社会治理成为亟待解答的理论和实践命题。

新时代"枫桥经验"为解答上述命题提供了重要的方法论指引和实践指导。新时代"枫桥经验"以党的领导为根本保证,以习近平新时代中国特色社会主义思想为指导,以习近平法治思想为引领,体现了以人民为中心的发展思想,突出了化解矛盾于基层、更好满足人民群众多层

---

[*] 翟瑞卿,山西省高级人民法院副院长、党组成员。郭晓辉,山西省高级人民法院四级主任科员。

次司法需求的目标导向，重构了自治、法治、德治相结合的治理模式，在理念、主体、模式、程序等层面实现了基层之治系统升级。①

作为一种治理理念，新时代"枫桥经验"有着清晰的精神特质和理论内涵。在实践中，一方面，地方基层治理情况各异，人民法院坚持和发展新时代"枫桥经验"需要结合当地实际，故而没有定于一尊的建设模式②；另一方面，推动新时代"枫桥经验"法治化又要求我们对地方好的经验做法加强研究，提炼总结实践中反映的法治理念和制度资源，在现行法律框架下将各种类型的实践做法制度化规范化，确保人民法院在法治轨道上参与基层社会治理，以期以司法之力推动基层治理体系和治理能力现代化。③

在此背景下，我们对山西省运城市、长治市、晋城市、临汾市、阳泉市、太原市等六地基层人民法院参与基层社会治理的情况进行了调研，调研发现山西省基层人民法院在理念、主体、模式、程序等四个层面坚持和发展了新时代"枫桥经验"，形成了一系列好的经验做法，具体包括：能动履职，推动司法职能向前延伸；如我在诉，为民司法推动纠纷实质化解；多元共治，主动融入党委领导的治理格局；优化机制，畅通人民法院参与社会治理途径；程序创新，推动纠纷化解更高效。本文对调研发现的相关经验、问题进行了梳理，以期为人民法院践行新时代"枫桥经验"提供参考借鉴。

---

① 新时代"枫桥经验"的科学内涵与实践要求，参见：陈文清：《坚持和发展新时代"枫桥经验"，提升矛盾纠纷预防化解法治化水平》，《求是》2023年第24期。
② 邬永忠：《以创建"枫桥式人民法庭"为契机，提升诉源治理中的履职能力》，《人民法院报》2024年3月30日。
③ 新时代"枫桥经验"法治化问题，参见：景汉朝：《新时代"枫桥经验"的基本问题与法治化构建》，《政法论坛》2024年第2期。

一、能动履职，推动司法职能向前延伸

"能动履职"一词，近年来屡次出现在最高人民法院文件和领导讲话中，既在认识层面要求人民法院转变思维观念，脱离机械司法、被动司法窠臼，也在实践层面对人民法院履职尽责提出了一系列新要求。① 能动履职既是人民法院因应社会现实变化做出的必然选择，也是人民法院对司法本质的回归与深刻把握。② 能动履职要求与新时代"枫桥经验"精神内核相近、实践取向相同，基层人民法院坚持和发展新时代"枫桥经验"，必须坚持能动履职，推动司法职能向纠纷前端延伸，形成"准司法"功能③，促推社会矛盾纠纷依法治理、源头治理。

在精神内核上，二者都以新时代人民法院更好肩负政治责任、法治责任和审判责任为意旨。审判工作的根本是为大局服务，为人民司法。④ 能动履职观念强调人民法院肩负服务保障区域发展大局的使命职责，要求在司法审判活动中体现、贯彻国家政策，平衡司法审判功能与社会治理功能。在实践取向上，二者都强调人民法院应从机械司法、"售货机式司法"转向自觉参与社会治理。一方面，在纠纷化解场域内，优化司法资源布局，提高案件办理质量，提升多渠道实质化解纠纷能力，以更好服务保障区域发展大局。另一方面，在纠纷化解场域外，推动以案促治，

---

① 张军：《最高人民法院工作报告——2024年3月8日在第十四届全国人民代表大会第二次会议上》，《中华人民共和国最高人民法院公报》2024年第4期。报告"2023年工作回顾"第三部分，即以"做实抓前端、治未病，以公正司法促推国家和社会治理"为标题，可见坚持和发展新时代"枫桥经验"就是新时代人民法院能动履职的生动体现。
② 顾培东：《新时代能动司法的倡导与回应型司法的构建》，《中国法学》2024年第2期。
③ 肖建国、李皓然：《人民法庭在基层社会治理中的职能定位——以"枫桥式人民法庭"建设为例》，《法律适用》2024年第4期。
④ 《公正与效率是永恒的工作主题——专访最高人民法院院长张军》，新华网2024年3月9日，https://www.court.gov.cn/zixun/xiangqing/427542.html（最后访问日期：2024年4月3日）。

挖掘个案折射的潜在诉讼风险和社会治理的难点痛点，通过司法数据调查研究、法律风险防控预案、司法建议等途径深度融入党委主导的社会治理格局中，堵制度漏洞、补治理短板。

以运城市稷山县法院为例，近年来该法院能动履职，坚持和发展新时代"枫桥经验"，推动诉源治理工作，取得了良好效果。

一是资源配置更向前，做深做实为大局服务。稷山县，中华农耕文明发祥地之一，是全国最大的板枣生产基地和华北地区最大的蛋鸡规模化养殖基地，现有耕地面积57万亩。强化涉农纠纷诉源治理关系地区经济发展和社会稳定大局，稷山县法院锚定党委平安建设目标和强化基层治理导向，在全县域建立"平安稷山建设法官联络站"，制定了"1+1+N"的运行模式，即确定一名法官、一名法官助理对接负责所在联络站辖区内的纠纷化解工作，吸纳网格员、法治示范户和"星级文明户""法律明白人"等熟悉当地情况的群众参与诉源治理，实现了"矛盾不出村"。

法官联络站在化解纠纷的过程中发挥出独特优势和显著治理效能。一方面，区位优势促使司法资源获取更便利，实现纠纷化解加速度提升。通过公开工作流程，将包联法官、法官助理及调解员等联络站人员的个人信息，法治宣传资料，当地多发案件裁判指引公之于众，将人民法院在线调解平台和智慧法院诉讼服务平台导入联络站，方便群众以更低成本接近司法。群众发生纠纷不需要通过正式立案程序，即可获得专业法官、调解员对纠纷的法律观点和裁判指引，或即使需要调解、诉讼的，通过在线提起、法官联络、一键办理的方式让群众少跑路。建立"一村一站"后，稷山县案件化解周期明显缩短，平均时限为10.5天，个别案件通过在线调解，仅15分钟就完成调解。另一方面，资源优势促使纠纷化解更加凸显实质正义。法官联络站吸纳熟悉村情、德高望重的乡贤耆老参与诉源治理，同时对当地道德习俗、人情伦理等"软法"规范资源进行鉴别吸收，结合法律法理对纠纷进行更加全面的透析"诊断"，还原纠纷原貌，帮助群众深入理解纠纷性质以及法律评价背后的原理，促进纠纷主体间对立情绪化解，实现"案结事了"。以某联络站处理的张某家属坟茔透水案为例，2022年夏初，村民任某在浇地灌溉过程中，未尽合理注意义务导致村民张某家属坟茔渗水塌陷。该案若以诉讼途径解决，可能面临损害赔偿数额难以确定的问题，且诉讼周期内若坟茔不能及时修复极有可能进一步激化双方矛盾。法官联络站工作人员和村民结合相关法律和当地风俗习惯合力劝说双方，最终促成该案调解结案。在任某赔礼道歉后，双方共同出资恢复原状，既实现了纠纷化解，也为村民在进行农业生产过程中尽到合理注意义务提供了现实教育案例。

在司法资源配置方面，长治市潞州区法院的做法体现了"以区域为中心"转向"以治理为中心"的布局理念。2021年，潞州区法院在调研时发现，人民法庭存在重视地域分布的倾向，只体现了方便偏远区域群众获得司法服务的功能，反而忽视了中心区纠纷高发、新类型案件涌现的问题，没有体现出人民法庭特有的"驻一线、治诉源"作用，故而在原有两个法庭的基础上增设了三个人民法庭，并通过分析该区民事案件受理特点，制定《关于调整案件归口审理、事项归口办理等相关事项的暂行规定》，明确五个人民法庭专门或者集中负责办理道交、金融、劳动争议、破产、涉企纠纷和三审合一的环境资源类等案件，实现归口审理，推动人民法庭因地、因案制宜参与社会治理。

二是以案促治更精准，更加深入参与基层治理。诉讼案件是经济社会发展的"晴雨表"和社会治安情况的"预警器"，稷山县法院通过分析诉讼案件情况，加强调查研究，明确不同区域的经济发展和平安建设的难点、堵点和痛点，因地施策，为基层治理提供建议。稷山县法院起草了《2019—2023 年诉讼案件情况调研报告》，系统分析了稷山县所辖七个乡镇的民事、刑事案件情况，针对不同乡镇特点对症下药，提出治理建议。例如某镇包装印刷企业规模化发展较快，买卖合同、民间借贷纠纷频发，针对于此，法院会同司法局、工商联在当地设立"包装印刷企业法律服务站"，实施"订单式＋一站式＋建议式"①司法服务模式。再比如该县近年来受理的帮助信息网络犯罪活动罪成为新型高发犯罪。经过案件分析，该类犯罪在稷山县呈现出以手机卡、银行卡相关"两卡"案件居多，被告人低龄化低学历低收入特征明显，犯罪链条化、层级化，犯罪手段、方式智能化等特点，针对以上特点，稷山县法院建议相关乡镇加大整治和打击力度，跟进最新案件形势，有针对性地进行法律法规和案件普法教育，提高公众的法律意识和防范意识。又比如某镇离婚纠纷多发，经过走访调研，发现当地赌博风气流行是离婚纠纷的一大诱因，针对于此，建议该镇加强执法力度和普法宣传教育，形成执法震慑，提高民众对赌博行为危害性的认识；建议该镇提供更加丰富多彩的文化活动，加强文化建设，弘扬社会主义核心价值观，培育良好社会风气。

二、如我在诉，为民司法推动纠纷实质化解

以人民为中心是新时代"枫桥经验"的根本立场和生命力所在。能动履职决定了人民法院在践行新时代"枫桥经验"时积极作为的场域、方式和限度，坚持群众路线则表征了人民法院积极作为的工作方法。长

---

① "订单式"指定期走访联络企业，发放调查问卷，摸清企业司法需求、合规风险，确保普法活动精准高效。"一站式"指调立审判执一体化运作，畅通司法保全途径，为企业司法需求提供一站式服务。"建议式"指通过分析研判涉企案件矛盾频发问题焦点，对于案件中已发生风险点向企业反馈，发出司法建议，促推企业合规经营。

治市潞州区法院在长期实践中形成的"旭辉工作法"① 就是人民法院坚持以人民为中心,践行新时代"枫桥经验"的生动典范。

一是全面了解案件事实,实现案件精准诊脉。张军指出:"人民法官不能简单地坐堂办案、就案办案,而要把法律的原则规定和形势任务、案件的具体情况、当事人双方特殊情形综合考虑,最终作出的裁判让双方都能够理解。"② 韩旭辉在办案过程中坚持"先敲农家门再敲小法槌""先坐旁听席再坐审判椅",通过与群众话家常、到实地现场勘验等方式拉近群众和法官之间的距离,和群众面对面释法说理,在全面了解矛盾发生的前因后果的基础上办理案件。比如在乡镇常见的土地界畔纠纷中,韩旭辉经常带着皮尺前往当事人家中,详细丈量宅基地,了解房屋修建过程,走访周围邻居,力促调解和解,既掌握了实情,也让群众对人民法院工作更加信服,提高了服判息诉率,实现了矛盾不上交。

二是情、理、法相交融,用心用情化解矛盾纠纷。"法官的良心就在法条和民心所向的交叉点上",基层人民法院审理大量关于婚姻家事、宅基地邻里纠纷的案件,实质化解矛盾纠纷不能仅从查明事实、明确权利义务关系的角度简单给出"刚性"解决方案,还需要厘清当事人之间的关系,善于将"天理、人情、国法"结合起来,在法律框架内找到最好的解决办法。比如韩旭辉在审理家事纠纷时,坚持"先断家务事再释情与法",先通过多种途径摸清案件症结所在,再给出法律解决方案,既实现了法律上的定分止争,也维持了家庭关系和谐。

三是深入田间地头,把巡回审判效应扩散沉底。马厂法庭坚持把巡

---

① "旭辉工作法"以2023年3月因公牺牲的马厂法庭老庭长韩旭辉的名字命名,而后,最高人民法院追授韩旭辉为"全国法院先进个人",以其名字命名的"旭辉工作法"是人民法院能动履职的智慧结晶,是新时代"枫桥式"人民法庭的创新和发展。

② 《公正与效率是永恒的工作主题——专访最高人民法院院长张军》,新华网2024年3月9日,https://www.court.gov.cn/zixun/xiangqing/427542.html(最后访问日期:2024年4月3日)。

回审判作为最重要的为民措施之一加以落实，善于从个案中发掘地区潜在纠纷因素，充分发挥巡回审判"审理一案、治理一片"的法治效果。比如韩旭辉在处理某赡养纠纷案件时，了解到该案类似情况在临近村落也较多出现，故决定在当事人所在村公开开庭审理。审理过程中，韩旭辉从法律、道德、民俗等多角度耐心做当事人工作，既达到了该案调解撤诉、化解当事人家庭矛盾的目的，也向群众宣传了法律条文背后的法理伦理，产生了良好的价值引导效应。

四是坚持公正司法底线，处理好公正与效率关系。效率如同列车，公正就是"铁轨"，列车无论快慢都不能脱离公正司法底线，依法实质性化解纠纷既要避免"程序空转"、劳民伤财，还要依照法律规定，考虑到社会接受度，让案件处理结果符合人民群众对公平正义的合理期待。比如当地五十余名农民工欠薪案中，被告公司资金周转困难，且被告尚在监狱服刑。韩旭辉将农民工生存权益放在第一位，在受理案件第二天，就前往被告所在监狱开庭审理，判决后迅速联手执行局利用被告名下一块商业用地租金支付农民工欠薪，从立案到执结案件仅用了十八天，既及时维护了当事人合法权益，又彰显了人民法院保障劳动者权益的决心，得到了当地群众的一致好评，提升了司法公信力。

三、多元共治，主动融入党委领导的治理格局

最高人民法院《关于建设一站式多元解纷机制一站式诉讼服务中心的意见》指出，"切实发挥人民法院在诉源治理中的参与、推动、规范和保障作用"，明确了人民法院在诉源治理工作中的地位与作用。从"引领"[①]

[①] 参见最高人民法院《关于人民法院进一步深化多元化纠纷解决机制改革的意见》，该意见规定，"充分发挥司法在多元化纠纷解决机制建设中的引领、推动和保障作用"。

转变为"参与",表明人民法院在诉源治理多元解纷工作中的整体定位,人民法院践行新时代"枫桥经验",应当在司法活动"主动有为"和"适度有限"之间取得平衡。① 一方面,人民法院能动履职应始终立足于司法职能,积极推动一体化矛盾纠纷解决中心建设,加强对以非诉讼方式解决纠纷的支持、指导和规范,普遍建立诉讼服务站、法官联络点,加强对基层自治组织的指导培训,体现司法权威。另一方面,应当认识到人民法院在多元治理格局中的有限性,基层社会治理是一项系统性工程,离不开顶层设计、组织领导、信息共享、联动协调与公众参与,人民法院推动诉源治理与纠纷多元化解不能单打独斗,而应更大程度融入党委主导的治理大格局中,坚持把党的绝对领导作为根本保证,完善各种联动衔接机制。

山西省各县区基层人民法院在构建多元共治格局中,突出体现了以下做法:

一是深入推进一体化矛盾纠纷解决中心建设,横向联结政府多部门、基层自治组织和其他社会组织建设多元协调联动机制。比如晋城市各县法院,探索推进"乡镇矛调中心"入驻人民法庭,实现合署办公,邀请特邀调解员,村级调解员,驻村值班律师,以及派出所、司法所、劳保所等乡镇联治单位工作人员,其他社会各界人士等多元主体集结法庭,实现矛盾纠纷一窗受理、全程跟踪、协调化解,对于调解不成的案件就地审理,实现矛盾纠纷源头预防、诉前化解、闭环解纷,形成了沁水法院嘉峰法庭"树理融"矛调品牌、泽州法院川底法庭"和事佬"调解工作室、阳城法院"情调理顺"法官工作室等基层解纷品牌。再比如太原市迎泽区庙前人民法庭,该法庭主要负责审理迎泽区劳动争议案件和庙

---

① 吴明军、王梦瑶:《诉源治理机制下法院的功能定位》,《行政与法》2020年第7期。

前、老军营、柳巷三个主要街道的家事案件,两类案件的调处化解成为该法庭的重点工作内容。2019年11月,庙前人民法庭实现整体入驻迎泽区矛盾纠纷多元调解中心,并协调迎泽区劳动仲裁委员会、人民调解组织建立劳动争议案件"调裁审一体化"解决机制,即人民调解委员会调解优先、全面了解诉讼根源,劳动仲裁委员会仲裁释法明理、协商化解矛盾,法院司法确认或终局裁判的工作机制。在矛调中心基础上,该法庭推动形成了"和合工作室"。"和合工作室"整合公安、检察、民政、群团组织、社区自治组织等各方力量,打通人民法院调解平台、司法局智慧调解平台、公安掌上派出所等八大平台,通过"统一案源、统一分案、统一业务标准、统一考核标准、统一管理"构建了机制运转流畅、案件分流条理清晰、调解员业务能力高强、人员管理规范高效的新型多元解纷平台。

二是建设类型化专业化调解平台和调解机制,因地、因案分类施策,实现精准治理。例如,阳泉市平定县人民法院针对婚姻家庭纠纷案件当事人矛盾突出、易发生"民转刑"的治理难点,推动形成了婚姻家事纠纷"五色预警工作法"。平定县人民法院对每一起婚姻家庭纠纷,按照争议情况和风险程度,由低到高评估为"绿、蓝、黄、橙、红"五个等级,协同联动地方政府、群团组织、自治组织,采取针对性途径化解。具体而言,在纠纷发现方面,除当事人向法院起诉外,乡镇政府、社区网格定期排查研判,对于排查发现的隐患纠纷,人民法院支持行政机关、自治组织进行源头化解。在纠纷化解方面,县调解中心统筹领导,实行"网格调解+家事和调解服务中心调解+法官司法调解+乡贤调解+心理咨询师心理服务+X"的综合调解模式,人民法院会同多方力量,做好诉前调解、联动管控工作。在化解责任方面,按照不同风险等级划分责任单位。"蓝色"以下较低风险的纠纷由村化解,"黄色"则交由乡镇调处,"橙色"以上特别是有"民转刑"风险的纠纷,由县一级单位化解。在长效治理方面,人民法院深入开展以案释法、普法教育等活动,提升群众法治意识,防范恶性事件发生。

三是创新协同机制,强化"执源"治理。近年来执行领域的问题较为突出,执行领域的问题不仅影响了当事人权益的最终实现,还影响了地方司法公信力和法治形象。鉴于此,晋城市地方法院创新"协同化"执行机制,打通人民法院执行服务中心与公安、检察、司法行政部门、行业协会、律师协会、企业工厂、居委会、村委会等之间的信息壁垒,在送达、查询、强制执行等方面形成工作合力,在财产查控、案款发放等方面实现信息资源共享和跨域执行服务。

四是完善一站式解纷程序衔接、运转规则。例如晋城市各地法院延伸司法确认适用广度,通过拓宽渠道、强化衔接、规范指引,全面优化司法确认制度,促进司法确认程序与诉前调解、诉讼服务及执行服务等阶段的有机衔接。2021年全市法院共进行司法确认案件2 867件,2022年3 721件,2023年2 768件,司法确认案件数量常年居于高位。全面提升诉调对接水平,在基层法院完善诉调对接中心、诉讼服务中心、执行服务中心建设,将窗口化、标准化的解纷服务贯穿到诉前调解、诉中审理、判后执行、信访申诉全流程,全面提升"多元解纷"加速度。

四、优化机制,畅通人民法院参与社会治理途径

新时代"枫桥经验"的程序法内涵主要体现在两个方面,即"诉源治理"与"多元解纷"①,其实体法内涵则体现为在多个层面供给规

---

① 潘剑锋、牛正浩:《新时代"枫桥经验"视域下的社会化协同执行机制——基于J省法院的实证研究》,《东岳论丛》2021年第3期。

范预期①，其治理意义则在于在多个维度上培育壮大基层治理资源。② 具体到基层人民法院履职尽责的场域，程序法意义上的"诉源治理"与"多元解纷"对应人民法院在处理矛盾纠纷时可采取的机制制度；而实体法维度则表现为基层人民法院利用身处基层一线的地缘优势，通过贴近审判、以案说法、提供司法建议、制定合规指南等多种方式为社会公众、企业法人、政府机关提供法律规范的解释、裁判预期和司法指引，同时对可能涉及的诸如民俗、村规、交易习惯等"软法"规范进行法律评价。通过上述两个维度，基层人民法院践行新时代"枫桥经验"的最终效能体现为基层治理资源的日趋丰富，即基层社会各种治理主体可在法治轨道上进行矛盾的自我调处和化解，实现化解矛盾于基层、治理未病于基层，全面提升基层社会治理效能。

无论是程序法维度还是实体法维度，人民法院践行新时代"枫桥经验"、深度参与基层社会治理的独特优势都在于司法职能赋予的司法公信力。正因人民法院具备依据法律法规对具体纠纷中是非曲直进行解释评价的职权，故吸引了大量纠纷围绕在其周围，人民法院往往处于矛盾化解的一线阵地，但又因如此，容易使"遇事找法"异化为"遇事找法院"，使法院在纠纷化解中处于单打独斗的状态。要破解这一难题，就要在明确程序流转衔接规则、深化社会治理力量良性互动、加强法治宣传教育等方面下功夫。

一是明确程序流转衔接规则，构建分工明确的矛盾化解机制。比如临汾市吉县法院探索建立执行事务中心，该中心主要承担案件查询、联

---

① 肖建国、李皓然：《人民法庭在基层社会治理中的职能定位——以"枫桥式人民法庭"建设为例》，《法律适用》2024年第4期。
② 牛正浩：《新时代"枫桥经验"视域下诉源治理现代化路径构建》，《学术界》2023年第9期。

系法官和对申请执行案件进行统一识别、筛选分流以及执前督促任务。同时，执行事务中心、诉讼服务中心、法官工作站有效联动，把诉调解纷力量引进执前督促工作，打造"执行员＋村社干部＋网格员＋特邀调解员"的执行联盟，跑出了执行送达、执行约谈、查人找物、督促履行的"加速度"。又如晋城市沁水法院探索"调立审执"一体化推动执源治理新模式，该县中村法庭将调解、立案、审判、执行职能集于一体，在法庭设立专门窗口，将定分止争的工作职能向两端延伸，向前覆盖到诉讼前的矛盾调解，向后延伸至案后的督促履行、快速执行，将执行关口向前移，分解执行要素在诉前、立案、审判各个环节，如在立案阶段提前发放诉讼保全告知书引导当事人保全财产，在审判阶段强调裁判的明确性和可执行性，提高裁判文书、调解书的可执行性。

二是深化社会治理力量良性互动。比如临汾市吉县法院依托诉讼服务中心、人民法院调解平台，全面吸纳基层解纷力量，邀请基层治理单位、行业组织、人民调解组织等入驻人民法院调解平台，形成司法、行政、基层群众性自治组织分工协作、相互配合的大调解格局。一方面完善诉调对接机制，针对当地多发的劳动争议和涉企合同纠纷，建立法院＋工会、法院＋人社局、法院＋中小企业协会的诉前调解组织，依法支持其他解纷力量履职尽责。另一方面充实诉前解纷资源，推动成立吉县非诉讼纠纷人民调解委员会。由相关部门推荐党代表、人大代表、政协委员担任委员会委员，选聘调解经验丰富、为人公道正派的人员担任人民调解员，并与全县专职网格员达成共建协议，由网格员担任矛盾纠纷的"吹哨员""调查员"，推动人民调解实质化运行。

三是加强法治宣传教育，用法治引领预防前端未病。吉县法院近些年围绕区域治理需求，有针对性地开展普法活动。一方面，开展点单普法，着力营造法治化营商环境。深入辖区企业走访调研，"点对点"为企业提供法治体检、点单普法等司法服务，围绕企业生产、经营、管理等方面的法律问题助企纾困，帮助企业提升化解法律风险的能力和水平。另一方面，开展法治"赶集"，创新普法工作模式，"零距离"服务乡村振兴。分析研判乡镇多发案件和关系群众切身利益的潜在风险，有针对性地开展普法教育。吉县素有"中国苹果之乡"的美誉，是全国苹果最优生产区之一，苹果产业是全县的支柱产业，更是广大群众的致富产业，关系着千家万户的钱袋子。针对于此，吉县法院干警多次深入乡村田间地头，就苹果买卖中需要注意防范的法律风险进行法治宣传，制作相关短视频在官方抖音号、视频号播放，将多年来多发易发的苹果买卖合同纠纷预防在源头、控制在未发。

五、程序创新，推动纠纷化解更高效

在我国法律背景下，"纠纷治理"与"纠纷解决"可视为两个相对独立的概念体系。"纠纷治理"更注重对纠纷的本源性、溯源性处置，故"纠纷治理"在手段方式上更具有综合性和灵活性。相比而言，"纠纷解决"更注重在法律范围内对纠纷进行评价、解释和化解，关注具体规则的约束。[①] 人民法院践行新时代"枫桥经验"应将"纠纷解决"与"纠纷治理"有机融合起来，既要严格以法律为准绳解决矛盾，也要在司法运行中充分体现国家善治的目标。前者更多体现为一种司法技术，后者则更多体现为人民法院作为政治机关应当承担的职责使命，二者相对独立又共生共存。

前文更多论述了人民法院作为"纠纷治理"一环，如何能动履职以

---

① 张卫平：《"纠纷治理"与"纠纷解决"：差异、共生与照应》，《现代法学》2024年第1期。

促推基层治理。本部分则认为，部分人民法院在审理案件时采取的程序做法本身即具备较强的社会矛盾化解效应，体现了新时代"枫桥经验"化解矛盾于诉讼外的治理要求，挖掘此类司法技术蕴含的程序法含义，并通过建章立制将其上升为正式的法律制度具有鲜明的治理意义。

例如稷山县法院在审理群体案件时采取的"示范调解""示范诉讼"做法即具有较强的纠纷化解效应。群体案件涉及的当事人众多，往往牵涉较大诉讼金额，关系地方治理深层次矛盾，若不妥善处理极有可能引发群体事件，诱发社会风险。针对群体案件，我国民事诉讼法规定了共同诉讼、代表人诉讼等诉讼方式，但长期以来两类机制因在解决群体纠纷方面都存在一定短板，而被学界认为存在治理"失灵"状态[1]，且两类诉讼机制仍是在诉讼两造场域内进行审理判决的，因此不符合化解矛盾于基层诉外的治理目标。在此背景下，我国地方司法机关纷纷进行了"示范诉讼"制度探索。比如《上海金融法院关于证券纠纷示范判决机制的规定》第二条第一款规定："示范判决机制是指本院在处理群体性证券纠纷中，选取具有代表性的案件先行审理、先行判决，通过发挥示范案件的引领作用，妥善化解平行案件的纠纷解决机制。"

稷山县法院在处理部分群体案件的过程中，实质体现了"示范判决"机制机理。比如该院审理的某面粉厂纠纷案，某面粉厂负责人因诈骗受到财产损失后，对在其面粉厂存粮换面的 105 户农民的三万余斤粮食，既不兑付面粉支付款，也不返还粮食，引发存粮户不满，双方矛盾一触即发。法院在了解情况后，一方面，对于已经成诉的案件，进行先行审理；另一方面，启动预警机制，与当地乡镇领导、包村干部、村民委员会联系，组成专班提前介入，向群众讲清法律关系和某面粉厂实际履行

---

[1] 吴英姿：《代表人诉讼制度设计缺陷》，《法学家》2009 年第 2 期。

情况，通过调解方式形成问题解决方案。该案通过"示范诉讼＋示范调解"明确了诉讼预期和现实解决方案，从而顺利推动了其余存粮户纠纷化解于诉外。

可见，"示范诉讼"机制在化解矛盾纠纷方面具有独特优势，体现为：通过对典型案件的先行审理或调解，对共通事实、争议焦点进行确认，既为平行案件当事人提供了明确的诉讼预期，提高了双方达成调解合意的可能性，也为调解提供了明确的事实依据和法律适用标准，推动调解在查明事实、分清是非曲直的基础上达成，平衡了发现真实、宣示法律规则与促成调解合意的功能。

六、问题与展望

通过对山西省基层人民法院践行新时代"枫桥经验"实务做法的梳理，我们总结了山西省人民法院一系列富有地方特色、符合新时代"枫桥经验"科学内涵和实践要求的做法，这些做法在促推地方基层治理方面产生了良好效应，但仍存在诸多不足，应在学理、制度层面做进一步探讨。

一是在多元主体共治层面，不同主体职权边界仍需进一步明晰。目前，解纷主体权力责任、不同主体间程序衔接方面仍缺乏明确的法律法规依据，从实际情况看，纠纷大量围绕在人民法院周围仍是常态，强化人民法院与行政机关、自治组织联动协调，不能仅仅依靠人民法院，更需要地方党委政府的主动作为和积极支持，也需要立法层面明晰不同主体的职权范围，把"非诉讼纠纷解决机制挺在前面"的重要指示落实为可实操的具体制度，保障人民法院履职尽责不缺位、不越位、不错位。

二是在程序规范层面，部分程序做法缺乏上位法依据。例如上文提到的地方法院在化解群体纠纷的过程中，实际采用的类似"示范诉讼""示范调解"的做法缺乏明确的上位法依据。事实上，"示范诉讼"程序涉及一系列程序法问题，比如适用条件、启动程序、示范案件选取、管辖、公告与权利登记、诉讼保障机制、裁判效力扩张机制等，特别是在裁判效力扩张机制方面，目前地方基层法院出于统一裁判尺度需要，可能将群体纠纷先行调解案件中认定的事实和法律适用标准直接扩张到类案中，但此类情形能否发生扩张效力仍值得深入讨论和思考。

三是在治理机制层面，部分机制仍有待进一步激活。例如司法建议机制，近年来最高人民法院高度重视司法建议工作，制定颁布了《关于综合治理类司法建议工作若干问题的规定》等文件，但从地方调研情况来看，司法建议工作机制尚未被完全激活。一方面，部分基层工作人员对司法建议工作不够重视，制度适用积极性不高，有的缺少从个案中发现社会治理突出问题的意识，有的地方被建议单位对司法建议的重视程度不够。另一方面，综合治理类司法建议工作刚刚起步，基层人民法院对如何利用司法建议参与诉源治理还存在不少实践困惑，例如司法建议在法院内如何形成、如何签发送达、怎样进行考核评价等，仍需加强调查研究。

四是监督考核方面，缺乏相应的监督、激励与考核机制。在监督机制方面，在新时代"枫桥经验"下，基层人民法院往往采取更加灵活高效的程序手段化解矛盾纠纷，但灵活高效也容易带来程序失范，造成权力不受监督，隐含廉政风险。比如在"三个规定"执行方面，在诉讼服务点、法官联络站等形式下，司法人员与当事人、律师、特殊关系人的接触行为会更加频繁灵活，其场所、时间均很难限制，如何规避其中可能发生的不当接触就成为应考量的监督问题。在激励与考核机制方面，如何以合理指标或其他恰当方式确认、体现诉源治理工作成果仍需进一步探讨,在人案矛盾凸显的情况下,如果不能科学体现法官和审判辅助人员参与诉源治理成果,并据此予以相应表彰奖励,则很有可能损害基层工作人员的工作积极性。

七、结语

党的十八大以来,习近平总书记就坚持和发展新时代"枫桥经验"作出一系列重要指示,引领各级人民法院不断探索创新。山西省各级人民法院深入贯彻落实习近平总书记重要指示精神,积极推动诉源治理工作,涌现了一批先进典型,积累了一些值得研究学习的实践经验。我们将进一步加强调查研究,提炼总结基层人民法院践行新时代"枫桥经验"的好的经验做法,透析其中的法律原理和治理机制,推动相关机制制度化、规范化,发挥更大治理效能,着力绘好山西"枫"景图。

图书在版编目（CIP）数据

新时代"枫桥经验"：实践发展与理论构建/景汉朝主编. --北京：中国人民大学出版社，2024.8
ISBN 978-7-300-32927-7

Ⅰ.D63

中国国家版本馆 CIP 数据核字第 2024UT9582 号

新时代"枫桥经验"：实践发展与理论构建
主　　编　景汉朝
副 主 编　潘剑锋　张　雷
执行主编　任　重
Xinshidai Fengqiao Jingyan：Shijian Fazhan yu Lilun Goujian

出版发行	中国人民大学出版社		
社　　址	北京中关村大街 31 号	邮政编码	100080
电　　话	010-62511242（总编室）	010-62511770（质管部）	
	010-82501766（邮购部）	010-62514148（门市部）	
	010-62515195（发行公司）	010-62515275（盗版举报）	
网　　址	http://www.crup.com.cn		
经　　销	新华书店		
印　　刷	涿州市星河印刷有限公司		
开　　本	720 mm×1000 mm　1/16	版　次	2024 年 8 月第 1 版
印　　张	26.5 插页 1	印　次	2024 年 8 月第 1 次印刷
字　　数	323 000	定　价	98.00 元

版权所有　侵权必究　　印装差错　负责调换